法律古籍整理研究所
Institute For Chinese Ancient Legal Documents

文献与法律史学丛刊

从封建到帝国的礼法嬗变

先秦两汉法律史论集

◎ 南玉泉 著

中国政法大学出版社
2020·北京

声　明　　1. 版权所有，侵权必究。
　　　　　2. 如有缺页、倒装问题，由出版社负责退换。

图书在版编目（CIP）数据

从封建到帝国的礼法嬗变：先秦两汉法律史论集/南玉泉著. —北京：中国政法大学出版社，2020.3
ISBN 978-7-5620-9254-4

Ⅰ.①从…　Ⅱ.①南…　Ⅲ.①法制史－研究－中国－先秦时代-汉代　Ⅳ.①D929.2

中国版本图书馆CIP数据核字(2020)第219704号

书　名	从封建到帝国的礼法嬗变
	先秦两汉法律史论集
	CONG FENGJIAN DAO DIGUO DE LIFA SHANBIAN
	XIANQIN LIANGHAN FALÜSHI LUNJI
出版者	中国政法大学出版社
地　址	北京市海淀区西土城路 25 号
邮　箱	fadapress@163.com
网　址	http://www.cuplpress.com (网络实名：中国政法大学出版社)
电　话	010-58908466(第七编辑部) 010-58908334(邮购部)
承　印	保定市中画美凯印刷有限公司
开　本	720mm×960mm　1/16
印　张	20
字　数	315 千字
版　次	2020 年 3 月第 1 版
印　次	2020 年 3 月第 1 次印刷
定　价	80.00 元

总　序

　　中国政法大学法律古籍整理研究所成立于 1984 年 11 月，是由司法部批准成立的本校第一个校级科研机构；2009 年 6 月成为教育部全国高等院校古籍整理工作委员会的直接联系单位，目前是高校古委会 26 个直接联系单位中唯一一家专门从事法律文献整理研究的高校科研机构。

　　法律古籍整理研究所的发展宗旨是搜集、整理、研究古代法律文献，传承中国法律文化精粹，振兴和繁荣传统学术。秉持"探赜索隐，钩深致远"的精神，建所 35 年来，几代学人在法律文献领域深耕钻研，孜孜以求，陆续出版了《中国历代刑法志译注》《大清律例通考校注》《中华大典·法律典·刑法分典》《沈家本全集》《盟水斋存牍》及《中国古代法律文献研究》（集刊）、"中国古代法律文献研究"丛刊等在国内外具有影响力的集体成果，形成了独特的学术品质。

　　回望过去是为立足当下、面向未来。目前法律古籍整理研究所的人员结构和工作重心，已与创立之初有所不同：早期侧重于典籍译注与校刊，以集体业绩为主；后来兼顾整理与研究，鼓励个人的特色研究，在律令典章、简牍碑志等领域取得了不俗的成绩。初时以培养法律文献专业硕士为主，当下已积累了丰富的法律史硕博士和中国史（包括中国古代史、历史文献学和专门史等）硕士的培养经验。35 年前的研究人员以中文、历史专业为主，随着学科的交叉与融合，目前的师资兼具法学、历史、文学、哲学、经济等多元背景。这些新特色乃是因应时代发展、研究演进而形成，为法律古籍整理研究所的可持续发展，蓄积了能量。

　　法律文献的整理研究具有极强的专业性，可以说是法学领域的冷门绝学，需要研究者持之以恒，"板凳甘坐十年冷"是一种常态。在 1999 年法律古籍整理研究所建所 15 周年之时，首任所长高潮先生曾感怀题词："最喜诸君怀壮志，甘耐寂寥谱新篇。"无论时代氛围如何变化，研究重心如何易替，几代同仁的为学品格始终如一，在沉潜研学中不断推陈出新。

为了集中呈现同仁的最新研究，法律古籍整理研究所曾在建所 30 周年之际推出了"中国古代法律文献研究"丛刊，目前已出版 4 种成果，未来仍将继续深耕，此谓传承；为了反映近年来多学科融合的现状，法律古籍整理研究所在建所 35 周年之际再度酝酿"文献与法律史学"丛刊的出版计划，尝试以更强的学术包容性，分享心得，求其友声，是谓拓展。在传承与拓展中，法律古籍整理研究所将充满生机。

特此为序。

李雪梅

2019 年 11 月

目　录

西周的职官类别及其向官僚制的转型

西周王朝继承并发展了夏商两代宗法制度，完善等级分封，完备礼义制度，使姬周成为中国历史上有着重大影响的封建王朝。[1]西周的政治体制可以概括为以宗法制为基础的分封制，其身份等级可以概括为外封公侯伯子男，内定公卿大夫士的爵本位的等级制度。这种制度是对先朝先世族官制的继承与改造，是对功臣、宗亲世家地位的肯定与承认。这种制度一旦建立，选官任职也必然以其为基础。周朝及分封诸侯的爵禄体制就是在宗亲——爵位——官位这样的递进次序下运行着。这种制度应当完备于西周中期，晚期以后开始松弛，春秋以后逐渐瓦解，战国时期全面崩溃，自此历史开始了新的官僚体制时期。

一、周朝的职位与爵位

官制包括职位与品位。关于这一点，阎步克先生做了很好的研究，他说，"职位，是一份任务与责任，可以分配给一个工作人员，需要他用全部或部分时间来承担。职位是最小的行政单位"，"职位要分等分类，人员也要分等分类"。"品位分类是以'人'为中心，是对'人'的分等"，"职位分类则是以'事'为中心，是对任务与权责的分等，所以也被称为'职事分类'"。[2]周人的身份等级不以品位标识，而以爵位确定。"周爵是作为一种品位而出现的，它不仅是行政官阶，也是社会等级。爵的高低既反映官职高下，也反映官员的家族地位高下，以及官员个人在家族中之宗法地位的高下。"可以说，周代品位

---

[1] 一般学者认为，夏商周三代是属于宗法奴隶制时代，这首先表明三代有其相近的宗法特征。夏朝资料少，不能充分证明，商代的资料可以证明这一点。裘锡圭先生在《关于商代的宗族组织与贵族和平民两个阶级的初步研究》一文中有"商代存在着跟周代类似的宗族组织"一节，文中详细论证了商代诸多宗法现象与周朝类似，如帝与介；子与多子和小子；王族与多子族等等。参见氏著《古代文史研究新探》，江苏古籍出版社 1992 年版。
[2] 阎步克：《中国古代官阶制度引论》，北京大学出版社 2010 年版，第 12~14 页。

结构是"爵本位"。[1]因此，我们从周人的职位分类、爵位等级入手进行分析。

首先，我们分析周官的职位与分类。有关西周官职的资料，传世典籍记载并不全面，因此，还需要参考地下出土资料加以完善。统观传世典籍与地下出土资料可知，周官名称繁缛，而且很多官职名称至今仍不清楚其职掌。有的学者将西周的官制划分为政务官、民事官、军官、内廷官。[2]我们综合传世典籍和出土资料，将周官划分为四大类，即卿士寮系统、太史寮系统、宰官内侍系统和侯官系统。

（一）卿士寮与太史寮

《矢令方彝》："佳八月，辰在甲申，王令周公子明保尹三事四方，受卿事寮。丁亥，令矢告于周公宫。公命徒同卿事寮。佳十月月吉癸未，明公朝至于成周，徒令舍三事令，众卿事寮、众诸尹、众里君、众百工、众诸侯：侯、田（甸）、男，舍四方令。"（见图一）[3]又《番生簋》："王令翱（缵）嗣公族、卿事、太史寮"。（《集成》04326）从出土铜器铭文分析，周官可区分为卿事寮和太史寮两大系统。当时在周王室"执政大臣的称为卿士或卿事，是卿事寮长官的简称，其正式官职，西周初期即是太保或太师，西周中期以后为太师"[4]。

---

[1] 阎步克：《从爵本位到官本位：秦汉官僚品位结构研究》，生活·读书·新知三联书店 2009 年版，第 37 页。

[2] 参见白钢主编，王宇信、杨升南著：《中国政治制度通史》第 2 卷（先秦卷），人民出版社 1996 年版，第 234 页以下；有关内廷官问题可参见第 334 页以下。

[3] 中国社会科学院考古研究所编：《殷周金文集成》（第六册），中华书局 2007 年版，第 5212 页。下文所引皆简称《集成》并加器号，不再出注。

[4] 杨宽先生对这两个系统的官属论证得非常清楚，参见氏文"西周中央政权机构剖析"，载《历史研究》1984 年第 1 期，后收入氏著《先秦史十讲》，复旦大学出版社 2006 年版。将周官划分为这两大系统基本得到学术界的认可，张亚初、刘雨撰《西周金文官制研究》（中华书局 1986 年版）中指出，"太史寮当指太史及其僚属。卿士寮与太史寮往往相提并论，可见这是当时协助西周国王处理政务的两个主要的部门"。阎步克指出，周朝官属"'卿事寮'与'太史寮'两个系统的形成，就相当引人注目"。参见阎步克：《中国古代官阶制度引论》，北京大学出版社 2010 年版，第 75 页。李学勤先生对此并不认同，他指出"卿士僚一词仅指众卿，并不包括隶属他们下面的各种官员"，"太史僚即太史官，……太史一系职官属于宗伯，但其特殊性，在职掌上反映得很清楚"。李学勤先生也认为，太史其职有其特殊性，并说明郑玄、贾公彦以至孙诒让都注意到太史的特点。见氏文"卿事寮、太史寮"，载氏著《缀古集》，上海古籍出版社 1998 年版，第 28～34 页。何景成先生认为："卿事僚和太史僚应是指与卿士和太史在同一官署负责同类职事的官员，这里卿士和太史并称，卿士用为狭义，指执政之卿。""'僚'是指担任副职、负责辅佐正职的官员，而'友'是指一般的属吏，这类属吏在西周时期主要是由同族的兄弟充任。西周王朝政府的某些部门，可能已经形成了主官、副职和属吏的三层

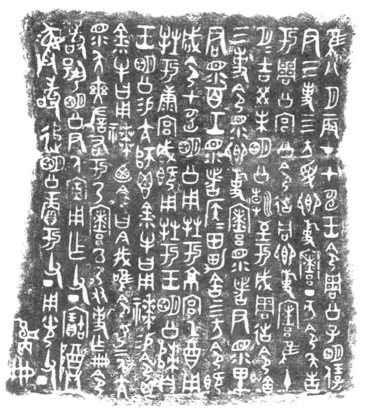

图1　矢令方彝〔1〕

　　《矢令方彝》还告诉我们，卿士寮后面还有众诸尹、众里君、众百工、众诸侯：侯、田（甸）、男。诸尹即各部门的负责人，众里君即地方官吏，众百工即是那些负责工巧的基层食吏，而众诸侯则明文指侯、甸、男三等爵位。按卿事寮的职能、地位，这一体系的职官应包括军事长官和行政长官，有时往往是一人身兼多职。周朝卿士寮系统的官员，应包括有的学者所划分的政务官、民事官、军官三类，若按级别来看，应包括周王室系统的官吏和地方官吏。卿事寮下有"诸尹、里君、百工"，分封的诸侯事务也应属卿事寮管属。

（接上页）科层结构。""僚和友虽然都是助理官事的，但从'僚'多训为'官'的情形来看，'僚'可能是指辅佐主官的副职之类的官员，与'友'指一般的属吏不同。"参见氏文"论西周王朝政府的僚友组织"，载《南开学报（哲学社会科学版）》2008年第6期。

　　〔1〕《集成》第六册，09901·1，中华书局2007年版，第5212页。

太史寮系统官员多掌管册命、制禄、图籍、记录历史、祭祀、占卜、礼制、时令、天文、历法、耕作等职事。太史寮系统的官员多在周王身边，颁礼、册命时主持仪式。周时太史寮官员的地位并非后代可比，后代的史官地位低下，并不被人看重；正如司马迁所述，"文史星历近乎卜祝之间"[1]。张亚初、刘雨先生更为明确地讲："周初实行的是两寮执政的制度，故周召二公各主一寮，搭起了周初统治机构最高层的间架，直接对周王负责，司理朝政。"[2]其实，两寮系统一直运行到西周末年，只是这种区分逐渐弱化而已。

（二）宰官内侍系统职官

从周官职名及其职掌分析，周王室还有自己的宰官内侍系统人员，宰官相当于王室的内务部或周王的办公室。分析历史上王国的性质、政治结构和官员的功能，没有哪一个王朝能够离开内侍系统。这一系统的官员至少应包括三个部分，一是宦官、女官之属，这一系属完全是为周王个人生活服务的人员；二是王室侍卫人员；三是周王的文秘服务人员。无论哪一类的内侍人员，在不同时期都曾对历史的进程产生过重大影响。《周礼》成书于春秋末或战国初，是当时儒士绘制的理想治国蓝图，虽不可尽信，但其中有相当多的周代官制信息，其《天官冢宰》所述职官多是为王室提供生活服务的内侍人员，如宫正、膳夫、庖人、医师等。这其中的很多职官在先秦经典或西周铭文中多次出现，如膳夫、寺人等。这些职官在秦汉时归属九卿之少府管领，内小臣、阍人、寺人、内竖等皆为后宫人员，其职事属少府黄门管领。

周朝宰官内侍所属这三类职官，是根据职事来划分的，前两类在西周铭文中就有这种分法。传世典籍还有将周官划分为内朝、外朝两大系统，《国语·鲁语下》："天子及诸侯合事于外朝，合神事于内朝；自卿以下，合官职于外朝，合家事于内朝……上下同之。"[3]《礼记·文王世子》："公族朝于内朝，内亲也。虽有贵者以齿，明父子也。外朝以官，体异姓也。"[4]赵晓斌认为，内朝处理的是"神事""家事"，属于家族内部事务；外朝处理的是"民事"

---

〔1〕《汉书》卷六二《司马迁传》，中华书局1962年版，第2732页。

〔2〕张亚初、刘雨撰：《西周金文官制研究》，中华书局1986年版，第102~103页。

〔3〕上海师范大学古籍整理组校点：《国语》，上海古籍出版社1978年版，第204页。

〔4〕（清）孙希旦撰，沈啸寰、王星贤点校：《礼记集解》中华书局1989年版，第574页。

"官事"，属于公共行政事务。内外朝十分典型地反映了当时国家的两重属性——内朝体现其家族的、血缘的、宗法的特征；外朝体现其国家的、地缘的、政治的特性。西周太史寮与宰官体系加起来，恰好构成了周王朝的内朝官，卿事寮则相当于周王朝的外朝官。[1]

（三）侯官系统

职位的不同体现了职责、权力的内容和大小的不同；但是各职官的级别并不由官职决定，而是由爵位决定，也就是说，周官是以爵为本位的。[2]周人爵位包含着重要内容，不但有荣誉，还有土地，被分配的众庶、隶仆，在军事上还允许配备一定规模的战车、军队等。爵位体现着实力，是封君、侯伯以后竞争的本钱。因此，第四类就是两周的侯官系统。侯官是两周分封而产生的封国，他们对周王朝虽可称为官，更应是国。各封国内也存在类似上述所划分的三类职官，因此严格讲，侯官与上述三类并非同一等级概念，为方便叙述，将分封的侯伯划为一类。

根据裘锡圭先生的研究，诸侯的名称都是由职官名称演变来的。因为历史的情况不同，各诸侯处于不同的位置，分担不同的任务，于是就有不同的名称。后来中央王朝用这些名称"分封"臣属，这些不同的名称就具有了区分等级的作用了。[3]传统文献记载，周朝封国的爵位区分为公、侯、伯、子、男五级，学界对此争议颇大。[4]《礼记·王制》载："王者之制禄爵，公、侯、

〔1〕 赵晓斌：《春秋官制研究——以宗法礼治社会为背景》，浙江大学2009年博士学位论文，第109页。

〔2〕 阎步克：《中国古代官阶制度引论》，北京大学出版社2010年版，第17页。

〔3〕 裘锡圭："甲骨卜辞中所见的'田'、'牧'、'卫'等职的研究"，载氏著《古代文史研究新探》，江苏古籍出版社1992年版。

〔4〕 持否定意见的有傅斯年，见氏文"论所谓'五等爵'"，载《中央研究院历史语言研究所集刊》第2本第1分册，1930年；杨树达："古爵无定称说"，载氏著《积微居小学述林》卷六，中华书局1983年版；郭沫若："周代彝器铭中无五服五等之制"，载氏著《中国古代社会研究》，人民出版社1954年版；郭沫若："金文所无考·五等爵禄"，载氏著《金文丛考》，人民出版社1954年版。不过，持肯定说的学者越来越多，如清人顾栋高作《春秋列国爵姓及存灭表》（吴树平、李解民点校），罗列国、爵、姓、始封、都邑及其存灭，森然有序，见氏著《春秋大事表》卷五，中华书局1993年版，第563~608页。我国台湾地区学者杜正胜认为："可见《春秋》的五等爵制是宗周旧礼无疑。"见氏著《编户齐民——传统政治社会结构之形成》，联经出版事业股份有限公司1990年版，第322页。王世民先生通过对金文的考辨认为，除生前尊称和死后追称的情况外，金文中确已有了固定的五等爵称，它们合于《公羊传》"天子三公称公，王者之后称公，其余大国称侯，小国称伯、子、男"的规制，见氏文"西周春秋金文中的诸侯爵称"，载《历史研究》1983年第3期。陈恩林先生在《先秦两

伯、子、男，凡五等。"〔1〕班固《白虎通》引《含文嘉》曰："殷爵三等，周爵五等。"〔2〕历史上各家对于五等爵划分的依据有不同的观点，《公羊春秋》隐五年传曰："天子三公称公，王者之后称公，其余大国称侯，小国称伯、子、男。"杨宽先生根据金文和传世典籍认为："西周金文中，'公'用来作为执政大臣太保、太师、太史的爵称，十分明显。""成康之际，朝廷大臣中，称'公'者以外，还有称'伯'者。"文献与金文中的"召公"和"召伯"是有区别的，召公是指召公奭，召伯是指周宣王时的召伯虎。"成康之际，公卿的官爵制度当已确立。太保、太师、太史等执政大臣称'公'，其他朝廷大臣，由四方诸侯进入为卿的称'侯'，由畿内诸侯进入为卿的称'伯'，很是分明。太保、太师、太史等执政大臣，周王是随时可以调换的，因而官爵随时升降。……昭王、穆王以后，继续推行这种公卿的官爵制度，执政大臣有祭公。"〔3〕我们同意公是五等爵中的最高一等，是身为太师、太保一类的王室执政大臣，他们与侯伯的区别正在于此。"公"对王室的贡献最大，其家世与王室有着密切的亲缘关系，而子、男当为畿外的小国。公侯伯子男五等爵，对王室而言，主要体现为分封之君的身份等级，而不体现王室内部以及封君内部的官职等级。因为，除执政大臣外，大部分封君在王室是没有官职的。

《白虎通》"公卿大夫者何谓也？内爵称也。"〔4〕即周王室及各封国内部还有卿、大夫、士的递降等级爵位。严格地讲，这才是周王室贵族的等级制度。按周制，王室贵族级爵与各侯国官员的级爵有一定的等级对应关系，《礼记》卷十二《王制》："天子之三公之田视公侯，天子之卿视伯，天子之大夫视子男，天子之元士视附庸。"《礼记》卷五《曲礼》下："列国之大夫，入天子之国曰'某士'，自称曰'陪臣某'……"不同爵级封国官员之间的爵序也有对应关系，《左传·成公三年》臧宣叔曰："次国之上卿，当大国之中，中当其下，下当其上大夫。小国之上卿，当大国之下卿，中当其上大夫，下当

(接上页) 汉文献中所见周代诸侯五等爵》中指出，"在先秦两汉文献中，周代诸侯公、侯、伯、子、男五等爵的排列是有序的"，载《历史研究》1994年第6期。

〔1〕（清）孙希旦撰，沈啸寰、王星贤点校：《礼记集解》，中华书局1989年版，第309页。
〔2〕（清）陈立撰，吴则虞点校：《白虎通疏证》，中华书局1994年版，第6页。
〔3〕杨宽："西周王朝公卿的官爵制度"，载氏著《先秦史十讲》，复旦大学出版社2006年版，第46~51页。
〔4〕（清）陈立撰，吴则虞点校：《白虎通疏证》，中华书局1994年版，第16页。

其下大夫。上下如是，古之制也。"[1]

同样，王室内部的官职也与一定的爵序相联系，《周礼》述曰，大宰为卿，小宰与司会为中大夫等，这些记载再结合其他文献，可以证明周官级别的存在。

周人重礼，结合周人的礼仪制度，包括用鼎制度、册命制度、舆服制度、城垣制度，可以证明周官附属在不同爵等的礼仪制度之中；前辈学者对此论述颇多，不再赘述。所有这些都说明了周官制度的存在及其制度设计的严密性。

各封君也有自己的一套属官以治封国，各卿大夫都有自己设置的家臣以管理采邑。王室之卿、大夫、士虽不封国，但"大夫食邑，士食田"。[2]采邑是卿大夫的食禄之地，虽名义上属周王室，但往往变相成为私产，或世代相传，或被侵割。王、公、侯、伯、子、男爵等，君、卿、大夫、士爵序，位秩清楚。各爵等的贵族都有自己可供食禄、传承后代的土地和畜民。周官体系的根基就是按照宗族亲缘关系以爵位确立等级并划出一块块地盘进行封闭式管理的宗法体制。周人期冀这样设置的政体能使天下稳定，福祚永延。

二、周官制变化的动因及爵本位的式微

构建西周政治体制的目的是维持社会平稳运行，但平稳却是暂时的，发展与不平衡是绝对的。周朝制度到康、昭时期已基本完备，也正是自这时起，周家制度开始松弛，其爵本位体系与田制也逐渐走向衰落。这种变化是以土地制度的变动开始的。周家制度下的土田，名义上是"溥天之下，莫非王土"[3]，但事实上的占有、收益、处分和继承使各级领主们不遗余力地保护、收买、侵占各类土田，从而扩充自己的实力。从已发现的西周铭文看，有数篇涉及到土田交换或争讼。

陕西岐山董家村出土的卫盉、五祀卫鼎、九年卫鼎都记载了有关土地交换之事。[4]《卫盉》（《集成》9456）所载土地交易发生于懿王三年（公元前897），"矩伯庶人取堇章于裘卫，才（裁）八十朋，厥贮，其舍田十田。矩

---

[1]（晋）杜预注：《春秋左传集解》，上海人民出版社1977年版，第668~669页。

[2] 上海师范大学古籍整理组校点：《国语·晋语四》，上海古籍出版社1978年版，第371页。

[3]《诗》卷一三《小雅·北山》，见（清）王先谦撰，吴格点校：《诗三家义集疏》，中华书局1987年版，第739页。

[4] 唐兰："陕西省岐山县董家村新出西周重要铜器铭辞的译文和注释"，载《文物》1976年第5期。

或取赤虎两、麀賁两、賁韐一，才（裁）廿朋，其舍田三田"。《五祀卫鼎》（《集成》2832）所载是卫与邦君厉因土田交换、补偿而发生争议，"卫以邦君厉告于井（邢）伯、伯邑父、定伯"等，经过审讯，"厉乃许，曰：'余审贮田五田'"[1]。邢伯、伯邑父、定伯等使厉誓，并令三有司封疆划界，办理了交割手续。《九年卫鼎》（《集成》2831）所记是裘卫与矩伯、颜氏的三方交换记录，重要的是其不动产的交换涉及三方，矩伯向裘卫索取了车辆、车马用的皮革饰件等用品，裘卫还送给矩姜"帛三两"，矩"乃舍裘卫林𣞶里"。[2]因"颜林"本是分封给颜氏的，所以裘卫又向颜家赠送了大量礼品。矩才命令家臣"勘核田界，付给裘卫林𣞶里"。敔攸从鼎（《集成》2818）为厉王时器，铭文记载攸卫牧因侵占敔比土地，敔比告状于周王，周王命虢旅处理该案。最后攸卫牧被迫立誓，归还了敔比土地。贵族们对土田及其衍生利益的争讼反映了土田价值进一步被重视，更反映了西周秩序的破坏。

周官体制以爵为本位，爵位集中体现了政治、经济甚或军事的内容。封田、采邑是爵位的根本，拥有土田意味着拥有土地上的资源以及土地上生活的民众，是地位、权力的实质内容。《五年琱生簋》有"公仆庸土田多諫"，即仆庸土田发生争议；《鲁颂》卷二十《閟宫》"锡之山川，土田附庸"，将土田与仆庸并列一同封赐。[3]当社会发展的不平衡达到一定程度，对于土田的争夺就不会只靠买卖、争讼来解决了。东周以后，各封国之间，侯国执政大臣之间为权力相互攻杀，胜利者对失败者的土地重新分配，或为封邑，或设为县。这时对土地的争夺意味着灭封国，夺爵禄。《左传·闵公二年》载："公傅夺卜齮田，公不禁。"《左传·襄公十九年》载："……子展、子西率国人伐之，杀子孔而分其室。"为了土地，国与国，卿大夫之间争战强并，卿大夫也向公室进攻，如晋国从一个始封姬姓大国，最后被韩、赵、魏三家瓜分。

---

[1] "贮"字释解多歧义，影响对铭文的正确理解，本文以为作"交换"解。参见高明："西周金文'𤏒'字资料整理和研究"，载北京大学考古系：《考古学研究》（第1辑），科学出版社1992年版；陈絜、祖双喜："亢鼎铭文与西周土地所有制"，载《中国历史文物》2005年第1期。此时土地的性质名义上没有改变，但私下交换土地的现象多有发生。

[2] 宝鸡周秦文化研究会编，霍彦儒、辛格华主编：《商周金文编：宝鸡出土青铜器铭文集成》，三秦出版社2009年版，第313页。

[3] 关于"仆庸"的解释参见裘锡圭："说'仆庸'"，载氏著《古代文史研究新探》，江苏古籍出版社1992年版。

在争战过程中，"赏从亡者及功臣，大者封邑，小者尊爵"。[1] 随着形势的变化，土地的重要性日益凸现，赐邑的性质也在变化。宣公十五年（公元前594），晋荀林父灭赤狄潞氏，晋景公赐保奏荀林父之士贞子以"瓜衍之县"。襄公二十六年（公元前547），蔡声子谓楚令尹子木曰：伍举在晋，"晋人将与之县，以比叔向"[2]。襄公三十年（公元前543），"晋悼夫人食舆人之城杞者，绛县人或年长矣，无子，而往与于食"。赵武问于绛县大夫后，遂命老"以为绛县师"。昭公二十八年（公元前514），晋灭祁氏、羊舌氏，分祁氏之田为七县，羊舌氏之田为三县；各立县大夫。传统卿大夫之封邑，为私属性质，可以继承。其封邑管家称宰，或家宰；也有"邑大夫"之称，二者的区别是"公邑称大夫，私邑则称宰"，故县大夫应为公属性质。[3] 当然，春秋晋国卿大夫往往身兼家臣与公臣双重身份，但这并不能否定当时大量土地逐渐由君主或新兴的公族直接控制的事实的存在。[4]

春秋以后，王室衰微，陪臣执政。君主或被杀，或被逐黜；正如《左传》昭公三十二年载史墨对赵简子所言："社稷无常奉，君臣无常位，自古以然。故《诗》'高岸为谷，深谷为陵'。三后之姓于今为庶。主所知也。"这正是对当时现象的感慨。更有很多公族、卿士丧土失爵，叔向说："虽吾公室，今亦季世也。戎马不驾，卿无军行，公乘无人，卒列无长……栾、郤、胥、原、狐、续、庆、伯，降在皂隶。政在家门，民无所依。""晋之公族尽矣。肸闻之，公室将卑，其宗族枝叶先落，则公从之。肸之宗十一族，唯羊舌氏在而已，肸又无子。公室无度，幸而得死，岂其获祀？"[5] 这些失去了"土田附庸"的贵族，或沦落为皂隶，或成为只有空爵的没落贵族。这种没有了实质内容的贵族，其爵位也就失去了意义。[6]

---

〔1〕《史记》卷三九《晋世家》，中华书局1959年版，第1662页。

〔2〕（晋）杜预注：《春秋左传集解》，上海人民出版社1977年版，第621页、第1064页。

〔3〕《左传》襄公三十年："赵孟问其县大夫，则其属也。"《正义》："诸是守邑之长，公邑称大夫，私邑则称宰。此言'问其县大夫'，问绛县之大夫也。绛非赵武私邑，而云'则其属'者，盖诸是公邑，国卿分掌之，而此邑属赵武也。"

〔4〕杨小如："春秋中后期晋国卿大夫家臣身份的双重性"，载《中国史研究》2009年第1期。

〔5〕（晋）杜预注：《春秋左传集解》，上海人民出版社1977年版，第1600页、第1219页。

〔6〕关于贵族地位的变化，余英时先生在《古代知识阶层的兴起与发展》一文中亦有论述，见氏著《士与中国文化》，上海人民出版社2013年版。

西周以爵为本位，官、爵、土田、隶仆一体。有爵，有土地才能继承，否则，爵位就失去了意义。失去了土地的贵族，也就失去了竞争、生存的能力。因此，没有土地的贵族，不但意味着他们自身的没落，也意味着西周爵位体制的崩溃。

春秋以后，出现了大量的军功阶层，他们由此获得土地，成为军功地主或新式官僚。如晋国赵鞅，打破世卿世禄的旧传统，鼓励人们以军功受封，《左传·哀公二年》载赵简子誓曰："克敌者，上大夫受县，下大夫受郡，士田十万，庶人工商遂，人臣隶圉免。"很多人因军功而受封。战国时，秦国也普遍实施这种激励方式，如商鞅的新爵制。以军功方式取得的新爵逐渐排挤、取代了世卿世禄制，而官职则采取薪俸制。这样，新的官僚制伴随着新的级爵制走向历史的前台。

三、两周官制的变化

西周官爵一体，以爵为本位。其官职亦因爵位而稳定，当爵位的根基动摇时，官制必然会发生更大的变化。因为，在社会的运转过程中，直接掌握权力的官员往往是政策、法律的制定者，他们置身于社会变化的最前沿，最先将自己的思想付诸实施，他们也是利益的最先获得者。只有爵位、但无官职的贵族对社会的应变相对滞后，这就导致了人们的观念由重爵到重官的变化。与此同时，由于社会制度的变化，权力的运行，都需要各类职事官的运作，因此，西周各类职官的地位也随之发生了转变。这种变化与官吏职掌的内容紧密相联，是客观形势的需要。下面分四个方面进行分析。

（一）保、师逐渐退出权力核心

卿事寮系统的太保、太师在西周初年地位相当高。《尚书·君奭》："召公为保，周公为师，相成王为左右。"《尚书·召诰》有"太保先周公相宅"，《顾命》有"乃同召太保奭"，旅鼎铭有"公太保"。周初，保既是辅弼重臣，又是王室执政官。西周中期以后有关保的材料就很少见了。《诗》卷十八《大雅·常武》："赫赫明明，王命卿士，南仲大祖，大师皇父……"这个皇父职是大师，爵位是卿士。又，《诗》卷十二《小雅·节南山》有"赫赫师尹，民具尔瞻"，"赫赫师尹，不评谓何"，此师尹，杨宽先生认为就是指大师和尹氏，二者一为卿士寮长官，一为太史寮长官，他们共同执秉国政。[1]西周铭文中大师的出现在晚期，东周带有"大师"之器就多起来，但都是诸侯之器。也就是说，大师在西周时只有王室有，诸侯国没有；而东周王室的这种执政大师不见了，诸侯国多见大师。西周时大师亦是武职，常统帅军队。

东周时的师也没那么显赫。《左传》记载东周以后的师为乐官，与西周的师不是一回事。

周王朝实施宗法制，宗法制以血缘关系为基础实施统治，而"世卿世禄制实质上是一种奴隶主贵族联合专政的政治体制"[2]。周王、师、保为近亲属的各支脉，他们联合执政，既保证了权力掌握在姬姓血亲手中，又在最有限的范围内实施监督与民主。随着各侯国力量的发展，王室直接统辖的范围日益缩小，地位日益下降，王室的名义属性越来越明显。王室的执政大臣本身也都是分封的侯国，他们为了发展自己的势力与周王的矛盾也日益尖锐；如郑武公、庄公为周平王卿士，但周王"贰于虢"，引起了郑伯的不满。周桓王于隐公八年（公元前715）以虢公忌父为卿士，桓公五年（公元前707），周王又夺郑伯政。周郑曾发生争田、交质，甚至战争。公伯以卿士身份执政王室的方式已经走到历史的尽头。因此，保、师退出王室也就是必然的了。

《矢令方彝》有"王令周公子明保尹三事四方""令舍三事令"句，张亚初、刘雨先生认为："这里的'三事'，就是小盂鼎的三事大夫，也就是西周后期的'参有司'，即司土、司马、司工三行政官，而'四方'则指的是四方诸侯。"[3]西周早中期，司徒写作"司土"，晚期作"司徒"，东周各诸侯国多设此官，主管土地、农事等。司马是武职，《尚书》诸篇有此职，记载的是周初事。但在金文材料中，西周早期则不见司马一职，中晚期则有十余条，同时也见诸侯设置司马。东周以后，行政官属的司徒、司马、司工权力得到扩张，许多侯国的三司都是六卿。昭公四年（公元前538），杜泄谓季孙曰："夫子受命于朝而聘于王，王思旧勋而赐之路，复命而致之君。君不敢逆王命而复赐之，使三官书之。吾子为司徒，实书名。夫子为司马，与工正书服。

---

[1] 杨宽："西周中央政权机构剖析"，载氏著《先秦史十讲》，复旦大学出版社2006年版，第28页。

[2] 张亚初、刘雨撰：《西周金文官制研究》，中华书局1986年版，第148页。

[3] 张亚初、刘雨撰：《西周金文官制研究》，中华书局1986年版，第102页。

孟孙为司空以书勋。"[1]时鲁公室弱而卿士强，三家分掌司徒、司马、司空三职，可见其职之重要。宋国六卿："公子成为右师，公孙友为左师，乐豫为司马，鳞矔为司徒，公子荡为司城，华御事为司寇。"[2]哀公二十六年（公元前469），"于是皇缓为右师，皇非我为大司马，皇怀为司徒，灵不缓为左师，乐茷为司城，乐朱鉏为大司寇。六卿三族降听政，因大尹以达"。[3]郑国亦有六卿并执掌国家政务，六卿中亦见有三司，襄公二年（公元前571），"郑伯睔卒。于是子罕当国，子驷为政，子国为司马"。[4]春秋时，爵虽有名义上的尊贵，若不是职事官，仍然无权。如襄公十九年（公元前554），郑子产为卿，襄公二十二年（公元前551）传书"少正公孙侨"，杜注："少正，郑卿官也。"童书业先生推测："郑六卿为：当国、为政、司马、司空、司徒、少正。"可见，这时政务职官已逐渐显得重要，而传统的带有宗族首领色彩的师、保早已淡化。童书业先生论道："春秋官制之变，一言以蔽之，乃由王宫大臣及臣仆式之官吏向司民、司军、司政官吏之转变。最突出之表现为司徒、司马、司空'三司'之官被逐渐重视。"[5]这种变化反映了国家权力由族宗首领掌管逐渐向职事官转移，是宗族掌控国家向职官管理国家的过渡。

（二）太史寮地位下降

太史寮是指太史及其僚属，西周时与卿事寮并列，地位显赫。从西周铭文可知，太史寮的主要职责为：助王册命、赏赐；保存整理档案；为王室秘书及顾问；记录王令并代为发布命令等。其属官当有史、内史尹、内史、左史、右史、御史等，从铭文看属官相当多。太史寮系统职官多在周王左右，西周重视礼仪，册命、祭礼是当时非常隆重的大事，故当时太史寮属地位颇高。由于太史寮系列职官不掌握实权，只食旧有的封地，随着西周礼崩乐坏，其地位下降是必然的。《左传》中尹氏为春秋王室大夫，世为卿士，宗族强盛，一度出任王室执政，以太史身份辅助冢宰王子虎为晋侯册命，故赵晓斌先

---

〔1〕（晋）杜预注：《春秋左传集解》，上海人民出版社1977年版，第1251页。
〔2〕（晋）杜预注：《春秋左传集解》，上海人民出版社1977年版，第454页。
〔3〕（晋）杜预注：《春秋左传集解》，上海人民出版社1977年版，第1854页。
〔4〕（晋）杜预注：《春秋左传集解》，上海人民出版社1977年版，第801页。
〔5〕童书业：《春秋左传研究》，上海人民出版社1980年版，第339页。

生认为，春秋时太史地位还是相当崇高的。[1]这种情况当与尹氏家族势力的强盛有关，[2]并非缘于太史一职，且这种现象在春秋并不常见。

从《左传》记载东周的史实看，诸侯国史官地位并不高。《周官》中，史一类属官被归到《春官宗伯》，这一系属的职责被称为“掌邦礼”。由此也可证明《周官》成书早不了，应当是春秋以后的作品。秦汉官制中，史官属奉常统领。《汉书》卷一九上《百官公卿表》载：“奉常，秦官，掌宗庙礼仪，有丞。景帝中六年更名太常。属官有太乐、太祝、太宰、太史、太卜、太医六令丞，又均官、都水两长丞，又诸庙寝园食官令长丞，有廱太宰、太祝令丞，五畤各一尉。又博士及诸陵县皆属焉。”太史寮系统地位的下降，充分说明了神权的衰落，礼仪的崩溃，反映了时人的观念已发生了很大的变化。战国情况更是如此，正如顾亭林在《日知录》“周末风俗”中总结的那样：“如春秋时犹尊礼重信，而七国则绝不言礼与信矣；春秋时犹宗周王，而七国则绝不言王矣；春秋时犹严祭祀、重聘享，而七国则无其事矣；春秋时犹论宗姓氏族，而七国则无一言及之矣；春秋时犹宴会赋诗，而七国则不闻矣；春秋时犹有赴告策书，而七国则无有矣。”[3]

（三）宰官内侍地位的变化

宰职西周即有，《左传》定公四年传“周公为太宰”。金文材料中西周称宰，东周出现太宰。宰是周王内侍系统的首脑。西周之宰虽然参与一些礼仪活动，但其基本职责是管理王室家务，这在夷王时的《蔡簋》（《集成》4340）铭中记述颇详。《蔡簋》铭云：

> 蔡，昔先王既令女（汝）乍（作）宰，嗣（司）王家。今余隹醽（申）豪（就）乃令，令女（汝）眔曶䶂（缵）疋（胥）对各（恪），从嗣（司）王家外内。毋敢有不闻。嗣（司）百工，出入姜氏令。

---

〔1〕赵晓斌：《春秋官制研究——以宗法礼治社会为背景》，浙江大学 2009 年博士学位论文，第 124～126 页。

〔2〕《春秋左传正义·昭公二十三年》：“宣王之世，有尹吉甫。春秋以来数有尹子见经，是其食采于尹，世为周卿士也。以其世为卿士，宗族强盛，故能专意立朝。不言尹子而言尹氏者，见其氏族强，故能立之也。”

〔3〕（清）顾炎武著，黄汝成集释：《日知录集释》，上海古籍出版社 2006 年版，第 749 页。

所谓"司王家"即管理姬周王室家内事务，故张亚初、刘雨认为此宰属之官皆为王食住行等宫中事务官。[1]因宰与周王的关系密切，权力渐大。《十月之交》："皇父卿士，番维司徒，家伯维宰，仲允膳夫。棸子内史，蹶维趣马，楀维师氏，艳妻煽方处。"[2]此诗乃讥西周晚期王室昏暗，但具体指哪一王，《诗》注、疏有分歧。[3]本文以为，不论讥指哪一位周王，都不影响本文的论旨。该诗证明，西周晚期周王往往重用宰职系统等内臣。诗中卿士、司徒、师氏皆为外朝高官，其师氏当为公一级，而膳夫、趣马都属内侍之职。内侍系统人员本是为周王个人生活服务的宫室人员，最初有女宦、男侍等，以后人员逐渐增加，又发展了文秘这一类。陕西扶风出土的善夫克鼎，鼎铭记载克是厉王或宣王时重臣，克钟铭也称他"尃奠王命"。又梁其壶、钟亦证明膳夫"其身邦君大正"。另，西周走马地位有高有低，《周官》述膳夫之职掌甚详'，而趣马在《夏官》中地位甚低。《序官》云"趣马下士"。[4]《毛诗》郑注："冢宰掌建邦之六典，皆卿也。膳夫，上士也，掌王之饮食膳羞。内史，中大夫也，掌爵禄废置、杀生予夺之法。趣马，中士也，掌王马之政。"[5]这些多是内侍之臣，除冢宰外，地位都不高。从总的情况看，应是西周与东周的官制差别。

东周以后，宰这种内侍之臣逐渐向外朝侵蚀，宰也就逐渐成为权力很大的外臣了。师、保为了控制权力往往兼内侍之职。《左传·僖公九年》载："公会宰周公、齐侯……于葵丘"，僖公三十年（公元前630）"天王使宰周公来聘"，宰周公就是兼任太宰之周公。童书业先生考证，《周语》"襄王使太宰文公及内史兴赐晋文公命"，注："太宰文公，王卿士王子虎也"，案，僖二十八年传："王命尹氏及王子虎、内史叔兴父策命晋侯为侯伯"……观此文则太宰文

〔1〕 张亚初、刘雨撰：《西周金文官制研究》，中华书局1986年版，第41页。

〔2〕 (清)王先谦撰，吴格点校：《诗三家义集疏》，中华书局1987年版，第677页。

〔3〕 《诗》毛本注以为"大夫刺幽王也"。郑注以为"当为刺厉王……此篇讥皇父擅恣，日月告凶。《正月》恶褒姒灭周。此篇疾艳妻煽方处。又幽王时，司徒乃郑桓公友，非此篇之所云番也。是以知然"。见(清)阮元校刻：《十三经注疏》，中华书局1980年版，第445页。

〔4〕 (汉)郑玄注、(唐)贾公彦疏，彭林整理：《周礼注疏》，上海古籍出版社2010年版，第1092页。

〔5〕 (清)阮元校刻：《十三经注疏》，中华书局1980年版，第178页。

公为王子虎无疑，是彼时周室卿士之长仍掌太宰之官也。[1]东周时太宰地位极高，《谷梁》僖公九年（公元前651）："天子之宰，通于四海。"《荀子·王制》："本政教，正法则，兼听而时稽之，度其功劳，论其庆赏，以时慎修，使百吏免尽，而众庶不偷，冢宰之事也。"其职与《周官》首列"天官冢宰"之职相近，"太宰卿一人"下曰："大宰之职，掌建邦之六典，以佐王治邦国。"

春秋以后，师、保基本退出官制系统，宰已是侯国执政，《齐语》"桓公自莒反于齐，使鲍叔为宰"，注："宰，太宰也。"[2]但楚郑制度可能稍有不同，其地位略低。因此，童书业认为，"在春秋初年亦尚重要，而春秋中叶以后此官地位渐降，是盖王室公室之地位下降之故，以太宰本王室公室之家宰，非邦国之官也"。[3]童氏所论是正确的，但历史的轨迹却是王室内侍之臣向外臣发展是专制国家的必然。战国以后，作为执政的宰已不见，各侯国取而代之的是相。二者不同之处是：宰是贵族宗法制的产物，而相则是侯王所聘用，与宗族没有关系了。《天官》位列第一，以冢宰为首，"使帅其属而掌邦治，以佐王均邦国"，这显然是受三代传统官职体系影响。天官所列其他诸职，如宫正、宫伯、庖人、医师、食医、酒正、掌皮、寺人、内竖等等，秦汉以后大多归属九卿中的少府统领。此外，因西周的史、师地位一落千丈，战国时师为乐官，史官为国王文秘，他们也应归属在内侍系统。战国晚期，史官中分划出御史一职，以后演化为外朝官。

本文之所以将周制的宰职等内侍系统单独划分出来，是因为君王身边的私属近臣向外朝发展为朝廷官开启了先例，以后两汉的尚书、中书职能的转变也是沿袭这个轨迹。

（四）爵位贬值，命官出现，食吏阶层扩大

周朝以爵为本位，而爵位的获得有其历史原因，既依血缘，又重功勋。爵与封土、民众紧密相联。爵位本身既是一种政治荣誉，朝觐出行要体现不同等级的礼遇；爵位的背后又是实力的体现，封国、采邑既有经济内容，又

---

〔1〕　童书业：《春秋左传研究》，上海人民出版社1980年版，第170页。

〔2〕　上海师范大学古籍整理组校点：《国语·齐语》，上海古籍出版社1978年版，第222页。

〔3〕　童书业：《春秋左传研究》，上海人民出版社1980年版，第171页。

有兵员徒隶，他们世代相受，是宗法体系的本质表现。根据裘锡圭先生的研究，诸侯的名称都是由职官名称演变而来。因为历史的情况不同，各诸侯处于不同的位置，分担不同的任务，于是就有不同的名称。后来中央王朝用这些名称"分封"臣属，这些不同的名称就具有区分等级的作用了。[1]因社会发展的不平衡性，西周后期商品经济不断发展，土地纠纷经常发生，封国、采邑之间不断发生争战，侯伯、卿大夫之间的冲突愈演愈烈。有些贵族丧失了原来的封土，沦落为没落贵族，他们只好依附其他有权势的贵族生存。此时，爵位再也不能体现他们的地位了。爵有高低等级，所以是位；爵制以封土为基础，所以爵又为禄。在国家政权的运转过程中，由于官吏直接掌管权力，为官者可以利用手中权力为自身谋取利益，而有爵无官者实际上是在吃自家积蓄。这同现在大多数人愿当处长，而不愿当处级调研员是一个道理。随着礼崩乐坏，各国征战的激烈，爵的含金量越来越低，而职事官的重要性愈发凸显。

春秋以后，官的地位越来越高。尽管没落贵族在心里仍然有贵族的情节，但实际上，从政任职越来越重要。孔子无官只能做儒，给别人当司仪谋生计，晚年当个私塾先生，可是一旦在鲁国当了司寇，就耀武扬威了。

食吏阶层的扩大，自下向上的发展，也是官僚制度发展的一个方面。西周食吏阶层是贵族以下底层的吏员，他们大多为平民。西周以后，食吏阶层在向上扩展，而爵禄人员在向上收缩。即有职位而无爵位者大大增加，有爵无官者的数量也随着时间的流逝逐渐缩小。春秋中叶，"宋公于是以门赏耏班，使食其征，谓之耏门"，[2]"春秋之末，'宗法''封建'之制开始解体，新国家已在形成过程中。如孔子及其弟子，为鲁大夫、邑宰、与季氏家宰，无封土而以实物为俸禄（《史记·孔子世家》《论语·雍也》等），随时可以撤换，与宗法君臣关系不同，此为社会、政治一大变化"。[3]这种办法被以后的新兴国君和政治家广泛使用，并加速了裁汰世卿世禄旧贵族的进程。《韩非子·和氏》载："不如使封君之子三世而收爵禄，绝减百吏之禄秩。"战国初

---

〔1〕 裘锡圭："甲骨卜辞中所见的'田''牧''卫'等职官的研究——兼论'侯''甸''男''卫'等几种诸侯的起源"，载氏著《古代文史研究新探》，江苏古籍出版社1992年版。

〔2〕 （晋）杜预注：《春秋左传集解》，上海人民出版社1977年版，第477页。

〔3〕 童书业：《春秋左传研究》，上海人民出版社1980年版，第345页。

年的商鞅、吴起都是这样做的。新命官制由国家给俸禄，俸禄的多少与官吏级别的高低相勾联。官吏权力的象征是玺印，报酬是俸禄，任官的资格是能力，留任或升迁的条件是政绩。新的官僚制由此形成，官吏的出身或世家不再是任官的条件。

在官僚体制下，官员根据官品高低向国家要俸禄，只有品高权重才能得到更多的报酬；因此，向权力冲击成为了官僚制体系中官员的第一任务。也就是说，官员与国家是聘用关系，我给你钱，你给我办事；办不好，我就辞你；不想干，你就辞职。两周时期也可以称为爵禄制，级爵不只有经济利益，还有一个政治荣誉和政治地位问题。而战国后加大推行的俸禄在生活中所起的作用越来越大，秦汉官员的禄秩级差以"若干石"体现，"其背后是一个政治转型和统治阶级大换血的进程，即官僚制取代贵族制的进程，新式吏员取代传统贵族的进程。禄秩的基本性格，可以用'吏禄'二字概括，它是针对'吏'的等级管理办法。周代胥吏本是个卑微的层次，而战国秦汉的禄秩也保持了'重人不重事'的特色。随着作为新式吏员'吏'群的崛起，禄秩应用范围的开始向上扩展，向上侵蚀贵族官员的等级段落了"。[1]历史的进程就是如此。

春秋末期以来，很多破落的士人和有知识的平民，他们依附权贵而成为门客；还有儒、法、墨等不同学派的学者，他们培养学生，学生学成后游说列国，或为权臣，挂印为相，或为军师，或为将军。西周多子或小子都出身国学科班，即贵族子弟或国民是由官办学校培养的，毕业后才逐步进入仕途。战国游学之士则出自私门，或学军事，或治申韩之学，他们在各国君主之间选择适合自己的君主，为其出谋划策。此时，臣可择君，君可选臣，是思想大解放的时代。这种局面的出现与私学的创立有关，"由春秋转入战国，这一个'士'的阶层，并没有因为旧有社会结构的改变而趋于消失。世族卿大夫的阶层由萎缩而终不见，士的集团则在春秋本已活跃，更因一些外在因素而为数增加，最重要的因素之一，即是学在私门，使一些过去不易有问学机会的人，也可以获得教育"。[2]总之，官僚制给他们提供了一个个人奋斗的舞台，他们也为摧毁旧的世卿世禄制度、加速官僚制的发展做出了贡献。

---

〔1〕 阎步克：《从爵本位到官本位：秦汉官僚品位结构研究》，生活·读书·新知三联书店2009年版，第50页。

〔2〕 许倬云：《求古编》，新星出版社2006年版，第293页。

四、君臣关系的变化

《小雅·北山》曰："溥天之下，莫非王土。率土之滨，莫非王臣。"该句真正体现的是家国一体。周天子与诸侯本是一家，不是叔侄、舅甥，就是兄弟，《左传·昭公二十八年》载："昔武王克商，光有天下，其兄弟之国者十有五人，姬姓之国者四十人，皆举亲也。夫举无他，唯善所在，亲疏一也。"其后分封的数量不止于此；所分封的列国，在宗法制下都以天子为大宗，所有分宗都必须贡奉天子。周天子在政治上是王，在宗族上是最大的族长。但是，随着血缘关系的疏远，各国关系、各国与天子的关系也都逐渐疏远。东周射王肩者有之，灭封国者常见。正如《左传·襄公二十五年》载郑子产回答晋人问陈之罪时所说："且昔天子之地一圻，列国一同，自是以衰。今大国多数圻矣，若无侵小，何以至焉？"西周时所谓"制度"早被破坏〔1〕。"疆埸之邑，一彼一此，何常之有！"〔2〕这是一个以实力说话的时代！

王室东迁以来，周天子已是具名，且往往被列侯呼来唤去。诸侯国君也常被宗卿架空，列国卿大夫的家臣宰夫往往支持宗主背叛君国，国君则成为孤家寡人。鲁国自僖公后，政归三桓。昭公末年，欲逐季氏，三家合以攻公，公出奔，死于外。《国语·晋语八》载，栾氏叛晋，晋国执政命令栾氏的臣属不得随着出亡，而辛俞犯令，逮捕后，他说：

> 执政曰无从栾氏而从君也。是明令必从君也。臣闻之曰："三世事家，君之；再世以下，主之。"事君以死，事主以勤。君之明令也。自臣之祖，以无大援于晋国，世隶于栾氏，于今三世矣，臣故不敢不君。今执政曰"不从君者为大戮"，臣敢忘其死而叛其君，以烦司寇。〔3〕

---

〔1〕《礼记·礼运》："故天子有田以处其子孙，诸侯有国以处其子孙，大夫有采以处其子孙，是谓制度。"《正义》："'天子有田以处其子孙'者，案《王制》云'天子之田，方千里'是也。'以处其子孙'者，谓子孙若有功德者，封为诸侯，无功德直食邑于畿内也。'诸侯有国以处其子孙'者，谓诸侯子孙，封为卿大夫。若有其大功德，其子孙亦有采地，故《左传》云'官有世功，则有官族，邑亦如之'，是处其子孙。'大夫有采地以处其子孙'者，大夫位卑，不合割其采地以处子孙。但大夫以采地之禄，养其子孙，故云'以处其子孙'。"此"制度"意谓各级爵封田有度，皆有规制也。见（清）阮元校刻：《十三经注疏》，中华书局1980年版，第1418页。

〔2〕（晋）杜预注：《春秋左传集解》，上海人民出版社1977年版，第1179页。

〔3〕上海师范大学古籍整理组校点：《国语》，上海古籍出版社1978年版，第451~452页。

家臣只知其家，不知有国。这种情况列国基本相同，鲁国季孙氏费邑宰南蒯谋助公室驱逐季孙氏失败，出奔齐国。后齐景公见到南蒯却骂他是叛夫。南蒯说："臣欲张公室也。"齐大夫子韩皙说："家臣而欲张公室，罪莫大焉。"〔1〕当鲁昭公讨伐季孙氏时，叔孙氏之司马鬷戾言于其众曰："我，家臣也，不敢知国。"西周时天下共主的观念，已被尊立家主的观念所取代。卿大夫以传统的家族观念为基础，以自己的采邑、赏田、侵地为基地，以其所附臣民为基本力量，犯上作乱。这是一个由各为其主，"更为伯主"，发展到"邦无定交，士无定主"的时代。

春秋、战国，征战强并，"三后之姓，于今为庶"，致使"社稷无常奉，君臣无常位"〔2〕，国君在人们心目中也不再神圣。对待无道国君的态度，荀子继承了孟子的"残贼"思想，更为明确地指出：

> 然而暴国独侈，安能诛之，必不伤害无罪之民，诛暴国之君若诛独夫，若是，则可谓能用天下矣。能用天下之谓王。汤、武非取天下也，修其道，行其义，兴天下之同利，除天下之同害，而天下归之也。桀、纣非去天下也，反禹、汤之德，乱礼义之分，禽兽之行，积其凶，全其恶，而天下去之也。天下归之之谓王，天下去之之谓亡。故桀、纣无天下而汤、武不弑君，由此效之也。汤、武者，民之父母也；桀、纣者，民之怨贼也。今世俗之为说者，以桀、纣为君而以汤、武为弑，然则是诛民之父母而师民之怨贼也，不祥莫大焉。〔3〕

经过二千多年新旧朝代的更替、诸国的兴灭，荀子的这种认识是对忠谏说、天命论的否定，是对"暴国之君"的革命；无论对于一个暴君，还是一个腐朽集团，"残贼"说都是适用的。这种思想蕴含着先进的国家学说理论，它无疑是人类的宝贵财富。战国是中国历史上思想最解放、最自由，政治最宽松的时代，究其原因就是各国平等的政治地位，为士人的自由选择留下了

---

〔1〕 （晋）杜预注：《春秋左传集解》，上海人民出版社 1977 年版，第 1393 页。

〔2〕 （晋）杜预注：《春秋左传集解》，上海人民出版社 1977 年版，第 1600 页。

〔3〕 （清）王先谦撰，沈啸寰、王星贤点校：《荀子集解》卷一二《正论》，中华书局 1988 年版，第 324~325 页。

空间，创造了历史性的机会。但是，这种状况没能继续下去，秦统一帝国的建立使历史向专制集权的方向发展，皇权被统治者神化，臣侍君成为天经地义。景帝时辕固生与黄生关于"汤武革命"的争论也就成了中国永远的学术禁区。[1]

东周以后，由于俸禄制的扩展，形成国君出俸，官员出力的局面，这在本质上体现的是一种劳资关系，因此，官员与国家也就成为雇佣关系。许倬云先生在比较春秋战国两个时期的社会变化时论述道：战国时期，"君主与大夫的关系从家族关系转变为了契约关系；国君不再是一个半神的父权形象，而成了世俗政府的首脑"。在论述战国用人政策时，他论述道："在管理国家事务上发展出一种观念，认为政府应由孔子门徒那样的有德之人担当，或者由法家所提倡的能干之士充任，以符合新政府模式的需要。这两个学派认为，出身不应当作为政府任命或社会地位的标准。"[2]此时，很多贵族后裔已经被社会边缘化了，只能依巧技维生。用人不以亲缘，而以实用，荀子就为政用人的政策时曾说："虽王公士大夫之子孙，不能属于礼义，则归之庶人。虽庶人之子孙也，积文学，正身行，能属于礼义，则归之卿相士大夫。"[3]他进一步说："故上贤禄天下，次贤禄一国，下贤禄田邑，原悫之民完衣食。"这种机制对于裁抑世族、强化君权无疑具有促进作用，但在国家权力的制衡方面，由于缺少对于君主的制约力量，臣属人品的好坏、政绩的大小完全取决于国君个人的评判，这就容易造成君主专断、臣属谄媚的局面。秦帝国以后的中央集权专制就证明了这一点；这也是以士为代表的中国知识分子脊梁骨难以挺直的根本原因。

结　语

周初"封建亲戚，以藩屏周"，天子大宗，诸侯小宗，诸侯得承天子命以治其国，卿大夫士以次服从于"宗"。其后亲族愈众，关系疏远。东周以后，

---

〔1〕《史记》卷六一《儒林列传》，中华书局 1959 年版，第 3122~3123 页。

〔2〕许倬云：《中国古代社会史论》，邹水杰译，广西师范大学出版社 2006 年版，第 168 页。

〔3〕（清）王先谦撰，沈啸寰、王星贤点校：《荀子集解》卷五《王制》，中华书局 1988 年版，第 148 页。

"宗法"世族日以扩大，其间"小宗"逐级化为"大宗"，各"君"其土，各"子"其民。[1]诸侯化为"大宗"，专制一国；诸侯兼并，臣弑君，卿失位，陪臣执政。周官体系在这种形势下逐渐瓦解，并向新型官僚制转化。本文以周制官职的职能属性为依据，将其划分为四类，即卿事寮系统、太史寮系统、宰官内侍系统和侯官系统。这四种官职系统是平行的，都隶属于周王。侯官系统独立于王室之外，体现的是侯爵分封制度，因侯国在东周以后取代了天子的地位，故论述东周以后官制变化多引述侯国官制。东周以后，周王室的官制发生了重大变化：（1）卿事寮系统的长官师、保退出权力核心，以后发展为具有散官属性的荣誉官。（2）太史寮系统官员地位大大降低。从春秋、战国文献看，在处理国家大政方针时基本看不到这一系统官员的作用。因其职事的性质，史官多出入内廷。这一系统地位的变化说明礼制观念在淡化，从一个侧面说明礼崩乐坏时代的到来。秦汉以后，史官为奉常属官。（3）内侍官首领冢宰与内侍部门脱离关系，发展成为新型官僚制国家的行政首长，内侍系统属官秦汉后成为政府的一个部门，由少府掌管。（4）内侍系统分化为两部分，一类是以侍奉皇帝生活为己任的阉寺之属，一类是皇帝的文秘班子，史官中的御史应归入这一系统。这套班子以后演化成内朝，内朝官不断向外朝官发展，于是又有新的内朝官出现，这是一个不断侵蚀外朝官权力的往复过程。

卜宪群先生对西周及秦汉的官职做了对比研究，对官职的流脉分析得很细致。[2]他在《秦汉官僚制度》一书中著有"中国古代官僚制的形成途径"一节，在这一节中，作者系统地阐述了中国古代官僚制的基本特征。[3]这些对于中国古代官僚制度的研究都起了很好的作用。西周是官、爵、禄一体，以爵为本位，依宗法关系而建立的家天下管理体制。统治者对权力、土地等财富的贪欲而导致的争战和土地兼并是传统周制崩溃的根本原因，而在这一过程中大量贵族失去封地、采邑。土地是爵禄的最主要体现，而王室、公侯及其职事官拥有土地可以在这一过程中保护、扩充自己的实力，从而导致爵本位向官本位转化。东周以后，诸侯主宰天下，卿大夫各拥其主。诸侯、卿

---

〔1〕　童书业：《春秋左传研究》，上海人民出版社1980年版，第95页。
〔2〕　卜宪群："周代职官制度与秦汉官僚制度的形成"，载《南都学坛》2000年第1期。
〔3〕　卜宪群：《秦汉官僚制度》，社会科学文献出版社2002年版，第7~14页。

大夫为保存实力以能任官，从而使世卿世禄制度进一步遭到破坏，战国开始的各国变法加剧了这一过程。新形势下的各国职官发生了重大变化，俸禄官员的扩大并向上级伸展，使君主权力得到加强。

战国时期，新兴的官僚体制已经形成，君臣是合约关系。臣子食禄，体现其级别高下的是俸禄的多少。各国竞相聘用游士，游士可在多国任职，亦可挂印辞官。而君主对臣子进行考核，不合格者罢免、降黜甚或判刑。上计制度就是在这种新形势下出现的。相比周官制度下天子（君主）对于世族世官一般是无能为力的状况，这无疑是巨大的进步。此时，世卿世禄制已近尾声，传统的周爵制将退出历史舞台，官吏与朝廷的关系是个人与国家的关系，而与家族基本无涉。

两周官制的变化，不单纯是官职职掌或任官、选官的问题，而是社会经济、政治转型的一部分。是时，农村公社的井田制已蜕变为按级爵（功劳）、农夫（以家为单位）授予的名田制；政治上，以宗法为基础的封建领主制向以王权为中心的官僚制转变；官爵一体的爵禄制转变为官本位的俸禄制。秦专制帝国的建立标志着以宗法为基础的爵禄制向官僚制转型的彻底完成。

周朝教育制度蠡测及春秋末年私学的产生

教育是人们获取知识的必要途径，是人类社会发展历程中不可或缺的，而人生专门阶段的教育更是文明社会的体现。社会愈发达，教育的专门化程度就愈高。人类经过数万年的生活和生产实践，对这个问题的认识越来越深刻。文献记载，早在我国历史上的有虞氏时就有了专门的教育机构，这种观点自然不能尽信，但说商时已有学校应当是没有问题的，日本学者林泰辅著《龟甲兽骨文字》卷2第25页九片有"丙子卜，贞，多子其征学，版不遘大雨"，有学者认为"征学"就是往学，"版"即返，说明当时已有学子往返于学校。[1]学界一般认为，周人重视礼制，教育理念也比较先进，教育机构的建制也较前代完备，并对后世产生了很大影响。但因三代文献较缺乏，有关三代教育制度的文献更是缺如。陈梦家先生曾说过："要想知道一些上古学校的制度和起源，困难很不少：第一，关于记载上古学校的文献，没有早于战国的。第二，就已有的文献而说，它们对于古代制度往往施以人工的齐整，分化。第三，上古学制又与古代的礼俗制度和宫室制度互相关涉，而我们现在对这两种知识又太缺乏。"对解决这种困难的办法，陈梦家先生提出了两点，即试用古文字学的方法来追寻学制的起源，再者就是据古器物铭文来研究学制。[2]近卅年来，新出土了一些涉及教育方面的西周彝器，这对我们研究周人的教育制度有所帮助，但仍远远不能解决问题。限于学识，困于材料，本

---

〔1〕 杨宽先生对此论述甚明，详见氏文"西周大学（辟雍）的特点及其起源"，载《学术月刊》1963年第3期，后收入氏著《古史新探》（中华书局1965年版）及《先秦史十讲》（复旦大学出版社2006年版）。此片卜辞《合集》亦收，编号3250。又《合集》3249："□巳卜，□多子□□学版□遘……"现对此句释字、句读都有争议，有学者隶释为"丙子卜，贞，多子其延学版，不遘大雨"。版，杨宽等学者认为作"返"；宋镇豪认为"学版"即学籍记录册；"延学版"，即延长学籍。参见宋镇豪："从甲骨文考述商代的学校教育"，载王宇信等主编，中国殷商文化学会编：《2004年安阳殷商文明国际学术研讨会论文集》，社会科学文献出版社2004年版。

〔2〕 参见陈梦家："射与郊"，载《清华学报》1941年第13卷第1期，第116页。

文就西周教育问题的论述缺漏之处在所难免，敬请大家指正。

一、学校的类别

(一) 大学与小学

《礼记》诸篇虽多为汉人作品，但所记多周人礼制。[1]两周的学校有小学、大学；乡学、国学；天子之学、诸侯之学。《王制》："天子命之教，然后为学，小学在公宫南之左，大学在郊。天子曰辟雍，诸侯曰頖宫。"这是关于周朝国都学校的概述，国都中的学校分小校和大学，而大学因天子和诸侯的尊卑地位不同又分别称为辟雍、頖宫。小学、大学的划分应该是可信的。

商代亦见大学之名，《小屯南地甲骨》60 片："王隹（唯）癸寻？勿寻？于甲寻？\ 于且（祖）丁旦（坛）？\ 于庭旦（坛）寻？\ 于大学寻？"（《屯南》60），已有学者认为这个大学即应是作为学校释义的大学。[2]"于右寏学"（《屯南》662），这个"右寏学"也应属于大学的组成部分。[3]

西周铭文中也有大学、小学的记载。《大盂鼎》："女（汝）妹（昧）辰有大服，余隹即朕小学。"《师遽簋》："师遽才（在）昔先王小学，女（汝）敏可事（使），既令女（汝）更乃祖考司小辅。"（《集成》4324）[4]高明先生认为《大盂鼎》此处断句有误，"学"字后"女（汝）"属上读，该句应为："女（汝）妹（昧）辰有大服，余隹即朕小学女（汝），勿𧽤乃辟一人。"

---

〔1〕（唐）孔颖达《礼记正义》："其《礼记》之作，出自孔氏。""至孔子没后，七十二之徒共撰所闻，以为此记"。孔颖达以为"《王制》之作，盖在秦汉之际"，庐植认为："汉孝文皇帝令博士诸生作《王制》"。清人孙希旦在《礼记集解》中写道："愚谓《史记》言汉文帝'令博士刺《六经》，作《王制》，谋议封禅巡守事'，则此篇作于汉时明矣。"参见（清）孙希旦撰，沈啸寰、王星贤点校：《礼记集解》中华书局 1989 年版，第 309 页。本文赞成孙氏观点，除少数篇章为战国作品外，绝大多数应为汉人作品。《王制》所叙教育制度多为周制，郑注《王制》以为"此小学大学，殷之制"。陈梦家认为，"今由卜辞，尚没有发现直接的证据。但周初金文，已有小学的名称，中叶以后，仍然见称"。见陈梦家："射与郊"，载《清华学报》第 13 卷第 1 期，第 132 页，1941 年。

〔2〕王晖："庠序：商周武学堂考辨——兼论周代小学大学所学内容之别"，载《中国史研究》2015 年第 3 期。

〔3〕宋镇豪："从甲骨文考述商代的学校教育"，见王宇信等主编，中国殷商文化学会编：《2004 年安阳殷商文明国际学术研讨会论文集》，社会科学文献出版社 2004 年版。

〔4〕中国社会科学院考古研究所编：《殷周全文集成》（第二册），中华书局 2007 年版，第 2837 器。下文所引皆简称《集成》并加器号，不再出注。

学，高明释义为"教"，《尔雅·释诂》："学，教也。"《师嫠簋》："师嫠才（在）昔先王小学女（汝），女（汝）敏可事（使），既令女（汝）更乃祖考司小辅。"句型相同。小学女（汝），即小教女（汝）。小，细微义。此意则为缜密细致地教导汝。〔1〕考《师嫠簋》原拓，"师嫠才（在）昔先王小学"后面只有一个"女"（《集成》4324），此句主语为师嫠，若"女"上读，造成下句无主语。故"女"应仍属下读，作人称代词。从商周卜辞、铭文及秦汉文献看，时人也会因受教年龄、教学内容等方面的原因，将学校划分为小学、大学。

（二）塾、序、庠与乡校

各代基层学校和大学名称在文献中也是记载各异。《孟子·滕文公章句上》在阐述教育理念时说："设为庠序学校以教之。庠者，养也；校者，教也；序者，射也。夏曰校，殷曰序，周曰庠；学则三代共之，皆所以明人伦也。"〔2〕这是孟子所叙三代的基层教育机构，故历代注家谓孟子此处之庠、校、序，皆乡学也。《史记·儒林列传》："闻三代之道，乡里有教，夏曰校，殷曰序，周曰庠。"《汉书·儒林传》的文字与此相同，只是"殷曰庠，周曰序"。《说文·广部》："庠，礼官养老。夏曰校，殷曰庠，周曰序。"各家所记述都以校为夏名，《孟子》《史记》认为殷曰序、周曰庠，而《汉书》《说文》只是殷周名称相反，"殷曰庠，周曰序"而已。周人将各代学校名称集而用之，以为乡学名称。《礼记·学记》认为塾、庠、序、学是学校地方级别高低不同的称呼："古之教者，家有塾，党有庠，术有序，国有学。"郑注："术，当为'遂'，声之误也。"《乡饮酒义》："乡饮酒之义，主人拜迎宾于庠门之外。"注："庠，乡学也。州党曰序。"《乡饮酒义》郑注明确庠为乡学。按《周礼》，五百家为党，二千五百家为州。党属于乡，遂在远郊之外。孔疏："此明学之所在。'家有塾'者，《周礼》百里之内，二十五家为间，同共一巷，巷首有门，门边有塾。谓民在家之时，朝夕出入，恒受教于塾。"〔3〕也就是说塾是乡民在家门口学习的最基层的教育形式。汉刘向《五经通义》也是这种观点："三王教化之宫，总名为学。夏曰（学）校，校之言教也。殷曰

---

〔1〕 高明：《中国古文字学通论》，北京大学出版社1996年版，第379页。
〔2〕 杨伯峻编著，兰州大学中文系孟子译注小组修订：《孟子译注》，中华书局1960年版，第118页。
〔3〕 （清）孙希旦撰，沈啸寰、王星贤点校：《礼记集解》，中华书局1989年版，第958页。

庠，周曰序。周家又兼用之。故乡为庠，里为序，家为塾。"〔1〕《汉书·食货志》："于里有序而乡有庠。序以明教，庠则行礼而视化焉。"清人孙希旦分析曰："周乡之学名庠，《孟子》曰'周曰庠'，《乡饮酒义》'主人拜迎宾于庠门之外'是也。州、党之学皆名序，《州长》'春秋以礼会民而射于州序'，《党正》'国索鬼神而祭祀，则以礼属民而饮酒于序'是也。家塾所升者，教于党之序；党所升者，教于州之序；州所升者，教于乡之庠。乡大夫之宾贤能，皆取诸乡学，其尤俊异者乃升于大学而教之。"〔2〕

乡学又称乡校。按《周礼·大司徒》及班固《食货志》所记，每乡之户约 12 500 家。〔3〕《左传·襄公三十一年》："郑人游于乡校，以论执政。然明谓子产曰：'毁乡校，何如？'"杜预注："乡之学校。"孔颖达《正义》："《诗序》云：'《子衿》刺学校废。'是校又为学之别名。"三代学校的名称影响甚至到了汉代，《汉书·平帝纪》："安汉公奏车服制度，吏民养生、送终、嫁娶、奴婢、田宅、器械之品。立官稷及学官。郡国曰学，县、道、邑、侯国曰校。校、学置经师一人。乡曰庠，聚曰序。序、庠置《孝经》师一人。"塾属于家学、私学；庠、序、乡校是地方级学校；国学为中央直属学校。从学校的性质看，周人的学校应区分为中央国有和地方公有两类。那些基层的庠序无疑应当属于地方公有的性质。

三代大学之名与周代各级乡校的名称是否如传世典籍所载，其名称到底表现了什么？弄清这个问题，对于我们了解其名称的原委自是必要。

(三) 商代的羑与典籍中的庠、序

商代甲骨文有羑字，陈梦家先生认为就是文献中的"庠"。〔4〕王晖先生同意这个意见，认为该字就是文献中"殷曰庠"中的大学之意。《合集》5771 号卜辞：

贞：令卓羑三百射？

---

〔1〕 文渊阁《四库全书》子部类书类，李昉《太平御览》卷五三五。

〔2〕 (清) 孙希旦撰，沈啸寰、王星贤点校：《礼记集解》，中华书局 1989 年版，第 558 页。

〔3〕 里耶秦简 8-927："廿七年，迁陵贰春乡积户☒Ⅰ亡者二人。衛 (率) 之，万五千三户而亡☒Ⅱ"。简 8-1716："卅五年迁陵贰春乡积户二万一千三百☒Ⅰ毋将阳阑亡乏户☒。Ⅱ"〔陈伟：《里耶秦简牍校读》(第一卷)，武汉大学出版社 2012 年版，第 250 页、第 381 页〕据此，《周礼》、班志所记周时里侣乡党的户数可能与实际相差无多。

〔4〕 陈梦家：《殷虚卜辞综述》，中华书局 1988 年版，第 513 页。为避文繁，引用卜辞时不全部述录各文所举整片卜辞，只举能说明问题的关键字句。

贞：叀（唯）☒令庠三百射？

王宇信、杨升南主编《甲骨学一百年》说："陈梦家说卜辞'令卓庠三百射'者，令卓庠教三百射以射，因为有'新射'（《合集》32996），故要训练。"[1]宋镇豪先生认为，学者们已经接受"庠三百射"的"庠"读为训练、培养的"庠"。"庠"是个谓语动词，作为学校名称的"庠"是从原来表示谓语动词的"培养""培育"转化过来的，从培养的行为转化为培养的场所、地点。就像"学"一样，既可以表示动词的"学习"之义，也可表示名词的"学校""小学"之义。[2]王晖先生认为，如果这个庠代表学校，则可表明，班固《汉书·儒林传》与《说文·广部》所云"殷曰庠"的说法是正确的，而《孟子·滕文公》《史记·儒林列传》所说的"殷曰序"是不对的。他还认为，庠还作"训练""培养"解，如《合集》5711："庚戌卜，古贞：令多马卫亡（无）庠？贞：令多马卫于北？"此句式中"多马卫"是"庠"的宾语，即宾语"多马卫"前置。庠"多马卫"就是培养许多御马者、卫士，并认为此句与"庠三百射"的"庠"用法相同。[3]其实"庠"就是动词，意为射羊的某种方式。甲骨文有☒、☒、☒，其意与"庠"相当，于省吾认为凵是坑坎，以陷人或动物。[4]从"庠"之字形及整句卜辞看，应为陷羊以射之。因此，"庚戌卜，古贞：令多马卫亡（无）庠？贞：令多马卫于北？"无需将"庠"迂曲解释为培养，并将多马卫作为庠的宾语来处理。庠，就是置羊以射之。全句意思就是可否令众多御马者、卫士进行庠射。当然，这种庠射次数多，也会引申出训练甚至培养之意，但在此处当直接做宾语来处理更合适。由于弓射、御射是大学的主要课程，因此将庠射作为殷商大学的代称，将序作为周人大学的代称。《孟子·滕文公章句上》说"序者，射也"抓住了问题的实质。王晖论证周人武学堂又名射庐，或榭庐、廋庐，周铭文中学宫、射庐、射宫互用。《师汤父鼎》"王才（在）周新宫，才（在）射庐"（《集成》

---

[1] 王宇信、杨升南主编：《甲骨学一百年》，社会科学文献出版社1999年版，第495页。

[2] 宋镇豪："从甲骨文考述商代的学校教育"，载王宇信等主编，中国殷商文化学会编：《2004年安阳殷商文明国际学术研讨会论文集》，社会科学文献出版社2004年版。

[3] 王晖："庠序：商周武学堂考辨——兼论周代小学大学所学的内容之别"，载《中国史研究》2015年第3期。

[4] 于省吾："释☒、☒、☒、☒、☒"，载氏著《甲骨文字释林》，中华书局1979年版，第270～274页。

2780），则射宫亦射庐。近人徐元诰《国语集解》引清人陈奂论证谢、射、序古音通假，"序"在《仪礼》中作"豫"，亦为射意。只是后来廨成为射的名词化，序为廨之异体字而已。所以孟子直言"序者，射也"。[1]可见，习射是商周大学课程的重要内容，不论庠、序、校，其意相通，都是射意。[2]王念孙的《广雅疏证》认为，"'庠'训为'养'，'序'训为'射'，皆是教导之名"。前已论证，"庠"的培养之意是引申的，因此庠、序同意。商周所谓的庠、序都是学校教学内容的一部分，都以表射的文字代表学校而已。明白了这个道理，则传世典籍中商周庠序名称颠倒就不是什么不好理解的事情了。

（四）三代学校的方位与名称变化

古文献中塾、序、庠、校这几种名称都与教育有关，有谓因时不同而异名，有谓依尊卑级别不同而定名，也有谓其实为一。为什么各代学校名称不同，周朝的乡学有庠有序呢？典籍中或称夏曰校，殷曰序，周曰庠；甚至更早到有虞氏上庠下庠，夏后氏东序西序，殷人左学右学，周人东胶虞庠。清人余萧客《古经解钩沉》辑《御览》："天子诸侯皆有大学、小学，大学在西。有虞氏之学曰庠，亦谓之米廪，夏曰序，殷曰瞽宗，周曰辟雍。"[3]各代学校如何分布，这些名称又是如何保留下来的呢？孔颖达《王制》疏：

> 异者，四代相变耳，或上西，或上东，或贵在国，或贵在郊。上庠、右学，大学也，在西郊。下庠、左学，小学也，在国中王宫之东。东序、东胶亦大学，在国中王宫之东。西序、虞庠亦小学也，西序在西郊，周立小学于西郊。胶之言斜也，庠之言养也。周之小学为有虞氏之庠制，是以名庠，云其立乡学亦如之。[4]

---

[1] 王晖："庠序：商周武学堂考辨——兼论周代小学大学所学的内容之别"，载《中国史研究》2015年第3期。陈梦家借鉴容庚先生的研究成果，也论证了"廨"即"序"字，二字古音相近。见氏文"射与郊"，载《清华学报》第13卷第1期，第117页，1941年。

[2] 顾颉刚先生论证："《孟子》曰'设为庠、序、学、校以教之……'序'者，射也。'其实非特'序'为肄射之地，他三名皆然。'校'即校武之义，今犹有'校场'之称。庠者，《王制》言其制曰：'耆老皆朝于庠；元日，习射上功'，是'庠'亦习射地也。"参见氏著《史林杂识初编》，中华书局1963年版，第85页。

[3] 文渊阁《四库全书》经部类五经总义类，《古经解钩沉》卷一上。

[4] （清）阮元校刻：《十三经注疏》，中华书局1980年版，第1346页。

孔颖达认为，各代学校名称的变化是因为各代崇尚方位、国郊位置的不同而形成的。又，《礼记·文王世子》：

> 凡学世子及学士，必时。春夏学干戈，秋冬学羽籥，皆于东序。小乐正学干，大胥赞之。籥师学戈，籥师丞赞之。胥鼓《南》。春诵夏弦，大师诏之。瞽宗秋学《礼》，执礼者诏之；冬读《书》，典书者诏之。《礼》在瞽宗，《书》在上庠。凡祭与养老乞言，合语之礼，皆小乐正诏之于东序。大乐正学舞干戚，语说，命乞言，皆大乐正授数，大司成论说在东序。[1]

郑玄注曰："周立三代之学，学《书》于有虞氏之学，《典》《谟》之教所兴也。学舞于夏后氏之学，文武中也。学《礼》《乐》于殷之学，功成治定，与己同也。"此言周人大学分为不同的校区，周人学六艺，不同的科目不可能在一处互相干扰，故各校区发挥不同的功用。宋刘敞更明确地说：

> 周立四代之学，谓一处并建四学：辟雍居中，其北为有虞氏之学，其东为夏后氏之学，其西为殷人之学。学干戈羽籥者就东序，学礼者就瞽宗，学书者就虞庠，其辟雍，惟天子出师、成谋、受俘、大射就焉。当天子至辟雍，则三学之人环水而观矣。[2]

刘敞的分析得到了后世学者的认同。清人孙希旦还考证了西周各校区的异名问题：

> 愚谓学之名，散见于经记，先儒之说不同，惟刘氏最有条理。周立四代之学：辟雍、上庠、东序、瞽宗，皆大学也。辟雍一名成均。《诗》言"镐京辟雍"，而《大司乐》言"掌成均之法，以治建国之学政"，知辟雍、成均并为周代之大学，异名而同实也。东序一名东胶。《王制》言"养国老于东胶"，《文王世子》言"养老于东序"，知东序、东胶一也。瞽宗一名西学。《大司乐》"死则以为乐祖，祭于瞽宗"，《祭义》"祀先贤于西学"，知瞽宗、西学一也。东序、瞽宗、上庠为教学之所，而辟雍

---

[1]（清）阮元校刻：《十三经注疏》，中华书局 1980 年版，第 1404、1405 页。
[2]（清）孙希旦撰，沈啸寰、王星贤点校：《礼记集解》，中华书局 1989 年版，第 557 页。

则天子之所视学而行礼。《鲁颂》言"在泮献馘""在泮献囚"。鲁四学，而頖宫当天子之辟雍，则天子之受成献俘在辟雍矣。《榖梁传》言"习射于泽宫"，《诗》言"振鹭于飞，于彼西廱"，毛传云："廱，泽也。"是泽宫即辟雍，则天子大射在辟雍矣。[1]

现据《礼记·王制》等文献所记各代国学和乡学的名称与位置梳理为下表：

时代	国学		位置	乡学	备注
有虞氏	大学	上庠	国之西郊		《礼记·王制》《礼记·内则》
	小学	下庠	国中王宫之东		
夏后氏	大学	东序	国中王宫之东	校	《礼记·王制》《礼记·内则》
	小学	西序	国之西郊		
殷商	大学	右学（瞽宗）	A 国之西郊 B 大学在郊	序	《汉书·儒林传》《说文》皆谓："殷曰庠，周曰序。"
	小学	左学	国中王宫之东		
周	大学（辟雍）	大学（辟雍）	国中辟雍北上庠、东序、西瞽宗	序（遂）庠（党）塾（闾）	《礼记·学记》："古之教者，家有塾，党有庠，术有序，国有学。"
	小学	虞庠	国之西郊（公宫南之左）		

按孔注，学校名称的变化与各代崇尚的方位不同有关。有虞氏、殷人上西，故以右为尊，大学皆在国之西郊；夏后氏、周人上东，故大学皆在东郊。小学所在方位正与此相反。

宋魏了翁《仪礼要义》对于各代学校名称的变化也做了分析：

《周礼》作序，释曰：云"周立四代之学于国"者，案《王制》云："有虞氏上庠下庠，夏后氏东序西序，殷人左学右学，周人东胶虞庠。"周立四代者，通已为四代。但质家贵右，故虞殷大学在西郊，小学在国中。文家贵左，故夏周大学在国中王宫之东，小学在西郊。周所立前代

---

[1]　（清）孙希旦撰，沈啸寰、王星贤点校：《礼记集解》，中华书局1989年版，第557~558页。

学者，立虞夏殷三代大学。若然则虞氏上庠，则周之小学，为有虞氏之庠制在西郊也。立殷之右学则瞽宗，周立之亦西郊。立夏后氏之东序，则周之东胶，立在王宫之东，以其改东序为东胶。[1]

魏氏基本上是站在方位说的角度进行分析，认为"质家贵右""文家贵左"，夏周注重礼仪形式，所以将大学、小学分别安置在国中与西郊。三代学宫名称、位置不同，其实是反映了各朝换代后鼎革前朝制度的一种姿态，学校的本质、体制并没有变化。这就如同夏殷周秦岁首的变动一样。周人建国后，不但尊尚方位与商相反，还将此前各代的大学名称作为乡学或国学的小学，以此来显衬本朝对前代的变革。孙希旦对此分析得很正确，他说：

虞、殷以西为尊，夏人以东为尊。周之东胶，大学也；虞庠，乡学也。四郊皆有庠，而养庶老独于西郊之庠，亦取其与殷礼相变与？虞、夏、殷养国老、庶老皆于国学，周养国老于国学，养庶老于乡学者，周代文，故辨于贵贱之礼也。[2]

周人贵文重礼，为彰显周人的礼仪制度，除建大学辟雍外，以有虞、夏、商大学冠名分别建置在辟雍东、北、西的校区，并按六艺教学的需要分配各校区的功用。为彰显周人的地位，还将前代大学之名的庠序作为乡党、闾里学校的名称。周人"养国老于国学，养庶老于虞庠"，养国中庶老于国中之小学，非乡校也。乡党无大学，乡党之民，只有那些符合条件的"俊士"才能进入大学。[3]

二、学制与课程

（一）入学年龄

周人据不同的年龄分别就读小学与大学。《大戴礼记·保傅》："及太子少长，知妃色，则入于小学。小者，所学之宫也。""古者年八岁而出就外舍，

---

〔1〕 文渊阁《四库全书》经部礼类，仪礼之属《仪礼要义》卷一二。

〔2〕 （清）孙希旦撰，沈啸寰、王星贤点校：《礼记集解》，中华书局1989年版，第385页。

〔3〕《礼记》卷一三《王制》："命乡论秀士，升之司徒，曰选士。司徒论选士之秀者而升之学，曰俊士。升于司徒者不征于乡，升于学者不征于司徒，曰造士。"见（清）孙希旦撰，沈啸寰、王星贤点校：《礼记集解》，中华书局1989年版，第364页。

学小艺焉，履小节焉。束发而就大学，学大艺焉，履大节焉。"卢辨注谓"古者太子八岁入小学，十五入太学也"，"小学谓虎闱，师保之学也。大学，王宫之东者。束发，谓成童"。[1]《后汉书·杨终传》："礼制，人君之子年八岁，为置少傅，教之书计，以开其明；十五岁置太傅，教之经典，以道其志。"《白虎通义·辟雍》："古者所以年十五入太学何？以为八岁毁齿，始有识知，入学学书计；七八十五，阴阳备，故十五成童志明，入大学，学经籍。"[2]《公羊》僖十年何休注："礼，诸侯之子，八岁受之少傅，教之以小学，业小道焉，履小节焉。十五受太傅，教之以大学，业大道焉，履大节焉。"《公羊》宣公十五年何休注："十月事讫，父老教之校室。八岁者学小学，十五者学大学。"据何休注，国民都应按八岁、十五岁这个年龄段分别入小学与大学。

也有文献记载入学年龄并不绝对在八岁与十五岁，并认为这是因身份贵贱不同而造成的；如《新书·容经》："古者年九岁入就小学，蹑小节焉，业小道焉。束发就大学，蹑大节焉，业大道焉。"[3]《尚书大传》云："古之王者，必立大学小学，使公卿之大子，大夫元士之嫡子，十有五年始入小学，见小节焉，践小义焉。二十入大学，见大节焉，践大义焉。故入小学，知父子之道，长幼之序；入大学，知君臣之义，上下之位也。"[4]陈立注《白虎通义》曰："《公羊》《戴礼》所说，当是天子大子、诸侯世子之礼，《书传》所云，或是公卿大夫适子制也。"[5]"十五始入小学"显然不确。孙希旦认为贵族与庶民子弟的入学年龄因所学的内容与学校的差异、学子资质等会有所不同，但小学应在13岁以下：

> 今其详固不可尽考，然《周礼》乐师"教国子小舞"，则国子之入大学固不待既冠矣。盖古者公卿与庶民之子，其学不同；公卿之子以师氏所教者为小学，以成均为大学；庶民之子以家之塾、州、党之序为小学，以乡之庠为大学。公卿之子，其小学唯一，则其升于大学也速；庶民之子，其小学有三，则其递升于大学也迟。而又人之材质有敏纯，学业之成就有早暮，则

---

[1] （清）王聘珍撰，王文锦点校：《大戴礼记解诂》，中华书局1983年版，第51页、第60页。

[2] （清）陈立撰，吴则虞点校：《白虎通疏证》，中华书局1994年版，第253页。

[3] （西汉）贾谊撰，王洲明、徐超校注：《贾谊集校注》，人民文学出版社1996年版，第236页。

[4] 文渊阁《四库全书》经部书类《尚书大传》卷三。

[5] （清）陈立撰，吴则虞点校：《白虎通疏证》卷六《辟雍》，中华书局1994年版，第254页。

其入大学固不可限定期，大约自十三以上，二十以下，皆入大学之岁与？〔1〕

综合典籍记载，一般八岁入小学。《论衡·自纪篇》：王充"八岁入于学，书馆小童百人以上，皆以过失袒谪，或以书丑得鞭。充书日进，又无过失。手书既成，辞师受《论语》《尚书》，日讽千字。"而八、九岁入学之差可能与乡党之庠序条件、个人之敏钝等原因有关。但八岁、十五岁的小学入学年龄之差别则没有调和的余地，对比《后汉书》《白虎通义》及《公羊》何休注，《书大传》的"十有五始入小学"极有可能是"十岁始入小学"之误。

（二）学习内容与课程

周人的教授课程，顾颉刚先生曾概括道："那时的课程大致分为文武两类：文的教育科目是诗、书、礼、乐以及其他的古典等……武的教育的科目有射、御、技击等项。"〔2〕大体如是。按经书所言，学生按年龄学习不同的课程。《礼记·内则》：

> 六年，教之数与方名。七年，男女不同席，不共食。八年，出入门户及即席饮食，必后长者，始教之让。九年，教之数日。十年，出就外傅，居宿于外，学书记。衣不帛襦袴。礼帅初，朝夕学幼仪，请肄简、谅。十有三年，学乐，诵《诗》，舞《勺》。成童舞《象》，学射御。二十而冠，始学礼，可以衣裘帛，舞《大夏》，惇行孝弟，博学不教，内而不出。〔3〕

朱子曰："此古经也。……此必古者学校教民之书。"《礼记集解》引赵氏师曰："《内则》一篇，文理密察，法度精详，见古先圣王所以厚人伦、美教化者无所不用其全。"〔4〕先贤之言可信，此篇内容当是周人的教育大纲。按其文意，小学的教学内容主要有：6~13岁，习数与方名（数字、四方之名）、数日（朔望与六甲）、书记（六书与九数之学）。这些应当是国中之学对幼童

---

〔1〕（清）孙希旦撰，沈啸寰、王星贤点校：《礼记集解》，中华书局1989年版，第768~771页。
〔2〕顾颉刚：《顾颉刚古史论文集》卷四，《春秋史讲义》第八章，中华书局2011年版，第383页。
〔3〕（清）孙希旦撰，沈啸寰、王星贤点校：《礼记集解》，中华书局1989年版，第770~771页。
〔4〕（清）孙希旦撰，沈啸寰、王星贤点校：《礼记集解》，中华书局1989年版，第724页。又，文渊阁《四库全书》经部礼类《礼记》之属《钦定礼记义疏》卷四〇注引朱子曰："《内则》一篇，文理密察，法度精详，见古先圣王所以厚人伦、美教化者无所不用其全。"

到成童这一阶段教育的总体内容。

"六书"即造字之法。先郑云："象形、会意、转注、处事、假借、谐声。"《汉书·艺文志》载："古者八岁入小学，……教之六书，谓：象形、象事、象意、象声、转注、假借，造字之本也。"可见西周识字教学是按字的构成方法分类施教的。当时据不同年龄要求识读一定的字数并有初学的课本，《汉书·艺文志》"《史籀》十五篇"，注曰："《史籀篇》者，周时史官教学童书也。"这是中国教育史上记载最早的儿童识字课本，今已失传。

所谓九数，当为实际应用中的算题解法。《周礼注疏》郑玄引先郑云："方田、粟米、差分、少广、商功、均输、方程、赢不足、旁要，此九章之术是也。今有重差、夕桀、句股。"岳麓书院藏秦简有关于算术内容的简牍，编号0956简背面自名为《数》。《数》算题内容有方田、粟米、衰分、少广、商功、均输、赢不足、勾股、禾程等，其中很多题型与《九章算术》相近，研究者认为《数》可能是秦代的算数教材。这些理科的自然知识当然不会是秦朝才出现的，一定很早就被发现并总结出来。因此，传世文献记载的周人六艺之一有"数"是非常可信的。[1]

13岁始诵诗、学舞。成童舞《象》，学射、御。郑注15岁以上为成童。按《内则》，15岁成童后不但学射御，且仍要学舞，与15岁前所学之舞不同。孔颖达疏曰："'舞《勺》'者，熊氏云：勺，篇也。言十三时学此舞籥之文舞也。'成童，舞《象》'者，成童谓十五以上，舞《象》谓舞武也。熊氏云：'谓用干戈之小舞也。以其年尚幼，故习文武之小舞也。''舞《大夏》'者，《大夏》是禹乐，禅代之后，在干戈之前，文武俱备，故二十习之也。"舞不但区分为文、武，还分小舞与大舞。15岁前学文舞，15岁以后习小武舞，20岁以后习成年人舞。《宗伯·乐师》"乐师掌国学之政，以教国子小舞"，郑玄注："谓以年幼少时教之舞。《内则》曰：'十三舞《勺》，成童舞《象》，二十舞《大夏》。'"贾疏："云'二十舞《大夏》'者，人年二十，加冠成人而舞《大夏》。《大夏》，夏禹之舞。虽举《大夏》，其实《云门》已下六舞皆学。"《大司乐》："以乐舞教国子，舞《云门》《大卷》《大咸》

〔1〕 陈松长等：《岳麓书院藏秦简的整理与研究》第五章"岳麓秦简《数》的研究"，中西书局2014年版，第163~218页。

《大磬》《大夏》《大濩》《大武》。"即成丁冠礼后学此七舞。再者云"以乐舞教国子",实舞乐一体,不独唯舞。

《礼记·王制》:乐正"顺先王诗书礼乐以造士,春秋教以礼乐,冬夏教以诗书",即有专门的职官乐正按季节教习舞乐。乐调不仅仅是音声,还是礼制。"故礼以道其志,乐以和其声,政以一其行,刑以防其奸。礼乐刑政,其极一也,所以同民心而出治道也。""乐者,所以象德也。礼者,所以缀淫也。是故先王有大事,必有礼以哀之;有大福,必有礼以乐之。哀乐之分,皆以礼终。"[1]乐在军礼、婚礼、乡射礼、丧葬礼中广泛应用,小子、国子习乐是六艺中不可或缺的课程。

周人注重的是与实践密切相关的知识技能,成童以后的教育以六艺中的射御为主。六艺包括两部分,一为从政的品德和社会交往的行为规范;二为护卫家国的技能,如射、御、击技等。顾颉刚认为,"吾国古代之士,皆为武士也",此说虽有些偏颇,但庠、序、学校所习内容都有武技项目确是事实。[2]这反映了国家对国子未来担当国家官员的基本要求。国子毕业后除按宗法承袭本宗世爵外,很大一部分成为国士,即公卿大夫子弟。《周官·大司徒》:"以乡三物教万民而宾兴之……三曰六艺(技能方面),礼、乐、射、御、书、数。"《周官·保氏》亦曰:"而养国子以道;乃教之六艺,一曰五礼,二曰六乐,三曰五射,四曰五驭,五曰六书,六曰九数。"射驭是其中重要内容。郑玄注:"射,五射之法。御,五御之节。"郑玄注《保氏》引郑司农道出了五射、五驭的名称:"五射,白矢、参连、剡注、襄尺、井仪也。五驭,鸣和鸾、逐水曲、过君表、舞交衢、逐禽左。"贾公彦对郑司农的五射、五御又进行了详细的解释:"云'白矢'者,矢在侯而贯侯过,见其镞白。云'参连'者,前放一矢,后三矢连续而去也。云'剡注'者,谓羽头高镞低而去,剡剡然。云'襄尺'者,臣与君射,不与君并立,襄君一尺而退。云

---

〔1〕 (清)孙希旦撰,沈啸寰、王星贤点校:《礼记集解》,中华书局1989年版,第977页、第997页、第998页。

〔2〕 顾颉刚:《史林杂识初编》,中华书局1963年版,第85~91页。顾颉刚在《春秋史讲义》中也说:"那时的教育是一种'武士教育'。这是封建时代的普遍情形。那时武士的生活:一方面以技艺为尚,一方面又沈浸于礼仪和音乐的空气中。他们的教育目标,是要造成德、智、体、艺四合一的'君子'的人格。"载《顾颉刚古史论文集》卷四,中华书局2011年版,第384页。

'井仪'者，四矢贯侯，如井之容仪也。云'五驭'者，驭车有五种。云'鸣和鸾'者，和在式，鸾在衡。案《韩诗》云：'升车则马动，马动则鸾鸣，鸾鸣则和应。'先郑依此而言。云'逐水曲'者，无正文。先郑以意而言，谓御车随逐水势之屈曲而不坠水也。云'过君表'者，谓若《毛传》云：'褐缠旃以为门，裘缠质以为椹，间容握，驱而入，击则不得入。'《谷梁》亦云'艾兰以为防，置旃以为辕门，以葛覆质以为槷，流旁握，御击者不得入'。是其过君表即褐缠旃是也。云'舞交衢'者，衢，道也，谓御车在交道，车旋应于舞节。云'逐禽左'者，谓御驱逆之车，逆驱禽兽使左，当人君以射之，人君自左射。故《毛传》云：'故自左膘而射之，达于右腢，为上杀。'又《礼记》云'佐车止，则百姓田猎'是也。"〔1〕

五射，即五种射箭的规则。五驭，又称五御，御、驭相通。五御之节，即五种驾车的技巧。鸣和鸾，谓行车时和鸾之声相应；逐水曲，谓车随曲岸疾驰而不坠水；过君表，即经过天子的表位而有礼仪；舞交衢，即过交叉通道而驱驰自如；逐禽左，即行猎时追逐禽兽从左面射获。

由上观之，周人六艺更重视技能。自孔子私学教育开始，学校科目渐以《诗》《书》《礼》《乐》《易》《春秋》六经的文本教育为主。〔2〕

（三）学子身份与培养目标

周人的国学专为贵族子弟而设，其学生称为国子。《周礼·春官·宗伯》："大司乐……而合国之子弟焉。"郑玄注："国之子弟，公卿大夫之子弟，当学者谓之国子。"《周礼》常用"国子"一词，如"以乐德教国子""以乐语教国子""以乐舞教国子"等〔3〕。按国野划分的国家结构形式，国人到一定年龄自然就成为国家的禁卫军，而野人则没有这个资格。〔4〕这与秦汉郎兵要求是官宦子弟是一个道理。这种制度在周《柞柏簋》中有所体现：

---

〔1〕（汉）郑玄注，（唐）贾公彦疏，彭林整理：《周礼注疏》，上海古籍出版社2010年版，第499~500页。

〔2〕葛志毅："郑玄三礼学体系考论"，载《中华文化论坛》2007年3期，第42~57页。

〔3〕（汉）郑玄注，（唐）贾公彦疏，彭林整理：《周礼注疏》卷二五，上海古籍出版社2010年版，第831~834页。

〔4〕严耕望先生亦曰："古代封建时代，贵族最低级曰'士'，以讲习射御为事，入卫国君，外从征伐；庶民不得参与也。"见氏文："秦汉郎吏制度考"，载《严耕望史学论文集》，上海古籍出版社2009年版，第21页。

佳（惟）八月辰才（在）庚申，王大射才（在）周。王令南宫逨（率）王多士，师𩵋父逨（率）小臣。……王曰："小子、小臣，敬又（友）！又隹（获）删（则）取。"……柞（胙）白（伯）用乍（作）寶尊彝。

图1　左柞伯簋；右柞伯簋铭文〔1〕

该器属康王时期。〔2〕报告作者续发《柞伯簋与大射礼及西周教育制度》一文，认为《夏官·诸子》"春合诸学，秋合诸射"，其中之"学"、"射"均指贵族子弟所就学的大学，簋铭所记是周天子每年定期于秋季举行的大射礼，即"秋射"。贵族学生在20岁前称为小子，或合称为多子；行冠礼后称为士、学士，或合称多士、庶士。令鼎铭中小子是作为警卫队护卫周王到淇田举行籍田礼的；晋侯苏钟铭中的小子是战场上的士兵，而《柞伯簋》和《静簋》（《集成》4274）中的小子正在大学就读，这充分说明大学学生的小子身兼学生与士兵的双重身份。周时的野人都是异姓，他们从事于陇亩，没有资格上大学，也没有资格当兵。〔3〕《柞伯簋》和《静簋》等资料反映的兵学合一制度，是当时封建宗法制度下的国野之分、贵庶之分和城乡之分的产物。《春秋左

---

〔1〕　见王正龙等："新发现的柞伯簋及其铭文考释"，载《文物》1988年第9期。

〔2〕　王龙正等："新发现的柞伯簋及其铭文考释"，载《文物》1998年第9期。又，参见袁俊杰："再论柞伯簋与大射礼"，载《华夏考古》2011年第2期，第134~147页。

〔3〕　吴荣曾先生曾对国野的两种不同制度做过论述，他说："全体公社成员都必须服兵役，这仅是指国中的公社而言，野鄙的公社成员（野人）是不能当兵的。"见氏文："周代的农村公社制度"，载氏著《先秦两汉史研究》，中华书局1995年版，第36页。

传》僖公二年："楚师驰之。原轸、郤溱以中军公族横击之。"杜预注："公族，公所率之军。"杨伯峻注谓，公族有二意，一谓凡公之同姓子弟曰公族；二指公族大夫。[1]此处"中军公族"，即晋公室子弟所组成者。可见春秋时公室子弟仍为军中主力，保留着周人遗风。

国子不只学技艺，还重视品德方面的培养。《周官·大司徒》："以乡三物教万民而宾兴之：一曰六德，知、仁、圣、义、忠、和；二曰六行，孝、友、睦、姻、任、恤；三曰六艺，礼、乐、射、御、书、数。"陆德铭释曰："三物，谓六德、六行、六艺。有六德、六行，即为贤者。有六艺，即为能者。"郑注："物犹事也，兴犹举也。民三事教成，乡大夫举其贤者能者，以饮酒之礼宾客之，既则献其书于王矣。"[2]三物即三个方面的表现和能力，周人重视六德、六行、六艺三方面的培养，即所谓贤能之士。

学校对学生的培养还有阶段性的目标。《礼记·学记》：

> 比年入学，中年考校：一年视离经辨志，三年视敬业乐群，五年视博习亲师，七年视论学取友，谓之小成。九年知类通达，强立而不反，谓之大成。夫然后足以化民易俗，近者说服而远者怀之。此大学之道也。

对品学不佳的学生要给予惩处，乡学对"不帅教者"采取移乡、移郊遂；如不能改过，最终"屏之远方，终身不齿"。国学对"不帅教者"告于大乐正和周王，"不变"，亦"屏之远方"。[3]

周朝的基层教育体制则是学经、务农一体化，与国中之大学以培养国家公务员为目的明显不同。《学记》："古之教者，家有塾，党有庠，术有序，国有学。"按《周礼》及注疏所述的乡遂制度，这些在塾的学生应是十岁之前的儿童，因为年龄小，不可能让他们"出就外傅，居宿于外"。《白虎通义·辟雍》："古者教民者，里皆有师，里中之老有道德者为里右师，其次为左师，教里中之子弟以道艺、孝悌、仁义。"[4]所聘老师为里中乡师，也有闲居之士。《礼记·

---

〔1〕 杨伯峻编著：《春秋左传注》，中华书局1981年版，第664页。

〔2〕 （汉）郑玄注，（唐）贾公彦疏，彭林整理：《周礼注疏》，上海古籍出版社2010年版，第370页。

〔3〕 （清）孙希旦撰，沈啸寰、王星贤点校：《礼记集解》，中华书局1989年版，第366页。

〔4〕 （清）陈立撰，吴则虞点校：《白虎通疏证》，中华书局1994年版，第262页。

学记》郑注："古者仕焉而已者，归教于闾里，朝夕坐于门，门侧之堂谓之塾。"《仪礼·士冠礼》："遂以挚见于乡大夫、乡先生。"郑注："乡先生，乡中老人为卿大夫致仕者。"[1]又，《乡射礼》"以告于乡先生、君子可也"，贾公彦疏：此即《乡饮酒》注云"先生，谓老人教学者"。[2]这个阶段类似于中国二十世纪四五十年代学制中的初小。乡党庠序的设置相对集中，教学也相对正规一些。十岁以后，以及乡间较远的学生需步行或"居宿"，生活困难者可能就失去了进学的机会。这与七十年代前中国偏远乡村的情况是一样的。在社会生产方式没有发生根本变化的情况下，其生活、教学模式也是相近的。乡郊庠序，学习不误农时，一定年龄的学生在农耕季节"余子皆出就农"。[3]

一般情况下，塾之学生，到年龄即可升入庠、序；庠、序中的优秀者才可能升入国中的大学就读。孙希旦认为："胄子之入小学者，皆于国之小学，其入大学，则在辟雍、頖宫。士庶之子入小学者，皆于闾之塾，而递升于州、党之序，其入大学，则于乡之庠。其俊异者，乃升于国学而教之，下文所谓'俊造'是也。"[4]周时只有王室之辟雍，诸侯之頖宫为大学，乡党并无大学。一则典籍并不见乡党有大学的记载，二则从当时郊野的规制分析，王室及各侯国的人口与国势均无能力在乡党设大学。即士庶之子"其入大学，则于乡之庠"，其意似为庶民之子如上大学，就于乡之庠，则乡党之庠即承担着大学的职能。那时学子升学除成绩优秀外，也要层层荐举。汉时公孙弘所建议的选拔才俊方式也就是《礼记》《周官》所讲的选拔方式：

> 太常择民年十八以上、仪状端正者，补博士弟子。郡国县道邑有好文学，敬长上，肃政教，顺乡里，出入不悖所闻者，令相长丞上属所二千石。二千石谨察可者，当与计偕，诣太常，得受业如弟子。一岁皆辄试，能通

---

[1]（汉）郑玄注、（唐）贾公彦疏，王辉整理：《仪礼注疏》，上海古籍出版社2008年版，第47~48页。

[2]（汉）郑玄注、（唐）贾公彦疏，王辉整理：《仪礼注疏》，上海古籍出版社2008年版，第361页。

[3]（清）陈立撰，吴则虞点校：《白虎通疏证》，中华书局1994年版，第262页。《尚书大传·补遗》："距冬至四十日始出学，付农事，上老平明坐于右塾，庶老坐于左塾，余子毕出，然后归，夕亦如之。"参见文渊阁《四库全书》经部礼类《尚书大传·补遗》。又，《汉书·食货志》也有类似文字。

[4]（清）孙希旦撰，沈啸寰、王星贤点校：《礼记集解》，中华书局1989年版，第332页。

一艺以上，补文学掌故缺；其高第可以为郎中者，太常籍奏。即有秀才异等，辄以名闻。其不事学若下材及不能通一艺，辄罢之，而请诸不称者罚。[1]

这种由基层官吏举荐优异人才的方式不会凭空产生，在没有设科考试的前提下，"察举"就是选拔俊异的可行方式。

三、辟雍的性质与用途

传世典籍多以为辟雍即大学。《礼记·王制》："诸侯，赐弓矢然后征，赐鈇钺然后杀，赐圭瓒然后为鬯。未赐圭瓒，则资鬯于天子，天子命之教然后为学。小学在公宫南之左，大学在郊。天子曰辟雍，诸侯曰頖宫。"[2]《韩诗说》："辟雍者，天子之学……所以教天下春射秋飨，事三老五更。"[3]《新唐书·归崇敬传》："古天子学曰辟雍。"西周铭文也证明大学与辟雍关系甚为密切，如《麦尊》载王在荓京辟雍泛舟举射礼，《静簋》载王在荓京学宫、大池与小子、小臣学射。荓京，郭沫若认为是丰京；唐兰认为应与镐京相邻，在宗周之北。[4]杨树达认为，小子"即是《周礼》之国子与贵游子弟"，学宫为当时的学校，辟雍当为大学。[5]但也有记载认为辟雍并非学校，或以为辟雍是大学的一部分，张一兵在《明堂制度研究》中有详细的介绍。他认为，礼乐是当时大学教育的必要内容，很多礼乐在辟雍演练，辟雍只是承担了学礼中的一部分功能，说辟雍是大学，这是"用局部功能代替整体而称呼之"[6]。本书认为，辟雍首先是西周太学内的一座建筑，是周天子举行各种大礼的场所，学子们观摩、演练礼乐多在此。从这个角度讲，辟雍是周朝大学的一部分，所以周人的大学以辟雍代称。前已述，周朝国子、多子分别于不同的学区习学礼、乐、御、射多种技能，这不是一个辟雍所能承担的。三代时往往以子弟习学礼乐的特征作为校名，孟子所谓"庠者，养也；校者，教也；序

[1]《史记·儒林公孙弘列传》，中华书局1959年版，第3119页。
[2]（清）孙希旦撰，沈啸寰、王星贤点校：《礼记集解》，中华书局1989年版，第331~332页。
[3] 文渊阁《四库全书》诗类《六家诗名物疏》卷四七。
[4]《史记·封禅书》："丰滈有昭明天子辟池。"索隐："辟池即周天子辟雍之地，故周文王都丰，武王都镐，既立灵台，则亦有辟雍耳。"
[5] 杨树达："静簋跋"，载《积微居金文说》卷七，中华书局1997年版，第168~169页。
[6] 张一兵：《明堂制度研究》，中华书局2005年版，第94~95页。

者，射也"，表达的正是这个意思。《御览》卷五三四引《礼统》曰："《王制》曰辟雍圆如璧，雍以水；内如覆，外如偃盘也。"《艺文类聚》卷三八引桓谭《新论》曰："王者作圆池如璧形，实水其中，以环壅之，名曰辟雍，言其上承天地，以班教令，流转王道，周而复始。"《白虎通义·辟雍》："天子立辟雍何？辟雍所以行礼乐，宣德化也。辟者，璧也。象璧圆，以法天也。雍者，雍之以水，象教化流行也。"周朝以辟雍作为大学的代称，也合其布德天下、教化四方之意。以后各代名辟雍者，正是丰富了这个含义。

从传世文献和出土资料看，很多重要的国家活动在辟雍举行，主要有：

（一）天子宴飨

周《遹簋》："穆穆王在莽京，乎澼（渔）于大池。王飨酒。"《艺文类聚》卷三八《礼部上·辟雍》引《说文》："辟雍，天子飨饮处也。"后代皇帝也常在辟雍举行飨饮礼，元黄潘《文献集》卷三《策问·国学汉人策问》："成周乡饮酒之礼，历汉唐犹存，汉唐行于郡邑，而西晋行于辟雍。"[1]

（二）习射

周王与贵族子弟司射学宫，有演练武备之意，通过这种活动使周人演礼仪，习射猎。西周铭文多记周王在辟雍泛舟、礼射。按礼制，诸侯大学的规格要低于天子，《诗·泮水》"思乐泮水"，传曰："泮水，泮宫之水也。天子辟雍，诸侯泮宫。"《说文》："泮，诸侯乡射之宫。"

传世静簋为西周中期器（《集

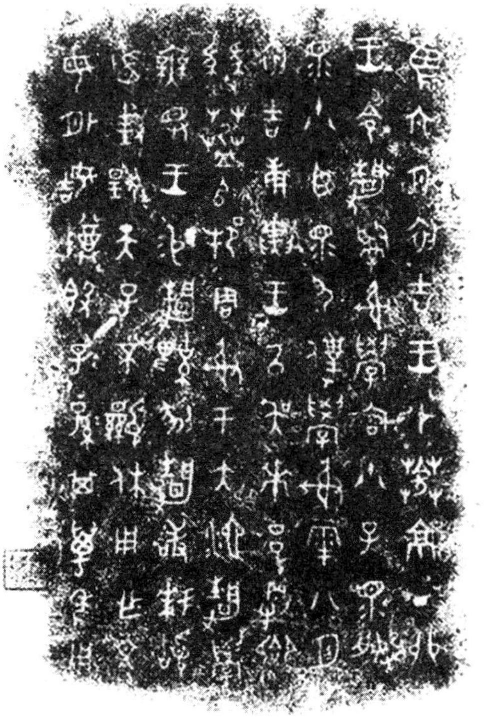

图 2　静簋铭文（《集成》4273）

〔1〕　文渊阁《四库全书》集部别集类。

成》4273），铭文记述了西周教官静教授弟子习射，因业绩优良受到天子奖励之事。铭文隶释如下：

> 佳（唯）六月初吉，王才（在）葊京。丁卯，王令静嗣射学宫。小子䍐服䍐小臣䍐尸（夷）仆学射。霎八月初吉庚寅，王㠯（与）吴䇂、吕剛（刚）卿（会）**𣄣蓝𠂤**（师）邦君射于大池。静学（教）无尤。王易（赐）静鞞剢（璲）。静敢捧（拜）頡首，对颺（扬）天子不（丕）显休，用乍（作）文母外姞隬（尊）毁（簋），子子孙孙其万年用。

"王令静嗣射学宫"，周王任命静负责学宫的教射事宜。静为周朝命官小臣，因八月初吉的庚寅日，周王与诸大臣观阅大射，小臣静及弟子们表现优异，得到了周王的奖赏，静用此为母亲外姞铸礼簋以为纪念。"小子䍐服、䍐小臣、䍐尸（夷）仆学射"，此处"小子"即周朝学宫的贵族子弟，与《柞柏簋》中的"小子"同义，皆为未成年的贵族子弟。服、人名；小臣即小吏。尸（夷）仆为职官名，应为静的助手，同为掌射事之职。可见射技是当时教学的重要内容，往往通过礼仪表演观其射技，周王常常亲自观看并赏赐。《麦方尊》："王客（格）葊京，酓祀，霄（霎）若翊（翌）日，才（在）璧盐（雍），王乘于舟，为大丰，王射大鼻（鸿），禽（擒）。侯乘于赤旂舟，从……"（《集成》6015）这与静簋铭"……邦周射于大池"是一回事。郭沫若认为，大池"当即辟雍之灵沼"。据此可以肯定，大池即璧雍的外围部分。[1]《白虎通·辟雍》："大学者，辟雍乡射之宫。"周王常在辟雍举行各种大礼，包括射礼。

文献中也有关于射礼的记载，《左传》宣公十六年"成周宣榭灾"，西周金文有"宣廟"，故知榭当作廟。杜预注说宣榭是"讲武屋"，讲武屋便是学射之处。《礼记·燕礼》"春令诸学，秋合诸射"，郑玄注"学，大学也；射，射宫也"。王晖对西周射、廟的功用及动、名词转换有详细的阐释。[2]《师汤父鼎》"王才（在）周新宫，才（在）射庐"，此射庐亦射宫。榭、廟、庐是

---

〔1〕　参见杨树达："静簋跋"，载氏著《积微居金文说》，中华书局1997年版，第168~169页。
〔2〕　王晖："庠序：商周武学堂考辨——兼论周代小学大学所学内容之别"，载《中国史研究》2015年第3期。

习射之所，序、庠、校说其是大学，只是代称而已。正式名称还应称为"学"。射，在榭庐或辟雍虽然以礼仪的形式表示，但其目的是习武实战，如《礼记·月令》"天子乃教于田猎，以习五戎"，《周礼·大宗伯》"大田之礼，简众也"，其目的是相同的，这就如同清朝皇帝每年率八旗贵族子弟去承德木兰秋狝的道理一样。《礼记》《仪礼》为汉人著述或辑著，其中有关射仪诸篇保留了周礼的内容或是对周礼的追记。射仪在汉代仍然保留着，只是表现形式不同而已。《汉书·韩延寿传》：韩延寿为吏，"修治学官，春秋乡射，陈钟鼓管弦，盛升降揖让，及都试讲武，设斧钺旌旗，习射御之事，治城郭，收赋租，先明布告其日，以期会为大事，吏民敬畏趋乡之"。射御不只是演练技能，也是考核士兵的重要内容。

（三）举行养老礼

三代的大学与养老有着密切的关系，《礼记·内则》："有虞氏养国老于上庠，养庶老于下庠；夏后氏养国老于东序，养庶老于西序；殷人养国老于右学，养庶老于左学；周人养国老于东胶，养庶老于虞庠，虞庠在国之西郊。"[1]《王制》篇也有同样的文字。《周礼·春官·宗伯》贾疏："《礼记·王制》有四代养国老、庶老于学之事。彼国老谓卿大夫致仕，庶老谓士之致仕者。"[2]即周大夫以上致仕养老于东胶（大学），士致仕养老于西胶（小学）。按这些记载的字面意思，似乎学校不但是学习之所，还是养老之地，《礼记·祭义》："祀乎明堂，所以教诸侯之孝也。食三老五更于大学，所以教诸侯之弟也。祀先贤于西学，所以教诸侯之德也。耕藉，所以教诸侯之养也。朝觐，所以教诸侯之臣也。五者天下之大教也。"此处之"食"，孔颖达注"谓养老也"，而下文又谓："此一节明养三老五更之礼而竭其力，下象其德。"《内则》所谓各代"养国老""养庶老"等语实际意思是举办养老礼在不同的学校，并非年老则在学校颐养。《祭义》："食三老五更于大学，天子袒而割牲，执酱而馈，执爵而酳，冕而总干，所以教诸侯之弟也。是故乡里有齿而老穷不遗，强不犯弱，众不暴寡，此由大学来者也。"此句明确讲天子在大学举办的是养

---

[1] （清）孙希旦撰，沈啸寰、王星贤点校：《礼记集解》，中华书局1989年版，第754页。

[2] （汉）郑玄注，（唐）贾公彦疏，彭林整理：《周礼注疏》，上海古籍出版社2010年版，第757页。

老宴礼,老者平时是居于乡里。因此辟雍只是举办养老礼之所,而非养老之地。"食三老五更于大学"之语在《祭义》篇也从侧面证明了这个道理。又《后汉书·礼乐志·养老上》:"养三老五更之仪……其曰,乘舆先到辟雍礼殿,御坐东厢,遣使者安迎三老、五更。"汉代的情况也是这样。杨宽谓飨射在于"尚功"和练武,飨饮酒在于"尚齿"和养老;[1]甚确。而养老礼的功用也在于"尚齿"。宋镇豪认为,典籍中所载商朝右学、左学中敬养老人,实际上是选择有声望道德、礼教经验丰富及有社会地位的老人赡养于学宫,对贵族子弟进行传授教诲。[2]此又备一说。

(四)献俘

周人还在辟雍举行献俘礼,《王制》"出征执有罪,反,释奠于学,以讯馘告",《虢季子白盘》记周王因虢季子白征战北方异族猃狁有功,为其举行庆功献俘礼,其地点亦在周庙之射宫。祭先师等礼仪活动也在辟雍举行,有《泮水》《吕氏春秋·尊师》为证。因辟雍的礼仪功用,这些活动在此举行是可能的。[3]至于张一兵先生所列的诸如辟雍为国家图书馆、天子之书、小学、备物、祭孔等功用,或为后代辟雍之用途,或为后人所追记,此处只论及周辟雍的功用。元欧阳元在《辟雍赋》前面几句总结周代辟雍的功能基本是正确的:"本大射行礼之宫,……或习射兮观德,或养老兮兴孝,汇九有之俊髦,轨万方之则效。兹乃辟雍之初非一事而同一教也。"[4]同样,欧阳氏在赋的后半部所述的其它功用还有待证明。周人辟雍举行的各种礼从两个方面来理解,一是以国家名义举行,为国礼;另一方面国子参演,即是礼仪中一员,也是习礼的必要经历。因此,辟雍举行礼仪活动与国子习礼往往是一个行为的两个方面。杨宽先生曾说:"西周大学不仅是贵族子弟学习之处,同时又是贵族成员集体行礼、集会、聚餐、奏乐之处,兼有礼堂、会议室、俱乐部、运动场

---

〔1〕 参见杨宽:"我国古代大学的特点及其起源",载氏著《古史新探》,中华书局1965年版,第203页。

〔2〕 宋镇豪:《夏商社会生活史》下册,中国社会科学出版社2005年版,第683页。

〔3〕 杨宽:"西周大学(辟雍)的特点及其起源",载《学术月刊》1963年第3期,后收入氏著《古史新探》(中华书局1965年版)及《先秦史十讲》(复旦大学出版社2006年版),今引据后者第241页。

〔4〕 (元)欧阳元:《圭斋文集》卷一《辟雍赋》,载文渊阁《四库全书》集部五。

和学校的性质，实际上就是当时贵族公共活动的场所。"[1]

关于明堂、太庙、辟雍等建筑的异同，历来争论不休，王晖先生将各家意见概括为两大类：一是大同小异说；二是名实皆异说。[2]笔者赞同大同小异说。蔡邕《明堂月令章句》："明堂者，天子大庙，所以祭祀。夏后氏世室，殷人重屋，周人明堂，飨功养老，教学选士，皆在其中。故言取尊崇之貌则曰太庙，取其正室则曰太室，取其堂则曰明堂，取其四时之学则曰太学，取其圜水则曰辟雍，虽名别而实同。"[3]按蔡邕所言，这就是一所多功能建筑。从这点推测，周之明堂应与辟雍有极密切的关系。孔颖达《毛诗正义·大雅·灵台》引卢植《礼记注》云："明堂即大庙也。天子太庙，上可以望气，故谓之灵台。中可以序昭穆，故谓之太庙。圆之以水，似辟，故谓之辟雍。古法皆同一处，近世殊异，分为三耳。"[4]清人惠栋统于明堂，[5]王晖先生亦详细论证了大同小异说，此不赘述。也有学者认为辟雍与明堂非一，这应当是后代分别设明堂、建辟雍的结果，如《新唐书·归崇敬传》即如此分析："古天子学曰辟雍。以制言之，雍水环缭如璧然；以谊言之，以礼乐明和天下云尔。在《礼》为泽宫，故前世或曰璧池，或曰璧沼，亦言学省。汉光武立明堂、辟雍、灵台，号'三雍宫'。晋武帝临辟雍，行乡饮酒礼，别立国子学，以殊士庶。永嘉南迁，唯有国子学。隋大业中，更名国子监。今声明之盛，辟雍独阙，请以国子监为辟雍省。"辟雍在西周时既已与礼射、学宫等内容联系密切，而辟雍、明堂、灵台到东汉光武帝时才分别建立，并称为"三雍宫"。

四、官学向私学的转变

西周学术在官。一般学校，特别是大学由国家出资承办。此点先人多有

［1］ 杨宽："我国古代大学的特点及其起源"，载氏著《古史新探》，中华书局1965年版，第202页。

［2］ 王晖："西周'大学'、'辟雍'考辨"，载《宝鸡文理学院学报（社会科学版）》2014年第5期。

［3］ （元）马端临撰：《文献通考》上册，中华书局1986年版，第666页。

［4］ （清）阮元校刻：《十三经注疏》，中华书局1980年版，第524页。

［5］ 历代对明堂、太庙、辟雍是否同一争议颇大，但辟雍为太学则基本肯定。惠栋认为："太庙大学辟雍，皆统于明堂之法，故经传所载，往往相次……庙，太室也；朝，明堂也；学，大学也。"参见氏文《明堂大道录》卷一《庙学同处异处皆统于明堂》，引自《续修四库全书》编纂委员会：《续修四库全书·经部·礼类》第108册，上海古籍出版社2002年版，第548页。

论述，清人章学诚说："有官斯有法，故法具于官。有法斯有书，故官守其书。有书斯有学，故师传其学。有学斯有业，故弟子习其业。"〔1〕客观上因为书籍、典章在官府，当时庞大的文法载体资源是个人所不具备的。以六艺为学习内容，其御、射等科目所需的场所、教具，个人更没有能力置办。黄绍箕对此也曾论述："古人惟官有学，而民无学。其原：一则惟官有书，而民无书也。典、谟、训、诰、礼制、乐章皆朝廷之制作，本非专为教民之用。故金縢玉册，藏之秘府，悉以官司典之。士之欲学者，不知本朝之家法及历代之典制，则就典书之官而读之。二则官有其器，而民无其器也。古代学术如礼、乐、舞、射诸科，皆有器具，以资实习，如今之学校试验，格致器具，非一人一家所能毕备。学术既专为官有，故教育亦非官莫属。"〔2〕

春秋以来，礼崩乐坏，王室及诸国公室力量不济，没有能力办学了；征战连年，更谈不上养老习礼；为了强国，各国政策趋向功利。这样，鄙野有军功者升迁，亲贵无才能者黜降，原来学校"多子"出身的士也失去了其天然的优势。公室学校也无力培养征战之士，历史上公有制的学校受到了第一次冲击。《史记·孔子世家》："孔子之时，周室微而礼乐废，诗、书缺。"一个没落小贵族打着复礼的旗号开办了私学。孔子的"有教无类"适应了众庶的需求，中国最早的私学发展起来。孔子之前的贵族教育，看重的是与实践密切相关的知识技能，即礼、乐、射、御、书、数的六艺教育。自孔子删订整理六经开始，一改其前重视实践技能的六艺科目，代之以《诗》《书》《礼》《乐》《易》《春秋》的六经文本教育，这是古代教育史上的重大改变。〔3〕孔子六经教育的目的是要实现西周时的礼治，孔子曰："六艺于治一也。《礼》以节人，《乐》以发和，《书》以道事，《诗》以达意，《易》以神化，《春秋》以道义。"〔4〕可见孔子的六经紧紧地围绕着人的思想意识，在贤与能两方面，对贤的要求更高。

春秋以后，士这一群体渐习文废武，顾颉刚就以为"自孔子殁，门弟子辗转相传，渐倾向于内心之修养而不以习武事为急，寝假而羞言戎兵，寝假

---

〔1〕（清）章学诚：《校雠通义》卷一《原道第一》四部备要本，中华书局 1936 年版，第 3 页。
〔2〕参见（清）黄绍箕：《中国教育史》卷四，商务印书馆 1902 年版，第 2~4 页。
〔3〕葛志毅："郑玄三礼学体系考论"，载《中华文化论坛》2007 年第 3 期。
〔4〕《史记·滑稽列传》，中华书局 1959 年版，第 3197 页。

而惟尚外表"。[1]孔子兴办私学，客观上会导致尚武习俗的下降，究其本源也因为私人教育不可能也没有能力操办大规模的生徒习武演练军事科目。东周以后大量庶民成为军武战士，他们皆在国家统一管理下习武演练，替代了原本由国子为战士的状况。而武侠皆私相传授，大部分出身于士这一阶层的人废武兴文也就是必然的了。

由于孔子对周礼的向往，他办学教授传统的礼乐形成了一种文化现象，这与周时国家培养射、御等科目的技能有相当大的差距。孔子培养的学生也不必然成为国家的官员，这种私人学校的学生身份，再也不是兵学合一的性质。但是私学的发展扩大了教育面，使社会阶层上下的流动成为可能。正是因为私学的发展，造就了一大批卓有建树的思想家，春秋战国以来蛰伏各地的学术流派滥觞，成就了后来的百家争鸣。西汉中期以后，儒学的地位得以确立，官办经学与诸家私学都发展起来，自此六艺也就成为官、私学校最基本的教授内容。

结　语

周人的教育按学制分为小学、大学，按贵贱及都鄙乡野区分为国学与乡学。周朝的大学生又称为国子、小子、多子，他们具有兵士与学生的双重身份，战时出征，平时学术；这是一种兵学合一的教育体制，更准确地讲，国子们不但是准公务员，也是周朝的预备役军人。周朝的太学（辟雍）经常举行各种礼仪活动，这一方面是国家活动的需要，同时也通过举行各类活动让学生演练、熟悉各种礼仪，为培养未来的"公务员"与合格的兵士做准备。除此之外，周人奉养老人也有一定礼仪，因此，宴飨国老、庶老的仪礼也分别在国学、乡学举行。春秋末年，孔子的私学教育对传统的周制产生了重大影响，传统的以教授六艺为主要内容的教学转变为以教授六经为主。尽管如此，西周教育的诸多因素仍然对后世产生着影响。本文据西周铭文及传世典籍阐述了西周教育制度的若干内容，由于资料的缺失，行文中不乏推测成分。除出土彝器可以确定为西周外，《诗》《礼》诸篇为后人所追记，许多篇章记

---

[1]　顾颉刚："武士与文人之蜕化"，载氏著《史林杂识初编》，中华书局1963年版，第87页。

载的应当是周人的制度。还有些汉人的作品，他们所记载的人生成长历程与教学规则也符合自然人成长的一般规律，故不应与周制相差太大。即便如此，也难免挂一漏万，甚至判断错误，故本篇题缀以"蠡测"。目前只能先做这样的工作，希望将来能够发现更多的第一手资料以验证或匡正本文所阐述的观点。

西周狱讼程序辨析与秦汉告制探源

从法典编纂角度而言，历代法典都是诸法合体，民刑不分。有些学者认为，早在西周时期，民、刑诉讼就有区别。目前所见法律篇章，至少在西汉，民事与刑事在受理机关、法律编纂方面确实是民刑合一，但在时人的观念、法律程序和最后的处理方式上，民刑还是有很大差别的。民刑的分化是一个潜在的漫长过程，司法用语对这种变化的反映也有一个长期的沉淀过程，后世的研究者对此也有一个认识过程。本文就先秦、两汉"狱""讼""告"三字在特定司法语境下的含义进行分析，进而探讨当时的诉讼制度。孤陋寡闻，歧义难免，唯抛砖引玉，冀图良言匡正。

一、狱讼问题的提出与民刑诉讼的关系

先秦典籍中，涉及争讼等司法活动时，常引用狱讼一词，或分别使用，或二字连称。一般认为，狱有二义，一为争讼；一为罪人之牢。沈家本在《历代刑法考·狱考》中写道，"狱有二义"，一谓"狱即讼也"，二谓"以狱为罪人之牢"，"实则二义本相引伸。有争端而后相告以罪名，于是有埋核之事，有拘罪之处，其事本相因也。狱，从狀，从言。狀，两犬相啮也，语斤切。相啮必先相争，人之相争亦类是，故从狀。相争必以言，以言相争而后有狱。此会意字"。[1]沈家本认为罪人之牢当是狱字的后起之意。本文首先要探讨的是第一种含义。作为程序范畴的"狱"，与同属这一范畴的"讼"，在内涵、外延上有无区别，历代注家多有歧义。至于先秦是否表述民、刑两类不同的诉讼程序，更是争议颇大。最先提出这个问题的是东汉经学大师郑玄，《周礼·秋官·司寇》："以两造禁民讼，入束矢于朝，然后听之。以两剂禁民

---

[1]（清）沈家本撰，邓经元、骈宇骞点校：《历代刑法考·狱考》，中华书局1985年版，第1158页。

狱，入钧金，三日乃致于朝，然后听之。"郑注："讼，谓以财货相告者。造，至也。使讼者两至，既两至，使入束矢乃治之也。不至，不入束矢，则是自服不直者也。必入矢者，取其直也。狱，谓相告以罪名者。剂，今券书也。使狱者各赍券书，既两券书，使入钧金，又三日乃治之，重刑也。不券书，不入金，则是亦自服不直者也。必入金者，取其坚也。"又《地官·大司徒》："凡万民之不服教而有狱讼者，与有地治者听而断之，其附于刑者归于士。"郑注："争罪曰狱，争财曰讼。"然而，其后诸多经学家多有异议。贾公彦认为，典籍中狱、讼二字所用，"此相对之法。若散文则通，是以卫侯与元咺讼，是罪名亦曰讼"。[1]贾公彦是从狱、讼二字的写作手法上区分是否相通的。清海宁经学家张次仲在《周易玩辞困学记》中引明焦弱侯注《周礼》曰："入矢以自明其直，入金以自明其实。不实不直则没金、矢于官，故曰禁。讼小而狱大。"[2]孙诒让《周礼正义》引宋黄度云"小曰讼，大曰狱"，并案："黄说是也。郑说讼狱之义，于经无塙证……凡狱讼对文者，皆讼小而狱大，本无争财争罪之别。盖凡以小事相争者，所竞既小，其罪甚轻，不必具要辞，直身至官质之而已，故经云'以两造禁民讼'，明讼者身两至即足听断也。以大事相告者，所论既大，其罪较重，则不徒身至官，必兼具要辞，以备反复抵冒……"[3]孙诒让等认为所谓狱讼乃罪大小之分，实则即罪行轻重而言。孙诒让认为"郑说讼狱之义，于经无塙证"，他所谓的"凡狱讼对文者，皆讼小而狱大，本无争财争罪之别"，同样于经无考。但言外之意，孙氏认为散则狱讼相通了。

现代法史学界基本沿袭郑玄的观点并进一步加以发挥，如胡留元、冯卓慧先生所著《西周法制史》认为："狱是'以罪名相告'的刑事诉讼；讼是'以财货相告'的民事诉讼。狱讼连用即民刑诉讼。西周初步建立了民、刑诉讼分立的概念。"[4]叶孝信先生主编《中国法制史》第二章："西周对刑事、民事诉讼似已作了区分，即'狱'与'讼'有别。以罪名相告称狱，以财货

---

〔1〕（汉）郑玄注，（汉）贾公彦疏，彭林整理：《周礼注疏》卷四〇，上海古籍出版社2010年版，第1322页。

〔2〕（清）张次仲：《周易玩辞困学记》引（明）焦竑注《周礼》，载文渊阁《四库全书》·经部·易类。

〔3〕（清）孙诒让撰，王文锦、陈玉霞点校：《周礼正义》，中华书局1987年版，第2748~2749页。

〔4〕胡留元、冯卓慧：《西周法制史》，陕西人民出版社1988年版，第269页。

相告称讼。"〔1〕郑秦先生主编《中国法制史教程》写道:"西周时对于民事诉讼和刑事诉讼的概念已有所区别,并在诉讼程序上有不同的要求。"〔2〕按照这个传统的观点,刑事诉讼曰狱,诉费交铜,民事诉讼曰讼,讼费纳贝或入矢。但历史真实情况是否如此,还需要我们用更多的史料来验证。

二、文献所记狱讼及诸家释义

疏理文献所记"狱讼"资料对正确理解二字的含义无疑具有重要意义。目前所见这方面的资料最早的应是西周,包括出土的铜器铭文和传世文献。我们先分析铭文中狱、讼的用法,下引诸例带有"讼"字的铭文字迹清晰且没有争议:

1.《虪簋》:王曰:"虪,命汝司成周里人,眔诸侯、大亚,讯讼罚,取征五锊。"(《集成》4215)〔3〕

2.《羚簋》:乍册尹册命羚,易(赐)戀,令邑于奠,讯讼,取征五锊。〔4〕

3.《扬簋》:王在周康宫,旦,格大室,即位……册命扬……赐女赤巿、戀旆,讯讼,取征五锊。(《集成》4294)

锊,为重量单位。西周赎金即铜,称量时以锊为单位,或隶定为"锾"字。"狱"若为刑事程序,则需纳铜。上引例1铭文"讯讼罚,取征五锊",以"讼"字论,应是民事程序,则应交束矢;这样,狱征铜,讼纳贝或束矢的划分在逻辑上就矛盾。即上引诸例铭文若为刑事诉讼,就不应称"讼"而应称"狱";如为民事诉讼,就应纳贝,而不应交铜(锊)。这三句中的"讯讼罚,取征五锊",意思是器主受命负责某地司法事务,每一案件可收取五锊

---

〔1〕 叶孝信主编:《中国法制史》,北京大学出版社 2000 年版,第 33 页。
〔2〕 郑秦主编:《中国法制史教程》,法律出版社 1988 年版,第 42 页。
〔3〕 中国社会科学院考古研究所编:《殷周金文集成》(第三册)器 4215,中华书局 2007 年版,第 2417 页。以下正文中引用皆简称《集成》并加器号。
〔4〕 张光裕:"读新见西周羚簋铭文札迻",载中国古文字研究会、浙江省文物考古研究所《古文字研究》第 25 辑,中华书局 2004 年版,第 174 页。

的费用，并没有涉及民刑之分。[1]

4. 《僺匜》：女（汝）敢以乃师讼！（《集成》10285）

5. 《霸姬盘》：唯八月戊申，霸姬以气讼于穆公曰……气誓曰："余某弗厚再公命，用虎霸姬，余唯自舞，鞭五百、罚五百寽。"报厥誓曰："余再公命，用虎霸姬，襄余亦改朕辞，则鞭五百、罚五百寽。"气则誓。[2]

例 4 为西周晚期铜器，铭文记载小奴隶主牧牛与其师诉讼，审判官伯扬父判决小牧牛与其师争讼违礼，拟处墨刑并鞭刑一千。后赦免了他的墨刑，还大大减少了鞭刑数量，而以罚铜三百寽（锾）替代。[3] 例 5 霸姬盘、盉所载铭文内容在违礼处罚方式上与例 4 有相近之处，穆公命气将其属仆驭臣妾全部转归霸姬，气没执行此命。霸姬将气讼至穆公，穆公命气发誓要听从穆公的命令，如果违誓，就处以鞭刑五百，并罚金五百锊。气据此发了誓，并记录下来。穆公又命气增加誓言，说如果不听从穆公的命令，就处以鞭刑，并逐出宗族。这两个案例很难用今天的民刑标准来衡量，这类违令、违礼的争讼案件，铭文中都称为"讼"，狱、讼并非区分民、刑程序的专用辞语，所谓的民刑诉讼这种概念用在西周的权益争讼中也是不妥当的。

我们再看传世文献的相关记载。

6. 谁谓雀无角，何以穿我屋？谁谓女无家，何以速我狱？虽速我狱，室家不足。

谁谓鼠无牙，何以穿我墉？谁谓女无家，何以速我讼？虽速我讼，亦不女从！（《诗·召南·行露》）

《毛序》以为"召伯听讼也"，孔颖达《正义》曰："下二章陈男女对讼

---

[1] 参见张光裕："读新见西周矰簋铭文札迻"，载中国古文字研究会、浙江省文物考古研究所《古文字研究》第 25 辑，中华书局 2004 年版，第 174 页。

[2] 山西省考古研究所等联合考古队、山西大学北方考古研究中心、中国人民大学出土文献与中国古代文明研究协同创新中心："山西翼城大河口西周墓地 2002 号墓发掘"，载《考古学报》2018 年第 2 期。

[3] 唐兰："用青铜器铭文来研究西周史——综论宝鸡市近年发现的一批青铜器的重要历史价值"，载《文物》1976 年第 6 期。又见李学勤："岐山董家村训匜考释"，载《古文字研究》第 1 辑，中华书局 1979 年版，第 158 页。

之辞。首章言所以有讼，由女不从男，亦是听讼之事也。"《行露》二、三章句式、句义相同，其事一也。一用"狱"，一用"讼"，明"狱""诉"相通。孔颖达《正义》曰："此章言狱，下章言讼。《司寇职》云'两造禁民讼''两剂禁民狱'，对文则狱、讼异也，故彼注云'讼谓以财货相告者''狱谓相告以罪名'，是其对例也。散则通也。此诗亦无财、罪之异，重章变其文耳，故序云'听讼'以总之。"孔颖达讲得很明白，"此诗亦无财、罪之异，重章变其文耳"。即本诗就一对男女争讼事，第二章曰"狱"，第三章曰"讼"。从写作手法上，《秋官》句式可称为对文，《行露》只是"重章"而已。[1]照孔颖达的理解，狱、讼是修辞上的区别。

7. 卫侯与元咺讼，宁武子为辅，针庄子为坐，士荣为大士。(《左传·僖公二十八年》)

事件源于卫侯曾对晋公子重耳不敬，重耳回国登基后伐卫，卫侯出奔。卫大夫元咺奉叔武受盟。卫侯听信传言，以为元咺奉叔武夺位，因此杀了元咺的儿子元角。后卫成公回国，杀了他的弟弟叔武，元咺出奔到晋国，并起诉卫成公。晋国与其他诸侯国组成了合议庭，并请来了周天子。审理结果当然是卫侯败诉，晋文公把卫侯押送京师关了起来，并杀了卫侯的狱官士荣，将卫侯的代理人针庄子处以刖刑。此案也很难用今天的民、刑标准来划分；不过，在诸侯的眼里，卫侯是有罪的，《左传》未用"狱"，明言"讼"。孔颖达在《春秋左传·正义》中对郑玄的"讼，谓以财货相告者。狱，谓相告以罪名者"的区别认为："对文则小别，散则可以通。狱讼，皆争罪之事也。"贾公彦对《秋官》疏曰：狱讼"若散文则通，是以卫侯与元咺讼，是罪名亦曰讼"。《地官》疏曰："僖公二十八年，卫侯出奔。及其反国，误射杀弟叔武，元咺诉于晋，卫侯与元咺讼。晋使士荣为大士而听断之。引此者，欲见有狱必有讼，有讼者不必有狱。故彼是争罪之事，而言卫侯与元咺讼。"按贾公彦的观点，狱、讼似为不同阶段的称谓，其实相同。

孔颖达、贾公彦诸家并未信从郑玄的观点。在他们看来，在特定的语境下，在行文的写作方式上，狱、讼在东周以前往往相通。特别是元咺诉卫侯

---

〔1〕 (清) 阮元校刻：《十三经注疏》，中华书局1980年版，第288页。

案，本是争罪而言讼。以狱、讼分别代表民、刑两种不同的诉讼程序去解释先秦文献中的争讼事例，这应是受郑玄的影响所致。

8. 西伯阴行善，诸侯皆来决平。于是虞、芮之人有狱不能决，乃如周。（《史记·周本纪》）

9. 《周本纪》称纣囚西伯于羑里，闳夭之徒求美女美宝而献之纣。纣大说，乃赦西伯，赐之弓矢，使之得征伐。其下乃云："虞芮争狱，俱让而去。诸侯闻之曰：西伯受命之君也。"……郑玄《尚书》注据《书传》为说，云："纣闻文王断虞芮之讼，后又三伐皆胜，始畏而恶之，拘于羑里。纣得散宜生等献宝而释文王。文王释而伐黎。"（《左传·襄公三十年》孔颖达《正义》）

虞、芮二国位于陕晋之间，为一块土田相争，《正义》述此案引文曰"虞芮争狱"，《史记》载为"有狱不能决"，按后郑解释，争田等财货之事属民事，而文献或曰狱，或曰讼。可见在司马迁等人看来，西周时的土田、财货之讼也可称为狱。

那么，狱讼二字的确切含义是什么呢？《说文·言部》："讼，争也。"朱骏声注曰："以手曰争，以言曰讼。"《易·讼卦》注疏："讼，争辨也。"《六书故》："讼，争曲直于官司也。"《尚书·盘庚》"今汝聒聒，起信险肤，予弗知乃所讼"，盘庚之民并没有发生什么官司，只是因迁都之事纷争而已。所以最初争辩称为讼，以后"讼"字才专指"争曲直于官司"。

"狱"字不仅仅当争辩讲，还有多种解释，但应是后起之义，它应有一个发展引申的过程。狱字有三层含义：

（1）《左传·襄公十年》："晋侯使士匄平王室，王叔与伯舆讼焉。王叔之宰与伯舆之大夫瑕禽，坐狱于王庭，士匄听之。"杜预注："狱，讼也。《周礼》：命夫命妇不躬坐狱讼，故使宰与属大夫对争曲直。"《国语·周语》"夫君臣无狱"，韦注："狱，讼也。无是非曲直，狱讼之义。"[1]《淮南子·氾论训》曰"有狱讼者摇鞀"，高诱注："狱亦讼。"[2]

---

[1] 上海师范大学古籍整理组校点：《国语》，上海古籍出版社1978年版，第59~60页。
[2] 刘文典撰，冯逸、乔华点校：《淮南鸿烈集解》，中华书局1989年版，第437页。

（2）《说文·犾部》："狱，确也。从犾，从言。二犬所以守也。"《释名·释宫室》："狱，确也，实确人之情伪也。"

（3）《释名·释宫室》："狱，又谓之牢，言所在坚牢也。"〔1〕

狱字第一义多出现在两周等较早期的文献中，无论西周铭文还是《左传》《国语》等，不做争讼讲则文义不通。第二义则是后起之义，战国时楚国的司法档案中就有这种用法。而第三义当是秦汉及其以后才渐用的新义。

湖北楚国故都纪南城北荆门十里铺包山岗二号墓所出竹简有《疋狱》篇，《说文》："疋，记也。"故"疋狱"就是"记狱"，《疋狱》是楚国中央司法机关所存档案，记录了各类诉讼案件。案件的种类有争田，有继承纠纷，也有霸妻、杀兄之案，如：

> 10. 肤人之州人陈忧讼声夫人之人……，谓杀其兄、臣。（简84）
> 11. 乙酉之日，远乙讼司衣之州人苟镭，谓取其妾媸。（简89）〔2〕

楚简《疋狱》证明战国时刑案亦称讼，"讼"字所反映的内容即有民事，也有刑事，而司法官吏断案才应是狱的真正内涵。其实，贾公彦似看出这种区别，他注《周礼·地官》说，"欲见有狱必有讼，有讼者不必有狱"。在争讼的逻辑过程中必然导致这样的结果：争讼——→断讼或断狱，正如《释名·释宫室》所言："狱，确也，实确人之情伪"。因此，狱字第三义（牢狱）是狱第一、二义同一逻辑顺序的必然结果。可见，周时狱字并非刑事之称，更无监牢之意。检索文献，狱字第三义更是较晚出现的，早不过战国时期。秦汉以后，狱字作为刑案和监牢之名称才普遍起来。可见郑玄以"争罪""争财"分释先秦狱、讼两种诉讼程序，应是受汉制影响。

三、秦汉律与典籍中的狱讼

郑玄注经，狱讼有别，这种区分在汉代文献那里得到了印证，说明郑玄是以汉制来诠释周制了。岳麓书院藏秦简及江陵张家山汉简《二年律令》的相关记载清晰地反映了这种制度：

---

〔1〕 （清）王先谦撰集：《释名疏证补》上海古籍出版社1984年版，第269页。
〔2〕 湖北省荆沙铁路考古队：《包山楚简》，文物出版社1991年版，第22~23页。

1. 有罪去亡，弗会，已狱及已劾未论而自出者，为会，鞫，罪不得减。（岳简肆：015）

2. 诸当以赏免除皋人，狱已断盈六月而弗以免除人者，止，毋行其赏。·廷甲。（岳简伍：190）

3. 治狱者，各以其告劾治之，敢放讯杜雅，求其他罪者，及人毋告劾而擅覆治之，皆以鞫狱故不直论。（张家山汉简：113）

4. 诸欲告罪人，及有罪先自告而远其县廷者，皆得告所在乡，乡官谨听，书其告，上县道官。廷士吏亦得听告。（张家山汉简：101）

上述律文都涉及到刑事程序的规则。刑罪程序的起动，或告或劾。现在法学概念的刑事犯罪，当时称为"罪"或"狱"；凡已被羁押进入刑事程序者称为"已狱"；审理刑案统称为"治狱"或"断狱"或"决狱"〔1〕；定罪判决称为"论决"。告、劾与罪、狱紧密相联，这些都是刑事程序中固定的司法术语。汉代刑诉程序不见"讼"字，"狱"就代表了刑事程序，这与郑玄所谓"争罪曰狱"，"狱，告罪名"的注释是相符的。〔2〕

传世汉籍所载案例也符合这样的规则：

5. 济东王彭离立二十九年。彭离骄悍，昏莫私与其奴亡命少年数十人行剽，杀人取财物以为好。所杀发觉者百余人，国皆知之，莫敢夜行。所杀者子上书告言，有司请诛……（《汉书·文三王传》）

6. 建为太子时，邯郸人梁蚡持女欲献之易王，建闻其美，私呼之，因留不出。蚡宣言曰："子乃与其公争妻。"建使人杀蚡。蚡家上书，下廷尉考，会赦，不治。易王薨未葬，建居服舍，召易王所爱美人淖姬等凡十人与奸。建女弟征臣为盖侯子妇，以易王丧来归，建复与奸。建异

〔1〕《汉书·刑法志》："考自昭、宣、元、成、哀、平六世之间，断狱殊死，率岁千余口而一人，耐罪上至右止，三倍有余。"董仲舒著有《春秋决狱》，以经义定罪；《盐铁论·刑德第五十五》谓"春秋之治狱，论心定罪"，皆以狱与刑罪相联。

〔2〕《二年律令》"告劾治之"的告与劾虽皆为刑案起动的方式，但还是有区别的，告为民告，劾为官府司案人员劾治官员之罪。参见徐世虹："汉劾制管窥"，载《简帛研究》第二辑，法律出版社1996年版，及李均明："简牍所反映的汉代诉讼关系"，载《简牍法制论稿》，广西师范大学出版社2011年版。

母弟定国为淮阳侯，易王最小子也，其母幸立之，具知建事，行钱使男子茶恬上书告建淫乱，不当为后。事下廷尉，廷尉治恬受人钱财为上书，论弃市。建罪不治。（《汉书·景十三王传》）

7. 东海有孝妇，少寡，亡子，养姑甚谨，姑欲嫁之，终不肯。姑谓邻人曰："孝妇事我勤苦，哀其亡子守寡。我老，久累丁壮，奈何？"其后姑自经死，姑女告吏："妇杀我母。"吏捕孝妇，孝妇辞不杀姑。吏验治，孝妇自诬服。具狱上府，于公以为此妇养姑十余年，以孝闻，必不杀也。（《汉书·于定国传》）

此三案皆言告罪也，例7孝妇案明言"具狱上府"，师古注曰："具狱者，狱案已成，其文备具也。"先秦文献在表述某案的诉讼过程时，狱字的用法基本与讼相同，并非专门表述刑案，汉代以"狱"代表刑案，与狱字字义的引申发展不无关系。前已论证，狱本义为争辩，后发展为狱之第二、三义。秦时狱字表述为刑事案件就已经固化，睡虎地秦简《法律答问》简93："论狱【何谓】'不直'？可（何）谓'纵囚'？罪当重而端轻之，当轻而端重之，是谓'不直'。当论而端弗论，及伤其狱，端令不致，论出之，是谓'纵囚'。""论狱"在此意为审理刑事案件。《封诊式》有《治狱》《讯狱》两篇，内容为审讯、考掠犯人的法律规则，《讯狱》曰"凡讯狱，必先尽听其言而书之，各展其辞，虽智（知）其讹，勿庸辄诘。其辞已尽书而毋（无）解，乃以诘者诘之。"这种用法汉代沿续，《二年律令·具律》"罪人狱已决"（114），"狱已决盈一岁不得乞鞫"（115、116），《汉志》"断狱殊死，率岁千余口而一人"等，都是指刑事案件。正因为后来赋予狱字的刑事含义，秦汉以后狱字才表述为罪人之牢，所以这是引申之义。

三代监牢各有其名，后泛称为狱。按蔡邕《独断》："夏曰均台，周曰图圄，汉曰狱。"《太平御览》引《风俗通》："《周礼》，三王始有狱。夏曰夏台，言不害人，若游观之台，桀拘汤是也；殷曰羑里，言不害人，若于闾里，纣拘文王是也；周曰图圄。图圄，举也，言人幽闭思愆，改恶为善，因原之也，今县官録囚皆举也。"[1]《广韵》卷三《八语》："图圄，周狱名。"《华

---

〔1〕 文渊阁《四库全书》子部类书类《太平御览》卷六四三。

严经音义》下："囹圄，谓周之狱名也。"这种称呼应当一直延续到战国及秦朝。[1]《礼记》卷十五《月令》"仲春之月，命有司省囹圄"郑注："省，减也。囹圄，所以禁守系者，若今别狱矣。"《释文》："囹圄，今之狱。"圄又通圉。[2]秦汉时罪人之牢也称为狱，《北堂书钞》四十五："《东方朔别传》云，孝武皇帝时，上行甘泉，至长陵驰道中，有虫伏地，而赤如生肝状。上召朔视之，还曰：'怪哉。'上曰：'何谓也？'朔曰：'秦始皇拘系无道，悲哀之苦，仰天叹曰怪哉，感动皇天，此愤气之所生也，故名之曰怪哉。是地必秦之狱也。'丞相按图，秦狱也。"《汉仪注》："长安诸官狱三十六所。"[3]可见，罪——告劾——系狱——鞫狱——治狱，已是一个完整的刑事案件处理链条，郑玄的"争罪曰狱"即来源于此。狱字原来具有的争讼之义则渐失不用了。后代经史，除小学解意外，只将"狱"理解为罪人之牢了。

汉时对于涉及田债纠纷等经济类案件不用狱，也不言告，而以诉相称。刑为狱，民为讼已基本用来称呼两种不同的诉讼程序，如《汉书·礼乐志》谓"其务在于簿书断狱、听讼而已，此非太平之基也"；《汉书·昭帝纪》谓"四年春三月甲寅，立皇后上官氏。赦天下。辞讼在后二年前，皆勿听治"；如认为这里的"讼"还不明确的话，那么，以下各例皆有所讼之标的，充分说明所讼事由：

> 8. 朕嘉唐虞而乐殷周，据旧以鉴新。其赦天下，与民更始。诸逋贷及辞讼在孝景后三年以前，皆勿听治。（《汉书·武帝纪》）
>
> 9. 三老掌教化。啬夫职听讼，收赋税。（《汉书·百官公卿表第七

---

[1] 据《周礼》，周还有圜土，但囹圄与圜土是有区别的。《周官》谓"司圜掌收教罢民，凡害人者，弗使冠饰而加明刑焉，任之以事而收教之。能改者，上罪三年而舍，中罪二年而舍，下罪一年而舍"，"凡圜土之刑人也不亏体，其罚人也不亏财"，囹圄是羁押重罪及未决犯之监牢，而圜土乃为改造轻刑者之所。

[2] 桂馥曰："囹圄，所以拘辠人者，本书图，狱也。《释言》：'圉，禁也。'郭云禁制。《秦诅楚文》'拘圉其叔父'……《经典》通作'圄'。……圉、圄声相近。《禹贡》'朱圉'，《汉志》作'朱圄'，颜注：'圉与圄同。'《公羊传》'卫孔圉'，《左传》作'圄'。"王筠："囹圄，小徐本作囹圉，许谓圉一名囹圉也。《圣主得贤臣颂》'昔者周公躬吐捉之劳，故有圉空之隆'，此言圉者也。《月令》'省囹圄'，此言圄者也。然亦有言囹圄者，《东方朔传》'囹圄空虚'是也。"

[3] 汉称监罪人之所为狱已无疑，秦时狱与囹圄可能杂称，《李斯列传》："赵高案治李斯。李斯拘执束缚，居囹圄中，仰天而叹曰……"又："具斯五刑，论腰斩咸阳市。斯出狱，与其中子俱执，顾谓其中子曰……"此文虽为汉人记述，但从东方朔所言推测，秦囹圄亦称狱的可能性很大。

上》）

10.（延寿）行县至高陵，民有昆弟相与讼田自言，延寿大伤之，曰："幸得备位，为郡表率，不能宣明教化，至令民有骨肉争讼，既伤风化，重使贤长吏、啬夫、三老、孝弟受其耻，咎在冯翊，当先退。"是日移病不听事，因入卧传舍，闭阁思过。一县莫知所为，令丞、啬夫、三老亦皆自系待罪。于是讼者宗族传相责让，此两昆弟深自悔，皆自髡肉袒谢，愿以田相移，终死不敢复争。（《汉书·韩延寿传》）

11."初，光武为春陵侯家讼逋租于尤，尤见而奇之。"注引《东观记》曰："为季父故春陵侯诣大司马府，讼地皇元年十二月壬寅前租二万六千斛，刍稾钱若干万。时宛人朱福亦为舅讼租于尤，尤止车独与上语，不视福。上归，戏福曰：'严公宁视卿邪？'"（《后汉书·光武帝纪上》）

12.周党字伯况，太原广武人也。家产千金。少孤，为宗人所养，而遇之不以理，及长，又不还其财。党诣乡县讼，主乃归之。（《后汉书·逸名列传·周党》）

归纳这些案例材料，讼所涉之内容，相当于现代法律分类的民事案件，如启动债权纠纷之程序，首先需要自诣官府"讼"，然后由官府验问核实。这种程序所要解决的内容符合郑玄注《周礼》"争财曰讼"之意。

两汉文献中，有时也用"讼罪"一词，但非启动司法程序的行为。此"讼罪"大多不作告发罪状解，而为申辩罪行之意，如《汉书·陈汤传》："弘农太守张匡坐臧百万以上，狡猾不道，有诏即讯，恐下狱，使人报汤。汤为讼罪，得逾冬月，许谢钱二百万，皆此类也。"《汉书·赵广汉传》："初，广汉客私酤酒长安市，丞相吏逐去。客疑男子苏贤言之，以语广汉。广汉使长安丞按贤，尉史禹故劾贤为骑士屯霸上，不诣屯所，乏军兴。贤父上书讼罪，告广汉，事下有司覆治。禹坐要斩，请逮捕广汉。"又《后汉书·郑弘传》："弘师同郡河东太守焦贶。楚王英谋反发觉，以疏引贶，贶被收捕，疾病于道亡没，妻子闭系诏狱，掠考连年。诸生故人惧相连及，皆改变名姓，以逃其祸，弘独髡头负鈇锧，诣阙上章，为贶讼罪。显宗觉悟，即赦其家属，弘躬送贶丧及妻子还乡里，由是显名。"《后汉书·宦者孙程传》："永建元年，程与张贤、孟叔、马国等为司隶校尉虞诩讼罪，怀表上殿，呵叱左右。"

这种用法与"讼"字争讼之初意是相符的。可见汉代启动债权纠纷等所谓民事程序一般称为"讼",而刑诉的启动或为告,或为劾。那么,告何时成为刑诉程序启动的必要条件并演化为刑诉程序的专门术语呢?这又需要我们进一步探究。

四、告制溯源

告字在涉及争讼权益这种特定的语境下,西周时已有其固定的用法,但并非秦汉司法程序中的告劾之"告"意。为了识别告字的真正意义,现将铭文含有"告"字的句式排列如下:

1.《鬲攸从鼎》:鬲以攸卫牧告于王曰。(《集成》2818)

2.《曶鼎》:昔馑岁,匡众厥臣廿夫寇曶禾十秭,以匡季告东宫。(《集成》2838)

3.《五祀卫鼎》:卫以邦君厉告于邢伯(伯)、白(伯)邑父、定白(伯)、琼白(伯)、白(伯)俗父。(《集成》02832)

4.《师旂鼎》:使厥友引以告于伯懋父。(《集成》2809)

例1所述乃鬲从与攸卫牧之间关于田产之纠纷,鬲从向周王告状,周王让虢旅来审理该案。例2《曶鼎》是曶因"匡众厥臣廿夫"抢劫其禾而向东宫太子告状。例3所记是卫和邦君厉之间因为土地补偿而引起纠纷,于是卫向邢伯、伯邑父、定伯等宰辅官员告状,请求裁判。例4为师旂让其下属友引向伯懋父报告其众仆不听从调遣,请求惩处相关人员。《五祀卫鼎》与《师旂鼎》的受状人身份均为伯,均高于当事人自身的爵位,故皆用"告"。这4例铭文都取自周器,句式亦相同。句子结构是:主语(原告)+以+被告+主审官。这成为西周铭文叙录诉案的固定句式。三个主体中,主审官的地位最高。明白了这种用法,就可以确认,告于某者,皆为当事人向上级表达诉求——告。《广韵》卷五《二沃》:"告上曰告,发下曰诰。"[1]这种用法也适用于非诉文书,如《矢令彝》"令矢告于周公宫"、《师毃簋》"师龢父乍毃攷苪,巩(恐)告于王(《集成》04324)"。非诉类文书中,向上报告用"告",反映

---

[1] 文渊阁《四库全书》经部小学类《原本广韵》。

的是一种礼仪制度。三代最初"会同曰诰",如《仲虺之诰》,后形成上对下发布训令用诰,如《尚书》之《汤诰》《召诰》《酒诰》都是如此,《多方·书序》明言"成王归自奄,在宗周诰庶邦,作《多方》"。

告,作为向上级报告的专用之辞,双方争讼之时向他们的上级乃至周王报告以寻求问题的解决也就是必然的了。周时"告"字所蕴含的思想只是强调上下等级的礼仪制度,为彰显敬义,向祭主祈祷也用"告",这自然就无所谓民刑之分。周器铭文所记诸案的性质,从目前所见资料看,大多为宗族间的经济纠纷。但是,事物的内在本质终究会决定形式。告字所蕴含的礼仪内容随着春秋战国政治制度的变革而消失。春秋战国礼仪废弛,凭实力与功战决定国家存亡。在这种背景下,打击危害国家安全犯罪成为首要的任务,如商鞅鼓励告奸,这里的奸指里通外国的行为,自然属于刑事犯罪。国人发现奸罪,必须向官府告发,否则连坐。《史记·商君列传》载商君变法措施:"令民为什伍,而相牧司连坐。不告奸者腰斩,告奸者与斩敌首同赏,匿奸者与降敌同罚。"向官府告奸成为百姓的义务。告,由向上一级宗主报告,转化为刑事案件的当事人向政府告发。西周的宗主调节、训斥、审理也转变为国家权力机关的审理与判决。正因为如此,在司法程序上,百姓发现犯罪行为应向官府告发成为具有特定法律意义的行为。刑事审判程序必须有告或劾,否则不能启动;《二年律令·具律》简113:"治狱者,各以其告劾治之。敢放讯杜雅,求其它罪,及人毋告劾而擅覆治之,皆以鞫狱故不直论。"

秦汉简文中,"告"字有报告、告诉、告发等意,而在刑诉程序上,则取告发之意,并专指向官府告发刑事犯罪。[1]如《法律答问》诸条:

5. 甲杀人,不觉,今甲病死已葬,人乃后告甲,甲杀人审,问甲当论及收不当?告不听。(简68)

6. 甲告乙盗牛若贼伤人,今乙不盗牛、不伤人,问甲何论?端为,

---

[1] 《秦律十八种(疑为厩苑律)》:"其小隶臣疾死者,告其□□之;其非疾死者,以其诊书告官论之。"此告字,还保留报告这种用法。在行政公文程序中这种用法最多。《秦律十八种(疑为工律)》:"公器官□久,久之。……官辄告叚(假)器者曰:器敝久恐靡者,沓其未靡,谒更其久。"此"告"为"告诉"或"告之"之意。但在诉讼程序这种特定的语境下,则皆为告发刑罪之意。参见睡虎地秦墓竹简整理小组:《睡虎地秦墓竹简》,文物出版社1978年版,第33页、第72页。

为诬人；不端为，为告不审。(简 43)

7. 告人曰邦亡，未出徼阑亡，告不审，论可殹？为告黥城旦不审。(简 48)

秦简《法律答问》还有公室告和非公室告的规定："公室告何也？非公室告何也？贼杀伤、盗它人为公室告，子盗父母，父母擅杀、刑、髡子及奴妾，不为公室告。"此《答问》是在解释"贼杀伤、盗"的诉讼主体资格问题，从该简可知，向官府告发刑事案件皆为"告"，只是特定刑案的某些犯罪主体不能告，从而称之为非公室告。但不排除其他主体告发，或国家机关主动劾罪、逮捕。此外，端告、自告、诬告、告盗加赃、州告等都与刑事犯罪相关联。

秦简《封诊式》是关于审讯与查封等司法程序的相关规定，其中有若干篇告爱书，爱书篇首自书题记，因此，题记即是标题，又是对该篇爱书性质的概括，如同今天诉状中的事由一样，起画龙点睛的作用。《封诊式》中的告爱书都是告罪的文书，如《盗自告》《告臣》《告子》等，这三篇告爱书所述案件性质，按当时标准皆为严重的犯罪案件。总结告字的用法，向官府告发，控告罪行为"告"，民事争议即使状诉官府也不称为告。

结　语

上面分析了狱、讼、告等字的含义、源流和用法，比较西周及秦汉的相关制度，我们可以看到，西周的诉讼制度还没有区分民刑。在封建的宗法体制下，西周的宗族经济相当发达，加之当时礼仪制度的严格限制，财产性的纷争体现在家族之间，个体之间的纷争没有经济、思想基础，个人之间轻微的人身侵害一般被纳入违礼的范畴，更严重的行为虽以刑相加，但在程序上并没有形成一个独立的诉讼模式，因此当时也就不会出现独立的民事诉讼程序。在宗法礼仪社会，"出礼入刑"也使依礼断案成为必然，这样的状况更使民刑标准淡漠。更多的贵族间纠纷并不是由专门的国家机关审理，而是由周王指定宗族的公伯审理，或由宗族内部高级贵族调解，这种调解也具有当然的法律效力。西周的告制正反映了这种礼仪制度。严格的审判制度，民、刑分立的诉讼模式只有在这种条件下才能产生：其一，新兴的官僚体制下，中央及各级地方机关权限、职责明确；其二，较为明确、覆盖广泛的相关法律的公布；其三，私有经济占社会比重逐渐上升，以单个家庭或个体为主的财产理念被人们广泛认同；其四，社会大多数人的人身依附关系解除，作为自由民的个体成为社会的主要成员。秦汉时期严格的告罪制度，以及两汉的民刑分立诉讼模式就是在这种背景下产生的。狱字从争辩到确罪，最后发展到牢狱的意思，反映的正是民刑混合到治狱（审判刑罪）程序独立的过程；而告罪、劾罪——→讯狱——→鞫狱——→具狱——→治狱、断狱、决狱等与"狱"相关的概念和法律术语的大量出现，反映的正是刑事诉讼已然区分于民事诉讼。

青川秦牍《为田律》释义及战国秦土地性质检讨

战国时秦国的田制文献多有记载，但皆零星不全，没有一个完整的认识。四川青川县出土秦牍《为田律》较全面地记载了秦武王二年时的田制规划，秦牍发表后，很多学者发表了很有见地的意见，为正确解读律文做出了贡献。为便于论述，全文引述如下：

> 二年十一月己酉朔朔日，王命丞相戊、内史匽、取 臂 更修《为田律》：田广一步，袤八则。为畛，亩二畛，一百（陌）道；百亩为顷，一千（阡）道，道广三步。封高四尺，大称其高；㙟（埒）高尺，下厚二尺。以秋八月修封㙟（埒），正强（疆）畔，及癹千（阡）百（陌）之大草。九月，大除道及阪险。十月，为桥，修波（陂）堤，利津梁，鲜草离。非除道之时而有陷败不可行，辄为之。[1]

下面对律文中的田亩规划和封埒制度等问题做一疏理，就此请教专家，敬请指正。

一、关于律名问题

关于该律的律名主要有两种意见，一种认为应定名为《田律》，一种认为应定名《为田律》，且这是目前大多数学者的意见。

李学勤先生认为，"为田律"是律名。"为"意为作、治，"为田"的意思是制田。《为田律》是关于农田规划的法律，与云梦秦简《田律》有所区别。由牍文还可知道，秦武王以前已有《为田律》，此时不过进行改订。[2]

---

〔1〕 四川省博物馆、青川县文化馆："青川县出土秦更修田律木牍——四川青川县战国墓发掘简报"，载《文物》1982年第1期。

〔2〕 李学勤："青川郝家坪木牍研究"，载《文物》1982年第10期。

李零先生也认为应定名《为田律》，"为"是动词，"为田"指规划田亩，并引《史记·秦本纪》"为田开阡陌"，《史记·商君列传》"为田开阡陌封疆"，《九章算术·方田》"为田几何"等材料进行论证。[1]张金光先生的观点与此相类，他论述道：《史记·商君列传》言"为田"，银雀山汉墓出土《孙子》佚篇《吴问》云"范中行是（氏）制田""韩魏制田""赵是（氏）制田"等与"为田"之意相同，即田间土地耕作布置规划之意。牍文"更修"二字为动词，"为"属下读，秦原应有《为田律》，秦武王二年重新修订而已，故应名为《更修为田律》。[2]

李昭和先生将其定名为《田律》，他对该律相关部分的释文是："王命左丞相甘茂、内史匽取譬（秦律），更修为（蜀地）田律。"[3]黄盛璋先生1982年发表的《青川新出秦田律木牍及其相关问题》一文，其中还有一级标题为"秦更修田律的意义与来源的考察"，从其论文题目及内中标题可知，他取"田律"之名，认为"'更修为田律'就是再次把旧有的田律写出公布，其中也可能包括修改补充，但并非主要的"。[4]田宜超、刘钊先生1983年在《考古》杂志发表《秦田律考释》一文，将青川秦牍律文称为"木牍《秦田律》"。[5]1987年，黄盛璋先生在《青川秦牍〈田律〉争议问题总议》一文中对这个问题做了专门阐述，他说，"牍文此律包括去草、除道、修桥梁陂堤等，并非限于'为田'"，"《田律》所包广，自包'为田'在内。'为田'所包狭，时间亦短暂，不仅古无此名，取为律名与传统律名相违，且与律文规定不能尽合"。"'为'字与上'修'字连读，'修为''更为''创为'……不仅经史常见，且比属下读要通顺得多。"[6]

两种观点的分歧关键在"为"字。从语法、字意分析或在传世文献中寻找证据，称为《为田律》也无懈可击，将其称为《田律》者在语法或字意上也不能说不正确。解决这一问题还需出土材料来证明。张金光先生认为，秦

〔1〕 李零："论秦田阡陌制度的复原及其形成线索"，载氏著《李零自选集》，广西师范大学出版社1998年版，第171页。

〔2〕 张金光：《秦制研究》，上海古籍出版社2004年版，第115页。

〔3〕 李昭和："青川出土木牍文字简考"，载《文物》1982年第1期。

〔4〕 黄盛璋："青川新出秦田律木牍及其相关问题"，载《文物》1982年第9期。

〔5〕 田宜超、刘钊："秦田律考释"，载《考古》1983年第6期。

〔6〕 黄盛璋："青川秦牍《田律》争议问题总议"，载《农业考古》1987年第2期。

自商鞅变法以来就应有为田律，《为田律》与《田律》虽有联系，但实则根本不同。按云梦秦简所收入的六条《田律》来看，秦《田律》主要是关于土地制度以及建立在一定土地制度基础上的国家剥削制度和农业生产管理制度等方面的立法。《田律》的本质是土地法，《为田律》应是《田律》中土地制度的具体化，是官社的田间布置规划之法。[1]张先生的分析不能说没有道理，但江陵张家山汉简《二年律令·田律》却包括《为田律》和云梦秦简《田律》的若干内容。[2]根据张家山汉简整理小组的缀合连接，《二年律令·田律》可分为如下几个部分：（1）授田规范；（2）征收租税（刍蒿）规范；（3）山林水草生态保护规范；（4）惩处侵害牲畜、稼穑规范；（5）田亩规划规范。其中第二、三、四部分与云梦睡虎地秦简《田律》或龙岗秦简相关律文有明显的渊源关系；而第五部分的内容与青川《为田律》的律文基本相同。这说明，至少在汉初，所谓《为田律》的内容是放在《田律》中的，并不存在一篇单独的《为田律》。当然，也有这种可能，即商鞅以至秦武王二年的时候，秦国确实存在过《为田律》，汉初或者秦朝的某一时刻合并到《田律》之中了。不过，我们更倾向于将青川秦牍称之为《田律》。这只是一种倾向性的看法，这种解读还涉及"取臂"二字的准确隶定和"为"字的用法，方框内的二字原牍并不清晰，在未能确定二字的真正释义及没有发现更多的材料之前不宜做肯定的结论。为与云梦睡虎地秦简《田律》相区别，仍沿用《为田律》这一称呼。

二、秦田亩规制

周代实行井田制，八家为私，中田为公，是长方形的九百亩规制。[3]《说

---

〔1〕 张金光：《秦制研究》，上海古籍出版社 2004 年版，第 115 页。

〔2〕 参见彭浩等主编：《〈二年律令〉与〈奏谳书〉：张家山二四七号汉墓出土法律文献释读》，上海古籍出版社 2007 年版。本文所引《二年律令》皆自本书，不再出注。

〔3〕《孟子·滕文公章句上》载孟子向滕文公阐述治国方略时讲："方里而井，井九百亩，其中为公田。八家皆私百亩，同养公田；公事毕，然后敢治私事，所以别野人也。"见（清）阮元校刻：《十三经注疏》，中华书局 1980 年版，第 2703 页。孟子阐述的就是周田制度。《汉书·食货志第四上》所述更为详细一些，但其要旨相同："六尺为步，步百为亩，亩百为夫，夫三为屋，屋三为井，井方一里，是为九夫。八家共之，各受私田百亩，公田十亩，是为八百八十亩，馀二十亩以为庐舍。"见《汉书》，中华书局 1962 年版，第 1119 页。

文·田部》："畮，六尺为步，步百为畮。秦田二百四十步为畮。从田每声。"
段注："秦孝公之制也。"〔1〕《周礼·封人》："不易之地，家百畮。"郑注：
"亩本亦作古畮字。"《论语·学而》何晏集解引《司马法》："六尺为步，步
百为亩。"〔2〕即宽一步，长百步为一亩。这些讲的就是周制，后世传统称为小
亩者。亩宽六尺是与当时的生产工具与耕作方式有密切关系的，孙诒让《周
礼正义》及当代学者李学勤、张金光等都有非常详细的论述，此不赘述。〔3〕

田亩面积大小的规制历史上各时期并不一致，春秋战国各诸侯也不相同。
这种变化与生产方式、赋税制改革密切相关。春秋以后，三晋地区在诸多领
域成为中国历史上改革的先驱，很多变革制度往往最先起源于这个地区。银
雀山汉简《吴问》所载三晋田亩规划，就清晰地反映了周制的小亩逐步扩大
亩积的过程。

《吴问》残简，"吴王"问晋国的"六将军分守晋国之地，孰先亡？孰固
成"，孙子认为亡固与田亩制度密切相关，简文中所述各家的田亩制度是："范、
中行是（氏）制田，以八十步为婉（畹），以百六十步为畛，而伍税之……智
是（氏）制田，以九十步为婉（畹），以百八十步为畛，……韩、巍（魏）
置田，以百步为婉（畹），二百步为畛，而伍税〔之〕……赵是（氏）制田，
以百廿步为婉（畹），以二百卌步为畛，公无税焉。"〔4〕这是说，范、中行、
魏、赵氏等在宽一步，长百步的周亩制式基础上，都各自加大亩的纵长，最
后固定在亩长240步的亩积规制。《风俗通义》佚文："秦孝公以二百四十步
为亩，五十亩为畦。"商鞅变法推行的是大亩制，以长240步为亩。典籍中多
有关于240步为亩的记载，《楚辞·离骚》王逸注："二百四十步为亩。"《盐
铁论·未通》："制田二百四十步而一亩。"《资治通鉴·秦纪一》胡三省注引
杜佑曰："古者百步为亩，自秦汉以降，即二百四十步为亩。"当然，有的记
载以为是汉兴以来亩长240步，唐颜师古就这样认为，如《急就篇》卷三颜师

〔1〕（汉）许慎撰，（清）段玉裁注：《说文解字注》，上海古籍出版社1988年版，第696页。
〔2〕（清）阮元校刻：《十三经注疏》，中华书局1980年版，第2457页。《周礼·小司徒》注引
《司马法》亦云："六尺为步，步百为亩。"
〔3〕参见孙诒让撰，王文锦、陈玉霞点校：《周礼正义》卷二四《地官司徒下》，中华书局1987
年版；李学勤："青川郝家坪木牍研究"，载《文物》1982年第10期；张金光：《战国秦社会经济形
态新探——官社经济体制模式研究》，商务印书馆2013年版，第117页。
〔4〕银雀山汉墓竹简整理小组编：《银雀山汉墓竹简·孙子兵法》[壹]，文物出版社1985年版。

古注："周制百步为亩，自汉以来二百四十步为亩。"《汉书·食货志上》颜师古注引邓展曰："古百步为亩，汉时二百四十步为亩。"汉承秦制，240 步为亩不应是汉朝才开始的制度，这应当不是一个问题。因此，我们可以肯定地说，至少战国初年以来，秦的亩制应该就是宽 1 步，长 240 步的长条形田。

按理说，青川秦牍《为田律》的出土为传统秦亩制提供了坚实证据，事实上却使有些学者对秦传统田亩制的记载产生了疑问。就是汉初《二年律令·田律》的记载也并不能彻底打消人们的疑虑。这其中的关键就是对《为田律》中"则"与"亩二畛"的解读问题。"则"有标准之意，在这里是为量词。骈宇骞、孙常叙先生曾对则字做了精辟详细地分析，[1]但是，人们对青川牍文的"则"字最初却没有往这个方向去理解，一般还是将其释为连词。于琨奇先生推测，秦牍一则为 10 步，八则为 80 步。畛是亩中横的道路，亩二畛，即将长 240 步的秦亩分截成三段。胡澱咸先生据孙常叙《则、法度量则、则誓三事试解》一文中对"则"字的分析，认为于说近于律义，只是苦于训诂上没有根据。但是，胡澱咸不同意畛为田间小道的观点，他据《吴问》认为，范氏、中行氏、韩氏、赵氏的田亩"都是一畛二畹，这正与一亩二畛一样，与赵制更是完全相同。商鞅变法，制定新的田制，盖是仿照赵氏的"。[2]上述研究，一步步接近秦律田亩制的真谛。胡平生先生据阜阳汉简"步卅为则"断定《为田律》中的"则"为量词，而且"八则"正合 240 步，为解决《为田律》的田亩规制做出了关键性的贡献。[3]江陵张家山汉简《二年律令·田律》的律文也印证了这个结论。试比较二者的律文句式：

　　　1. 田广一步，袤八则。为畛，亩二畛，一百（陌）道。百亩为顷，一千（阡）道，道广三步。（《为田律》）

---

〔1〕 参见骈宇骞："始皇廿六年诏书'则'字解"，载中华书局编辑部编：《文史》第五辑，中华书局 1978 年版；孙常叙："则、法度量则、则誓三事试解"，载四川大学历史系古文字研究室编：《古文字研究》第七辑，中华书局 1982 年版。骈宇骞和孙常叙二位皆将则解释为标准器，或含标准之意，这对青川秦牍之"则"的解读应有启发作用，但时人未能从这个角度去考虑。

〔2〕 胡澱咸："四川青川秦墓为田律木牍考释——并略论我国古代田亩制度"，载《安徽师范大学学报（哲学社会科学版）》1983 年第 3 期。

〔3〕 胡平生："青川秦墓木牍'为田律'所反映的田亩制度"，载中华书局编辑部编：《文史》第十九辑，中华书局 1983 年版；胡平生、韩自强："解读青川秦墓木牍的一把钥匙"，载中华书局编辑部编：《文史》第二十六辑，中华书局 1986 年版。

2. 田广一步，袤二百卌步。为畛，亩二畛，一佰（陌）道；百亩为顷，十顷一千（阡）道，道广二丈。（《二年律令·田律》）

对比 1、2 律文，"袤二百卌步"替代了"袤八则"，证明袤八则就是袤二百卌步。因此，在胡平生先生正确释读"则"字之前，对秦田亩制所做的各种解读必然不会正确。

在正确解读律文中的"则"字之后，由于对律文"为畛，亩二畛"的"畛"字的不同解释以及如何断句，学界对秦田亩规制的理解仍存在巨大的差距。罗开玉先生曾归纳先秦之"畛"的不同含义，计有田间径路、田间陌道、记田地面积的单位、田间小水沟之埂等四种。[1] 我们可以将其分成两类，即一是表述直径线路的陌道或径路，二是表述田亩的一定面积。这两种表述在汉及其之前的典籍中都能找到依据，因此，根据不同的解释会得出截然相反的结论。

黄盛璋先生认为畛是宽一步的田间小径，主要用以隔亩。他将畛置于亩的两端，另两边则为陌道。一顷之田当为纵十亩，横十亩的整齐排列，按他的排列，阡道将无处安置，只能将畛道与阡道并排安置。[2] 李学勤先生认为，《为田律》所说的"畛"是起分界作用的小道，可能有两种含义。一是包括畸零的农田，耕田只要有宽一步、长八步的面积，也就是秦亩的三十分之一就应修造名为"畛"的小道，作为与其他耕田区分的地界。二是在较大面积的田区划分中，畛是亩与亩之间的田埂，作为小道，通向亩端的陌道。李文并绘了示意图，以宽一步、长二百四十步为一亩，畛是与阡道并行通向两端陌道的小道。畛与陌道相比，自然更窄一些。[3] 第一种推测因为当时并没有正确释读"则"字的含义，自然不免走入歧路。而第二种推测，每亩都要相邻两条畛，虽然比陌要窄，百亩之田中间则有 99 条畛。秦时百亩作为一个区域要同时耕作，中间这么多小道既违反耕作规律，又毫无必要。因此，这样理解畛显然也是不合理的。

---

〔1〕 罗开玉："青川秦牍《为田律》研究"，载西北师范大学文学院历史系、甘肃省文物考古研究所编：《简牍学研究》第二辑，甘肃人民出版社 1998 年版，第 36~37 页。

〔2〕 黄盛璋："青川新出秦田律木牍及其相关问题"，载《文物》1982 年第 9 期。

〔3〕 李学勤："青川郝家坪木牍研究"，载《文物》1982 年第 10 期。

　　李零先生的推测和李学勤的第二种推测相同，即在宽一步、长 240 步的长条形亩的两侧各有一畛，用以同邻亩相隔。但对畛的含义，李零有独特的解释。他通过对《吴问》的分析，认为畛是用来表示亩长，而婉表示的则是半亩之长。畛、婉的长度是逐渐变化的，但是变化的幅度有一定范围，最后固定在 240 步这个标准。[1]

　　田宜超、刘钊先生认为畛是两陌间（田中）之道，他们所复原的秦亩制仍然是二百四十平方步，以为律文"八"下省一"步"字。二畛，一条在亩中，一条在亩端与陌道相交。若此，秦亩是广八步，袤三十二步，包括"亩二畛"的宽度。按他们的理解，《为田律》应这样断句："田：广一步，袤八〔步〕则为畛；亩二畛，一百（陌）道。百亩为顷，一千（阡）道。"这样秦亩被畛分成两个田区，称为"婉"，婉广八步，袤十五步，一亩两个婉。[2]

　　胡平生先生正确地解读了"则"字，但是对畛字的解读却使秦的田亩制与典籍的记载差距过甚。胡平生认为，"畛"在律文应释为田区，这在古书中有训，如《周礼正义》、银雀山汉简《吴问》等。青川秦牍的"畛"就是宽一步，长二百四十步计二百四十平方步的田区。因为每亩有二畛，所以秦亩积应是宽二步，长二百四十步，每亩约合 914 平方米。[3]按胡平生先生的理解，《为田律》应这样断句："田广一步，袤八则为畛；亩二畛，一百（陌）道。百亩为顷，一千（阡）道。"只是秦亩宽 2 步，长 240 步与典籍记载相矛盾。郝进军先生承认商鞅改革推行的亩制为宽 1 步，长 240 步，他认为："在商鞅以后的秦国新占领区，也即秦武王前后，在秦国统治的中心区域，仍以宽一步，长二百四十步为亩；在急剧扩张的人少地多的新占领区，如：包括四川青川县在内的巴蜀地区，为了减少反抗的力量，就以宽一步、长四百八十步为'亩'。张家山汉简的出土地域——现今湖北一带，在秦昭王时期被秦国占领，也开始推行宽一步，长四百八十步为'亩'的土地制度。汉朝建立后，在现今的湖北一带继承秦朝的土地制度，一如既往，这就是张家山汉简记录下的

　　〔1〕 李零："论秦田阡陌制度的复原及其形成线索"，载氏著《李零自选集》，广西师范大学出版社 1998 年版，第 144~181 页。
　　〔2〕 田宜超、刘钊："秦田律考释"，载《考古》1983 年第 6 期。
　　〔3〕 胡平生："青川秦墓木牍《为田律》所反映的田亩制度"，载氏著《胡平生简牍文物论集》，兰台出版社 2000 年版，第 261~262 页。

实况。"这样，青川秦简所规定的"田广一步，袤八则为畛，亩二畛"的意思应该是"宽一步，长八则（每则等于三十步）为半亩——'畛'，每亩地等于两个半亩"。[1]而且，这种规则被汉代所承袭并推向了全国。

祝中熹先生也将畛解释为田区。但是他认同典籍所载秦亩宽1步，长240步的规制，以此为基准，"亩二畛"，即在这个240平方步的长条形田亩内划分两个田区。畛作为田区就是畦，从"圭"之字多含物半之意。"亩二畛"即是长条形田亩中两个半亩。[2]本文同意这种田区的划分，并予以补充。畛是田区，从典籍资料和《吴问》所载可知，并没有固定尺寸。一亩二畛，则在百亩之田的两陌间形成一条间隔两块田的小路，这条小道当称为畷，《说文·田部》："畷，两陌间道也。广六尺。"[3]中间的畷一步宽，约合1.38米，为亩间田作往返搬运之用。这田间小路在田作上是必要的，并有很古老的传统，农村常称之为"腰路"。古文"畺"字正是这种形象的描述，西周毛伯簋就有此字。祝中熹先生对畛的解释以及对田区划分合乎田作原理，这样的解释与传统典籍所载亩长240步的记载也不矛盾。因此，本文赞成祝中熹先生对秦田亩规制的推测。

正确地解读了"则"与"畛"，阡陌制度就好理解了。

《汉书·食货志》"及秦孝公用商君，坏井田，开阡陌"，颜师古注："阡陌，田间之道也。南北曰阡，东西曰陌。"《汉书·成帝纪》也有类似记载。[4]《史记·秦本纪》司马贞索隐引《风俗通》曰："南北曰阡，东西曰陌。河东以东西为阡，南北为陌。"可知阡陌是南北东西垂直相交的田间道路。以关中地区为例，参看秦牍与《二年律令》能更为清晰地复原战国秦田亩规制。青川秦牍云："为畛，亩二畛，一百（陌）道。百亩为顷，一千（阡）道。"《二年律令·田律》："为畛，亩二畛，一佰（陌）道；百亩为顷，十顷一千

---

〔1〕 郝进军："银雀山竹简《吴问》考辨"，载国学网 http://www.guoxue.com/？p=540，最后访问时间：2009年7月18日。

〔2〕 祝中熹："青川秦牍田制考辨"，载氏著《秦史求知录》，上海古籍出版社2012年版，第224页。原文发表于中国社会科学院简帛研究中心编辑，李学勤主编：《简帛研究》第二辑，法律出版社1996年版。

〔3〕 （汉）许慎撰：《说文解字》，中华书局1963年版，第291页。

〔4〕 《汉书·成帝纪》载阳朔四年诏："其令二千石勉劝农桑，出入阡陌，致劳来之。"颜注："阡陌，田间道也。南北曰阡，东西曰陌，盖秦时商鞅所开也。"中华书局1962年版，第314页、第315页。

（阡）道。"比较二者律文，显然《二年律令·田律》表述得更为清晰。因陌阡是交叉垂直的，所以《二年律令·田律》说"百亩为顷，十顷一千（阡）道"，即十个百亩纵向排列，其两侧设置阡道。秦牍律文省略了"百亩为顷"四字，但在田亩阡陌的规划上二者是一样的。

秦牍《为田律》言"道广三步"是否包括陌道，学者观点不一。有学者认为律文确定阡道宽三步，即十八尺，对陌道和畛道则无规定。清代段玉裁曾提出"陌广六尺"，也许是适当的。[1] 若按此推测，阡道宽三步，陌道宽仅一步。从律文的文意分析，"道广三步"应是陌、阡的概括性规定，若陌道宽度与阡道不同，律文应当明确规定。《二年律令·田律》并未分别规定陌、阡道的宽度，只是这时道广变为"二丈"，比秦律增加了二尺。汉乐府有《陌上桑》，若陌道只有一步宽，植桑对陌道行走往来是很不方便的。据《说文》畷（两畛之间小道）宽 6 尺，故陌道一定宽于 6 尺，否则作为亩间腰路的畷与陌就没有区别了。《考工记·匠人》"经涂九轨"，郑注："轨，谓辙广，乘车六尺六寸，旁加七寸，凡八尺，是谓辙广。"为了搬运、行走便利，陌道不能仅宽一轨。不能想象，在一片田地中，仅南北方向的阡道宽度适于往来车辆行走，而东西方向则不能行车。在目前没有直接证据证明的情况下，虽然不能绝对肯定陌、阡同宽，但宽于 6 尺的畷应是合理的推测。

在此顺便对律文及典籍中的阡陌与阡道、陌道的概念做一补充说明。按一般理解，阡陌、就是阡道与陌道的简称，应当说这不是一个问题。但是，袁林先生认为，"阡道、陌道与阡陌并非一事"，律文中的"'道'即顷边之阡道陌道。对于阡陌和道，法定的维修时间和内容皆不相同，对阡陌，是在'秋八月''葵阡陌之大草'，对于阡道和陌道则是'九月，大除道'"，在文献中也可看到阡道、陌道与阡陌并不相同的踪迹，"阡陌当是分别与阡道、陌道平行的一种比较大的田界设施，其间距离比较远，所包围土地数量比较多"。[2]将阡陌与阡道、陌道解释成两种不同的设施，在出土资料与传世文献中都找不到证据。至于袁林先生所举几条阡陌与阡道陌道关系的材料，亦是理解有误；如《汉书·晁错传》"通田作之道，正阡陌之界"，这只是文法

---

〔1〕 李学勤："青川郝家坪木牍研究"，载《文物》1982 年第 10 期。
〔2〕 袁林："析'阡陌封埒'——同魏天安同志讨论"，载《河南大学学报（社会科学版）》1992 年第 4 期。

上对偶的写作手法，实则"田作之道"与"阡陌之界"在这里是一回事。董仲舒所言"富者田连阡陌"无非是说田亩百顷相连，实言占有田亩数量多而已。《为田律》言"以秋八月修封埒（埒），正强（疆）畔，及癹千（阡）百（陌）之大草。九月，大除道及阪险"，也不能证明阡陌与阡道、陌道是两个东西。应当这样理解：八月在农作结束时修整田亩疆界，清理阡陌两侧的杂草，九月修整、清理阡陌道路面。将阡陌与阡、陌道理解为不同的设施是不妥当的。

综合上述分析，秦亩规制的完整设置是：一亩宽 1 步（6 尺），长 240 步（1440 尺），这是一个长条形田亩。每个长条形田亩又划分为两个田区（畛），两畛之间有一条腰路称为畷，畷宽 6 尺。每百亩的南北两端设一陌道。百亩为顷，以顷为单位的田亩之东西两侧设置阡道。阡、陌道宽 3 步（18 尺）。我们可以将秦田亩的规制做如下图示意：

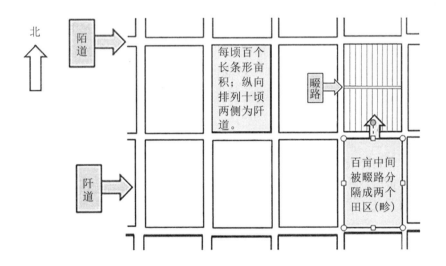

三、阡陌与封埒

秦牍《为田律》除规划了田亩的阡陌制度外，还对田亩的封埒疆畔做了规定："封高四尺，大称其高。埒（埒）高尺，下厚二尺。"所谓"封高四尺，大称其高"，学界一般认为就是长、宽、高相等，都是四尺。问题集中在封安置在何处以及阡陌与封的关系。封埒最初是封国疆域的界标，崔豹《古今注》谓"封疆画界者，封土为台，以表识疆境也；画界者，于二封之间，又为堳埒以画分界域也"。[1]《左传·昭公七年》："封略之内，何非君土？"即为国土疆界之封。因国境或以沟渠为界，或以田畔为疆，因此封也用来标识不同所有人田亩的分界。《左传·襄公三十年》"田有封洫"，则为土田界域之封。《急就篇》颜师古注："封，谓聚土以为田之分界也。"《周礼·地官·封人》也有关于封树制度的记载。对此，杨宽先生已有详细论述。《为田律》的封埒显然是承袭这种制度而来，是为了区分受田人的田亩疆界而设置的。《为田律》将封埒与田亩阡陌在同一律文中加以规定，因此给人的印象就是封埒制与阡陌制紧密联系，二者不可分割。[2]睡虎地秦简《法律答问》对封埒的解释也易使人产生这种认识，《答问》曰："'盗徙封，赎耐。'可（何）如为'封'？'封'即田千佰，顷半（畔）'封'殹（也），且非是？而盗徙之，赎耐，可（何）重也？是，不重。(64)"[3]诸家对这段律说文字的理解不同，其标点也就不同。

睡虎地秦简整理小组在"即田千佰"后面加句号；杨宽先生在此标顿号，认为"'田阡陌'就是秦牍所说的阡道和陌道，'顷畔封'就是秦牍所说的'百亩为顷'的'封'和'埒'"。[4]黄盛璋先生将"'封'即田千佰顷半（畔）'封'殹（也）"连读，认为"封筑在阡陌与顷畔的边缘上，但并不是阡陌"。[5]李学勤认为封埒虽然不等于阡陌，却与阡陌有着密切的联系。因商鞅以后土地的买卖，在同一田主的土地内部，可能只有阡陌而不设封埒。秦昭王以后，可能《为田律》那种封当时已经很少修造了。[6]李零先生基本认同黄文意见，认为"阡陌顷畔封"是在阡陌顷畔的内侧各起一道封埒。张金

---

［1］（晋）崔豹：《古今注》卷上《都邑第二》，文渊阁《四库全书》子部杂家。文献与《为田律》记载用土封，但年代早于《为田律》35年的秦惠文王四年（公元前334年）《秦封宗邑瓦书》为瓦封，其铭曰："自桑障之封以东，北到于桑匽之封，一里廿辑。大田佐敖童曰未、史曰初，卜蛰、史羁手，司御心，志是霾（埋）封。"此瓦书说明较为重要的标界如宗邑标界亦有用铭刻瓦石以标识的。参见郭子直："战国秦封宗邑及瓦书铭文新释"，载陕西省考古研究所等合编：《古文字研究》第14辑，中华书局1986年版。

［2］田宜超、刘钊先生甚至认为阡陌与封为同一物，"'道'与'封'，并总括'千'、'百'而言，语其广则曰'道'，谓其高则曰'封'，两者异名而指同"。参见氏文《秦田律考释》，载《考古》1983年第6期。

［3］睡虎地秦墓竹简整理小组编：《睡虎地秦墓竹简》，文物出版社1990年版，第108页。

［4］杨宽："释青川秦牍的田亩制度"，载《文物》1982年第7期。

［5］黄盛璋："青川新出秦田律木牍及其相关问题"，载《文物》1982年第9期。

［6］李学勤："青川郝家坪木牍研究"，载《文物》1982年第10期。

光先生认为，"'封'是一个高四尺，底（大）长宽各四尺的土堆，呈四棱锥状。'埒'是高一尺，横断面呈等腰三角形（下底边长为二尺）之状"。"'封'是一定点土堆，故言体积；埒岗环周而设，故不言其长，而只述其高和下基之厚广。"认为阡陌和封埒是两个不同性质的东西，在通常情况下二者无关。但是对于封埒的位置，张金光先生也未能言其详，只是说"若一家田跨连阡陌，其封埒之筑当可穿过阡陌而为之（按，若过道上，则不必起岗），总须于四邻边头启之。其所占土地当两家各半（若今日农家行责任制，分田而耕，于两家田之间起封埒，所占地皆分摊于两家，其岗脊锐顶恰垂直于两家田分界处）"。[1]应当说，诸家之论都有某些合理成份。

《为田律》的田亩阡陌与封埒是两种事物，二者很难或者说没必要在整齐的田顷规制上同时设置。我们先谈埒，埒为封之间矮墙，"垺（埒）高尺，下厚二尺"，若在田亩的阡陌内侧建有连续不断的埒，这种设置实在没有必要，而将埒建置在阡陌道中间更是不可能。按百亩阡陌规划的整齐田亩之间是用不着埒的，阡陌完全能够起到埒的作用。自周以来，以百亩为单位授田。战国时诸国也基本是以百亩为分配单位，秦当时可以满足百亩授田之数，秦人于自家地中没有疆畔分界的必要，受田各家也不可能在阡陌道上或道旁建埒。后世的材料或许可以佐证这一问题。汉时阡陌道路多有名称，阡陌已成为疆界的标志。阡陌的命名不会是汉代才出现的，应有其历史的传承。试举史料所载阡陌名称：

1. 《汉书·匡衡传》："初，衡封僮之安乐乡，乡本田提封三千一百顷，南以闽陌为界。初元元年，郡国误以闽陌为平陵陌。积十余岁，衡封临淮郡，遂封真平陵陌以为界，多四百顷。"

2. 《后汉书·光武帝纪》："命有司设坛场于鄗千秋亭五成陌。"

3. 《孙成买地券》："左骏厩官大奴孙成，以雒阳男子张伯始卖所名有广德亭部罗陌田一町……"[2]

4. 《王未卿买地铅券》："建宁二年八月庚午朔廿五日甲午，河内怀男子

〔1〕 张金光：《秦制研究》，上海古籍出版社2004年版，第133~134页。
〔2〕 罗振玉、罗福颐编：《贞松堂吉金图》，民国二十四年（1935）墨缘堂珂罗版印本。

王未卿，从河南街邮部男子袁叔威买窜门亭部什三陌西袁田三亩……"〔1〕

5. 《樊利家买地铅券》："光和七年九月癸酉朔六日戊寅，平阴男子樊利家，从雒阳男子杜谓子子弟口买石梁亭部桓阡东、比是陌北田五亩……田南尽陌北，东自比谓子，西比羽林孟口，……"〔2〕

6. 《王当墓买地铅券》："谷郏亭部三陌西袁田十亩……"〔3〕

这些材料表明，迟至两汉很多阡陌的名称仍在，一般是以陌领名。可以推测两汉时其田亩布局也是一百条单亩为顷，南北向排列若干顷，顷傍为阡道。这种以陌阡隔界的田亩是用不着埒的。因此，埒与阡陌没有必然的联系。特别是秦国商鞅变法时期，阡陌道路实际上发挥着封疆隔区的作用。

再说封，封长宽高皆一米多，若将封放置在阡陌交汇的十字路中心也不适合，路宽4米多，封就要占去将近1平米，还要由埒连接起来，这种规划不但设计不合理，其工程量更是不可想象。如果百亩规划的顷田设有封，从可能性来讲，应当如黄盛璋所推测的那样，设置在与田亩相邻的阡陌道下面的某一角落，上面种树或置石以便标识。

《为田律》规定封埒的意义是什么呢？这是因为尽管当时以百亩为单位行田并划分阡陌，但仍会有相当部分的不规则土地。而置封最广泛、最有必要的，应当是设置在零星不整之田以别疆界。因此，田亩阡陌规划以外的地方，也就是说零星不整之田需要封埒划分疆界。从东汉《王当墓买地铅券》可以看到这种情况："王当弟伎偷及父元兴 等 从河南□□□□□子孙等买谷郏亭部三陌西袁田十亩以为宅，贾直钱万钱。即日毕田有丈尺券书明白，故立四角封界。"〔4〕王当弟伎偷及父元兴 等 买田四十亩，因不便以阡陌确立界域，"故立四角封界"。

基于上面的分析，我们再来分析睡虎地秦简《法律答问》关于阡陌与封的律文。《法律答问》："'封'即田千佰顷半（畔）'封'殹（也），且非是？

---

〔1〕 罗振玉编纂：《贞松堂集古遗文》卷十五，北京图书馆出版社2003年版，第346、347页。
〔2〕 罗振玉编纂：《贞松堂集古遗文》卷十五，北京图书馆出版社2003年版，第349~351页。
〔3〕 洛阳博物馆："洛阳东汉光和二年王当墓发掘简报"，载《文物》1980年第6期。
〔4〕 洛阳博物馆："洛阳东汉光和二年王当墓发掘简报"，载《文物》1980年第6期。

而盗徙之，赎耐，可（何）重也？是，不重。"整理小组在"即田千佰"后面加句号，按这种标点则阡陌就等同于封了。阡陌为田间道，与封根本就不是一回事。此句"'封'即田千佰"后面不应断开，应连读。顷畔，顷田之边界。《说文》："畔，田界也。从田半声。"《法律答问》这一段译成今文则是："'封'是田亩按阡陌规划成顷界之旁侧的界标，或不是？盗徙这个封界标识判处赎耐重不重呢？不重。"试想，整齐规划的顷亩阡陌是不可能移徙的，而在田顷边角的封才有被移徙的可能。因此，律说的"盗徙"指的是田亩边界标识的封，而非阡陌之道。比其稍晚的龙岗秦简律文讲得更为清楚："侵食道、千（阡）邙（陌），及斩人畴企（畦），赀一甲。"（一二〇）"盗徙封，侵食冢庐，赎耐。"（一二一）[1]龙岗秦律将阡陌与封分开规定，可见阡陌本身不是封。综合青川、睡虎地、龙岗秦律相关律条，可以推定，整齐的阡陌规划的顷亩存在封，但不会设置埒，而不规则等零星不整之田则封埒俱备。

四、开阡陌与爱田

阡陌源于何时，历来颇有争议。朱熹在《开阡陌辨》中认为，阡陌者即"《周礼》遂上之径，沟上之畛，洫上之涂，浍上之道也。盖陌之言百也，遂洫纵而径涂亦纵，则遂间百亩，洫间百夫，而径涂为陌矣。阡之为言千也，沟浍横而畛道亦横，则沟间千亩，浍间千夫而畛道为阡矣。阡陌之名由此而得"。[2]朱熹认为阡陌名称言千、言百与百夫、千夫的受田制度有渊源却是有道理的。清人程瑶田的《沟洫疆理小记》中有一篇《阡陌考》，他以《周礼·地官·遂人》所讲井田制的结构作比较，认为"遂上有径，当百亩之间，故谓之陌"，"畛当千亩之间，故谓之阡"，"阡陌之名，从《遂人》百亩千亩，百夫千夫生义"，阡陌之道乃先王之制。[3]李学勤先生也注意到，青川秦牍阡陌作"千百"，云梦秦简作"千佰"。东汉时的《说文》也不见"阡陌"二字。[4]可见百、千二字最初是假借，与田亩的数量相关。古代以百亩作为分

---

〔1〕 中国文物研究所、湖北省文物考古研究所编：《龙岗秦简》，中华书局 2001 年版，第 111~112 页。

〔2〕 文渊阁《四库全书》经部礼类《周礼翼传》卷一。

〔3〕 （清）程瑶田撰，陈冠明等校点：《程瑶田全集》，黄山书社 2008 年版，第 385 页。

〔4〕 李学勤："青川郝家坪木牍研究"，载《文物》1982 年第 10 期。

配单位，村社分配土地以一家一户为分配对象，家有一正夫，分地百亩，故文献有时将百亩称为"夫"。[1]每家（夫、或百亩）之间的路径很自然地就称为"百"，百亩为顷，顷间路自然称为"千"。因按人户以百亩为发授单位，故二字又以人旁。云梦秦简即作"千佰"，此时百已有人旁而千还没有。后阡陌成为道路在人们头脑中成为定式概念，才出现了带阜旁的阡、陌二字。因此，朱熹、程瑶田对阡陌名称由来的分析是正确的。

传统典籍关于商鞅改革田制的用语以及后人的理解都存在较大差异。《史记·范睢蔡泽列传》："决裂阡陌，以静生民之业而一其俗，劝民耕农利土。"《汉书·食货志》："秦孝公用商君，坏井田，开阡陌，急耕战之赏。"《汉书·地理志》"孝公用商鞅制辕田，开仟佰"，师古注谓"南北曰仟，东西曰佰。皆谓开田之疆亩也"，并引张晏语："商鞅始割列田地，开立阡陌，令民各有常制。"最为明确的记载是《汉书·王莽传》区博的一段话："井田虽圣王法，其废久矣。周道既衰，而民不从。秦知顺民之心，可以获大利也，故灭庐井而置阡陌，遂王诸夏，讫今海内未厌其弊。"汉人明确地以为秦曾"灭庐井而置阡陌"。但是朱熹认为，"所谓开者，乃破坏剗削之意而非开置建立之名。所谓阡陌乃三代井田之旧而非秦之所置矣"。他认为，商鞅因阡陌占地太广，为尽地利，于是彻底废除阡陌，听民买卖，自此田畴无余遗并开启了田亩私有之开端。此后元明清的学人大都追随朱熹的意见并对近代的学术产生着影响。[2]睡虎地秦律及青川秦牍《为田律》等文献的出土，证明了朱熹关于商鞅废阡陌的结论是不能成立的，《为田律》在秦武王二年（公元前309年）颁行，前距商鞅变法只有50年。

现在一些学者对于"开阡陌"的解释采取所谓折中的方法，如杨宽认为："商鞅在秦变法，'为田开阡陌封疆'，就是废除旧的井田制的阡陌封疆，开立

---

[1]　《周礼·小司徒》郑注引《司马法》"百亩为夫"，《公羊传》宣公十五年何休注亦云："一夫一妇授田百亩。"见（清）阮元校刻：《十三经注疏》，中华书局1980年版，第2287页。《论语》皇疏云："今云亩百为夫，则是方百步也。谓为夫者，古者赋田以百亩地给一农夫也。"文渊阁《四库全书》经部《论语集解义疏》卷一。到唐代，人们也都是这样认识的，如《新唐书·突厥传上》引杜佑云："周制，步百为亩，亩百给一夫。商鞅佐秦，以为地利不尽，更以二百四十步为亩，百亩给一夫。"引自（宋）欧阳修等：《新唐书》，中华书局1975年版，第6025页。

[2]　学术界关于阡陌含义的争议请参考李解民："'开阡陌'辨正"，载中华书局编辑部编：《文史》第十一辑，中华书局1981年版，第47~60页。

新的阡陌封疆。"[1]本文同意这种观点，因为从《史记》《汉书》等原始典籍并不能片面得出阡陌是废还是建立；因为记载的缺憾，后人往往从个人的理解做出片面的解释。《史记·范睢蔡泽列传》"决裂阡陌"和《汉书·地理志》颜师古引张晏"开立阡陌"的话表述得还是相当得体的，所谓"决裂"和"开立"当然是破旧立新。破的是爰田制下的阡陌，立的是新亩积下的阡陌。表面看起来是用字的区别，实则关系到阡陌之制出现的时间。从目前材料看，千百二字作为田间道路名称是战国中期才见到的，但其源渊当与百夫、千夫的受田制度有关。因此，商鞅变法前阡陌这种田间道路应当是存在的。

爰田易居是按旧亩制轮作，易田而不变动田亩规制，故阡陌之道就没有变动的必要。爰田一般都是按百亩的整数。《周礼·地官·遂人》：

> 遂人掌邦之野……
> 辨其野之土：上地、中地、下地、以颁田里。上地，夫一廛，田百亩，莱五十亩，余夫亦如之。中地，夫一廛，田百亩，莱百亩，余夫亦如之。下地，夫一廛，田百亩，莱二百亩，余夫亦如之。

《周礼·地官·大司徒》：

> 不易之地家百亩，一易之地家二百亩，再易之地家三百亩。

《汉书·食货志》：

> 民受田，上田夫百亩，中田夫二百亩，下田夫三百亩。

这是因地力不同，故分配莱田数量不同，为的是轮耕休作。《公羊传·宣公十五年》何休注对这种田亩配制的原理解释得相当清楚："司空谨别田之高下善恶，分为三品：上田一岁一垦，中田二岁一垦，下田三岁一垦；肥饶不得独乐，硗埆不得独苦，故三年一换主易居，财均力平，兵车素定，是谓均民力，强国家。"[2]颜师古注《汉书·地理志》引张晏曰："周制三年一易，

---

〔1〕 杨宽："释青川秦牍的田亩制度"，载《文物》1982年第7期。
〔2〕 （汉）何休解诂：《春秋公羊传注疏》，上海古籍出版社2014年版，第683页。

以同美恶。"引孟康曰："三年爰土易居，古制也。"因地力的原因，农业部族定期徙居垦荒是有传统的，三代众民也不会脱离这种状况，西汉初年《田律》仍然规定"入顷刍稾，顷入刍三石；上郡地恶，顷入二石（240）"。三代田分上中下，各地配备的莱田数量也不尽相同。春秋以后，人口增加，耕地相对减少，爰田的难度增加。从齐国简《吴问》可知，春秋晚期以后，各国变革田制，田不分等差，但扩大受田亩积。商鞅变法后"复立"辕田，"自爰其处"，这是在终身享有使用权的受田亩数内"自爰其处"，但是"无狠（垦）不狠（垦）"，都要照章纳赋。睡虎地秦简《田律》就明确规定"以其受田之数"征收刍稾，"无狠（垦）不狠（垦）"。"自爰其处"，实质意味着爰田制已不存，但随着新亩积的确定，新设立的阡陌则成为名田的标界，由法律加以保护。汉初的《二年律令》证明，在一定的区域内授田制的田亩是不分等差的，只是"田不可田者，勿行；当受田者欲受，许之（239）"，但"田不可狠（垦）而欲归，毋受偿者，许之（244）"。受田制下的阡陌田亩只能是一夫一生一次受田，没有爰田的余地。因此，商鞅的"开阡陌"包括破旧立新，阡陌之制并非自商鞅才开始设置，更非商鞅尽除之。

五、阡陌田亩的土地性质

本来阡陌规划制度与土地性质本身没有必然的联系。任何性质的土地都要有一定的亩积、田垅规制，这就如同无论是西方资本主义的国家，还是社会主义国家都设置有政府一样，政府的外部形式并不是区分国家性质的标志。土地性质的关键是土地归谁所有，如何使用，如何分配收益。围绕春秋战国时期以及秦汉的土地性质，学界长期以来争论不休，主要有两种观点，一种认为战国时期，土地逐步私有化，到秦朝"使黔首自实田"[1]，土地性质进入私有化时代。[2]秦国则是在商鞅变法后，"开阡陌"，"制辕田"，为土地私

---

〔1〕《史记·秦始皇本纪》集解徐广曰："使黔首自实田也。"见《史记》，中华书局1972年版，第251页。
〔2〕张传玺先生认为，"从战国到秦统一，是土地私有制在全国范围内形成、确立的时期"，"土地私有制从战国初期即已发展。至其后期，已成为处于主导地位的所有制形式"。"秦统一，促进了社会经济的发展。始皇三十一年，'使黔首自实田'，土地私有制在统一的国家中，获得了合法的地位，这应当是地主土地所有制在全国范围确立的标志。土地兼并也进一步严重起来。"参见氏文："汉以前封建地主土地所有制的发生和确立"，载《北京大学学报（人文科学）》1961年第2期。

有化的开始。这种观点最早是董仲舒提出来的，他向汉武帝上书说："至秦则不然，用商鞅之法，改帝王之制，除井田，民得买卖，富者田连阡陌，贫者亡立锥之地。"[1]董仲舒未用土地私有化这个词，但他所说的土地性质实质上已经是私有化了。林剑鸣先生曾论述说，商鞅变法后，"复立"爰田，却"自爰其处"，这标志着土地私有权已确立。青川秦牍所载的封埒制度及云梦秦简《法律答问》对私自移动"封"的处罚，正是土地私有权确立的证明。[2]实际上《为田律》规定的阡陌制是田亩统一规划的法律，云梦秦简《法律答问》"盗徙封"的罪名也与土地性质没有必然的联系。[3]当时的行田制本质上是一种土地使用权，阡陌制度规划与盗徙封的处罚规定并不能说明当时土地私有性质的确立。

另一种观点认为，战国时期的土地制度或仍处于农村公社制的晚期阶段，土地的国有性质并没有改变。自春秋以来各国基本上实施的是授田制，即每夫百亩，只是各国根据生产力发展水平或各自的国情亩积有所变化而已。按授田制，一要达到一定的年龄，二要向国家交租赋，三是达到一定年龄土地要交回国家。吴荣曾先生认为："战国时各国都推行过授田制，由于各地区经济发展的不平衡，在时间上自然有早晚之别。"云梦秦简抄录有魏《户律》，"律文说：'自今以来，叚门逆旅，赘婿后父，勿令为户，勿鼠田宇。'……表明授田对象主要是平民，而'叚门、逆旅'则被排除在外"。秦国实行授田制，按亩顷征收赋税。战国时各国有时根据情况还授田给外来者，并减免一定的力役。农民受田后，到一定时间还须退还于官。总之，战国时期的授田制在西汉还可看到，是一步步走向衰亡的。[4]近年，张金光也认为秦国的土地制度是国有制。他认为，秦个人或集体对土地只有使用权，谈不上所有权。直到秦统一之后，也不存在与国有对立的土地私有制。一直到汉初，还实行

---

〔1〕《汉书·食货志上》，中华书局1962年版，第1137页。

〔2〕 林剑鸣："青川秦墓木牍内容探讨"，载《考古与文物》1982年第6期。

〔3〕 对于阡陌所反映的地亩性质，张金光先生认为："它（引者注：阡陌封疆）确立的并不是土地私有制与土地买卖，而恰是标志着土地国有制的加强，国设阡陌、顷畔之封疆就是土地国有制的标志。"见氏文："普遍授田制的终结与私有地权的形成——张家山汉简与秦简比较研究之一"，载《历史研究》2007年第5期。

〔4〕 吴荣曾："战国授田制研究"，载《思想战线》1989年第3期。

普遍授田制。[1]吴荣曾、张金光先生都认为自商鞅以来一直到汉初，授田制在关东、关中都没有本质差别，这种形式的土地所有制形式只能是国有制。当然，不排除其中有个别的私有现象。近年张金光先生还提出了土地性质的二元化问题，从法理上讲，这个问题的本质就是土地的所有权人（法律上的、名义上的）与实际上的占有、使用、收益和处分相分离，即所有权人实际上不享有所有权的权能。从历史上看，"私有财产的统治总是从土地占有开始的，土地占有是私有财产的基础"。[2]这一时期的土地仍然是名义上的国家所有，但实际上是个人占有，最后在国家机器衰落或动荡时达到"合法"的占有，从而完成了土地私有化的最后一道程序。

从土地的所有权，使用权及土地收益的分配形式看，战国秦的土地性质无疑属于典型的国有制的公有。三代到春秋，土地所有权归属领主，封君即国，农众耕作的土地是使用权，贡、助、彻都是租赋的形式。严格来讲，这种土地性质属于封君之公有，而非天子（王）的国有。春秋晚期，征战不断，公卿失位，领土易主；战国以后，各国变法图强，加强君主专制，兴郡县，废井田，国家直接控制土地分配权力，实施新亩积下的授田制。自此以后的土地性质，虽然属于公有，但与此前的领主制不同，而是典型的国有。《二年律令·户律》推行的按级爵授田乃是土地"国家情怀"的最后挣扎。《户律》规定按级爵授予不同面积的田宅，《置后律》则规定，各级爵位者"疾死置后"，其子孙所袭父爵宅田需降等递减。若干代后，高爵后裔仍然按平民身份享有土地的份额。[3]从当时事实的占有及高官高爵大亩积的受田现实看，这种"名田宅"显然是不可能普遍实施的，但其本质上反映了国家享有的，至少是名义上的对土地的所有权。在法律意义上，土地的性质仍为国有，国家主持着土地的分配权力。这就同当今农村按人头承包土地，死后或户口迁出要交回是一个道理。这些土地，农民只有使用权而无所有权。随着可耕地的减少，授田越来越困难，而功臣贵戚受赐的土地与自耕农授田亩积相比又十分悬殊，其结果自然对当时的授田制度造成侵蚀，致使耕者无田，社会出现

---

〔1〕 张金光：《秦制研究》，上海古籍出版社 2004 年版，第 85~86 页。

〔2〕 〔德〕马克思：《1844 年经济学-哲学手稿》，刘丕坤译，人民出版社 1979 年版，第 38 页。

〔3〕 张家山二四七号汉墓竹简整理小组编著：《张家山汉墓竹简〔247 号墓〕》（释文修订本），文物出版社 2006 年版，第 59 页。

大量的佣耕者，[1]大土地占有者则赚取地租收益。汉初虽然名义上实行授田制，但官僚贵戚多买卖田地，萧何听从客谏"多买田地，赊贳贷以自污"，[2]说明是时土地买卖、租贷现象已较普遍。土地占有者凭借权力长期占有土地，以及法律允许一部分土地的买卖，使名义上国有的土地开始向私有蜕变。即私有性质的因素在逐步侵蚀着国有土地，使其逐步向私有转化。《二年律令·户律》至少透露了迈向土地私有化的线索，这就是部分土地可以买卖并得到官方的认可，"受田宅，予人若卖宅，不得更受。代户、贸卖田宅，乡部、田啬夫、吏留弗为定籍，盈一日，罚金各二两（三二二）"。土地私有最先是从宅圃，次为田地，最后是坟地。[3]战国时期已见宅圃的买卖，[4]武帝时杨量买山则标志着这个过程的完成，[5]自此，中国的土地性质进入了地主所有的私有制时期。

结　语

本文对《为田律》的阡陌制度、封埒制度做了分析，基于这种分析，《为田律》应当重新划分段落。张金光先生将全篇律文分为两大部分，自"田广一步"至"下厚二尺"为第一部分，讲的是关于田间土地布置分划制度；自"以秋八月"至"辄为之"为第二部分，讲的是关于封疆道路的维修制度。[6]本文认为，全篇律文分为三个部分为宜，即将"田广一步"至"道广三步"

---

〔1〕《史记·陈涉世家》载"陈涉少时，尝与人庸耕，辍耕之垄上"，索隐："《广雅》云：'庸，役也。'按：役力而受雇直也。"中华书局1959年版，第1949页。

〔2〕《史记·萧相国世家》，中华书局1959年版，第2018页。

〔3〕马克思将农村公社的土地分为三类，即庄园（及其毗连地段）、耕地和割草地，并认为土地占有"继续发展的过程首先导致将田庄土地（包括毗住所的田地等）划归私有，随后又将耕地和割草地划归私有"。参见［德］马克思：《科瓦列夫斯基〈公社土地占有制，其解体的原因、进程和结果〉一书摘要》，邹如山、世雄译校，人民出版社1965年版，第34页。从中国的历史情况看，基本也是这样。族坟墓制是中国宗法关系的体现，其瓦解是随着宗法制的变化而行进。反过来看，墓地被买卖及其私有化正是土地私有化进程的最后表现。

〔4〕《史记·苏秦列传》："且使我有洛阳负郭田二顷，吾岂能佩六国相印乎！"《史记·廉颇蔺相如列传》："王所赐金帛，归藏于家，而日视便利田宅，可买者买之。"全面分析史料，东方各国土地的私有化进程应较秦为先。

〔5〕（清）陆增祥撰：《八琼室金石补正》，文物出版社1985年版，第2页。

〔6〕张金光：《秦制研究》，上海古籍出版社2004年版，第115页。

划为第一部分，"封高四尺"至"下厚二尺"为第二部分，其余为第三部分。第一部分是秦亩积的规定与田亩规划。秦田亩制为宽 1 步，长 240 步的长条形亩积，每亩中间有宽 1 步的畷路，每亩因畷路而分隔成两个田区（畛）。每顷的长端两侧为陌道，另两侧为阡道。第二部分是封埒制度的规定。封在整齐的顷田规划中可能是存在的，用以记识标志土地占有者，其位置应在田亩顷界的一角，阡陌道自身就起到了疆界的作用；而埒应是对零星不整之田界的规定，与阡陌之制的百亩顷田规制没有直接关系，这种封疆划界方式是对阡陌百亩顷田疆界的一种补充。

秦国长亩制也是在爰田制的基础上一步步形成的，形式上是田亩规划的改变，实则是与税制紧密联系在一起的。战国时期，包括秦国，基本上是以每人户百亩的规制授田，当时虽然处于农村公村解体的最后时刻，但土地乃由国家统一分配，在特定的条件下国家还要收回。这一阶段的土地制度属于典型的国有，田亩在当时仍然禁止买卖。董仲舒所言及诸学者认为商鞅变法以后开启了土地私有买卖之端是不符合实际的。直到汉初，国家名义上还推行着授田制，只是越来越不现实而已。真正的土地自由买卖及土地明确的私有化应当是文景以后的事。

从岳麓秦简识劫婉案看秦国的匿訾罪及其乡里状况

《岳麓书院藏秦简（叁）》案例7记载秦国末年一案例，为方便了解案情全貌，现将本案主要狱辞录入如下：

十八年八月丙戌，大女子婉自告曰：七月为子小走马羛（义）占家訾，羛（义）当 责 大夫建、公卒昌、士五積、喜、遗钱六万八千三百，有券，婉匿不占吏为訾。婉有市布肆一、舍客室一。公士识劫婉曰：以肆室鼠（予）识。不鼠（予）识，识且告婉匿訾。婉恐，即以肆、室鼠（予）识；为建等折弃券，弗责。先自告，告识劫婉。

婉曰：与羛（义）同居，故大夫沛妾。沛御婉，婉产羛（义）、女姝。沛妻危以十岁时死，沛不娶妻。居可二岁，沛免婉为庶人，妻婉。婉有（又）产男必、女若。居二岁，沛告宗人、里人大夫快、臣、走马拳、上造嘉、颉曰："沛有子婉所四人，不娶妻矣。欲令婉入宗，出里单赋，与里人通歆（饮）食。"快等曰："可。"婉即入宗，里人不幸死者出单赋，如它人妻。居六岁，沛死。羛（义）代为户，爵后，有肆、宅。

识故为沛隶，同居。沛以三岁时为识娶妻；居一岁为识买室，贾（价）五千钱；分马一四、稻田廿亩，异识。识从军，沛死。来归，谓婉曰："沛未死时言以肆、舍客室鼠（予）识，识欲得。"婉谓沛死时不令鼠（予）识，识弗当得。识曰："婉匿訾，不鼠（予）识，识且告婉。"婉以匿訾故，即鼠（予）肆、室。沛未死，弗欲以肆、舍客室鼠（予）识。不告婉，不智（知）户籍不为妻，为免妾故。它如前。

● 识曰：自小为沛隶。沛令上造狗求上造羽子女齡为识妻。令狗告羽曰："且以布肆、舍客室鼠（予）识。"羽乃许沛。沛已为识取（娶）齡，即为识买室，分识马、田，异识，而不以肆、舍客室鼠（予）识。识亦

（?）弗（?）求（?），識已受它。军归，沛已死。識以沛未死言谓婉，婉
不以肆、室鼠（予）識，識且告婉匿訾。婉乃鼠（予）識，識即弗告。
識以沛言求肆、室，非劫婉。不知婉曰劫之故。

……

问：匿訾税及室、肆，臧（赃）直（值）各过六百六十钱。它如辩
（辞）。〔1〕

此案涉及多种法律关系，刑事方面涉及两个：一是婉的匿訾罪，即占訾
不实；另一个是識劫婉，即識对婉的恐猲取财，相当于现代刑法的敲诈勒索
罪。〔2〕沛将婉免为庶人、以婉为妻以及沛子義代为户、爵其后均属于行政法
律关系。民事法律关系主要涉及下列几项：1. 沛子義对其父的财产继承关系；
2. 沛对同居之隶識的财产赠予关系；3. "婉入宗，出里单赋，与里人通饮食"
的民事法律关系。此案情节完整，原、被告、证人等多达 23 人，是不可多得
的了解秦国末年社会状况的原始资料。本文试图通过識劫婉一案，分析秦国
末期涉及经济举措的法律规定，并就婉入里单一事探讨秦帝国前夜的乡里社
会状况。

一、沛的家庭状况与婉、識的定罪分析

沛的身份是"故大夫"，"大夫"应当是秦二十级爵制的第五级。沛有妻名
危，十年前死亡，危没有给沛生育子女。沛与婢女（妾）婉生有男義、女娭。
沛在其妻死后二年，免婉为庶人，立婉为妻，后又生男必、女若。沛与婉共育
有 4 个子女，必后死亡。又过了 2 年，沛让婉入里宗；又过了 6 年，沛死。三年
前沛曾为隶識娶妻，一年后，又为隶識购买居室，送稻田 20 亩、马 1 匹。这

---

〔1〕 朱汉民、陈松长主编：《岳麓书院藏秦简（叁）》，上海辞书出版社 2013 年版，第 153~156
页。为避文繁，简文中沛子羕，皆径写作"義"；为保持与简文的一致性，人名等如隶"識"皆不变
更为简体。特说明。

〔2〕 沈家本《汉律撮遗》卷二列"恐猲"罪名，细目中有"恐猲取财"，但文献及出土资料不
见这个罪名。《汉书·王子侯表》有"恐猲取人鸡""恐猲国人受财""恐猲国民取财物"罪状，故沈
家本列此细目（见（清）沈家本撰，邓经元、骈宇骞点校：《历代刑法考》，中华书局 1985 年版，第
1401 页）。《唐律·贼盗》有"恐喝取人财物"罪名，耐人寻味的是，律疏对"恐喝"的解释与本案中
隶識的罪状颇相合："恐喝者，谓知人有犯，欲相告诉，恐喝以取财者。注云：'口恐喝亦是'，虽
口恐喝，亦与文牒同。"参见刘俊文撰：《唐律疏议笺解》，中华书局 1996 年版，第 1395 页。

一年隶識从军。二年后，識归，沛已死。婉为其子占家訾时隐匿债权68300钱，于是識以沛生前曾许诺赠予其肆、室为名敲诈婉，婉先自告，同时告发識劫（敲诈勒索罪）。本案立案时间为始皇十八年（前229）八月，各事件按时间顺序排列如下：

> 八年前：沛已御妾婉，并有女姝、子義。

> 八年：沛妻危死。

> 九～十一年：免婉为庶人、立妻；生男必、女若。

> 十二年（前235）：婉入宗，入里单。

> 十五年（前232）：为隶識娶妻。

> 十六年（前231）：为隶識购房（合5000钱）、送其稻田20亩、马1匹；識从军。

> 十八年（前229）：識归；因主人沛已死，于是劫婉，婉自告并告发識。

按这个时间顺序推测，始皇十八年婉自告时，女姝应满15周岁，沛子義约10岁，子男必、女若约7、8岁，婉至少30岁，而已逝大夫沛年龄当在40岁上下。[1]

沛的长子義继承其父沛的财产并爵其后。沛爵为五级大夫，義为走马。走马在秦简中多见，如岳麓简《数》有"大夫、不更、走马、上造、公士共除米一石（122/0978简）"；[2]《为狱等状四种》案例五"多小未能与谋案"89/1209简："多曰：小走马。以十年时与母儿邦亡荆。"本案（識劫婉）除沛子義外，其里人有"走马拳"；张家山汉简《奏谳书》案例一七111简有"十月不尽八日为走马魁都庸，与偕之咸阳"，这个案例发生于始皇二年（前245），与本案时间相差不远。走马这一爵位相当于文献所记汉二十级爵的第三

---

〔1〕据本案狱辞，"姝、快、臣、拳、嘉、頡言如婉"，"義、若小不讯"，推测女姝已年满15岁。对此，日本学者柿沼氏、下仓涉都有论证，只是对子男、子女排列顺序的原因有不同的认识。见〔日〕下仓涉："一位女性的告发：岳麓书院藏秦简'识劫婉案'所见奴隶及'舍人''里单'"，陈鸣译，载周东平、朱腾主编：《法律史译评》第5卷，中西书局2017年版，第43页。又，若女姝15岁，则婉至少30岁。

〔2〕朱汉民、陈松长主编：《岳麓书院藏秦简（贰）》，上海辞书出版社2011年版，第95页。

级簪袅，〔1〕《二年律令·置后律》368 简有"公大夫后子为大夫，官大夫后子为不更，大夫后子为簪袅"，本案沛为大夫，其子义为走马，正与簪袅爵位相当。

识自幼为沛隶，成年后，"沛已为识取（娶）齡，即为识买室，分识马、田，异识"；从"异识"分析，应当是免识为庶人并分异户籍，否则识作为隶只能算沛的家庭附属成员，谈不上"异识"。对隶的身份，或曰隶的法律地位学界争议较大；这牵涉到奴、婢、隶、臣及奴隶的概念问题。睡虎地秦简《法律答问》22 简："户为'同居'，坐隶，隶不坐户谓殹（也）。"按整理小组观点，"隶"为奴隶。〔2〕隶、妾、臣、奴、婢，因时代不同而称呼各异。据陈伟先生的研究，"睡虎地秦简多称男为臣或奴，女为妾，汉代相关材料常称奴与婢，虽然名称前后有所不同，但也难以看出明确的实质差异，均指身份隶属于人者。不过，在岳麓书院秦简得到更多刊布之后，我们进一步发现，'奴婢'一词取代'臣妾''奴妾'而得以应用，其实在秦代已经发生"〔3〕陈伟先生的分析并没有涉及隶。汉初法律将奴婢视为财产，《二年律令·户律》337 简："民大父母、父母、子、孙、同产、同产子，欲相分予奴婢、马牛羊、它财物者，皆许之，辄为定籍。"律文将"奴婢、马牛羊、它财物"相提并论。《二年律令·杂律》190 简："民为奴妻而有子，子畀奴主。"此条虽是汉初律文，推测应当承自秦律。按律文，民嫁奴后所生子女身份都不归属于庶民。不过，官私奴婢的身份都可以免除，只是免除的途径不同。〔4〕

汉及以后的经学家，一般将隶、奴划归一起，作为一个大的阶层或群体。郑玄注《周礼·秋官》"罪隶"引郑司农云："谓坐为盗贼而为奴者，输于罪隶、舂人、槀人之官也。由是观之，今之为奴婢，古之罪人也。故《书》曰

---

〔1〕 王勇、唐俐："'走马'为秦爵小考"，载《湖南大学学报（社会科学版）》2010 年第 4 期，第 15 页。

〔2〕 睡虎地秦墓竹简整理小组编：《睡虎地秦墓竹简》，文物出版社 1990 年版，第 98 页。

〔3〕 陈伟："'奴妾'、'臣妾'与'奴婢'"，载王捷主编：《出土文献与法律史研究》第六辑，法律出版社 2017 年版，第 218 页。

〔4〕 参见于豪亮："秦简中的奴隶"，载中华书局编辑部编：《云梦秦简研究》，中华书局 1981 年版，第 131~139 页；高恒："秦简中的私人奴婢问题"，同书，第 140~151 页。奴隶身份的免除主要有：（1）主人免除，奴婢为善而主欲免者，许之。奴命曰私属，婢为庶人，皆复使及筭，事之如奴婢。主死若有罪，以私属为庶人，刑者以为隐官。所免不善，身免者得复入奴婢之。其亡，有它罪，以奴婢律论之。（《二年律令·亡律》162、163 简）（2）法定免除，御其主而有子，主死，免其婢为庶人。（《二年律令·置后律》385 简）。

'予则奴戮汝',《论语》曰'箕子为之奴',罪隶之奴也。故《春秋传》曰:'裴豹,隶也,著于丹书,请焚丹书,我杀督戎。'耻为奴,欲焚其籍也。"郑玄:"谓奴从坐而没入县官者,男女同名。"贾公彦进一步指明后郑注引先郑述《春秋传》裴豹事:"引之者,证隶为奴。"〔1〕《周礼》为战国时作品,内中保留诸多涉及"隶"的内容,如《秋官》记有:罪隶、蛮隶、夷隶、闽隶、貉隶等,这些记载说明罪人是隶的来源之一。

另一种看法认为隶不同于奴隶。近年来出土的秦汉简牍数见单字"隶"文例,与作为奴婢的臣、奴、妾不同。张家山汉简《奏谳书》案例四女子符亡案28、29简记有符"以令自占书名数,为大夫明隶",整理小组注释曰:"隶,一种依附的身份。"〔2〕具体何指则不详。此案中的女子符奔亡后以隶的身份依附于大夫明家,后又被大夫明嫁给隐官解(故黥劓)为妻。"隶"的称呼很早,流行时间很长,到汉初仍然保留着。識劫婉案发生在秦国末年(始皇十八年),識故为沛隶。秦汉简资料显示,无论男女都可称为隶,如里耶秦简8-1546简:"南里小女子苗,卅五年徙为阳里户人大女子婴隶。"〔3〕里耶秦简户籍简K4简记有"隶大女子华",与"妻大女子媞"同录于第二栏内。〔4〕贾丽英先生提出:"这个叫华的女人并不是家内奴婢。……'隶'不是通过买卖而来的,人身是自由的。"〔5〕根据識劫婉一案,陈絜先生认为,"'隶'在当时(指秦朝,引者注)的户籍管理中,其法律地位几与家庭血亲成员相等,故说'隶'为奴隶,恐怕是不妥当的"。他通过分析西周出土资料等文献,认为"从西周到春秋,以'隶''仆'为名者,其身份等级或许已趋下降之势,甚至已经固化成某类下等民众的专名。但此中所体现的主要应该是不同阶层间的依附关系,而不是某一阶级的代号"。〔6〕

〔1〕 (汉)郑玄注,(唐)贾公彦疏,彭林整理:《周礼注疏》,上海古籍出版社2010年版,第1392页。

〔2〕 张家山二四七号汉墓竹简整理小组编著:《张家山汉墓竹简〔二四七号墓〕》(释文修订本),文物出版社2006年版,第94页注〔三〕。

〔3〕 陈伟主编:《里耶秦简牍校释》第1卷,武汉大学出版社2012年版,第355页。

〔4〕 湖南省文物考古研究所编著:《里耶发掘报告》,岳麓书社2006年版,第205页。

〔5〕 贾丽英:"小议'隶'的身份",载《中国社会科学报》2009年9月10日,第5版。

〔6〕 陈絜:"岳麓简'识劫婉案'与战国家庭组织中的依附民",载中国文化遗产研究院编:《出土文献研究》第十四辑("秦简牍研究国际学术研讨会"特辑),中西书局2015年版,第88~92页。

传世文献中也不乏对隶的记载。《左传·昭公七年》："天有十日，人有十等，下所以事上，上所以共神也。故王臣公，公臣大夫，大夫臣士，士臣皁，皁臣舆，舆臣隶，隶臣僚，僚臣仆，仆臣台。"按周制，隶、仆身份为当时的第七、九级。《左传·桓公二年》："故天子建国，诸侯立家，卿置侧室，大夫有贰宗，士有隶子弟，庶人、工、商，各有分亲，皆有等衰。"贾公彦疏引服虔注："士卑，自以其子弟为仆隶。"《左传·襄公十四年》又有"是故天子有公，诸侯有卿，卿有侧室，大夫有贰宗，士有朋友，庶人、工、商、皁、隶、牧、圉，皆有亲昵，以相辅佐也"，故有学者认为"士有朋友"就是"士有隶子弟"。[1]从《左传》关于隶的三条记载看，其身份地位都不高，都属于社会底层人士。陈伟先生总结道："隶的确定，需要报告官府并登入户籍，隶作为家庭中一员，具有比较特别的身份。一方面类似于子女，户主主导其婚姻，分予其财产，并对其犯罪负连坐责任；另一方面，隶不需要对所依附的家庭犯罪连坐，显示其法律地位比较低，与奴婢近似。"[2]

岳麓简識劫婳案中的隶識，其身份就应是《法律答问》22简所说的"隶"。秦汉有奴婢臣妾的买卖记载，似乎未见隶的买卖。[3]这显示，隶的身份地位与奴婢、臣妾相比，可能略高。沛为識所娶的妻子是同里的"上造羽子女齡"，若識的身份与奴完全相当，上造羽不会同意将自己的女儿嫁给一个奴隶。

"隶"与奴婢、臣妾究竟有哪些差异，隶与主人的权利义务、隶自身与国家的权利义务等等，目前并不完全清楚。从岳简资料看，沛待隶識很宽厚，为他娶妻，给他买了房子（5000钱），还送他稻田和马匹。虽然此前答应的布肆、舍客室没有给他，但已用宅、田、马匹替代了。后識从军，至于他一

---

[1] 郭守信："'士有朋友'——古代社会人际关系初探"，载吉林大学古籍研究所编：《金景芳教授百年诞辰纪念文集》，吉林大学出版社2002年版，第371~400页。

[2] 陈伟：《秦简牍校读及所见制度考察》，武汉大学出版社2017年版，第180页。

[3] 睡虎地秦简《封诊式》"告臣爰书"37、38简："某里士五（伍）甲缚诣男子丙，告曰：'丙，甲臣，桥（骄）悍，不田作，不听甲令。谒买（卖）公，斩以为城旦，受贾（价）钱。'"（睡虎地秦墓竹简整理小组编：《睡虎地秦墓竹简》，文物出版社1990年版，第154页）里耶秦简8—1604简："囗囗新买大奴曰齐☑囗"（陈伟主编：《里耶秦简牍校释》第1卷，武汉大学出版社2012年版，第367页）张家山汉简《奏谳书》案例二8、9简记有汉高祖六年初，"买婢媚士五（伍）点所，贾（价）钱万六千"（张家山二四七号汉墓竹简整理小组编著：《张家山汉墓竹简〔二四七号墓〕》（释文修订本），文物出版社2006年版，第92页）。秦汉官私奴之间通过买卖、奖赏，身份可以转换。

级公士的爵位是如何得到的并不能得知。从里耶秦简看，隶可以直接从国家获得爵位。[1]识从军归来后见沛已死，立即索要布肆与舍客室，不给就敲诈主人的妻子婉。案情显示，识是一个十足的小人，一副无赖的嘴脸。审理本案的官吏对识的辩解也不支持，曾质问识曰："沛未死虽告狗、羽，且以肆、舍客室鼠（予）识，而后不鼠（予）识，识弗求，已为识更买室，分识田、马，异识。沛死时有（又）不令，义已代为户后，有肆、宅，识弗当得。何故尚求肆、室曰：不鼠（予）识，识且告婉匿訾？婉即以其故鼠（予）识，是劫婉，而云非劫，何解？"隶识对此也供认不讳："识诚恐谓且告婉，婉乃鼠（予）识。识实弗当得。上以识为劫婉，皋识，识毋以避。无它解。皋。"可见"劫"罪是成立的。劳武利先生则认为，本案的主审官也不确定识的行为是否构成法定勒索罪（劫）。多数官员认为不应该对识的勒索行为进行严惩，而是仅处以赀二甲；其中缘由可能是这些官员没有将识索要肆、室的行为看作刑事犯罪，而是视其为民事争议，因此识的罪状应该归结为，识与婉原本是"同居者"，故对婉有法定的监督举报权利和义务，识对婉匿訾的行为知情不报，故处以赀刑。也有少数官员建议对识处以劳役刑中最重的城旦刑，并"纍（縲）足输蜀"地。从简文看，婉的沛妻身分成立与否，对识的量刑至关重大：若婉为庶人，识则被重判；若婉身份为沛妻，则只判识赀二甲。照情理，婉作为沛妻的身份若成立，应该重判识；那么简文何以出现这种完全相反的判决呢？曹旅宁认为，"比较合理的一种推测，案例八的抄手在抄写过程中致误。正确的文字可能如下：'婉为大夫沛妻，识为城旦，纍（縲）足输蜀；或曰：婉为庶人，识赀二甲。'"[2]而王彦辉则认为："婉为沛之妻，识在案发时若尚未将'私属'在户籍上更定为'庶人'，则其与婉的关系属于主仆，主仆之间的财产侵犯在秦代属于'家罪'范畴，尽管识对婉的侵犯属于'恐猲取财'，但按秦的立法精神，奴仆盗主量刑较轻。若婉为庶人，户籍又注记为'免妾'，识与婉的关系就不是主仆关系，而是贱民之间的关系，应

〔1〕 游逸飞、陈弘音："里耶秦简博物馆藏第九层简牍释文校释"，http：//www. bsm. org. cn/show_ article. php？id=1968，最后访问日期：2013 年 12 月 22 日。

〔2〕 曹旅宁："《岳麓秦简（三）》案例八识劫冤案中秦谳的法律适用问题"，2013 年 10 月 12 日，载 http：//www. bsm. org. cn/show_ article. php？id=1941，最后访问日期：2013 年 10 月 12 日。

按庶人法论罪，量刑较重。"〔1〕从睡虎地秦简《封诊式》的《告臣》《黥妾》两篇爰书看，臣、妾骄悍，都会被主人缚诣官府，要求斩以为城旦，或谒黥劓，更何况劫主人！因此，主仆关系成立，奴仆盗主量刑较轻的观点是很难成立的，而曹旅宁先生的观点倒是有道理。

本案对婉的身份颇有争议，吏议有二：一是"婉为大夫 沛 妻"，二是"婉为庶人"。推测婉的匿訾罪应当没有异议，但其身份可能直接影响判决的轻重。劳武利认为，如果婉被确认为庶人，其沛妻的身份得不到承认，按盗窃罪超过660钱则应处黥为舂；如果确认婉为大夫沛妻，则婉享有特权，最多判处"耐为白粲"。同时婉有自首情节，对婉会再减轻一级，以"耐为隶臣妾"处罚。〔2〕本案存在争议，县廷上谳。因未见回报，不知最后的判决结果。学界对此案所做的一些推论，还需要进一步的论证。

二、家訾登记与匿訾

沛的家訾总额不清楚，但义"有市布肆一、舍客室一"，"为識买室，价五千钱；分马一匹、稻田廿亩"，能送隶識"稻田廿亩"，则沛家田产不会少于200亩。〔3〕参考《二年律令·户律》行田宅法，"大夫五顷"，"大夫五宅"，则沛的田亩数当远远高于200亩。七月占家訾时，大夫建、公卒昌等还欠义68300钱，这些债权都有凭证。沛"为識买室，贾（价）五千钱"，沛有妻有妾，还有四个子女，沛除自家的住宅外，还要为其舍人提供住处，因此沛的自有房产当比较宽裕。债务人"建、昌、積、喜，遗曰：故为舍人"，即这5人曾为沛的舍人。舍人就是由主人保障基本的经济生活，但需为主人提供服务的平民。一般舍人都由主人提供居舍，所以称为舍人。主人与舍人的关

---

〔1〕 王彦辉："秦简'識劫婉案'发微"，载《古代文明》2015年第1期。

〔2〕 ［德］劳武利："秦的刑事诉讼案例汇编：为狱等状"，朱喆琳译，载周东平、朱腾主编：《法律史译评》第4卷，中西书局2017年版，第37~40页。又，参见 ［日］下仓涉："一位女性的告发：岳麓书院藏秦简'識劫婉案'所见奴隶及'舍人''里单'"，陈鸣译，载周东平、朱腾主编：《法律史译评》第5卷，中西书局2017年版，第51页。

〔3〕 《汉书·食货志》："今一夫挟五口，治田百亩。"同书《沟洫志》亦言"魏氏之行田也以百亩，邺独二百亩，是田恶也"。师古注："赋田之法，一夫百亩。"这是指一个平民的基本赋田，战国时各国基本贯彻一夫百亩这个标准。考虑沛为五级大夫，送隶識20亩稻田，推测沛家的田亩最少为200亩。

系应是约定的主仆关系，而不是法律规定的身份上的主仆关系。[1]从沛所拥有的田亩数量以及3个年幼的孩子等情况分析，沛不止拥有两个奴隶。里耶秦简《都乡守沈爰书》"高里士伍广自言，谒以大奴良、完、小奴𪐢、饶，大婢兰、愿、多、囗、禾稼、衣器、钱六万，尽以予子大女子阳里胡"，高里的士伍广将自家的8个奴隶以书面的形式注明分给已出嫁到阳里的女儿胡。[2]沛爵为大夫畜奴的条件应更强于士伍，况且沛家的家庭成员结构如果没有其他奴隶，其农田的劳作就成问题，至少还需雇佣多名类似陈胜这样的佣耕者。张家山汉简《奏谳书》案例七"六年二月中买婢媚士五（伍）点所，贾（价）钱万六千"，此案亦发生在南郡，考虑到汉初半两钱较轻，而男奴可能价更高一些，沛曾向外借贷68300钱，因此是有条件购买、畜养更多奴隶的。这些情况说明，沛家訾比较殷厚，在当地应属中等地主，但在仕官、爵位等身份上还没有进入高爵阶层，属于富而不贵这一类。也有的学者认为沛的身份是商人；[3]不过，一个纯粹的商人能否拥有爵位五级大夫是个疑问，我们更倾向于沛是个以农为主而兼营商业的中等地主。王彦辉先生计算沛家訾产，认为当在四五十万以上，似应达到或接近"大家"的水平。[4]

本案狱辞："義当 责 大夫建、公卒昌、士五積、喜、遗钱六万八千三百，有券，婉匿不占吏为訾"，"識且告婉匿訾。婉恐，即以肆、室鼠（予）識"。这段文字首先说明秦国存在财产申报制度；其次，匿訾将要受到法律处罚。至于占家訾的目的，只能是与赋税存在直接或间接的关系，本案透露出秦国晚期有关财产与税制方面的丰富信息。沛作为五级大夫，其家不但从事农耕，也经营商业，其客室、布肆肯定是用来经商的，从理论上来讲，当时秦国应当存在分行业制税的规定。

---

〔1〕《汉书·曹参传》："萧何薨，参闻之，告舍人趣治行。"颜注："舍人犹家人也，一说私属官主家事也。"张家山汉简《奏谳书》案例二二205、206简："即收讯人竖子及贾市者舍人……"说明商人也可供养舍人。舍人虽为主人办事，提供服务，但其身份绝不是奴仆。

〔2〕陈伟主编：《里耶秦简牍校释》第1卷，武汉大学出版社2012年版，第356~357页。

〔3〕［德］劳武利："秦的刑事诉讼案例汇编：为狱等状"，朱喆琳译，载周东平、朱腾主编《法律史译评》第4卷，中西书局2017年版，第35~41页。

〔4〕王彦辉："秦简'识劫婉案'发微"，载《古代文明》2015年第1期。

　　秦朝税制有田租税、刍稾税、口赋、户赋和市租等，[1]本案显示秦朝（国）似乎还有一个訾产税，而且现金（债权）也包括在内，否则婉也不会隐匿这 68300 钱债权。狱辞中吏问"匿訾税及室、肆，臧值各过六百六十钱"，这句的字面意思就是婉隐匿的訾产税和识敲诈室、肆的臧值都超过了 660 钱。匿訾超过了 660 钱这个界线似乎比较严重，所以"婉恐"，竟然乖乖的将室、肆给予了识。财产税秦以后各代都是收取的，只是收取的形式和额度不同而已。东汉时有财产税，西汉则是临时的。值得我们注意的是，两汉直到三国编户都据訾财划分户等，并据户等收取不同的户赋，这又表明訾额与户赋直接关联。据长沙走马楼三国吴简，当时的编户划分为上、中、下三品，下品中还有"下品之下"的称谓，实即史籍中所称"尤贫"者。各品级编户所出户税是不同的，如"都乡男子朱敬，故户，上品，出钱一万二千。侯相□"（172 简），"模乡男子盖转，故户，中品，出钱八千。临湘侯相□□"（1518 简），"□□真，故户，下品，出钱□千□百九十四。侯相□"（381 简）。[2]虽然还有故户与新户的问题，但故、新户各自划分的上中下三品中，皆是上品出钱最高，下品最低。户类的划分还与国家的优抚政策有关，如对州吏和老

　　[1]　新出土材料已经证实秦、汉皆有户赋，且收取的品类不同。里耶秦简 8-518："卅四年，启陵乡见户、当出户赋者志：□见户廿八户，当出茧十斤八两。□"明确记载秦朝有户赋，规定按户征收蚕茧，合每户 6.7 两。参见陈伟主编：《里耶秦简牍校释》第 1 卷，武汉大学出版社 2012 年版，第 172 页。又，岳麓秦简有"金布律曰：出户赋者，自秦庶长以下，十月户出刍一石十五斤；五月户出十六钱，其欲出布者，许之。十月户赋，以十二月朔日入之，五月户赋，以六月望日入之，岁输泰守。十月户赋不入刍而入钱者，入十六钱。"（1287、1230、1280 简）参见陈松长主编：《岳麓书院藏秦简（肆）》，上海辞书出版社 2015 年版，第 240 页。汉初的规定与此相同，《二年律令·田律》255 简："卿以下，五月户出赋十六钱，十月户出刍一石，足其县用，余以入顷刍律入钱。"秦与汉初户赋的钱（16 钱）、刍（1 石）不按田亩征收，规定卿以下按户征收。此外，还有一个按田亩征收的刍稾，《二年律令·田律》240 简："入顷刍稾，顷入刍三石；上郡地恶，顷入二石；稾皆二石。令各入其岁所有，毋入陈，不从令者罚黄金四两。"这条规定与睡虎地秦简《秦律十八种·田律》8 简的规定是一样的："入顷刍稾，以其受田之数，无垦（垦）不垦（垦），顷入刍三石、稾二石。"参见睡虎地秦墓竹简整理小组：《睡虎地秦墓竹简》，文物出版社 1990 年版，第 21 页。秦时户赋在《金布律》中规定，刍稾在《田律》中规定。汉初，二税皆在《田律》中规定。参见于振波："从简牍看汉代的户赋与刍稾税"，载《故宫博物院院刊》2005 年第 2 期。
　　[2]　长沙市文物考古研究所、中国文物研究所、北京大学历史学系走马楼简牍整理组：《长沙走马楼三国吴简·竹简〔壹〕》，文物出版社 2003 年版，第 898 页、第 925 页、第 902 页。

弱病残等弱势群体加以照顾。[1]

两汉也存在划分户等的问题，《续汉书·百官志》："乡置有秩、三老、游徼。本注曰：……皆主知民善恶，为役先后，知民贫富，为赋多少，平其差品。"即乡的吏员，须了解民户善恶、贫富，并据以划分户等，为的是在征收赋役上有所差别。传世典籍、居延汉简有"高訾""訾家"等称谓。[2]划分户等不会东汉时才有，前汉亦有印迹可寻。算赋、口赋、更赋虽不以户訾为据，但"以訾征赋"的记载在西汉确实出现了，《盐铁论·未通》：

> 往者军阵数起，用度不足，以訾征赋，常取给见民。田家又被其劳，故不齐出于南亩也。大抵逋流皆在大家，吏正畏惮，不敢笃责，刻急细民，细民不堪，流亡远去。中家为之绝出，后亡者为先亡者服事。录民数创于恶吏，故相仿效，去尤甚而就少愈者多。

"逋流"，王利器释为"逋赋"，即拖欠赋税。[3]类似记载在《击之》篇还有：

> 其后保胡、越，通四夷，费用不足。于是兴利害，算车舡，以訾助边，赎罪告缗，与人以患矣。

这里讲的是因战事而"以訾征赋"，讲到大家、中家、细民的问题，指的是农户；"算车舡，以訾助边"，指的是商户。可见，用于军赋是计訾而征的主要目的。这在《史记·平准书·正义》也有记载："武帝伐四夷，国用不足，故税民田宅、船乘、畜产、奴婢等，皆平作钱算。"当然这都不是常制，但汉武帝刘彻、昭帝刘弗陵确实实施过。

---

[1] 于振波："略论走马楼吴简中的户品"，载《史学月刊》2006年第2期；李均明："走马楼吴简人口管理初探"，载卜宪群、杨振红主编：《简帛研究二〇〇六》，广西师范大学出版社2008年版，第269页。

[2] 《汉书·地理志下》："汉兴，立都长安，徙齐诸田，楚昭、屈、景及诸功臣家于长陵。后世世徙吏二千石、高訾富人及豪桀并兼之家于诸陵。"颜师古注："訾读与赀同。高訾，言多财也。"居延简73EJF3：101：☒☐粟大石廿五石。始建国二年十月甲寅，肩水掌官士吏恽受赀家居延万岁里衣戎就人西道里王竟

[3] 王利器校注：《盐铁论校注（定本）》，中华书局1992年版，第200页注四九。又文中"绝出"有版本作"色出"，王利器认为应作"绝出"，即绝，读为继，意为继续。见同书，第200页注五二。

　　既然划分户等，就要申报訾财。每家向政府申报财产并折合成货币的数额，即"自占"。政府按数额、等级征税，这就是"訾算"。汉时登记家訾有资料证明，《居延汉简甲乙编》二四·一 B（甲一八一 B）简记有"三燋燧长居延西道里公乘徐宗，年五十"，其名下登记有："宅一区，直三千；田五十亩，直五千；用牛二，直五千。"〔1〕以家訾划分户等，除征收临时赋税外，在迁徙富豪、选官、贫困补助等方面也适用。达不到标准的则称为"不中訾"。《汉书·景帝纪》载后元二年（前 87）诏：

　　　　今訾算十以上乃得宦，廉士算不必众。有市籍不得宦，无訾又不得宦，朕甚愍之。訾算四得宦，亡令廉士久失职，贪夫长利。

　　由此可见訾算标准的重要性。冉昭德先生分析，汉代据家訾划分为大家、中家和小家，大地主财产在百万以上，中家在十万以上，小家在十万以下，小家以下为贫民。〔2〕汉户分等是不容争议的事实，哪些财产包括在家訾之内以及以多少数额为准划分户等，学界一直存有争议。〔3〕劳榦先生认为："汉世算訾之目见于文献中，今有汉简为证，则不动产所有者为田及宅，而动产中所有者为奴隶、车（牛车及轺车）、牛、马，其他用具衣物，则不在算訾中。"〔4〕黄今言先生认为："汉人计訾的范围，既包括货币财富，也包括马牛、驴车、粮食、田亩、六畜、奴婢以及房屋、珍宝等实物财富。动产、不动产皆含其中。有时甚至衣履釜鬵一类的生活资料，也列在计訾范围之内。当然，论及家訾时，也往往出现有时言物、有时言钱的情况。但凡是只言钱者，通常是由实物折纳成了货币的缘故。"〔5〕以上讨论訾税范围是对两汉笼统而言，考虑到秦、汉初田亩是按户、爵实施名田，因此，有学者认为，"秦到汉初财产税的征收主要是针对从事商业活动的黔首，土地不在'訾税'征收的范围，秦到汉初对于广大民众的'占訾'属政府对民间财产调查制度的一部分，其主

　　〔1〕　中国社会科学院考古研究所编：《居延汉简甲乙编》下册，中华书局 1980 年版，第 14 页。

　　〔2〕　冉昭德："汉代的大家、中家和小家"，载《光明日报》1964 年 1 月 15 日史学版。

　　〔3〕　马新：《两汉乡村社会史》，齐鲁书社 1997 年版，第 120~129 页。

　　〔4〕　劳榦："居延汉简考证"，载中华书局编辑部编：《中研院历史语言研究所集刊论文类编·历史编·秦汉卷》，中华书局 2009 年版，第 975 页。

　　〔5〕　黄今言：《秦汉赋役制度研究》，江西教育出版社 1988 年版，第 185 页。

要作用体现在'徭役征发''官吏任免''徙民'甚至'振业贫民'等层面上。需要注意的是,'占訾'虽然涵盖了一部分'訾税'对象人群,但却与'訾税'无必然联系"。[1]此论近是,因为占訾毕竟有訾税以外的用途,广泛征收訾税应是汉武帝以后的事。

汉初资料显示,户赋、临时性征徭与爵位有一定关系。秦与汉初户赋的钱(16 钱)、刍(1 石)均不按田亩征收,卿以下按户征收。《二年律令·徭律》派徭既与訾关联,也与爵等对应:"发传送,县官车牛不足,令大夫以下有訾者,以訾共出车牛;及益,令其毋訾者与共出牛食、约载具。"邢义田先生对此分析得很到位:"从这一条知道,公家车牛不足时才要民夫协助,此其一。有赀而爵属大夫以下者才承担这样的役,此其二。经查居延和敦煌简,发现目前可考的訾家竟无一有爵位。又从敦煌、居延简看,承担此役者不必身任其事,花钱雇人即可。"[2]居延简也有多条关于訾家按规定将物资输候官的简文,如"发屁家车牛载输候官第"(E. P. T50:51)。而家訾达不到一定标准也会受到某些救济,如《汉书·成帝纪》:"成帝鸿嘉四年春正月诏:被灾害什四以上,民赀不满三万,勿出租赋。逋贷未入,皆勿收。"

岳麓简案"七月为子小走马兼(义)占家訾,兼(义)当 责 大夫建、公卒昌、士五積、喜、遗钱六万八千三百,有券,婉匿不占吏为訾",即婉(沛家)将借贷出去的 68 300 钱没有申报,这是货币债权,也应申报。占訾的目的是什么?当然是要按户訾收取一定的赋税,或与摊派某些徭役有关,否则就没必要设"匿訾"这个罪名。秦朝(国)占訾是以各领域的统计和登记制度作保障的,里耶秦简有"户曹记录",凡七计:"乡户计、隶(徭)计、器计、租质计、田提封计、髹计、鞠计,凡七计。"[3]里耶简还存有两份析产方面的档案:

《都乡守武爱书》简 8-1443+8-1455:

〔1〕 齐继伟:"秦汉'訾税'补论——从岳麓秦简'识劫婉案'说起",载邬文玲主编:《简帛研究二〇一七(春夏卷)》,广西师范大学出版社 2017 年版,第 171 页。

〔2〕 邢义田:"张家山汉简《二年律令》读记",载燕京研究院燕京学报编辑部编:《燕京学报》新 15 期,北京大学出版社 2003 年版,第 13 页。

〔3〕 陈伟主编:《里耶秦简牍校释》第 1 卷,武汉大学出版社 2012 年版,第 167 页。

卅二年六月乙巳朔壬申，都乡守武爰书：高里士五（伍）武自言以大奴幸、甘多，大婢言、言子益等，牝马一匹予子小男子产。典私占。初手。

六月壬申，都乡守武敢言：上。敢言之。初手。

六月壬申日□，佐初以来。欣发。初手。

《都乡守沈爰书》简 8-1554+8-1554：

卅五年七月戊子朔己酉，都乡守沈爰书：高里士五（伍）广自言：谒以大奴良、完，小奴嘻、饶，大婢阑、愿、多、□，禾稼、衣器、钱六万，尽以予子大女子阳里胡，凡十一物，同券齿。典弘占。

七月戊子朔己酉，都乡守沈敢言之：上。敢言之。□手。

【七】月己酉日入，沈以来。□□。沈手。[1]

《都乡守武爰书》意思是，秦始皇三十二年（前215）六月二十八日，都乡守官名武向迁陵县上报"爰书"：高里士伍名叫"武"的，自愿将大奴"幸""甘多"，大婢"言"及其子"益"，连同母马一匹（等财产）分赠给他的儿子名叫"产"的。由里典名叫"私"的验证，书手名叫"初"抄录。《都乡守沈爰书》的意思与公文格式与上相同。有学者认为这两份爰书是关于析家产的遗嘱。[2]其析产登记程序与张家山汉简对于先令自嘱分派遗产的要求接近，只是没有副本上报县廷的环节。[3]因此，薛洪波先生据这两份爰书认为："两分爰书假如属于'生分'性质，则依据财产划分户等的制度最晚在秦代已经实行，《汉书·景帝纪》提到的'訾算'并非汉初才有的制度。"[4]

〔1〕 陈伟主编：《里耶秦简牍校释》第 1 卷，武汉大学出版社 2012 年版，第 326 页、第 356～357 页。

〔2〕 张朝阳："里耶秦简所见中国最早民间遗嘱考略"，武汉大学简帛研究中心简帛网，2012 年 6 月 1 日，http://www.bsm.org.cn/show_article.php? id=1707。也有学者指出二份文书不是遗嘱，而是分家析产的"生分"文书，见薛洪波："里耶秦简所见秦代'生分'"，载《中国史研究》2013 年第 3 期。亦可参见王彦辉、薛洪波："从户的相关立法谈秦汉政府对人口的控制"，载《东北师大学报（哲学社会科学版）》2013 年第 1 期。

〔3〕《二年律令·户律》334～336 简："民欲先令相分田宅、奴婢、财物，乡部啬夫身听其令，皆参辨券之，辄上如户籍。有争者，以券书从事；毋券书，勿听。所分田宅，不为户，得有之，至八月书户。留难先令、弗为券书，罚金一两。"简文见张家山二四七号汉墓竹简整理小组编著：《张家山汉墓竹简〔二四七号墓〕》（释文修订本），文物出版社 2006 年版，第 54 页。

〔4〕 薛洪波："里耶秦简所见秦代'生分'"，载《中国史研究》2013 年第 3 期。

《二年律令·户律》331 简规定"民宅园户籍、年细籍、田比地籍、田命籍、田租籍，谨副上县廷"，可见百姓的财产从各方面讲都需要登记。王彦辉认为，秦代乃至战国时期的秦国可能已经开始实行财产登记制度，〔1〕岳麓简识劫婉案狱辞"匿訾税"，不但证明当时存在财产登记制度，还存在訾税，即征收财产税的制度。至于占家訾是否与秦朝徭赋相关联，目前还找不到直接证据，但岳麓简《縣（徭）律》243/1241、244/1242 简有："岁兴縣（徭）徒……田时先行富有贤人，以闲时行贫者"的律文，〔2〕何为"富有贤人"，何为"贫者"，必据訾划分户等，这就为家訾与徭役之间的关系提供了线索。

存在财产登记制度，才可能存在占訾不实的罪名。本案县吏有言"匿訾税及室、肆，臧（赃）直（值）各过六百六十钱"，即那没有申报的 68 300 钱涉及訾税，识敲诈主人家的肆、室也超过 660 钱。按律赃过 660 钱是一个重要的界线，这说明秦国晚期是存在匿訾罪的，否则隶识敲诈婉占吏家訾不实也就没有法律上的意义了。

三、里单的社会性质与功能

本案中的秦大夫沛，与妾婉生有四个子女。沛先后给婉办理了免妾（奴）为庶人、立婉为妻及让婉入里单等手续，"沛告宗人、里人大夫快、臣、走马拳、上造嘉、颉"，"欲令婉入宗，出里单赋，与里人通歓（饮）食。快等曰：可。婉即入宗，里人不幸死者出单赋，如它人妻"。这段文字透露了这样几层意思：（1）婉免妾后"入宗，出里单赋"是民事行为，由宗人、里人同意即可。不同于免妾为妻，免奴婢为庶人必须在乡的户籍档案上登记才能生效；〔3〕（2）单是纯粹民间组织，一般以里为单位设立；（3）单的成员要交纳一定的费用，以备救济单内人员；（4）单似受里正、宗族首领的共同领导。下面就相关问题做详细分析。

---

〔1〕 王彦辉：《秦汉户籍管理与赋役制度研究》，中华书局 2016 年版，第 133 页。
〔2〕 陈松长主编：《岳麓书院藏秦简（肆）》，上海辞书出版社 2015 年版，第 246 页。
〔3〕 本案简文"卿（乡）唐、佐更曰：沛免婉为庶人，即书户籍曰'免妾'。沛后妻婉，不告唐、更。今籍为免妾"。虽然婉实际上以沛妻的身份履行了里人应尽的义务，但在审理时，因为户籍未登载婉为沛妻，故对婉的身份县廷有分歧："吏议：婉为大夫沛妻，赀二甲。或曰：婉为庶人。"

（一）里单的组织者（领袖）

我们暂且放下单的性质问题，先看一下岳麓简案中加入里单时需经过哪些人同意："沛告宗人、里人大夫快、臣、走马拳、上造嘉、颉曰：'……欲令婉入宗，出里单赋，与里人通饮食。'快等曰：'可。'婉即入宗。"显然大夫快、臣、走马拳、上造嘉、颉五人分别担任里的宗人及里的行政职务。宗人即里中宗族首领，东汉侍廷里单的组织人员也是以行政系统以外的民间领袖为首："建初二年正月十五日，侍廷里父老、僤祭尊于季、主疏左巨等廿五人，共为约束石券里治中。"[1] 父老是乡里的民间领袖，祭尊是新建之单的首领，于季原为侍廷里父老，现又任侍廷里单的祭尊。两相比较可以看出，宗人、父老都是民间系统的领袖，单是民间的自助组织，所以由民间系统的领袖挂帅。对于僤父老一职的起源与职能，邢义田做了精彩的分析。他认为，古代的农村聚落大抵是因婚姻而建立起血缘关系。居民聚居一处"祭礼同福，死丧同恤"（《国语·齐语》），族中的长者就是聚落的领袖。后来的乡三老、里父老一类的人物应渊源于此。以后新起的乡里行政建制并没有破坏原有的血缘性联系，使他们仍然保有传统的威望。这些传统的首领与代表国家征兵、抽税、执法的有秩、啬夫、里正成为乡里间的领袖的两种类型。[2] 岳麓简所述里单领导将里宗人放在首位，正因为单最初是以里中宗族成员为主要吸收对象。这说明，即便到了秦帝国建立的前夜，原始的宗亲关系在居住体系——里以及民间组织——单中依旧十分顽强地保留着。王彦辉认为，岳麓简"这个'单'是以宗族血缘为基础，以里为单位组织起来的一种民间组织，所以称为'里单'"。[3] 时代越早，里单的宗亲血缘关系越明显，它与早期农村公社的关系似乎就越近。春秋战国农村公社破坏后，里单自然就承担了农村

---

〔1〕 黄士斌："河南偃师县发现汉代买田约束石券"，载《文物》1982 年第 12 期。

〔2〕 邢义田："汉代的父老、僤与聚族里居——'汉侍廷里父老僤买田约束石券'读记"，载《汉学研究》1983 年第 1 卷第 2 期，第 368 页。张金光更一步区分了"父老"与"三老"的异同，二者虽然皆为传统的民间共同体领袖之职，但三老为更高层次之职（乡级以上），父老则只在闾里中。三老可与"吏比者"比，父老则在闾里活动，里无三老之职。而东汉充任父老的条件，除年高有德外，还要有"赀财"，"赀下不中"者自然不能充任（张金光：《战国秦社会经济形态新探》，商务印书馆 2013 年版，第 421 页）。但是，汉印发现有"万岁单三老"，此万岁单或是乡级所建亦未可知。参见陈直：《汉书新证》，天津人民出版社 1979 年版，第 174 页。

〔3〕 王彦辉：《秦汉户籍管理与赋役制度研究》，中华书局 2016 年版，第 117 页。

公社的某些职能。

（二）里单是民间自助组织

作为里中居民，并非自然就成为里单的成员，而是要履行"出里单赋"及"与里人通饮食"的手续与仪节；这点正是与农村公社的根本区别。"里人不幸死者出单赋"，正反映了这是一个以里为单位的民间自助组织。在自给自足的乡村社会，人们抵抗灾异的能力很差，生老病死、农荒、战事等都不是社会基层的乡里人家所能够承受的，因此平时积蓄、必要时相互救助就显得十分必要。岳麓简案中的里单反映的正是当时乡里自助的一种社会现象，这种自助方式到两汉一直延续着。1955 年四川宜宾市翠屏村发掘出土有汉墓砖，其中两方砖铭如下：

    A. 宣化宜世弹休之藏，永元六年始造。

    B. 永元六年宜世里宗墼，利后安乐。

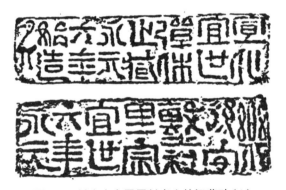

图1　四川宜宾市翠屏村出土的汉墓砖[1]

显然，宜世弹即宜世里之弹。宜世里宗墼即宜世里宗休坟墓所用之砖。[2]宜世里所建之宜世单紧紧围绕着单内人员丧葬事务展开活动，这正是"里人不幸死者出单赋"的救济内容，说明了直至汉代仍存在着这种民间自助组织——单。此外，祭祀等各种仪节的费用也要从单中的訾财支出。"与里人通饮食"，

---

〔1〕　参见匡远滢："四川宜宾市翠屏村汉墓清理简报"，载《考古通讯》1957 年第 3 期。

〔2〕　曾庸："汉至六朝间砖名的演变"，载《考古通讯》1959 年第 11 期。

就是与里人一起从事以里为单位的祭祀仪节。王彦辉认为睡虎地秦简《封诊式·毒言》中的里人"会饮食"就属于这种礼仪活动；同时他还认为："这类'单'只是一种以社祭为信仰、以互助为目的的民间组织，没有摆脱国家的行政管理而达到自治的程度。"[1]如果因为单的组织者及其活动都有里的行政领袖如里魁（里正）的参与，所以说还"没有摆脱国家的行政管理而达到自治的程度"还勉强说得过去，但实际上单的活动及其费用与国家行政系统基本上摆脱了干系，这从岳麓简的"里单赋"及东汉侍廷里集资建弹之事都得到了证明。

同宗人员相互救助是宗法浓厚的农村公社的特征。在农村公社，每个人生来就是村社社员，并在一定的社会管理框架内生产和生活。文明社会后，随着行政力量的加强与管理方式的变化，农村公社逐渐退出历史舞台，它的一些职能大部分被行政组织乡里所取代。但仍有许多事务是行政组织所不愿或没有能力承担的，这些事务，如对本乡里居民的困难救济等就由单这种组织承担起来。尽管单的原始含义我们还没有弄清，但是单内人员相互扶助确有悠久的历史，《逸周书·大聚解》：

> 以国为邑，以邑为乡，以乡为闾，祸灾相恤，资丧比服。五户为伍，以首为长；十夫为什，以年为长。合闾立教，以威为长；合旅同亲，以敬为长。饮食相约，兴弹相庸，耦耕□耘，男女有婚，坟墓相连，民乃有亲。六畜有群，室屋既完，民乃归之。[2]

这是周公描述的周朝乡邑里户建制蓝图，反映了当时在农村公社的背景下以行政建制经纬社会的方案。当时，国家初建的行政组织乡闾对于民众的很多事务没有能力也不可能提供救济，只能由传统的民间组织自助解决，这个组织就是在宗族血亲基础上建立的单。所谓"兴弹相庸"，历代注家解释正确的不多，宁可先生的解释最为精准："'兴弹相庸'即建'弹'以互相交换劳动，从事农业生产，故下文云'耦耕□耘'。"[3]从《大聚解》也可看出，弹是基层民众建立的相互扶助、救济的一种自助组织。

---

〔1〕 王彦辉：《秦汉户籍管理与赋役制度研究》，中华书局 2016 年版，第 116～117 页。
〔2〕 黄怀信等撰，李学勤审定：《逸周书汇校集注》，上海古籍出版社 1995 年版，第 420～422 页。
〔3〕 宁可："关于《汉侍廷里父老僤买田约束石券》"，载《文物》1982 年第 12 期。

弄清了上面两个问题，我们可以谈一下里单的性质。关于里单的性质，学界大致有三种意见：一是以俞伟超先生为代表，认为两汉里单与古代农村公社有着密切的传承关系，并将里单看作是古代农村公社在同一道路上演化的孑遗。他认为，中国古代从公有制向私有制转化过程中普遍存在着本名为"单"的公社组织，这种组织内部在两汉时期还有细密的分职。类似于侍廷里单的"容田"是单内的公有财产，但当时的单已经普遍建立在土地私有制基础之上，是一种以私有制为主体的村社组织。[1]第二种观点即宁可先生的观点。他认为单是农村公社解体以后新成立的承担农村公社职能的新兴组织，"春秋战国以后，农村公社解体，里也基本上丧失了村社组织的性质，成为封建政权的基层行政机构，但村社组织生产的职能看来还部分地残存着"。当时实行的里社合一制度，由里承担着某些传统职能。汉时普遍出现了里社，私社也已出现，里社出现了分离的趋向，农村公村的残存职能逐渐被排除在里之外。出于生产和生活上互相救助的需要，新出现的单就承担着这种职能。换言之，单是受传统的农村公社影响并承担着与其相近的职能只是名称不同的新兴组织。[2]张金光先生的观点与此相近，他认为，在先秦至两汉存在着一种名为"弹"（或曰单、僤）的乡村社会组织。两汉的里单（以侍廷里单为例）完全是闾里民间自为组织，带有民间自助性质。由于政府运行闾里等社会民事资金的缺如，为解决父老活动的资金而组建。此父老单的上源可与农村社会共同体传统有着千丝万缕的联系。换言之，单在先秦已有，只是村社的另一种组织，但本身不是农村公社。两汉的里单是新组建的村民自助组织。[3]第三种是台湾学者杜正胜的观点。他从根本上不同意俞伟超先生的看法，认为两汉的单是"结社"而非"公社"。至迟从战国开始已出现一种既非血缘，也非地缘的人群组织——"合同"，反映的是为一定目的而合作的组织。因此，这种组织有商业性的，有宗教性的，有政治性的，也有黑社会的组织。[4]

---

〔1〕 俞伟超：《中国古代公社组织的考察——论先秦两汉的"单—僤—弹"》，文物出版社1988年版，第117~119页。

〔2〕 宁可："关于《汉侍廷里父老僤买田约束石券》"，载《文物》1982年第12期。

〔3〕 张金光：《秦制研究》，上海古籍出版社2004年版，第417页、第433~435页。

〔4〕 杜正胜："'单'是公社还是结社？——与俞伟超先生商榷"，载《新史学》创刊号，1990年3月。

从现有资料看，单这种组织在两汉常见，秦代也应如是。那么单是否就是农村公社这种组织的延续呢？商周金文"单"徽的内涵不清，暂且不论。《逸周书·大聚解》"兴弹相庸"，显然说明"弹"不是农村公社，只是那时公社之外的自治组织。农村公社在远东大陆是从远古的氏族演化而来，并没有一个专有的名称。在宗周的农村公社阶段，从血缘论则称氏称姓；在田曰井；在乡曰邑里。自管仲、商鞅强调邑里什伍的司察连坐的社会管理方式后，邑里居民的互助一面已基本消失。先秦的单原本就是不拘特定单位（界限）而"兴"的互助团体，因此这时又发挥了单的独特功用，对入单居民施以救济。

张金光先生认为，春秋以后，作为社会组织的基本细胞常常直接以"社"名称呼，如"书社"。邑，也是一种共同体，邑必有社，或邑即社，邑社合一。社、邑实为一体，只是不同角度称谓之而已。[1]从里、社的表象观察，张金光先生的分析是正确的。但是，最为关键的是里、社的本质与源流不同，虽然他们都与农村公社有着源渊关系。春秋战国里社合一；秦汉后，里社逐步分离。先秦亦存在相当数量的单，这种单与秦汉的单应存在某种联系。西周以后，里为社会行政最基本细胞，而社专司祭祀，单则承担着农村公社的某些职能。行政里邑的规划、发展，使农村公社的规模与职能逐渐缩小，并最终消失。因此，在里邑发展、完善的过程中，从社（公社）祭（社祭职能）合一，到里（行政管理）社（祭祀）合一、分离，单这种纯粹民间性质的互助组织必然被排斥在里、社之外。識劫婉案中，秦大夫沛看到了自己年老力衰，孩子还未成人（除长女娭外），为防止自己死后家中妇孺无人照顾，因此提前做了安排，将妾婉免为庶人，立为妻，并让她加入里单，自己死后使家庭成员通过里单得到救助。通过此案可以看到，秦国不但存在邻里连坐、收奴等国家层面的残酷制度，也存在古老的兴单"出里单赋"自助救济的温情民间组织，从而使里邑村民在困厄时将损失、痛苦减少到最低限度。

通过分析岳麓简識劫婉案，推测案中已故主人秦大夫沛在当地属于中等地主并兼商人，拥有不少于二百亩的土地，有几栅店铺，畜养着 5 个以上的

---

〔1〕 张金光："论汉代的乡村社会组织——弹"，载《史学月刊》2006 年第 3 期。又参见氏著《战国秦社会经济形态新探》，商务印书馆 2013 年版，第 298~301 页。

奴隶，亦曾供养着5个舍人。如果秦大夫沛家只畜养几个奴隶并耕耘着二百亩土地，从生产方式上看类似于封建领主地主。从土地性质分析，沛或是租佃地主，或是经营地主。从其土地和隶、奴数量推测，沛应属于经营地主。[1]

战国秦是新旧政治制度、经济制度交替时代，秦制军功爵已在全国推行，爵位附着各种政治、经济利益，已故主人沛就是第五级的大夫。与此同时，旧有的各类主仆法律关系仍然存在，国家仍然给予保护。主人沛有妾一人（后立为妻），曾有舍人5名（不能证明同时拥有），至少有隶一人。隶与舍人应当是约定的主仆关系，舍人的人身自由度更高。沛家的土地、店肆都需要人员耕作、管理，因此沛家实际雇庸的人数应当更多，其经济实力应该是比较殷实的。

本案还证明，至少在秦国晚期已经有了财产登记制度，除土田、房舍、牲畜等生产资料和生活资料外，货币债权也在登记范围之内。两汉据家訾将齐民划分成若干户等，户等的划分为临时徭役、户赋的征调奠定了基础。秦国晚期也应存在户等的划分以及户等与徭赋关联的可能性。不如实占訾，在法律上称为匿訾。根据当时的法律，对匿訾罪，按照所匿额度的不同予以不同程度的惩罚。

古代专制政体，其主要职能是管控百姓并向其索取应负"义务"，百姓应有权益大大缺如，生老病死、荒政战乱等灾害，国家也不可能负责且无能力救济，但这又不是每个个体所能够抗拒的。为减轻生老病死等意外灾害带来的损害，先秦即已存在的民间自助组织——单就发挥了作用。岳麓简识劫婉案中，秦大夫沛让其妻婉入里单正是这个背景的反映。单这种组织与两周的农村公社有着密切的联系，但其本身并不是农村公社，而是承担着农村公社若干职能的民间组织。这种民间自助组织一直到东汉还存在，对于政府管理不到或不愿介入的事务起到了一种补充的救助职能，对于社会民众生活、生产的稳定起了一定的作用。传世文献关于这方面的记载非常少，岳麓简的记载使我们对这一问题有了较为深入的认识。

后记：本文写作过程中，与本所同仁张传玺先生多有交流，受益良多；有些资料亦系张传玺先生提供，在此谨表诚挚谢意！

---

[1] 参见彭年："秦汉经营地主研究——兼论秦汉雇佣劳动制"，载四川师范大学历史系编：《秦汉史论丛》，巴蜀书社1986年版，第25~65页。

秦汉令的性质及其与律的关系

　　法律形式是指国家制定的具有不同的法律地位和效力的法的类别。秦朝的法律制度设计严密，法律形式多样。以往受汉人和后代史家的影响，人们对秦国及秦朝的法律认识存在偏见，随着各地秦汉简牍的发现，我们对秦的法律体系有了新的认识。[1]秦国和秦朝的法律形式有律、令、法律答问（或称律说）、廷行事、程、课、式等多种，本文以令为主要研究对象，并探讨与令相关的法律制度。

一、令的性质与类别

　　秦国的律处于改法为律后的最初阶段，国家所制定的律不但调整刑事司法领域，亦规范国家政治、经济制度。秦朝统一后，仍然沿用这种模式。令的出现要早于律，令经历了国王与各级长官的命令、皇帝专享的命令制诏的不同形式和发展阶段。令在秦朝还没有发展为调整特定对象或特定范围的法律形式，但其调整特定对象的趋向正在形成，为魏晋令内涵的固定化铺垫着道路。随着魏晋律内涵的固定化，令最终与律划清界线，同向并行。

　　从法律形式的角度研究令，人们多从汉代论起，传世典籍也是如此，如《唐六典》在叙述令的源流时就写道："令，教也，命也。《汉书》杜周曰'前主所是著为律，后主所是疏为令'，亦谓法也。汉时，决事集为《令甲》以下三百余篇。汉初，萧何定律令。"[2]但是，作为人主之命令，在典籍中的出现则相当早，《尚书·冏命》"发号施令，罔有不臧"，[3]《左传·成公元年》

---

　　〔1〕　这里所说的秦国，始自商鞅变法。秦国统一后，始皇在政治、经济制度上进行了重大改革，因秦朝短命，所以在不影响所论问题性质的情况下，本文就以"秦"代指秦国和秦朝，在必须说明特定时代的性质和制度时，则分别称秦国或秦朝。

　　〔2〕　（唐）李林甫等撰，陈仲夫点校：《唐六典》，中华书局 1992 年版，第 184 页。

　　〔3〕　（清）阮元校刻：《十三经注疏》，中华书局 1980 年版，第 246 页。

"臧宣叔令修赋、缮完、具守备"，又《襄公二十二年》"令倍其赋"，〔1〕这里的 "令" 都作为命令解。古人发布命令出言于口，故在甲骨文及周初金文中命、令不分，西周时才出现下加一 "口" 的 "命" 字，但以 "令" 代 "命"，或 "令"、"命" 不分这种现象，西周中期仍然存在，〔2〕如《恒簋》：

> 王曰：恒！令（命）女（汝）更崇克嗣（司）直鄙，易（赐）女（汝）䌛斤，用事，夙夕勿灋（废）朕令（命）。〔3〕

西周中晚期之际，令、命已在同一篇铭文中同时使用，但并不存在制度意义上的区别，如《小克鼎》"王命善夫克舍令于成周遹正八自之年"，"永令（命）霝冬（终），万年无疆"（《集成》02800），可见命、令相通于先秦是普遍现象。张家山汉简《二年律令·津关令》简 502 "令吏以县次送至徙所县"；《周礼·夏官·大司马》"犯令陵政则杜之"，郑注："令，犹命也。《王霸记》曰：'犯令者，违命也。'"〔4〕《汉书·东方朔传》"令者，命也"。《说文·卪部》"令者，发号也"，这应是令字的本意，最初表示发布指示的行为。《论语·子路》"不令而行"，《集解》以为 "令，教令也"。《晏子春秋·内篇问上十八》："景公问晏子曰：'明王之教民何若？'晏子对曰：'明其教令。'"《盐铁论·刑德》"令者，所以教民也"，这里讲的令，已包含规范的内容，比单纯的表示动作属性的命令之内容更丰富，时效性更长久。沈家本在《历代刑法考·律令一》中罗列了文献中有关令的记载，记有命令、教令、号令、法令等，沈家本加按语道："令者，上敕下之词，命令、教令、号令，其义同。法令则著之书策，奉而行之，令甲、令乙是也。"〔5〕沈家本将命令、教令、号令与作为国家法律之令相区分。诏令则是秦朝所创设的制度。作为国家法律形式之令确实存在一个时代上的演变过程，是随着政治制度的变化而变化的。

---

〔1〕 参见（清）阮元校刻：《十三经注疏》，中华书局 1980 年版，第 1892、1974 页。

〔2〕 命、令的初分当缘于复辅音，参见洪家义："令命的分化"，载山西省文物局考古研究所编：《古文字研究》（第十辑），中华书局 1983 年版，第 122 页。

〔3〕 中国社会科学院考古研究所编：《殷周金文集成》（修订增补本）第三册，中华书局 2007 年版，拓片 04199。此恒簋当为西周共、懿时期。以下引文皆简称《集成》并注器号（拓片），不再出注。

〔4〕 （清）阮元校刻：《十三经注疏》，中华书局 1980 年版，第 835 页。

〔5〕 （清）沈家本撰，邓经元、骈宇骞点校：《历代刑法考》，中华书局 1985 年版，第 812 页。

探讨令的性质，除搞清其源流外，还应当将令的不同类别予以区分。从令的本意及发展脉络看，先有行政之命令，后有规范内容的教令。以一般事物为规范对象的法令是后来才发展起来的，因为秦汉以降的法律之令是最高统治者发布的，这种令的适用具有普适性和反复性，因此我们探讨令的起源和类别时以发布者的身份为切入点，并根据令自身是否具有普适性和反复性这一特征对战国、秦汉的令加以梳理。

（一）行政之令

所谓行政之令就是管理国家事务的官员对其管理事项发布的指示。这种令有二个特点，一是由上级对下级发布，所谓"上敕下之词"；二是一事一令，不具延展性。正是这些特点，在文献中"令"常用作"使"意。[1]在战国以前的文献中，只要是上级的指示即可称之为令，《论语·子路》"其身正，不令而行"，意即统治者的行为正派，即使不发布命令百姓也会自觉行动。令不但包含着国王的指令，也包括上级的命令。这种用法在秦代的司法文书中仍然保留，睡虎地秦简《封诊式》简12："即以甲封付某等，与里人更守之，侍（待）令。"《二年律令·捕律》简143："兴吏徒追盗贼，已受令而逋，以畏耎论之。"这里的"令"字应当理解为上级的命令。这应是令发展的最初阶段。

（二）君王之令

行政之令的最高级别自然是君王之令。上引《恒簋》即是周王之命。这种令（命）一般直接面对臣属，针对的都是具体的人或事，不具有反复适用的功能。但是因君主所处的特殊地位，他们发布指示不会仅仅对具体的人或事，也会针对制度性问题。如《史记·秦本纪》：

> 孝公元年，河山以东强国六……下令国中曰："寡人思念先君之意，常痛于心。宾客群臣有能出奇计强秦者，吾且尊官，与之分土。"于是乃

---

[1] 睡虎地秦简《秦律十八种·厩苑律》简16"其入之其弗骂而令败者"，又《法律答问》简205"欲令乙为盗之，而实弗盗之谓殹（也）"，此两处"令"字只能做"使"解。文中所引睡虎地秦简皆出自睡虎地秦墓竹简整理小组编《睡虎地秦墓竹简》（文物出版社1990年版），为避文烦，引文只标注简号，不再逐一出注。

出兵东围陕城，西斩戎之獂王。卫鞅闻是令下，西入秦，因景监求见孝公。

秦孝公之令是为求贤强国而发布的政令，应当归属在行政范畴。此令虽是一时之计，不具长期效力，但其所针对的对象却是所有符合条件的贤者能臣，这种令比针对具体的人或事的令适用范围自然要宽泛，我们可称之为《招贤令》。[1]秦国发布的《垦草令》更具制度性特征，《商君书·更法》："孝公曰：'善！……'于是遂出《垦草令》。"[2]秦始皇十年，"大索，逐客，李斯上书说，乃止逐客令"。[3]招贤令、垦草令、逐客令显然是关于国家某一方面的制度性政令。战国时期以国王的名义颁布国家制度的情况还是很多的，这种以国王名义颁布的政令虽属行政范畴，但其法律效力的延展面在扩大。

始皇三十四年，秦始皇置酒咸阳宫，因丞相李斯的建议，引发了焚书令的颁布：

> 臣请史官非秦记皆烧之。非博士官所职，天下敢有藏《诗》《书》、百家语者，悉诣守、尉杂烧之。有敢偶语《诗》《书》者弃市。以古非今者族。吏见知不举者与同罪。令下三十日不烧，黥为城旦。所不去者，医药卜筮种树之书。若欲有学法令，以吏为师。"制曰："可。"[4]

有学者称此令为焚书令，[5]违反此令则以刑律惩处。李斯所言，多处"法令"并称，可见，这时的令已具有一般性的规范效力了。

国家最高级别的长官所发布的行政命令，如果具有稳定的、长期的、普遍的约束力，那就与法律没有区别了。因此，这种最高级别的行政命令具有

---

〔1〕 也有称之为《强秦令》的，见（清）孙楷著，杨善群校补：《秦会要》"制诏"条案语，上海古籍出版社 2004 年版，第 70 页。

〔2〕 蒋礼鸿撰：《商君书锥指》，中华书局 1986 年版，第 5 页。

〔3〕 《史记·秦始皇本纪》，中华书局 1934 年版，第 230 页。

〔4〕 《史记·秦始皇本纪》，中华书局 1959 年版，第 255 页。

〔5〕 （明）宋濂《文宪集》卷二七《杂著》："《孔丛子》七卷，《中兴书目》称，汉孔鲋撰。鲋该览六艺，秦并天下，召为鲁国文通君，拜太傅。及焚书令行，乃归，藏书屋壁，自隐嵩山。"后世学者多有沿用此名者。引自文渊阁《四库全书》集部文献集卷二七。

向法律形式转化的潜力。秦国变法到秦国统一天下，时值政治制度、经济制度、法律制度的变革时期，这种具有稳定的、长期的、普遍约束力的君王之令、皇帝之令的数量应当较多。随着形势的发展，皇帝之令指向的范围会更广泛，时效性也更长，最终会成为正式的国家制度规范；如江陵张家山汉简《奏谳书》案18《南郡卒史盖卢、挚田、叚卒史鹛复攸庰等狱簿》记载，当确定庰罪行后则引律令判决，简文如下。

令："所取荆新地多群盗，吏所兴与群盗遇，去北，以儋乏不斗律论。"律：'儋乏不斗，斩。纂遂纵囚，死罪囚，黥为城旦，上造以上，耐为鬼薪'，以此当庰。[1]（157~159）

"儋乏不斗，斩"，此系律条，儋乏不斗是罪名，斩是处罚结果。那么儋乏不斗包含哪些表现呢？现代多以法律解释的形式来说明，但在当时的形势下，国家则以令的形式告诉人们："所取荆新地多群盗，吏所兴与群盗遇，去北，以儋乏不斗律论。"在此，令既强调了地域的特殊性，又说明了此时儋乏不斗应当包括的表现形式。故此时令已成为适用法的一部分。这种律令引用形式，汉时依然；《奏谳书》14所记汉高祖八年安陆丞忠刻（劾）狱史平舍匿无名数大男子种一案，判处的结果是："平当耐为隶臣；铜，毋得以爵当、赏免。"因为当时令规定："诸无名数者，皆令自占书名数，令到县道官，盈卅日，不自占书名数，皆耐为隶臣妾；铜，勿令以爵、赏免，舍匿者与同罪。"（简66、67）此令的内容与形式已很接近于律文，这种情况证明了涉及国家制度化的令愈发具有长期的稳定的效力。当然，这种形式所带来的问题是，有时令不但与国家名义修订、颁布的律相混同，也会与皇帝针对具体的人、事所发布的政令相混同，即哪些令具有长期的、稳定效力，哪些令是针对具体的人或事，不具有延展性，这些在一个较为稳定的朝代是需要加以区分的。故此，令的内涵、令进入法律范畴的程序以及令与针对具体的人或事的政令相区分也就提到议事日程上了。

---

[1] 此狱簿记于秦始皇二十八年，此令当在二十八年之前发布。参见张家山汉墓竹简整理小组编著：《张家山汉墓竹简［二四七号墓］》（释文修订本），文物出版社2006年版，第104~105页。

（三）命令与制诏

《史记·秦始皇本纪》载，秦初并天下，命群臣议帝号，丞相绾、御史大夫劫、廷尉斯等皆曰："命为'制'。令为'诏'。"张守节《正义》谓"制诏三代无文，秦始有之"，〔1〕可见这是一种新的制度。既然命为制，令为诏，是否就是令称为诏，命称为制呢？若此，则以后不应再有命令，而应被制诏所替代。事实是，在秦朝以及承秦制的汉朝，令制诏并存；而且刚刚改制后的秦朝还对令进行了系统的编辑，如岳麓书院藏秦简有《内史仓曹令》《四司空共令》《内史郡二千石官共令》等多种名称的令。〔2〕那么，制诏命令到底如何划分，这是我们首先需要解决的。

1. 制与制书

命、制首先是君王（皇帝）下达政令的一种方式。秦统一前有命书，〔3〕无制书、诏书。蔡邕《独断》："诏，犹告也。三代无其文，秦汉有也。"〔4〕清人朱骏声也持此说："诰，告也。……至秦又造'诏'字以当之。徐铉补'诏'入《说文》。"〔5〕所谓"命为制，令为诏"，是说皇帝所下之命一律称为"制"，皇帝之政令则以"诏"的名义颁布。只有这样理解才能理顺秦朝此后制、令、诏并存的现象。从字源上分析，制初作动词。《说文·刀部》："制，裁也。"古籍中多与"折"通。《商书·盘庚》："其发有逸口，矧予制乃短长之命。"〔6〕此句经家注解各异，但"制"作动词解则无异，春秋时引申为制度。《左传·庄公十四年》："苟主社稷，国内之民其谁不为臣？臣无二心，天之制也。"因此，"制"字从其本意到后来的制度之义都是一种肯定方式的语意，而且与文体无关。秦皇改制，对臣属意见的裁定，有了"制曰"的一种发布方式。"制曰"所关乎事项，都应是肯定或裁断的语气。在程序上，制的适用是：臣请（议）→皇帝认可（制曰）→下达臣属（公布天下）。这里一

〔1〕《史记·秦始皇本纪》，中华书局1959年版，第237页。
〔2〕陈长松："岳麓书院所藏秦简综述"，载《文物》2009年第3期。
〔3〕睡虎地秦墓竹简《行书律》："行命书及书署急者，辄行之。"（简183）《秦律杂抄》："为（伪）听命书，法（废）弗行，耐为侯（候）。"（简4）"非岁红（功）及毋（无）命书，敢为它器，工师及丞赀各二甲。"（简18）《为吏之道》："命书时会。"（简113）
〔4〕（宋）王应麟：《玉海》卷六四《诏令》，文渊阁《四库全书》子部类书类。
〔5〕（清）朱骏声编著：《说文通训定声》，中华书局1984年版，第287页。
〔6〕（清）阮元校刻：《十三经注疏》，中华书局1980年版，第169页。

个重要的环节是臣请（议），没有这个环节，也就谈不上"制"了。下达诏书，皇帝可以依据自己的意思行事，不必有臣属议请这个环节。准请臣下之议所以用"制"，也正是因为"制"字的本义是裁断。[1]这应是制或制书的最初阶段，翻检一下秦汉关于"制曰"的相关资料，可以证明"制"是裁定群臣奏议的重要方式。这种"制曰"裁断方式并被两汉保留下来。

（1）《史记·秦始皇本纪》：

　　A. 丞相绾、御史大夫劫、廷尉斯等皆曰："……臣等昧死上尊号，王为'泰皇'。命为'制'，令为'诏'，天子自称曰'朕'。"王曰："去'泰'，著'皇'，采上古'帝'位号，号曰'皇帝'。他如议。"制曰："可。"

　　B. "臣请史官非秦记皆烧之。……令下三十日不烧，黥为城旦。所不去者，医药卜筮种树之书。若欲有学法令，以吏为师。"制曰："可。"

（2）张家山汉简《津关令》简502-505：

　　A. 相国下〈上〉内史书言：函谷关上女子㢑传，从子虽不封二千石官，内史奏，诏曰：入，令吏以县次送至徙所县。县问，审有引书，毋怪，☐等比。●相国、御史复请。制曰：可。

　　B. □，相国上中大夫书，请中大夫、谒者、郎中、执盾、执戟家在关外者，得私买马关中。有县官致上中大夫、郎中，中大夫、郎中为书告津关，来，复传，津关谨阅出入。马当复入不入，以令论。·相国、御史以闻。·制曰：可。[2]

――――――――――

〔1〕 卜宪群总结汉代制书时讲："制书的下达也并非如《汉制度》《独断》所云仅是'制诏三公'，实际上制书的下达对象包括三公、皇太子、将军、太守、诸侯王等各类人物。制书的内容也不限于'制度之命'，一般非制度性的告白也常用制书下达。其二，制书还包含着对各种争议、议论的最高裁决之意。"卜文所言"其二"部分的内容，正是"制"内容的原本体现。参见氏著：《秦汉官僚制度》，社会科学文献出版社2002年版，第257~258页。

〔2〕《津关令》分条编写共集于一卷，分条编号写于简首，从编号看可见廿三条，但其中三、四、五、六、七、八、十、十一、十四、十七、十八、十九、二十或编号沦殁，或全令缺失。从保留的令条看，皆每条一令，分条录入，"津关令"三字置于全令尾部。从令文看，格式有两种，一种为职官提出建议，皇帝同意，制曰"可"。另一种为皇帝自己直接向相关职官下制诏，从诏文内容分析，往往自言为令。

(3)《史记·孝文本纪》：

丞相臣嘉等言："臣谨议：世功莫大于高皇帝，德莫盛于孝文皇帝，高皇庙宜为帝者太祖之庙，孝文皇帝庙宜为帝者太宗之庙。天子宜世世献祖宗之庙。郡国诸侯宜各为孝文皇帝立太宗之庙。诸侯王列侯使者侍祠天子，岁献祖宗之庙。请著之竹帛，宣布天下。"制曰："可。"

(4)《史记·孝武本纪》：

有司皆曰："今鼎至甘泉，光润龙变，承休无疆。合兹中山，有黄白云降盖，若兽为符，路弓乘矢，集获坛下，报祠大飨。惟受命而帝者心知其意而合德焉。鼎宜见于祖祢，藏于帝廷，以合明应。"制曰："可。"

"制曰"所肯定的内容及其形式最初也不应是一种独特的文体，因此"制曰"最为重要的或者说更准确的定位，应是皇帝之命的下达方式。从皇帝裁断群臣之议的角度，《说文》"制，裁也"的解释是正确的。《独断》言"制者，王者之言"，贾子《等齐篇》"天子之言曰令"，[1]可见制、诏在本质上是一样的。在秦及西汉早期，制、诏最初强调的是皇命发布的形式和场合，而非文体的差别，《汉礼仪》云："天子称尊号曰皇帝，言曰制，补制言曰诏，称民有言有辞曰陛下。"[2]《文心雕龙·诏策》"远诏近命，习秦制也"，范文澜注云："远诏，谓书于简策者。近命，则面谕也。"[3]所以上引（1）（3）、（4）诸条"制曰可"都是当群臣之面裁断众议。皇帝对具体问题的裁断也会以"制曰"的形式，如《史记·淮南衡山列传》：文帝六年，淮南王长反，丞相张仓、典客冯敬等认为，"长当弃市，臣请论如法"。制曰"朕不忍致法于王，其与列侯二千石议"，而诸臣皆曰"长不奉法度，不听天子诏，乃阴聚徒党及谋反者，厚养亡命，欲以有为。臣等议论如法"，制曰"朕不忍致法于

〔1〕 文渊阁《四库全书》子部儒家类，贾谊《新书》卷一。
〔2〕 （清）孙星衍等辑，周天游点校：《汉官六种》，中华书局1990年版，第124页。
〔3〕 （南朝梁）刘勰著，范文澜注：《文心雕龙注》，人民文学出版社1958年版，第364页。

王，其赦长死罪，废勿王"。

那么，如何理解制书的问题呢？秦议制之前只有命书而无制书，改制之后还涉及到与诏书的区别。《秦始皇本纪》"命为制，令曰诏"。裴骃《集解》："蔡邕曰：'制书，帝者制度之命也，其文曰制。'"《太平御览》卷五百九十三引蔡邕《独断·制诰》："制者，王者之言，必为法制也。"[1]这段话与《集解》引蔡邕语略同。《汉制度》曰："制书者，制度之命，其文曰'制诏三公'，皆玺封，尚书令（郎）〔印〕重封。"[2]可见汉人论"制"多以制度解之，《独断》更强调"制者，王者之言必为法制也"，"制书者，帝者制度之命也，其文曰'制诏三公'，赦令赎令之属是也"。怎样理解"赦令赎令之属是也"这句话，制书为什么还牵扯到令？《独断》的另一句话可能会帮助我们正确地理解制书的本质："唯赦令、赎令，召三公诣朝堂受制书，司徒印封，露布州郡。"这几句话即从"制"的规格上阐述了制书与一般诏书的区别，也从颁发的程序上讲明了制书下达的特别要求。即最初的制书一是要有奏章、臣属之议或附带国家的制度性规则，二是要有皇帝制曰"可"或制曰的答复，只有这两部分的复合才构成一份完整的制书。最后，制书是要公开发布的，并要求加盖皇帝玺印、尚书令再加封印。因此制书的全部文本并非是皇帝的文秘起草，在文体结构上与诏书完全不同。东汉时期发展到"帝者制度之命"的制书，才是蔡邕所谓典型的制书，如赦令、赎令颁布的是国家重要制度，因此必以制书形式颁布，东汉时司徒为行政长官之首，故"司徒印封，露布州郡"，此蔡邕所谓"赦令、赎令之属是也"。《续汉书·礼仪志》刘昭注引《谢沈书》曰："太傅胡广博综旧仪，立汉制度，蔡邕依以为志。"[3]胡广、蔡邕都是东汉末期人，蔡邕曾师事胡广。胡广于汉中枢任职，蔡邕校书东观，故二人所述汉家制度是可信的。从"太傅胡广博综旧仪，立汉制度"看，他们记述的更多地应是东汉制度，但溯其源流西汉当

---

〔1〕《秦会要》卷六《制诰》引蔡邕《独断》："制者，王者之言必有法制也；诏，犹告也；告，教也。三代无其文，秦始有之。"见（清）孙楷著，杨善群校补：《秦会要》，上海古籍出版社2004年版，第70页。《太平御览》引文与此基本相同。

〔2〕 文渊阁本《四库全书》杂书类，《太平御览》卷五九三。应劭《汉官仪》有基本相同的记载："凡制书皆（称）玺封，尚书令重封。惟赦赎令司徒印，露布州郡也。"见（清）孙星衍等辑《汉官六种》，中华书局1990年版，第125页。

〔3〕《后汉书》志第四《礼仪上》，中华书局1965年版，第3101页。

已现其端倪。

两汉带有"制诏御史""制诏某官"字样的皇命是不是制书，学界分歧较大。王国维认为这类为制书，并认为玺书即制书，[1]卜宪群也认为："制书的下达也并非如《汉制度》《独断》所云仅是'制诏三公'，实际上制书的下达对象包括三公、皇太子、将军、太守、诸侯王等各类人物。制书的内容也不限于'制度之命'，一般非制度性的告白也常用制书下达。其二，制书还包含着对各种争议、议论的最高裁决之意。"[2]之所以造成这种分歧，是因为西汉时制诏本来就非泾渭分明，非此即彼。从广义上讲，制书也是诏书的一种。蔡邕《独断》："诏书者，诏诰也。有三品：其文曰'告某官'，官如故事，是为诏书；羣臣有所奏请，尚书令奏之，下有'制曰'，天子答之曰'可'，若'下某官'云云，亦曰诏书；羣臣有所奏请，无尚书令奏'制'之字，则答曰'已奏如书，本官下所当至'，亦曰诏。"[3]蔡邕所论诏书第二品，其实就是制书的最早形式。传世与出土文书中常常"制诏"连称，正是这个道理。两汉也常见皇帝主动下达制书的，这类制书并不附带臣属奏议或"赦令赎令之属"的法规，制书起首有"制诏丞相御史""制诏三公"等字样。也就是说，诏书第二品在形式上与制书往往是无法区分的。那么，从制书的重要性分析，制书受书人的级别应当更高。因为"补制言曰诏"，说明制的级别要高于诏。

代玺国认为，汉代制书主要有三大功能：立法、布政、宣布对高官（贵爵）的任免（封除）。制书大体可分为两类，一类是面向全国发布的，另一类是下达特定官僚机构的。至于制书与诏书的区别，凡涉及重大事宜一般都用制书。制书用于命令特定官员时，其秩级不低于二千石。[4]汉末太傅胡广对制诏是如何划分的呢？他论曰："制书者，帝者制度之命，其文曰'制诏三公'，皆玺封，尚书令印重封，露布州郡也。诏书者，诏，告也，其文曰'告某官'云如故事。"[5]据此还可以看出，汉制书主要针对的是事，所以"露

〔1〕 王国维：《观堂集林》卷一七《史林九》，河北教育出版社2001年版，第521~522页。
〔2〕 卜宪群：《秦汉官僚制度》，社会科学文献出版社2002年版，第257~258页。
〔3〕 文渊阁《四库全书》子部杂家类杂考之属，蔡邕：《独断》卷上。
〔4〕 代玺国："汉代公文形态新探"，载《中国史研究》2015年第2期。
〔5〕 （清）孙星衍等编，周天游点校：《汉官六种》，中华书局1990年版，第23页。

布州郡"，而诏书则针对某人，所以"告某官"。

从上所引材料可以看出，制，最初就是皇帝对臣属给国家制度性建议的当面认可，以后群臣奏议、上章时，相关部门在制诏文书上预先写好"制曰"并预留空白供皇帝批复，或批"可"，或批他言。这种文书本身就是诏书的一个类型，它包括出台的原因、基本内容、皇帝许可三个部分。有些诏书的产生过程，实际上就是令的发布过程。《类聚》五四引《风俗通》言："时〔主〕所制曰令，言当承宪履绳，动不失律令也。"〔1〕这类诏书在出台程序上，首先多经臣下议论，然后上奏皇帝。皇帝同意则制曰"可"。再者，认可群下所请后，被认可的这类规范大多直接成为国家的"令"，如张家山汉简的《津关令》，湖北荆州纪南镇松柏村 1 号西汉墓所出"令丙第九"钞件，〔2〕都属这种情况。经过"制可"程序的规范就是"国家之令"。制"可"的文书需向全国颁布实施，并通过邮人下达实施地域。岳麓书院藏秦简中的行书律令"有令女子、小童行制书者，赀二甲"，〔3〕《二年律令·行书律》简 266"令邮人行制书、急书，复，勿令为它事"，反映的都是制书下达、传递的规定。诏书若以皇帝的名义直接颁发所议制度，首文言"制诏三公"，这就与附带"赦令、赎令之属"的制书没有什么不同了。

2. 令与诏

胡广《汉制度》、蔡邕《独断》都记述汉天子之命令：一曰策书，二曰制书，三曰诏书，四曰戒敕。广义的诏书包括这四类，而狭义的诏书则不包括策书、制书与戒敕。对于这四类的区别，《汉制度》《独断》从简策长短（形制规格）、文书用语（发布对象）和文书内容等方面做了区分。《独断》还说"诏书者，诏诰也。有三品"，这是指狭义的诏书分为三个等级。实际上这种划分仍然有含糊不清之处。日本汉学家大庭脩没有从制诏内容上划分诏令的类型，而是从命令的最初来源与具令程序上将制诏划分为三种类型。〔4〕马怡检阅了传世文献和出土文献的诏书资料，从诏书与皇帝本人

〔1〕 "时〔主〕所制曰令"中的"主"字系据《文选》所补，参见（清）沈家本撰，邓经元、骈宇骞点校：《历代刑法考》，中华书局 1985 年版，第 814 页。

〔2〕 荆州博物馆编著：《荆州重要考古发现》，文物出版社 2009 年版，第 210 页。

〔3〕 陈松长："岳麓书院藏秦简中的行书律令初论"，载《中国史研究》2009 年第 3 期。

〔4〕 〔日〕大庭脩：《秦汉法制史研究》，林剑鸣等译，上海人民出版社 1991 年版，第 189 页。

的关联度（即重要程度）将诏书的三品做了尝试性划分，[1]但这种品级的划分都是典型的东汉制度，其第二品中的很多诏书都是源自秦及西汉早期"远诏近命，习秦制也"的发布方式，一些诏书与典型的"制书"并没有区别。

秦汉之令规定的是国家制度，其性质是法律形式。这从岳麓秦简、张家山汉简等出土材料中都得到了验证。诏书所涉规定即使需要成为法律形式，也需要一个"具为令"或"著为令"的过程。如《汉书·景帝纪》载景帝前元元年秋七月诏曰："吏受所监临，以饮食免，重。受财物，贱买贵卖，论轻。廷尉与丞相更议著令。"此诏具有建议的成份，它需要廷尉与丞相重新讨论然后成为定制。诸臣认为需要确立的法律规则，必须经过法定程序上达，《二年律令·置吏律》简 219~220："县道官有请而当为律令者，各请属所二千石官，二千石官上相国、御史，相国、御史案致，当请，请之，毋得径请者。径请者（者），罚金四两。"[2]

秦汉之诏多针对具体的人或事，这些诏书群臣需要执行，但不具有成为法律的可行性。诏所颁内容多具体、直接，多针对事，少针对制度，不具反复实施的可能，如"于是夜下诏书曰""太尉身率襄平侯通持节承诏入北军""于是诏罢丞相兵"[3]"前日吾诏列侯就国"[4]等等，都不具有成为法律制度的可行性。当皇帝诏下公卿议事时，则为"诏下"，如《史记·荆燕世家》："孙定国，与父康王姬奸，生子男一人。夺弟妻为姬。与子女三人奸。定国有所欲诛杀臣肥如令郢人，郢人等告定国，定国使谒者以他法劾捕格杀郢人以灭口。至元朔元年，郢人昆弟复上书具言定国阴事，以此发觉。诏下公卿，皆议曰：'定国禽兽行，乱人伦，逆天，当诛。'上许之。定国自杀，

---

〔1〕 马怡："汉代诏书之三品"，载北京大学中国古代史研究中心编：《田余庆先生九十华诞颂寿论文集》，中华书局 2014 年版。

〔2〕 县道官建议立法应当遵循这个规则，其他官吏亦如是。《津关令》简 517："相国上长沙丞相书言……相国、御史以闻，请许给买马。●制曰：可。"《津关令》简 520："丞相上鲁御史书言，鲁侯居长安，请得买马关中。●丞相、御史以闻，请许给买马。制曰：可。"这两条令文说明，就是诸侯王有关官吏上请相关事宜，也要经过"相国、御史，相国、御史案致，当请，请之，毋得径请者"的程序。

〔3〕 有关诏书、承诏、诏罢等文句皆引自《史记·孝文本纪》，中华书局 1959 年第 417 页、第 418 页、第 425 页。

〔4〕《史记·绛侯周勃世家》，中华书局 1959 年版，第 2072 页。

国除为郡。”

诏的施用面要大，有公开的，有秘密的，而令需要国人共同遵守执行，故不能有秘密的。《两汉诏令·原序》曰：两汉之制，“三曰诏书，其文曰告某官如故事；……诏有制诏、亲诏、密诏、特诏、优诏、中诏、清诏、手笔下诏、遣诏”。[1]说明诏的种类较令为繁杂。

秦汉的诏、令内涵不同，汉代简牍所见文书用语亦不混同，如：

(1) ☒到令遣害郡县以其行止☒如诏书、律令，书到言/丞相史☒
68.15合校

(2) 匿界中书到遣都吏与县令以下逐捕搜索部界中听亡人
所隐匿处以必得为故诏所名捕
重事事当奏闻毋留，如诏书、律令　　　　　　179.9 合校

(3) ☒……有意毋状者行法如诏条、律令　　2000ES9SF4：20A[2]

这里的诏书、诏条显然是特别指令，而律、令则为普遍性规则。类似简文还有很多，不一一例举。后人往往诏、令合称，然而作为国家法律形式的令之内涵与诏相比要狭窄的多，有些诏可补令、入令，有些诏可补律、入律，有些诏则只是单纯的一项命令，如《汉书·宣帝纪》“（本始四年），诏曰……律令有可蠲除以安百姓，条奏”，高诱《淮南子·叙》“孝文皇帝甚重之，诏使为《离骚》赋”。[3]应注意的是，有些诏虽是针对具体的人或具体的事而发，但根据其性质与内容，诏文的有些规定或著令或入律。诏入律或入令的过程，就是皇帝的指令由一次性适用到反复适用的过程，由特定的适用对象向一般的适用对象转化的过程。在法律效力上，汉令与律是相同的。张家山汉简《二年律令》反映了西汉初年律令的内涵没有严格的区分，律令不但规定惩罚性规则，也规定国家有关部门和人员的行为准则。陈梦家考证：“令虽亦出于诏书，但著为令以后，书于三尺之木，而诏书所用木则短于此。据《汉制度》

---

〔1〕（宋）林虑、楼昉：《两汉诏令》，文渊阁本《四库全书》史部诏令奏议类。
〔2〕孙家洲主编：《额济纳汉简释文校本》，文物出版社 2007 年版，第 88 页。
〔3〕刘文典撰，冯逸、乔华点校：《淮南鸿烈集解》，中华书局 1989 年版，《叙目》，第 2 页。

与《独断》，诏书之策'长二尺，短者半之'，所谓尺一木或尺一版。"[1]他在整理汉诏令简牍时发现，汉诏书简有二类，一类是各代皇帝当时所下的诏书，一类是作为"令"的诏书，二者长短有别。悬泉简有"告县、置食传马皆为□札，三尺廷令齐壹三封之"的简文，[2]居延简诏令目录简长约三尺，这些与典籍的记载是一致的。《汉书·杜周传》："客有谓周曰：'君为天下平，不循三尺法，专以人主意指为狱，狱者固如是乎？'"注引孟康曰："以三尺竹简书法律也。"又，《汉书·朱博传》："文学儒吏时有奏记称说云云，博见谓曰：'如太守汉吏，奉三尺律令以从事耳……'"这些材料说明，汉诏、令载体的形制规格是有区别的。

冨谷至则认为，汉时令、诏的区别只是名称的不同，本质上"制诏即为汉令"，"皇帝的诏可以分两种：其一为暂时性或一时性命令，因此没有必要履行废止等程序；其二为作为命令发出的行政或司法规定，它具有长远的持续性，其效果在再次采取改废措施之前是一直存在的。所谓官吏和民众当遵守之规范的'令'，是指此二者中的后者"。[3]冨谷至所言为是，因为汉令、诏之分本质上不在形式，而在内容以及发布时所附加的程序要求。但他所言"制诏即为汉令"的提法似乎有欠妥当，因为诏、令含义毕竟不同，二者在内容与下达程序上也是不尽相同的。不过，汉令也确实存在"长沙王忠"以及《津关令》中指向个别对象的令，这些令不具持续性与普遍性，因此我们同意冨谷至关于汉令"作为成文法规的成熟度是比较低的"结论。[4]

----

〔1〕 陈梦家：《汉简缀述》，中华书局 1980 年版，第 275 页。又，就出土简牍而论，很多汉律令简牍规制并没有这么严格。这里需要特别注意的是，典籍所载律令简牍制度皆为国家正式颁布律令文书的尺度，而现在所发现的木牍竹简并不一定是当时国家颁布律令的原件。因此，出土之木牍竹简必须在确定其性质后才能依其规制考证当时律令制诏载体的制度。张伯元《"三尺法"与律令简牍》（载氏著《出土法律文献研究》，商务印书馆 2005 年版）及胡平生《简牍检署考》（上海古籍出版社 2004 年版）"导言"两篇论文，对汉简制度多有论述，可参考。

〔2〕 胡平生等：《敦煌悬泉汉简释文》，上海古籍出版社 2008 年版，第 18 页。

〔3〕 〔日〕冨谷至："通往晋泰始律令之路（Ⅰ）：秦汉的律与令"，朱腾译，徐世虹校译，载中国政法大学法律史学研究院编：《日本学者中国法论著选译》（上册），中国政法大学出版社 2012 年版，第 144 页、第 148 页。

〔4〕 〔日〕冨谷至："通往晋泰始律令之路（Ⅰ）：秦汉的律与令"，朱腾译，徐世虹校译，载中国政法大学法律史学研究院编：《日本学者中国法论著选译》（上册），中国政法大学出版社 2012 年版，第 148 页。

张伯元对诏令与令的关系进行了总结，他认为"从法律的形式而言，诏令意义上的'令'与律令意义上的'令'是有所区别的"，"天子诏所增损"与律令的关系包含下述几层意思：

1. "诏"成为"令"有一个修正的过程，即"令"源于"诏"；
2. 律与令不相重复，各有不同的适用范围；
3. "令"在名义上是由皇帝下达的，令与律具有同样的法律功能，令的颁行有更多的灵活性；
4. 由"后主"颁布"令"，包含有补充之意。[1]

张伯元所论的第 2 点，即"律与令不相重复，各有不同的适用范围"，若强调的是诏令，诏令与律自然各有不同的适用范围；若指"诏"具为"令"之令，则时代愈早二者调整的界限愈模糊，二者的重复度就越高。总之，学界对诏、令之分的基本看法是相同的，即令已上升为国家狭义上的法律，[2]是国家制度性规范的重要内容。

二、令的编辑

令的编辑是指政府对生效之令的分类和排列，从而便于后人遵照执行。历代经史注家对汉代令甲、令乙等的解释实际上都涉及这一问题。当下学者普遍认为，作为法律形式存在的令并不存在异议，只是它以什么样的形式存在。在论述秦令是否存在，或者说秦令是以什么形式存在的问题上，日本学者首先提出了不同的意见。中田薰认为，汉初就存在令的编辑，并已形成令典。[3]大庭脩通过对睡虎地秦简的研究，总结了五项值得注意的特点，其中第五点是"未含有秦令"。他认为，睡虎地秦简中的二十七种律是秦对商鞅六

---

〔1〕 张伯元：《出土法律文献研究》，商务印书馆 2005 年版，第 58 页。

〔2〕 本文用"狭义"一词限定秦汉律令的法律概念，这里所用"狭义法律"一词不是指现行法律体系中的术语，而是特指中国专制社会的法律状态。专制社会皇帝的诏书甚至"朕意"也具有法律效力，在国家机器运行中，也会被作为依据而实行，这可以称为广义的法律。狭义的法律则指通过特定的程序上升为国家的意志，且已形成文字的规范。据此，升格为令的诏应当属于狭义的法律范畴。

〔3〕 ［日］中田薰："汉律令"，载中国政法大学法律古籍整理研究所：《中国古代法律文献研究》第三辑，蔡玫译，中国政法大学出版社 2007 年版，第 105 页。

律的追加法，秦对追加法也称为律。这又与第五点提到的无秦"令"这一文字相关。无秦"令"之文的原因，可能是"令"本来是追加法，而秦无将追加法称为"令"的制度。将追加法称为"令"的制度，大概是汉创设的。另一方面，二十七种律作为追加法已经被整理编纂，则其后的追加法也可能同汉一样，以"令"的名称存在。秦令的存在状况如何，这是应留待将来解决的问题。[1]对于大庭脩的观点有两种不同的理解。一种理解为大庭脩不承认秦存在令这种法律形式，如张建国曾发表文章，他认为秦有"令"这一形式存在，应当不是一个难于得出的结论。他还从典籍与简牍中滤出若干条令文与令名。[2]日本也有学者认为大庭脩是否定秦存在令的，如楯身智志在《律令的编纂、继承》一文中写道："大庭脩认为《秦律十八种》的律均为在正法商鞅六律后增加的法令，在秦国，正法与追加法都被叫作律，不存在令。大庭脩在此基础上推测，西汉建国后萧何编纂《九章律》时，才初次明确区分了作为正法的律与作为追加法的令。"[3]另一种意见认为大庭脩所说的秦令并非指某个具体的令，而是追加法意义上的令。徐世虹在《出土法律文献与秦汉令的研究》一文中，对秦汉令的研究历史做了详尽的总结，在涉及大庭脩关于令的研究时她写道："依据作者（指大庭脩）的立论前提及行文思路，此处的'秦令'是追加法意义或法典意义上的概念，并非指某个具体秦令。"[4]对于秦汉令的总结性研究，除了上引楯身智志、徐世虹的两篇文章外，较早的还有杨振红的《汉令新识》一文，她在文章中主要对汉令的编辑及其与律的关系做了较为深入的研究。对于什么是令的编辑，杨振红赞同宫宅洁"令典的形成与否应主要看其是否经历了编辑程序"这一标准，认为"只要对令进行了编辑（即使这种编辑的手段、形式很初级），并且作为律的补充法来实行，就应该视为已经法典化了"。[5]

令的编辑还有另外一个问题，即令典或其他令的编辑主体是谁。如果

〔1〕 ［日］大庭脩：《秦汉法制史の研究》，創文社1982年版，第15–17页。

〔2〕 张建国："秦令与睡虎地秦墓竹简相关问题略析"，载《中外法学》1998年第6期。

〔3〕 ［日］楯身智志："律令的编纂、继承"，载武汉大学简帛研究中心主办：《简帛》第六辑，上海古籍出版社2011年版，第143页。

〔4〕 徐世虹："出土法律文献与秦汉令研究"，载王沛主编：《出土文献与法律史研究》第1辑，上海人民出版社2012年版，第67页。

〔5〕 杨振红：《出土简牍与秦汉社会》，广西师范大学出版社2009年版，第80页。

说萧何编纂《九章律》时才初次明确区分了律与令，则汉初令典的编辑主体自然为中央政府。也有认为地方政府编辑了絜令这一令典形式，甚至还有学者认为不排除有私人编辑的可能性。再者就是令的编辑时间问题，如令的干支或数字序号是发布时即确定还是事后整理时安排，这些都对令典是否形成有举足轻重的影响。[1] 在确定秦汉是否存在令典编辑的问题上，我们的研究路径是从汉令入手，因为汉令的资料相对丰富，长期以来诸多学者对汉令进行了较为深入的研究，这些成果对于我们认识秦令也具有积极的意义。

（一）汉令的编辑

汉令名称繁多，历代学者曾就汉令名称做过辑录。以往学者根据汉令的内容或名称将其分为事项令、干支令与絜令三大类，这三大类大体反映了汉令的类别。

所谓事项令就是根据令所规范的事务内容而定名的，这个名称是学者为了研究方便而定的名称，并非当时立法者所确定的分类名称。目前所见汉令这一类最多，主要有《津关令》《功令》《金布令》《宫卫令》《水令》《田令》《厩令》《兵令》《公令》《养老令》《棰令》等。在传世典籍与出土简牍中还有些令名看似是事项令，实是令条，如张家山汉简《津关令》题名为"津关令"，是由二十多条制诏编辑而成，其中的"越塞令"（又称"越塞阑关令"）、"马贾讹过平令"等都是《津关令》中的具体条文。这就启示我们，传世的令名中也会出现这种情况，误导我们将具体的令条当作令名。陈梦家、张伯元、杨振红都已意识到这个问题并做了研究。[2]《津关令》自有编号一至二十三，其中缺损第三到第八、第十、第十一、第十四、第十七到

---

[1] 凡国栋在论述秦令编辑的序号问题时指出："与此相关，需要我们回答的另一个重要问题是，令题中的编号是在令文发布时产生的还是事后编辑的时候统一编定的？若是前者的话，那么令文的编辑过程实际上只是一个抄写的过程，因为令文在发布的时候已经被赋予一个编号，所以所谓的编辑实际上只是对颁布令文的重新抄录而无需编号。但是若是后者的话，情况就稍微复杂，因为事后集中编号可能需要解决更多的问题，譬如以多长时间为周期组织统一编序，统一编序的分类原则是什么等问题。"秦令的干支、数字编号实质上就涉及到秦令如何编辑、何时编辑的问题，同样汉令的编辑也涉及这一问题。参见氏文："秦汉出土法律文献所见'令'的编辑问题"，载中国文化遗产研究院编：《出土文献研究》第十辑，中华书局 2011 年版，第 167 页。

[2] 陈梦家：《汉简缀述》，中华书局 1980 年版，第 281 页；张伯元：《出土法律文献研究》，商务印书馆 2005 年版，第 55~56 页。杨振红：《出土简牍与秦汉社会》，广西师范大学出版社 2009 年版，第 77~79 页。

第二十，由此或可推定，大部分事项令都应是单项诏令的汇编。《汉书·儒林传序》："弘为学官，悼道之郁滞，乃请曰：'……请著功令。佗如律令。'制曰：'可。'"注："新立此条，请以著于《功令》。《功令》，篇名，若今《选举令》。"可见武帝时《功令》已具，只是将公孙弘所请、武帝制可的新令条文编排在旧有的《功令》后面而已。居延汉简有"《功令》第卅五"，[1]悬泉简有"《兵令》十三"，[2]武威旱滩坡简有"《公令》第十九""《尉令》第五十五"，[3]这些都应是按时间先后编排并给予数字序号的单篇令集。日本学者冨谷至并不认同这种编排方式，他在论证"胎养令""马复令""养老令"时得出的结论是："这三者均非当时特定的法令名，而是出于方便的所谓通称，因此冠以事项令名的法令并未被制定出来。"他由此推及全部的事项令，"因此在汉令的名称问题上，以'某某令'事项令名为基础的立法，我认为是不存在的"。[4]冨谷至的文章写于 2000 年前，而张家山汉简《二年律令》的完整资料在 2001 年 12 月才由文物出版社出版，此前《文物》1985 年第 1 期的《概述》已透露有"《津关令》的篇题"，可能亦未引起注意。但是，早已公布的"《功令》第卅五""《公令》第十九""《尉令》第五十五"等资料也不支持冨谷至的结论。

对于事项令的定名及立法编辑产生的分歧既缘于对典籍原文理解的偏差，也因为分析问题所站立的基点不同。冨谷至对《汉书·儒林传序》"请著功令"的解读是"作为功令而被明确、彻底周知"，而非"著于功令——在功令中添加"。这样解释自然可以化解"作为新令而制定的诏不是以分属于事项令名的形式进行追加和整理的"矛盾，但对诸条事项令后缀序号的理解还是

---

〔1〕 甘肃省文物考古研究所等编：《居延新简》，文物出版社 1990 年版，第 22 页、第 211 页、第 314 页。

〔2〕 胡平生、张德芳编撰：《敦煌悬泉汉简释粹》，上海古籍出版社 2008 年版，第 11 页。

〔3〕 武威地区博物馆："甘肃武威旱滩坡东汉墓"，载《文物》1993 年 10 期。

〔4〕 冨谷至"冠以事项令名的法令并未被制定出来"的结论"推及全部的事项令"是笔者的理解，他撰写道："即使考察本文前述沈家本、程树德所列的其它数种汉令的事项名称，也可以说与上述三令相同。"而"前述"所列的令名有 23 种，包括《功令》《金布令》《公令》《津关令》等。他关于秦汉令的编辑问题的结论是："将诏令分类、整理并加上固有篇名以作为法典的令，在汉乃到秦尚未成立，这就是我的结论。"参见冨谷至著："通往晋泰始律令之路（Ⅱ）：魏晋的律与令"，朱腾译，徐世虹校译，载中国政法大学法律史学研究院编：《日本学者中国法论著选译》，中国政法大学出版社 2012 年版，第 154 页、第 158 页、第 161 页。

不够顺畅。随着新材料的出现和研究的深入，汉令最初是以诏令的形式出现基本得到共识，这也符合"令曰诏"的政治改革。如果建立在这个基点上谈汉令的名称，那"作为新令而制定的诏不是以分属于事项令名的形式进行追加和整理的"结论当然正确，"因此在汉令的名称问题上，以'某某令'事项令名为基础的立法，我认为是不存在的"观点也大体不错。但是，作为汉令编辑或令典化的整理，部门令和事项令的分类与名称（指具体的某事项令）确是存在的。就是在汉诏令发布的最初时刻，发布者也意识到应将某诏令归属在某令之中；如前举《汉书·儒林传序》"弘为学官，悼道之郁滞，乃请曰：'……请著功令'"，公孙弘建议将补博士弟子、选拔人才备郡属的相关规定列入《功令》之中；汉初《二年律令》中《津关令》也有 23 条。《功令》《津关令》下达之初始，其形式虽为诏令，但发布者已将其归属在相关的事项令之中了。因此，笔者认为，即使是站在立法之初的基点上，也不能认为汉代"冠以事项令名的法令并未被制定出来"。

学界关于挈字的本义多有争论，但这类令为某一部门所用之令则是被认同的。[1] 挈令是按官署或管辖区域所辑的涉及自身事务的相关法令。目前所见主要有《丞相常用（令）》《御史挈令》《太尉挈令》《大鸿胪挈令》《廷尉挈令》《光禄挈令》《乐浪挈令》《北边挈令》等，以上挈令除《北边挈令》《乐浪挈令》外，均根据朝廷的职能部门命名，故这些令应是各职能部门应用的法律。冨谷至关于挈令的两个观点笔者是赞同的：（1）冠以官署的令均属于挈令的范畴；（2）所谓挈令可以视为各官署或郡县、特定地域所持有和保管的相关法令。[2] 但是，《兰台令》或《兰台挈令》与其它挈令的情况可能有所不同。兰台为两汉中央档案典籍库，其性质并非行政管理机构。《兰台令》可能是全国所有令的汇集，即有中央职能部门的，亦有事涉地方事务的。"王杖十简"诏文"明在兰台石室之中"，诏文最后书："兰台令第卅三，御史令第卌三。"兰台收录令文是其"掌图籍秘书"的职能所决定的。[3] 故此，

---

〔1〕 关于挈字及挈令的相关观点可参见凡国栋："'挈令'新论"，载武汉大学简帛研究中心主办：《简帛》第五辑，上海古籍出版社 2010 年版。

〔2〕 ［日］冨谷至："通往晋泰始律令之路（Ⅰ）：秦汉的律与令"，朱腾译，徐世虹校译，载中国政法大学法律史学研究院：《日本学者中国法论著选译》，中国政法大学出版社 2012 年版，第 153 页。

〔3〕 李均明、何双全编：《散见简牍合辑》，文物出版社 1990 年版，第 3 页。

《兰台令》中具体某一令的性质，应据该令的内容而定。按照这个思路深入分析，兰台收入哪些汉令，以及收入后是否分类、如何分类等，现在全然不知。笔者在此将这个问题提出来供学界讨论。

干支令目前仅见《令甲》《令乙》《令丙》三种。关于干支令的编辑标准学界至今没有取得一致的意见。首先是干支令与其他两类令的关系，主要分歧是诸令各有甲、乙、丙说和各不统属说二种。前说以颜师古为代表，《汉书·萧望之传》"《金布令甲》"注："令甲者，其篇甲乙之次。"后说以文颖、如淳为代表，《宣帝纪》文颖注："《令甲》，前帝第一令也。"如淳注："令有先后，故有《令甲》《令乙》《令丙》。"汉代见有"令丙第九"木牍，[1]说明《令丙》为大类，其下再按数字序号排列，这与令甲目录排列是相同的。[2]按文颖、如淳之意，自然令之甲、乙、丙之归属要有一个标准，虽然他们认为是以时代先后为序。

关于令甲、令乙、令丙的划分标准，在里耶秦简、岳麓书院藏秦简面世前更是众说纷纭，主要有：（1）年代先后说；（2）篇目次第说；（3）集类为篇说；（4）重要程度说。徐世虹对诸说进行了评判，提出了"时代先后与重要程度"结合说："《令甲》《令乙》《令丙》是汉初皇帝的诏令集，所收诏令在内容上不具有同类性质，排列方式采用序列法，按年代顺序列为第一、第二、第三……又根据文帝、景帝不同时期的诏令交叉出现甲、乙、丙三令之中，可知甲乙丙除表明篇次外，还反映了整理者对诏令非单纯年代划分，而取其重要程度的选择结果。"[3]

凡国栋将秦汉令分为两大类，"认为'令'的编序按照其产生途径的不同分别是由天子或各级各类官署在其各自的令文体系中自行按照时间的先后顺序分别给予编号的，天子以'令'著首按照顺序以甲乙丙丁编序，各官署以'某某令'著首按照顺序编号。不同部门编序自成一体，互不相涉。编序方式

---

〔1〕 荆州博物馆编著："罕见的松柏汉代木牍"，载《荆州重要考古发现》，文物出版社 2009 年版，第 209~212 页。

〔2〕 陈梦家："西汉施行诏书目录"，载氏著《汉简缀述》，中华书局 1980 年版，第 275~284 页。

〔3〕 参见徐世虹："汉代法律载体考述"，载杨一凡总主编、高旭晨分卷主编：《中国法制史考证》甲编第三卷《历代法制考·两汉魏晋南北朝法制考》，中国社会科学出版社 2003 年版，第 157~158 页。"重要程度"说见《周易·蛊》孔颖达疏。他论述曰："甲为十日之首，创造之令为在后诸令之首，故以创造之令谓之为甲。故汉时谓令之重者，谓之《甲令》，则此义也。"

或用日干，或用数字，或二者兼用，不拘一格。由于各官署职责各有分工，所以体现在令的编序上就自然形成一种'集类为篇，结事为章'的格局"。[1]他是按照令的出台渠道（主体）进行划分的，天子单方下达者为天子令（B类），令甲、令乙、令丙是也；官署令又分为两种，一类是标明了发令的官署（A1类），如内史郡二千石官令等；一类不见各官署名称，而是注明了令所调整的事务（A2类），如挟兵令等，实即上文所述的事项令。官署令（A1类）是在得到天子许可的情况下才能生效的"假天子令"，而事项令（A2类）中有可能是由负责相应职责的官署发布的，也不排除是皇帝单方下达的。这种划分需要解决的问题：（1）必须彻底否定颜师古为代表的诸令各有甲、乙、丙说。[2]（2）有些令从名称看归属于事项令，但实际是"天子令"，如《棰令》属令丙。这可能就是作者所说的，事项令（A2类）中有可能是由负责相应职责的官署发布的，也不排除是皇帝单方下达的。（3）从现有材料看，汉代多见事项令，官署令则应是某官署挈令的简称。[3]挈令也不宜简单划归天子令或官署令，"王杖十简"诏文在《兰台令》第卅三，《御史令》第卅三，"王杖十简"自然是由天子直接下达。这些问题都需要我们重新审视。总之，从目前汉令资料看，确实无法得知汉令甲、乙、丙划分的真正标准。但是，集类为篇说的可能性还是最大的，只是目前我们还不知道划分这个"类"的标准是什么。[4]

　　无论上述汉令的三类划分，还是凡国栋的两大类划分，都涉及到各类别的相互关系问题。中田薰认为，干支令统属（含概）事项令，甲乙丙三类令

---

〔1〕 凡国栋："秦汉出土法律文献所见'令'的编序问题——由松柏1号墓《令》丙第九木牍引发的思考"，载中国文化遗产研究院编：《出土文献研究》第十辑，中华书局2011年版，第168页。

〔2〕 为圆满解释此说，也可以认为《汉书·萧望之传》的"《金布令甲》"与天子令的《令甲》《令乙》《令丙》是两类令，但荆州松柏木牍"令丙第九"又为解释这个问题增加了难度。

〔3〕《甘肃武威磨咀子汉墓〈王杖诏令〉册》"〔男子〕年六十以上毋子男为鳏〔鰥〕；女子年六十以上毋子男为寡。贾市毋租比山东复，复人有养谨者扶持，明著令，《兰台令》第卅二"，"制诏御史，年七十以上杖王杖比六百石，入官府不趋，吏民有敢殴辱者，逆不道，弃市。令在《兰台》第卅三"（李均明、何双全编：《散见简牍合辑》，文物出版社1990年版，第15页、第17页）。这些官署令，如《御史令》、《兰台令》应是制诏汇之所。汉代的官署令实即挈令，如御史令，即御史挈令；兰台令，即兰台挈令；卫尉挈令，当即尉令。见本文前论。

〔4〕 彭浩认为：汉令"是按照'集类为篇，结事为章'的原则编集，但事实上并不能完全遵从，一些彼此内容相去甚远的令也被集集在一起，形成'大体异篇，实相采入'的情况。"参见凡国栋："秦汉出土法律文献所见'令'的编序问题——由松柏1号墓《令》丙第九木牍引发的思考"，载中国文化遗产研究院编：《出土文献研究》第十辑，中华书局2011年版，第161页。

则是重要程度的划分。[1]宫宅洁、冨谷至的观点与此大体相同，[2]按照他们的观点，令甲、乙、丙是汉令的总集，而官署令或絜令只是根据需要从中辑录而已。也有学者认为以上划分的三类令（事项令、干支令、絜令）是在平行概念上划分的，他们不具有统属关系。[3]但是，如将絜令解释为"是相关部门在国家法令中摘取编录与本部门有关的法律"，那絜令则是汉令"总集"的摘录而已。不过，这个汉令"总集"是否为令甲令乙到目前为止还是不能证明。凡国栋的两类划分无疑则是并行的关系。

理清上述三类汉令的关系，很重要的一点就是要确定各自存续的时间。从现有资料看，干支令发布、编制应属汉武帝之前，武帝以后虽见史书引用，但皆不能确定是在武帝以后颁布或编入的。令丙"棰长短有数"为景帝时期；荆州新出土令丙第九为文帝时期。武帝之前的事项令见有《津关令》《功令》，[4]这类令自有编号，从未见这类令被干支令统属，因此，可以推定事项令与干支令并存，二者不存在统属关系。至于絜令，出土简牍及传世史料表明，某

---

〔1〕 中田薰认为，令典在萧何时已编集，是将为修补律典而发布的皇帝诏令按照其规定事项的种类分为《功令》《斋令》《祠令》《棰令》，同时依其重要程度以"甲乙丙"等篇次分别汇集的诏令集。他还认为，絜令是官吏集录与自己职务相关的诏令，那些被整理或补修收到干支名令中的诏令被集录后，则成为可携带的"令集板"。参见氏文："汉律令"，载中国政法大学法律古籍整理研究所：《中国古代法律文献研究》第三辑，中国政法大学出版社 2007 年版，第 105~112 页。该文由蔡玫女士译自《法制史论集》第四卷补遗"中国律令法系的发展"下篇，原载《法制史研究》1953 年第 3 号。

〔2〕 [日] 冨谷至著："通往晋泰始律令之路（Ⅰ）：秦汉的律与令"，朱腾译，徐世虹校译，载中国政法大学法律史学研究院编：《日本学者中国法论著选译》（上册），中国政法大学出版社 2012 年版，第 149 页。冨谷至论述说："皇帝的诏发布后，为了按顺序予以收录，首先要做的就是编号并分为甲、乙、丙三类。这就是像甲令第○○那样的干支。尽管发布出来的令全部被编号收入干支令，但是各官署又会从其中采录相关的诏令。在这种情况下，诏令又会被冠以官署名或郡县名，官署名或郡县名之下则附加有别于干支令的整理编号，即所谓兰台令第○○、乐浪令第○○，这无非就是被称为絜令的令的分类形态。"参见氏文："通往晋泰始律令之路（Ⅱ）：魏晋的律与令"，载《日本学者中国法论著选译》（上册），中国政法大学出版社 2012 年版，第 165 页。

〔3〕 参见杨振红：《出土简牍与秦汉社会》，广西师范大学出版社 2009 年版，第 79~80 页。又，前揭徐世虹《出土法律文献与秦汉令研究》一文，对干支令、絜令、事项令三者关系的研究状况做了详尽介绍（载王沛主编：《出土文献与法律史研究》第 1 辑，上海人民出版社 2012 年版，第 76~79 页）。

〔4〕《津关令》见于江陵张家山 247 号汉墓竹简，已为众人所知；《功令》史书可见，张家山336 号汉墓亦出土《功令》竹简。据介绍，M136A 组竹简计有 184 支，自题篇题为《功令》，内容为西汉初期成边杀敌立功的具体记功方式和详细规定，以及官序的递补序列；部分简首有编册序号，然缺号较多，内容不全（参见荆州地区博物馆："江陵张家山两座汉墓出土大批竹简"，载《文物》1992年第 9 期）。据该墓出土的"七年质日"历谱，是汉文帝前元七年（前 173）历谱，为该墓的断代提供了可靠依据。

官署令与该官署挈令应是同一令的不同称呼，御史令当即御史挈令，尉令当即卫尉挈令。但是，挈令出现的时代需要引起重视，现有资料表明，挈令都是武帝以后才出现的，虽然秦代就出现了官署令，但与汉武帝以后所见挈令并非一脉相承。这可能与汉初无为而治的政策有关。因此，从时间关系上看，挈令也不宜归属在干支令之下。

武威旱滩坡简七："坐臧为盗在公令弟十九、丞相常用弟三"〔1〕，武威磨咀子 18 号墓王杖 10 简：王杖令在"兰台令第卅三，御史令第卌三"，对于这种同一令在不同的挈令中被赋予不同编号的现象，冨谷至认为："以附有著令用语这一令的形式公布的诏被划分成甲、乙、丙，并附上甲令第某某、乙令第某某等整理编号保管起来。各官署从中摘录并附上新收录编号的，无非就是挈令。因此，如下的情形自然就会出现：同一种令在干支下和挈令中具有不同的编号，同一种令为多个挈令所收入并加以各不相同的令编号。"〔2〕我们同意冨谷至的后半段意见，即"同一种令为多个挈令所收入并加以各不相同的令编号"，但"同一种令"是否在"干支下和挈令中具有不同的编号"则还需证明。再则，从武威磨咀子 18 号墓王杖十简和《王杖诏书令》册中的编号看，不同的官署挈令编号肯定会在中央备案。因为，令文发布时，该令所有的不同编号需要有权威的出处，不可能临时去查询。

（二）从岳麓书院藏秦简看秦令的编辑

由于秦令资料本就少于汉令，因此，在汉令的分类与令典的有无并没有解决的情况下来研究秦令的分类与令典编纂，应当说更不具基础。湖南大学岳麓书院 2007 年 12 月从香港抢救性收购的一批秦简内有大量秦令的内容，这批资料对于秦汉令的研究具有极大的促进作用。据整理者介绍，经过初步揭取处理，这批简牍已达 2098 个简次编号，其中比较完整的有 1300 余枚。从已公布的内容和这些带有纪年的简文综合分析，将这批简的年代确定在秦朝这个大的时段内不会有问题。其中的《律令杂抄》向人们展示了不同类别的秦令，

---

〔1〕 武威地区博物馆："甘肃武威旱滩坡东汉墓"，载《文物》1993 年第 10 期，第 32 页。

〔2〕 参见［日］冨谷至："通往晋泰始律令之路（Ⅰ）：秦汉的律与令"，朱腾译，徐世虹校译，载中国政法大学法律史学研究院编：《日本学者中国法论著选译》（上册），中国政法大学出版社 2012 年版，第 154 页。

令名多达 20 余种，如《内史郡二千石官共令》《内史官共令》《四司空共令》《迁吏令》《内史仓曹令》《内史旁金布令》《尉郡卒令》《辞式令》等等。[1]

据目前所见资料，从秦令所调整的范围和行为主体两方面考虑，可将秦令划分为两大类，一为事项令，二为部门令或职事令。在部门令中，又可分为单个主体之令（如《内史仓曹令》）与多个主体之令（如《四司空共令》）。秦令的编辑方式也分为两种。

第一种方式是在令名之下按干支排列篇序，如岳麓秦简所见《内史郡二千石官共令》《尉郡卒令》下的若干篇序：

    A. 内史郡二千石官共令

- 内史郡二千石官共令　　　　第甲　　　0355
- 内史郡二千石官共令　　　　第乙　　　0690
- 内史郡二千石官共令　　　　第丙　　　0522
- 内史郡二千石官共令　　　　第丁　　　0351
- 内史郡二千石官共令　　　　第戊　　　0465
- 内史郡二千石官共令　　　　第己　　　0316
- 内史郡二千石官共令　　　　第庚　　　0617

    B. 尉郡卒令

尉郡卒令●　甲　　　0619
尉郡卒令●　乙　　　0695
尉郡卒令●　丙　　　0731
尉郡卒令●　丁　　　0742
尉郡卒令●　戊　　　0554

按这种方式编辑的秦令在类别上只存在一个级别，而且这个编辑方式证明颜师古所注"令甲者，其篇甲乙之次"的编辑方式在秦代就已存在。这种编辑方式与汉初《津关令》的编排本质是一致的，只不过《津关令》是将干支置换为数字并置于令文之首而已。

---

[1] 陈松长："岳麓书院所藏秦简综述"，载《文物》2009 年第 3 期。陈松长："岳麓秦简中的几个令名小识"，载《文物》2016 年第 12 期。

第二种方式是令名之后先按干支划分，干支后面再以数字排序，如《县官田令》甲十六、《迁吏令》甲廿八、《内史仓曹令》甲十六、《内史旁金布令》乙四等。令名后面的干支表示的只能是该令之内的次一级类别，干支后面的数字则表示序号。这样，秦令在类别的划分上至少分为二个层次：第一层次是令名，第二个层次是令内以干支相区别的小类，干支后面应是令条。据上述划分可知，干支在不同场合有时表示顺序，有时表示为类别。表示类别时，秦令则出现二级分类。现将我们划分的秦令类别图示如下：

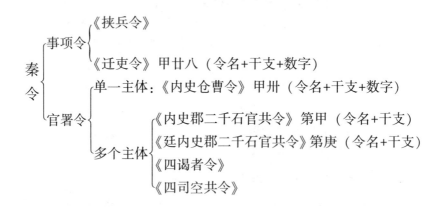

如上所示，按管辖范围及行为主体，秦令可分为两大类，一类是以事项命名的，另一类是以部门或职事命名的。这种划分与汉令的划分一样，是现代学者为研究方便进行的分类。不过，这种划分的意义在于，事项令调整的是某一方面的事务，如《田令》是关于土地方面的规定，而职事令或部门令则是关于某一机构的活动准则。这两种类别的令在秦只能是平行的，不可能是统属关系。具体在某一特定令的编辑方式上，或直接按干支排列序号，或先按干支划分本令的次一级的类别，然后再排列数字序号。干支前加"第"字表示令条的顺序，不加"第"字亦可表示顺序，但干支下再加数字，则此干支当表示的是令的类别。与汉令干支前只有一"令"字而无具体令名的编辑方式相比较，"令甲""令乙""令丙"表示的应当是令的类别。现在看来，秦汉令的编辑还是有差别的，如汉令的令甲、令乙、令丙的分类方式在秦则不存在。同样，秦多主体的官署令或职事令在汉代还没有见到。

岳麓书院藏秦简对于揭示秦朝政治、法律制度具有重要意义，特别是相关秦令的资料，对人们以往的认识将给予颠覆性的冲击。秦令除以职事或事项为调整的范围并确定令名，在令的分类上至少存在二级（层次），如将某一令算作第一个级别，则某令之下的甲、乙、丙应为第二个级别。秦令在某令下面的令条排列上还没有固定的形式标准，有时按十干支排列序号，在十干支下面又按数字排列序号，况且这种编辑都是在某一令之下的编辑，至今还没有见到将不同的令按某一标准编辑在一起的令集，或者按时代顺序进行编辑的令集，这些都反映了秦令编辑的原始性。凡国栋认为"各级各类官署在其各自的令文体系中自行按照时间的先后顺序分别给予编号"的观点，[1]对于秦令而言应当是正确的。耐人寻味的是，岳麓秦简有两支改动编号的令名，简0081+0931"廷内史郡二千石官共令·第己·今辛"、简1131"廷内史郡二千石官共令·第庚·今壬"，两支令名简在天干更改前后都是相连的，只是整体往后错两位。这就提示我们需要加以注意的是，对这批令名编辑号码更改的主体是谁？是地方官吏对来自中央的令进行分类编号，还是中央发布时就有编号，后来又下令更改编号？抑或是抄写者抄错而更改？据文章作者陈松长介绍，两支后更改编号的字体与原简字体是不同的。[2]因为这批简的出处不明，不好做更多的推测。不过，可以确定的是，虽然秦朝将令作为成文法的法律形式是明确的，但按令典的编辑应是"唯一"的这个标准，秦令显然还没有形成令典。

（三）"共令"释义

岳麓秦简披露的共令有《四司空共令》《内史郡二千石官共令》《廷内史郡二千石官共令》《内史官共令》《安□居室居室共令》《食官共令》《给共令》等，这里的关键是如何解读共字。凡国栋认为："虽然这些令文（引者注：指部分共令的令文）的具体内容尚不得而知，但就令名本身来看，我们怀疑'共令'与'挈令'似乎应该是相对而言的，也就是说，若'挈令'照大庭脩氏那样理解为'仅适用于一个官署、一个地区等的特令'的话，'共令'应该是适用于多个官署的共同遵循的令。"[3]凡国栋将"共令"解释为

---

〔1〕 凡国栋："秦汉法律文献所见'令'的编序问题——由松柏1号墓《令》丙第九木牍引发的思考"，载中国文化遗产研究院编：《出土文献研究》第十辑，中华书局2011年版，第168页。

〔2〕 陈松长："岳麓秦简中的几个令名小识"，载《文物》2016年第12期。

〔3〕 凡国栋："'挈令'新论"，载武汉大学简帛研究中心主办：《简帛》第五辑，上海古籍出版社2010年版，第464页。

"共同遵循的令"，这种观点已被有些学者接受。[1]也就是说，共令所规范的主体不是单一的，而应是多个。若此，则秦令在编辑上不但有共令这一类型或编辑方式，而且秦朝出现以一种令同时规范若干同类部门的法令，这应是法律编纂史上的重大进步。

"四司空"是指某四个司空机构。[2]鲁家亮认为，"四司空所指不明，但其属少府的可能很大"，他推测，四司空可能是指：宫司空、泰匠、左司空、右司空。其"泰匠"在吕后时称"大匠官司空"，其后被整合入"将作少府"。[3]司空的职责主要是管理工程和刑徒，秦汉凡涉"司空"之职责都不会超出这个范围。秦朝的刑徒虽然分管在各不同的部门，但对其管理的规定应是一致的；各司空负责的工程不同，但相关的要求应是统一的，所以才有颁行《四司空共令》《四司空卒令》的基础。因此，将规范众"司空"的相关法令名之为《四司空共令》《四司空卒令》是可能的。[4]

《四司空卒令》中的"卒"字，应当指司空部门的士卒。《二年律令·秩律》简445"中发弩、枸（勾）指发弩、中司空、轻车；郡发弩、司空、轻车，秩各八百石，有丞者三百石"，这里的主体所涉职事都与军事武备有关。《尉缭子》有《经卒令》《勒卒令》两篇，是关于训练、统帅士卒方法的兵书。[5]秦朝各司空管领刑徒，又负责工程，因此，各部门司空配备若干正规士卒是可能的。《四司空卒令》与《尉郡卒令》《郡卒令》《卒令》一样，应

---

[1] 徐世虹对此已做概述，参见氏文："出土文献与秦汉令研究"，载王沛主编：《出土文献与法律史研究》第1辑，上海人民出版社2012年版，第74~75页。

[2] 秦汉中央各机构与地方机构普遍设有司空官，秦简有"邦司空"，即国都司空。同时，秦郡、县都设有司空官。岳麓秦简"四司空"具体指哪四司空，目前尚有争议。涉及此问题的文章，可参见宋杰："秦汉国家统治机构中的'司空'"，载《历史研究》2011年第4期；邹水杰："也论里耶秦简之'司空'"，载《南都学坛》2014年第5期。

[3] 鲁家亮："岳麓书院藏秦简《亡律》零拾之一"，载武汉大学简帛研究中心简帛网，http://www.bsm.org.cn/show_ article.php? id=2505。

[4] 陈松长认为，秦官谒者、司空于典籍有据，四谒者、四司空这类官名却从没见过。因此，他认为"这'四'字显然不能与后面的'谒者''司空'连读，也就是说，它不应该是'谒者''司空'这类官名的专属数量词"。四谒者令、四司空共令、四司空卒令是篇题简，"作为篇题，都是对某一类相同令文的总称，因此，这'四谒者令'应该就是四条、四组或者四篇谒者令的省称，也许正因为如此，故其后也以天干对其分篇或分类分组。"参见氏文："岳麓秦简中的几个令名小识"，载《文物》2016年第12期。陈松长之观点可备一说，但最终"四"字的确切解释还有待进一步揭示与证明。

[5] 华陆综注译：《尉缭子注译》，中华书局1979年版，第60页、第62页。

是规范各部门士卒的法规。〔1〕但是岳麓书院藏《尉卒律》简文内容却与作为士卒解释的"尉卒"十分不谐调："●尉卒律曰：县尉治事，毋敢令史独治，必尉及士吏与，身临之，不从令者，赀一甲。（1409）"所以有学者认为此"卒"应该读为"萃"，即汇集之义，〔2〕也有认为应读为"倅"，即副本的意思，或以为就是睡虎地秦简"尉杂律"的"杂"。岳麓简的整理者认为秦汉时期"卒"的外延较广，或读如其字无大碍。这里反复出现的"卒令"很可能就是给郡一级各曹的卒史们颁布的令文。〔3〕

　　既然《四司空共令》等主体是多个，那么令名中的"共"作"共同"解也就顺理成章了，按一般的思维惯性理应会得出这样的结论。但是，《食官共令》《给共令》这两个令名中的"共"作"共同"解显然不通，作"供给"解却是通畅的，这就导致了"共"字的二元分解。〔4〕共字有五解，一作共同解；二通拱，古勇切；三通洪，胡公切；四通恭；五通供。共令之"共"在这批简牍中或作共，或作供，作其它解释则明显不通。因"共"为本字，"供"字后起，故传世典籍与出土简牍多有"共"通"供"之例，如《汉书·昭帝纪》"帝姊鄂邑公主益汤沐邑，为长公主，共养省中"，师古注："共读曰供。"《银雀山汉墓竹简（壹）·孙子兵法》之《作战》篇有"……车战……卒共而养之，是胃（谓）胜敌而益强"，十一家本"共"作"善"，〔5〕此"共"唯作"供"才通。《二年律令·户律》简308："募民欲守县邑门者，令以时开闭门，及止畜产放出者，令民共食之，月二石。"〔6〕此"共食"即"供食"。

　　《食官共令》应名为《食官供令》。《周礼·天官·序官》郑玄注"膳夫，

---

〔1〕 岳麓秦简还有《尉郡卒令》《廷卒》甲二、《廷》一，显然《廷卒》甲二、《廷》一是《廷卒令》的省称；而《郡卒令》《卒令》可能是《尉郡卒令》的省称。参见陈松长："岳麓书院所藏秦简综述"，载《文物》2009年第3期。

〔2〕 周海锋："岳麓秦简《尉卒律》研究"，载中国文化遗产研究院编：《出土文献研究》第十四辑（"秦简牍研究国际学术研讨会"特辑），中西书局2015年版，第79~80页。

〔3〕 陈松长："岳麓秦简中的几个令名小识"，载《文物》2016年第12期。

〔4〕 凡国栋："'挈令'新论"，载武汉大学简帛研究中心主编：《简帛》第五辑，上海古籍出版社2010年版，第464页。

〔5〕 银雀山汉墓竹简整理小组：《银雀山汉墓竹简（壹）》，文物出版社1985年版，第5页。

〔6〕 彭浩等主编：《〈二年律令〉与〈奏谳书〉：张家山二四七号汉墓出土法律文献释读》，上海古籍出版社2007年版，第216页。

食官之长也"，郑注认为食官由来已久。《汉书·百官公卿表》："奉常，秦官，掌宗庙礼仪……属官有太乐、太祝、太宰、太史、太卜、太医六令丞，又均官、都水两长丞，又诸庙寝食官令长丞……"[1]知秦时诸庙寝既设食官。临菑封泥有"齐食官丞"，[2]这种食官是为死人供奉膳食的，其制侍死如生，应按时、按季供奉不同的祭品。此外，皇太子、公主皆有食官，《汉官仪》"长公主傅一人，私府长一人，食官一人……"，[3]《续汉书·百官志》"太子食官令一人，六百石"，本注曰："主饮食。"食官在皇家设置不止上述几处，《史记·梁孝王世家》载，梁共王母"李太后亦与食官长及郎中尹霸等士通乱"，则诸侯王亦设有食官。这类食官当然是为生者提供饮食品的。《二年律令·秩律》简467有"未央食官、食监"，简文后则是詹事诸官。未央宫为西汉朝会之所，皇帝亦居此宫，且"食官"后紧排列"食监"之官，故此处食官、食监应是为皇帝供奉膳食的。岳麓秦简《食官共令》应当是秦皇颁布的为皇室备膳羞的法令，但也不排除是为皇家诸陵庙寝提供享祭食品的规定。不过，供奉生者的可能性要大。此外，《给共令》也应称为《给供令》，应当是为国家机关提供物资的法规。上述资料证明《食官共令》《给共令》之"共"作"供"解是恰当的。

岳麓秦简还见有《内史官共令》，与内史有关的还有《内史户曹令》《内史仓曹令》《内史旁金布令》乙四等，内史是秦朝京师长官并同时掌管钱粮仓廪，如将《内史官共令》之"共"作"共同"解，在文字上虽然也通，但内史的职责还有向全国各机关供给物资钱粮，故将"共"仍作"供给"解可能会更合适。进一步分析，《四司空共令》之"共"也可作"供给"解，即向相关部门提供刑徒劳役或工程材料等，这样的解释也不影响《四司空共令》的多个主体的释义。《四司空共令》与《四司空卒令》的主体应是相同的，若《四司空共令》之"共"作"共同"解，那《四司空卒令》所规范的内容

〔1〕《汉书》卷一九《百官公卿表第七上》，中华书局1962年版，第726页。

〔2〕王献唐编：《海岳楼金石丛编》，青岛出版社2009年版，第550页。该地封泥还见"齐大祝印""祠官""庙室守印""守庙""庙印"等，推测该地所出"齐食官丞"亦为庙寝供奉死者之职，封泥应为汉初齐国遗物。见同书第382~388页。

〔3〕《后汉书·皇后纪下附皇女纪》注引《汉官仪》，中华书局1965年版，第458页。《后汉书·邓晨传》注引《汉官仪》与此略同："长公主官属，傅一人，员吏五人，驺仆射五人，私府长、食官长、永巷令、家令各一人。"见《后汉书》，中华书局1965年版，第584页。

对四司空都应适用，则《四司空卒令》完全可以并入《四司空共令》之中，无需单独另立令名；考虑到"四司空"令所规范的不同内容，可以按甲乙丙排列或分类，因此将《四司空共令》《四司空卒令》作为四司空的两个事项——供给〇〇、管领卒伍来理解，即《四司空共令》《四司空卒令》是规范同一类部门的两个职事之令，此"共令"也作"供令"来理解似乎更为合适。

陈松长先生对"共令"的释义提出了新的观点，他也认为共令之"共"读为"供"。但此处应将其理解为一个介词，即向某职提供之意。"所谓的'内史郡二千石官共令'也不是内史、郡二千石官共同使用的令，而应该是供内史、郡二千石官所遵守使用的令。"按这个观点，"所谓的'共令'并不是具体的令名，我们不应该将其作为具体的令名来讨论，它应该只是某一类令的标题而已"。对于四司空、四谒者的"四"字，可能是四条、四组、四篇的省称。"在岳麓秦简的律令简中就有一枚是专门标注分篇的且也是'四篇'：☑第丁、戊、己、庚四篇……因此，我们将'四谒者令'中的'四'解读为四篇或四组也就应该不会太离谱。"[1]

共令的解读涉及到秦令编辑的类别，如共令作"共同遵守"之令成立，秦令在编辑上将多出一个类别，本文在秦令类别图示表中暂采用凡图栋先生的观点，将部分"共令"作为多个主体来理解；如作"供给"解释，则共令将分别归属在事项令或职事令之中；若作为"供××所遵用之令"解释，则只是应用部门为自己检索方便而添加的标注。故对"共令"的正确解释十分重要。以上所论是对共令释义的探讨，在没有见到岳麓简共令条文的具体内容时，这些也仅仅是推测，是否正确还有待更多材料的验证。[2]

再者，探讨秦令的编辑必然涉及到编辑主体的问题。如按前述凡国栋"各官署以'某某令'著首按照顺序编号。不同部门编序自成一体，互不相涉"的观点，[3]则秦令的编辑主体必然是各职能部门，但多个主体之令（即

[1] 陈松长："岳麓秦简中的几个令名小识"，载《文物》2016年第12期。
[2] 近年随着岳麓秦简报告的出版，更多简文内容得以知悉。除《四司空共令》外，《廷内史郡二千石官共令》《内史二千石官共令》皆不见"供"的内容，因此凡国栋先生将这类多个主体的"共令"解释为"共同遵循的令"的观点是正确的，唯《食官共令》《给共令》之"共"还应作"供"解合适。
[3] 凡国栋："秦汉出土法律文献所见'令'的编序问题——由松柏1号墓《令》丙第九木牍引发的思考"，载中国文化遗产研究院编：《出土文献研究》第十辑，第168页。

部分共令）的编辑主体是多个相关的职能部门，还是中央某一权威机构，则需要重新考虑了。

三、律令关系

所谓律令关系就是律与令在法律体系中的交融和相互影响。中国古代的法律形式自秦汉以来就以律、令为主，因此人们往往称之为律令法体系。在律令法体系中，律、令这两种法律形式起主导作用，其它法律形式则为辅助作用。律令连称在我国法律文献中早就存在，当时就同一项制度往往律、令并用，[1]律与令在调整人们的行为时共同发挥着作用。把律令体系作为专门的研究对象，应始自日本学者。[2]池田温在《律令法》一文中对这一论题做了较为全面的总结，[3]冨谷至的《通往晋泰始律令之路（I）：秦汉的律与令》也是秦汉律令研究的力作；[4]我国学者张建国在《中国律令法体系概论》一文中对律令法这一概念作了详尽的阐述；[5]张忠炜对秦汉律令的关系也有专文论述。[6]以下本文则从四个方面论述律令关系。

（一）律对令的保护

探讨律令关系，不可避免地要涉及律令的起源问题。前已论述，令最初

---

〔1〕 睡虎地秦简有《田律》一篇，《语书》中又见"故腾为是而修法律令、田令及为间私方而下之"；张家山汉简《二年律令》有《田律》一篇，《后汉书·黄香传》："延平元年，迁魏郡太守，郡旧有内外园田，常与人分种，收谷岁数千斛，香曰：'《田令》"商者不农"，《王制》"仕者不耕"，伐冰食禄之人，不与百姓争利。'"说明东汉时亦见《田令》。《二年律令》有《户律》，甘肃甘谷汉简有《户令》（李均明等《散见简牍合辑》简46）。秦汉出土简牍皆见《金布律》，典籍中亦见《金布令》，《汉书·萧望之传》："故《金布令甲》曰……"颜师古注："《金布》者，令篇名也。"中田熏即以《金布律》与《金布令甲》为例，论证汉令适时转换为律（〔日〕中田薰："汉律令"，蔡玫译，载中国政法大学法律古籍整理研究所编：《中国古代法律文献研究》第三辑，中国政法大学出版社2007年版，第112~114页。）

〔2〕 沈家本的《历代刑法考》虽有《律令》一卷，但该卷既包含了律、令，也有敕、格、品、法等，他是将律令与刑具作为同一等级的概念并加以划分，与现代学者从法律规范的不同作用上划分律令是不同的。

〔3〕 〔日〕池田温："律令法"，徐世虹译，载杨一凡总主编，〔日〕籾山明分卷主编：《中国法制史考证》丙编第一卷，中国社会科学出版社2001年版。

〔4〕 〔日〕冨谷至："通往晋泰始律令之路（I）：秦汉的律与令"，朱腾译，徐世虹校译，载中国政法大学法律史学研究院编：《日本学者中国法论著选译》（上册），中国政法大学出版社2012年版。

〔5〕 张建国："中国律令法体系概论"，载《北京大学学报（哲学社会科学版）》1998年第5期。

〔6〕 张忠炜："秦汉律令关系试探"，载《文史哲》2011年第6期。

为上级或君王的命令，始皇改制，皇帝专享命令制诏的发布权。战国以后以及秦王朝创设的"制曰"之令，凡涉及国家制度时大都表现出相对的稳定性与反复适用的长期性，这一点无疑是三代的誓、诰所不能比及的。秦国曾以令的形式颁布重要的改革措施，如《分户令》《垦草令》《逐客令》等，这种措施具有紧迫性，随着形势发展的需要，很多令所规定的内容成为相对固定的国家制度。这种令所表述的制度，自上而下被贯彻实施，上级官府据令发布官文书，指导下级官吏的行为。因此，令的行政作用一直是非常明显的，如里耶秦简 JI 165、6 的洞庭郡文书：

> 廿七年二月丙子朔庚寅，洞庭守礼谓县啬夫、卒史嘉、假卒史毂、属
> 尉：令曰："传送委输，必先悉行城旦春、隶臣妾、居赀赎责。急事不可
> 留，乃兴繇。"……它如律令。[1]

该令文规定的是遇有官方的转送运输任务，必须首先动用城旦春等刑徒，紧急情况下才能征发徭役。睡虎地秦简、岳麓书院秦简的文字也透露出令文规定的大多是各领域的准则性规定，因此应当承认相当一部分秦令的行政色彩是很浓厚的，并不是补充"六律"意义上的刑事规范，甚至这部分令文的主旨在律文中并不见，以后也未必转换成律。张建国认为，此时的令也不只是代表君主所下达的指令，还包括便于律的实施所制定的某些细则和政府首脑征得君主同意而下达的一些政令。[2]由于这类令多系准则性条款，所以作为以刑事规范为主的律条必须明文保护令的实施，秦律文明确规定对违令行为的惩罚。睡虎地秦简《法律答问》简 142："可（何）如为'犯令''废令'？律所谓者，令曰勿为而为之，是谓'犯令'；令曰为之弗为，是谓'法（废）令'殹（也）。廷行事皆以'犯'令论。"又《内史杂》简 191："非史子殹（也），毋敢学学室，犯令者有罪。"云梦龙岗秦简 117 亦规定："田不从令者，论之如律。"[3]云梦龙岗秦简的这条规定明确告诉人们，在田事不按

---

〔1〕 湖南省文物考古研究所等："湖南龙山里耶战国—秦代古城一号井发掘简报"，载《文物》2003 年第 1 期。

〔2〕 张建国："中国律令法体系概论"，载《北京大学学报（哲学社会科学版）》1998 年第 5 期。

〔3〕 中国文物研究所、湖北省文物考古研究所编：《龙岗秦简》，中华书局 2001 年版，第 110 页。

令，则按相关律文惩处。这说明在当时的律文中，不但令律的区别已显现，也说明秦律对令的保护是相当严密的。[1]

惩罚性规则在律这种法律形式中占较重要的地位，秦令文则不应以惩罚性规则为主。[2]令作为国家制度是人们必须遵守的准则，所以律文往往以令文的规定作为是否犯罪的标准，然后依律断刑，因此二者的侧重面事实上并不相同。"令者，所以令人知事也"，令天生不是专门的刑事规范，律的"定分止争"作用自然离不开"兴功惧暴"的刑事规范。[3]现实中，秦官文书与律文自身的文字表述，已使律令二者的作用有所区分，睡虎地秦简《语书》与江陵张家山汉简《奏谳书》案例18都反映了这种情况。我们先看睡虎地秦简《语书》简8的有关记载：

> 今且令人案行之，举劾不从令者，致以律，论及令、丞。

整理小组的译文是："现在我要派人去巡视，检举不服从法令的人，依法论处，对令、丞也要处分。"[4]这种译法没有严格区分律令的性质，将律、令都当作一般意义上的法来处理。池田温的译文是："现在即将派人案行，举劾不从令者，以律治罪，论及令、丞。"[5]按他的理解，律令在《语书》中显示

---

〔1〕 对于秦律中多处违令的规定，学界分歧较大。张建国认为有些可能是令文；张忠炜论述秦汉律令转化的第一点，是秦及汉初的律文中留有令的痕迹。对于秦律文中多处"不从令"的文字，他认为"都是对触犯律文规定的惩罚，亦即对违反律文规定的惩处。所谓的'不从令者'，实际同于'不从律者'"，"这似源于早期'律''令'的性质，即'律'中留存有'令'的遗迹"（氏著："秦汉律令关系试探"，载《文史哲》2011年第4期）。对于秦汉律中留有令的痕迹这一观点，本文是赞同的，但对诸多处的"不从令者"，不宜用"遗迹"说解释。从云梦龙岗秦简117"田不从令者，论之如律"看，律、令区分得相当清楚。秦律文中之所以多出现"不从令"的规定，应是有些情况本应由律作出相应的规定（如张文所举〔7〕、〔8〕），但因时、地情况的变化，不宜以律做出固定的、统一的条文性规则，故适时以令的形式做出规定，若违反令则与违律相同。这应是律文对执行相关令文的保护制度。

〔2〕 中田薰专门就汉令的刑罚规定做了辑录，其中1部分所辑5条为惩罚性规则，2部分所辑虽与狱官有关，但应是职官设置的规定。中田薰所辑虽为汉令，推测秦令亦不会出其右。参见［日］中田薰："汉律令"，蔡玫译，载中国政法大学法律古籍整理研究所编：《中国古代法律文献研究》第三辑，中国政法大学出版社2007年版，第115页。

〔3〕 黎翔凤撰，梁运华整理：《管子校注》，中华书局2004年版，第998页。

〔4〕 睡虎地秦墓竹简整理小组编：《睡虎地秦墓竹简》，文物出版社1990年版，第15页。

〔5〕 ［日］池田温："律令法"，徐世虹译，载杨一凡总主编，籾山明分卷主编：《中国法制史考证》丙编第一卷，中国社会科学出版社2001年版，第105页。

了不同的功用。

　　冨谷至对秦统一前令的内涵及律令的分野则表现得十分谨慎，他认为："有关'令'这一语词不能忘记一个事实。那就是，公元前 221 年秦统一以前的'令'，不是汉以降与'律'相对的'令'，而是一个意指王者命令的词汇。""睡虎地秦简为秦统一以前的遗存，因此秦简所见之'令'相当于后来的'诏'，自然不能视同为汉令、晋令中的'令'。换句话说，以秦简所见之'令'直接解释律令之'令'，是必须慎之又慎的。"他还认为，即使睡虎地秦简出现了所谓事项令的某令的名称，也不能证明与律相对应的"令"的存在。即便江陵出土的《奏谳书》引用了两条有可能是秦令的条文，而将它们视为诏令之一则并无不适宜之处，这些资料仍不能充分证明秦令的存在。[1]我们认为，冨谷至的谨慎和分析当然有其道理。但是，睡虎地秦简及江陵《奏谳书》所记诸"令"虽然指王者之命令，不过这里是以王令这种法律形式颁布新的制度，其内涵的准则特征十分明显，与同期律的功用还是有所区分的。

　　（二）令对律的补充

　　这里有一个关系应当搞清，即秦律如果只是刑事规范，则秦令大多就不是秦律的补充法。如果秦律既包括刑事规范，也包括各类行政规范，律只是一种比较稳定的、相对成熟的法律规范，令在适当时候会转化为律，那么，相当一部分秦令就应是律的补充法。秦朝及西汉初年《二年律令》的各种律文包括很多制度性（准则性）规定，因此将秦及汉的部分令看作是律的补充法是不会有问题的。令对律的补充主要在二个方面，一是以令文的形式扩大律的适用范围，二是直接解释补充律文。江陵张家山汉简《奏谳书》案 18《南郡卒史盖卢、挚、朔、段卒史瞗复攸庳等狱簿》记载的内容支持这种看法，简 157、158：

　　　　令："所取荆新地多群盗，吏所兴与群盗遇，去北，以儋乏不斗律论。"律：儋乏不斗，斩。纂遂纵囚，死罪囚，黥为城旦，上造以上，耐

---

　　〔1〕[日]冨谷至："通往晋泰始律令之路（Ⅰ）：秦汉的律与令"，朱腾译，徐世虹校译，载中国政法大学法律史学研究院：《日本学者中国法论著选译》（上册），中国政法大学出版社 2012 年版，第 141~142 页。

为鬼薪。[1]

"儋乏不斗，斩"，此系律条，"儋乏不斗"是罪名，"斩"是结果。那么儋乏不斗包含哪些表现呢？现代法律多以法律解释的形式来说明，但在当时的形势下，国家则以令的形式告诉人们："所取荆新地多群盗，吏所兴与群盗遇，去北，以儋乏不斗律论。"在此，令既强调了地域的特殊性，又说明了此时"儋乏不斗"应当包括的表现形式。令文对"儋乏不斗"做了补充解释，但是具体的处罚规则仍以"儋乏不斗"的律条为依据。这种律令引用形式，汉时依然。《奏谳书》所记汉高祖八年安陆丞忠刻（劾）狱史平舍匿无名数大男子种一案，判处的结果是："平当耐为隶臣，锢，毋得以爵当、赏免。"当时的令规定："诸无名数者，皆令自占书名数，令到县道官，盈卅日，不自占书名数，皆耐为隶臣妾，锢，勿令以爵、赏免，舍匿者与同罪。"此令无疑是对户口登记与舍匿罪的补充规定，令文既规定了自占名数的期限，也对舍匿罪的行为进行了补充。《亡律》规定了匿罪人、舍匿亡人及罪人的处罚规定，《奏谳书》该令则是对舍匿不占名数者的处罚规定。《亡律》简167规定"匿罪人，死罪，黥为城旦春，它各与同罪"，本令规定"诸无名数者，皆令自占书名数，令到县道官，盈卅日，不自占书名数，皆耐为隶臣妾"，而此案对舍匿无名数大男子种的狱史平的判决是"平当耐为隶臣"，与《亡律》规定的"它各与同罪"的处罚精神相一致。从《奏谳书》所记案例分析，各级府吏在判决时，或律、令皆引，这种情况一般是令补充律；或只引律，这种情况表明未有新令的规定；或疑狱，没有直接可以引用的律、令条文，这种情况下上谳，由上一级机关做出决定。

（三）律的法源与律令转换

律的法源是多方面的，一是承袭了此前国家重要的制度规范（准则性），二是承袭了此前的刑事规范（惩罚性），三是将新形势下发布的令以律的形式包容进来。因此，早期律的内容必然庞杂。张建国认为，早期的律在当时是一种为了配合中央集权制以及行政体系的发达而制定的一种比较稳定的国家大法，它通过各级官僚无条件的执行发挥其法律效力，这其中包括了早在此

---

[1] 此狱簿记于秦始皇二十八年，此令当在二十八年之前发布。

前就非常成熟的刑事法律。[1]从出土的秦律看，既有刑事惩罚规范，又有国家各方面的准则性规范。战国中期以来，秦国以律的形式公布了若干改革举措，就目前所见，最早的不是惩罚性规范，而是制度改革的规定，如秦武王二年（公元前 309 年）颁布的"田律"即为田制规划及道桥修葺的规定。[2]从已知秦律和魏国律看，早期律文的形式与令相近。当时对于律这种新形式的律文体裁，无论在形式上还是内容上都没有一个明确的界定，只是认为律是国家颁布的具有调节多方面功能的法律规范，所以将各种新制度以律的形式进行保护，其行文格式也就难免留有令的痕迹。秦律内容丰富，篇名繁多。从睡虎地秦简可知，秦皆为单篇之律，有相当多的律篇规定国家各部门及其官员的行为准则，亦即国家管理制度，如《田律》《金布律》《工律》《徭律》《军爵律》《置吏律》《传食律》等。因此有两点可以肯定，一是当律作为一种法律形式出现后，时人认为律的调整范围广泛，有些制度性规范直接冠以律名发布；二是令无疑是律的法源，而律绝不是令的法源。

关于律令的转换，很多学者已经论述，中田薰在其《中国律令法的发展》一文中就有专门的"律令的转换"一节。由于秦朝命短，且其所颁之律皆为单篇律，其时如何对律进行修改已不得而知。从现有资料看，秦律零散，又多为制度性律篇，至今也未见较为完整的、专门的刑事惩罚性律篇，从而影响我们对秦律修订过程的探讨。参考汉律可知，汉廷对刑律的刑罚原则、刑制规范需要修改，或以诏或以令的形式颁发、补充，如《汉书·宣帝纪》载：

> （元康）四年，春正日，诏曰："朕惟耆老之人，发齿堕落，血气衰微，亦亡暴虐之心。今或罹文法，拘执囹圄，不终天命，朕甚怜之。自今以来，诸年八十以上，非诬告杀伤人，佗皆勿坐。"

这是以诏的形式直接补充了《具律》的相关条款。两汉时期也以令的形式颁布新的惩罚规则，如《汉书·韦玄成传》"定著令，敢有擅议宗庙者弃市"，

---

〔1〕 张建国："中国律令法体系概论"，载《北京大学学报（哲学社会科学版）》1998 年第 5 期。

〔2〕 该律文既对田亩的规制做了新的设计，又对阡陌及道桥的维护修葺做了规定。参见四川省博物馆、青川县文化馆："青川县出土秦更修田律木牍——四川青川县战国墓发掘简报"，载《文物》1982 年第 1 期。

悬泉汉简ⅡDXT0114-3：054"兵令十三：当占缗钱，匿不自占，〔占〕不以实，罚及家长戍边一岁"。[1]令还规定新的行刑制度，《汉书·平帝纪》注引如淳曰："《令甲》：'女子犯罪，作如徒六月，顾山遣归。'"这些诏、令或直接对刑律予以补充，或以令的形式规定处罚规则，待条件成熟后则入律。律是经国家有关机构制定的比较成熟的并以国家名义颁布的法律规范，而令则是根据统治形势的需要，经过一定的议定程序后以皇帝的名义颁布的法律规范，其主要作用是对律或对现有的令起补充法的作用。大庭脩将汉令称之为律的补充法是非常恰当的，这种称呼也适用于秦令，正如秦简《语书》所言"法律未足，民多诈巧，故后有间令下者"。从汉颁制诏情况，我们可以取得这样的认识，制诏的直接结果是令的产生，这种令或是对先令的补充修改，条件成熟后入律，或直接作为律文的规定（至少具有律文的作用）。

关于令入律的时间，以往学者一般认为是后主将先帝的令转换为律，其根据就是《汉书·杜周传》所说的"前主所是著为律，后主所是疏为令"。这只是令入律的一般程序。即在编修律典时，前朝皇帝的令根据形势的需要，有些令是入律的，而律典编修完毕，当朝皇帝再有新的指令，只能以令的形式颁示天下。但是，当朝皇帝的令并非绝对不能入律，如正在修订律典以及形势需要必须立即将皇帝的诏令编修入律时，当下皇帝之诏令，根据需要也会编辑入律的；这就是文颖所说的"天子诏所增损，不在律上者为令"的道理。[2]至于哪些令适合入律，有的学者也做出了阐述。诏令是否著为令，是否直接入律，主要取决于诏令的内容、人主的要求以及形势的需要。下引资料可以证明这样的转换：

A. 三年五月，诏曰："今法有诽谤妖言之罪，是使众臣不敢尽情，而上无由闻过失也。将何以来远方之贤良？其除之。……自今以来，有犯此者勿治。"（《汉书·文帝纪》）

---

[1] 胡平生、张德芳编撰：《敦煌悬泉汉简释粹》，上海古籍出版社2008年版，第11页。

[2] 杨振红对此有另外的解读："以往研究者只简单直观地理解'不在律上者为令'，而没有注意到它的潜台词'在律上者则……'，显然文颖的意思是，如果皇帝颁布的令是针对九章律原有律条的，那么就在律上直接加以修改。它表明汉代的律典是可以不断被修订的。"杨振红认为当世皇帝之令是可以入律的，但必须在九章律范围内，否则只能为令而不能转换为律。见杨振红：《出土简牍与秦汉社会》，广西师范大学出版社2009年版，第57页。

B. （十三年五月）书奏天子，天子怜悲其意，遂下令曰："制诏御史：……今法有肉刑三，而奸不止，其咎安在？非乃朕德之薄而教不明与？吾甚自愧。……其除肉刑，有以易之。及令罪人各以轻重，不亡逃，有年而免。具为令。"（《汉书·刑法志》）

C. 丞相张苍、御史大夫冯敬奏言："肉刑所以禁奸，所由来者久矣。陛下下明诏，怜万民之一有过被刑者终身不息，及罪人欲改行为善而道亡繇至，于盛德，臣等所不及也。臣谨议请定律曰：诸当完者，完为城旦舂。当黥者，髡钳为城旦舂。当劓者，笞三百。当斩左止者，笞五百。当斩右止，及杀人先自告，及吏坐受赇枉法，守县官财物而即盗之，已论命复有笞罪者，皆弃市。罪人狱已决，完为城旦舂，满三岁为鬼薪白粲。鬼薪白粲一岁，为隶臣妾。隶臣妾一岁，免为庶人。隶臣妾满二岁，为司寇。司寇一岁，及作如司寇二岁，皆免为庶人。其亡逃及有罪耐以上，不用此令。前令之刑城旦舂岁而非禁锢者，如完为城旦舂岁数以免。臣昧死请。"制曰："可。"（《汉书·刑法志》）

A 例说明，汉初律有"诽谤妖言之罪"，文帝二年五月之诏虽未增加律条，却使原有相关律条作废，其本质是诏令直接对律文的删修。B 例是制诏御史"其除肉刑"，并要求"罪人各以轻重，不亡逃，有年而免"，因具体的刑期方案并没有议定，故此诏文后附"具为令"，表明旧有的律文必须废除，而新议定的条文当"具为令"。新的律文确定前，当以议定的新令为执行依据。C 例是丞相张苍、御史大夫冯敬所奏的刑制改革方案，该方案显然就是根据 B 例中文帝的诏令对旧有的律文进行了修订。文帝制曰"可"，则此项方案首先成为令，文中"其亡逃及有罪耐以上，不用此令"、"前令之刑城旦舂岁而非禁锢者，如完为城旦舂岁数以免"两句，本身就证明了这个问题。方案明言"臣谨议请定律"，说明最终该令要成为正式律文。B、C 两项证明的全部内容是：大臣们据皇帝的诏令直接修订律文，相关律条作废。大臣们将议定的方案交皇帝批准，被批准的方案本身当然是令，但相关的律文亦直接据此令被废除。可见，诏在当朝不但可成为令，亦可直接废除、修改相关的律条。前主之令有三种去向，一是入律，二是仍然以令的形式存在，三是被废除。而当朝皇帝之令，在修律之时或入律，不适合入律的也会以令的形式存在下去。

(四) 律令功能的区分

由于律是以国家名义颁布的，需要经过大臣们集议、斟定，而令出自国君、皇帝，故其灵活性、快捷性、广泛性胜于律。因秦汉律都有准则性（制度方面）的规定，所以令是律的法源也就顺理成章了。成熟的令适时转换为律，这已成为学界共识。汉初令已按类相辑，秦令资料也显示了相似的做法。此时律令都还没有在功能上彻底区分，也不可能编纂篇章结构合理、刑事典章与国家行政制度区划分明的法典，这也是秦汉多为单篇之律的原因所在。律令的区分到了曹魏修《新律》才得到解决。学者将秦汉的令称之为补充法的令，很重要的因素就是因为律也具有准则条款（制度）的功能，一旦律令功能分开，令也就失去了补充法的作用。还需要说明的是，秦汉律令混同的原因，不是令规范的混乱，秦汉令一直以准则性条文为主，而是因为律的功能并没有明确限定在刑事（惩罚）规范方面。魏晋以后，律的功能限制在正刑定罪，令的功能与作用自然就清晰了。

魏明帝即位后，因汉律不能适用形势需要，于太和三年（公元 229 年）下令改定刑制，命司空陈群、散骑常侍刘邵、给事黄门侍郎韩逊等删约旧科，傍采汉律，定为魏法，制《新律》十八篇，《州郡令》四十五篇以及《尚书官令》《军中令》，合百八十余篇。《新律序》说：“旧律所难知者，由于六篇篇少故也。篇少则文荒，文荒则事寡，事寡则罪漏。是以后人稍增，更与本体相离。今制新律，宜都总事类，多其篇条。”《新律》“凡所增定十三篇，就故五篇，合十八篇，于正律九篇为增，于旁章科令为省矣”。[1]魏《新律》增加律篇以加强律典的权威地位，从而取消律典外盛行的单篇之律。魏晋制律，扩大了正律篇目，律的刑典地位进一步得到确立。此时律令的形式、调整范围与作用才分道扬镳，各显其功能。令以制度为规范对象，此前以律命名的制度规范自此划入令的范畴。但这只是律令功能的一次调整，不能说律是令的法源。

晋令的编纂则更为法典化，各篇目之间界线分明，令篇内容完整协调，

---

〔1〕《晋书》，中华书局 1996 年版，第 924~925 页。

几乎覆盖了各个领域。在律令问题的认识上，晋人的理论水平大为提高，杜预在《律序》中就说："律以正罪名，令以存事制。"[1]《晋书·刑法志》述曰：（归于正律外）"其余未宜除者……，故不入律，悉以为令。施行制度，以此设教，违令有罪则入律。"据《旧唐书·经籍志》载，《晋令》四十卷，贾充等撰。《唐六典》记录了晋令篇名，从所存四十篇晋令篇名看，晋令的内容包括选官制度、宫廷警卫、赎罚标准和军事制度等，这些都应当属于国家制度规范，在法律性质上属于行政法范围。

余　论

不同时期令的性质不尽相同。三代的令无疑是行政命令，战国以后，令还规定国家的基本制度，特别是变革时期的制度，这时的令无疑具备了行政法规的特质。《商君书》《史记·秦本纪》等典籍都有秦国变法以令公布新制度的记载。秦律保护令的实施，违犯令要受到刑事处罚。秦律不但承担着刑事处罚规范的角色，也承担着国家制度规范的任务，故此秦律与秦令在性质上多有混同。从岳麓简秦令看，此时的秦令显然已经编辑和整理。秦汉时的令由皇帝颁布，规范面广，涉及国家各个领域，不但有属于准则性规范的令，也有指向具体人或事的令，也有少部分处罚性规范的令。此时的令文，除少部分对于律篇的刑事规范予以补充外，大部分应归属在行政法范畴。条件成熟时，很多令又会向律转换，成为国家正律的一部分。从这个角度看，相当一部分令则可以称为律的补充法。

两汉令的性质与秦相同，因为部分令有补充、解释刑律的内容，因此在刑事审判中，多据令文的规定判定案犯的罪行。因为律令功能的混杂，令条因时的增减，东汉时庞杂的律令已使司法人员感到头痛，故律令的分工与调整迫在眉睫。正因为如此，魏修新律，使律正刑名、令存制事的分野也就是必然的了。

魏晋修律后，律就承担着国家刑典的作用，令纯粹成为"国家之制度"，完全划入了国家行政法规的范畴。晋令的调整对象与规范体制，被后代所承

---

[1]　文渊阁本《四库全书》子部类书类，（宋）李昉等编纂：《太平御览》卷六三八。

袭。仁井田陞在《唐令拾遗》序论中，对魏晋令向唐令的演变阐述得极其详细。唐对其前的法律形式并没有创设，但是经过调整和完善，行成了新的更为完善的律令格式体系。在这四种法律形式中，律是刑典，为惩罚性规范，令作为国家制度规范在唐人看来是再清楚不过了。《唐六典·刑部》明言"律以正刑定罪，令以设范立制"，[1]其后的《新唐书·刑法志》亦载"令者，尊卑贵贱之等数，国家之制度也"。这里所谓的"尊卑贵贱之等数"并非令的全部特征，只是针对一部分的国家行政制度而言，而这种所谓的"尊卑贵贱之等数"正是律所不具备的。令为人们的行为提供了范式，起指引作用，这种特质或作用，后代典籍讲得更为明确。《宋史·职官志三》"禁于未然之谓令"，《翰林记》卷七《定律令》"律令者治天下之法也。令以教之于先，律以齐之于后"，[2]都说明律是处罚性规范，令是准则性规定。从秦汉及以后令的规范内容看，大多数令的性质属于行政法范畴。

从法律规范的逻辑构成来讲，魏晋律令划分的体系更加科学。法律规范由行为模式和法律后果两个部分构成。但是，并非任何法律规范都必须完整地具备两个部分，许多规范就只有行为模式而不具备法律后果。这是因为对于违反若干行为模式的行为可以设定一个法律后果。我们可以把古代的法分为两大类，一类是只具有行为模式的规范，这类都是制度性或准则性的，要求人们去遵照执行，若违反通常都在其它律文中规定如何处罚，本规范不做具体规定。另一类是完整的法律规范，不但规定了禁止性和命令性的行为模式，同时规定了违反规范的后果。修订后的魏晋律典就属于行为模式与法律后果两部分齐全的法律规范。令及明清的会典、则例是准则性规定，一般只规定行为模式。可见，在中国历史的发展过程中，令作为国家行政性的法规一直存在着，只是名称和文书体例有所变化而已。

---

〔1〕 （唐）李林甫等撰，陈仲夫点校：《唐六典》，中华书局1992年版，第185页。
〔2〕 文渊阁《四库全书》史部官制之属，（明）黄佐撰：《翰林记》。

秦汉式的类别、性质与源流

国家在维护政权，维持社会运行的时候需要各种法律规范，规范的内容不同，法律形式也往往不同，其效力也不同。式首先是一种模式，对人们的行为具有指导作用，但作为法律形式的式，对人们的行为已经超越了指导作用而体现为约束。式在不同的历史时期内涵不同，作为法律形式的式也有一个发展过程。本文以秦汉的式为主要论述对象，从"式"的字源入手，探讨式的本义以及式从一般的生产模式到法律形式的演变过程，以期对式的源流、变化有一个全面的了解。

一、式字本义

《说文·工部》释"式"为"法也"，这显然是用后起之意解"式"字。式，从弋从工。《说文·厂部》：

> 弋，橜也。象折木衺锐者形。厂，象物挂之也。

段玉裁注曰：

> 《木部》橜下曰弋也，二篆为转注。《尔雅》曰"橜谓之杙"。按：俗用杙为弋。顾用弋为隿射字，其误久矣。杙者，刘刘杙也。不为橜弋字。弋象形，故不从木也。……折木之衺锐者为橜，故上体象其衺锐。凡用橜者为有所表识，所谓楬櫫也。故有物挂之。又若舟之戕戕亦是，所以系舟也。故用厂为合体之象形。

其意是说，弋为象形字，像一根斜突的折木，弋用来挂物或拴系东西；如带弋符的戕戕二字，即为系舟所用。木部含有弋符的樴，《说文》谓"弋也"。段注："《释宫》曰'樴谓之杙'。……'弋'、'杙'古今字。'樴'，

《周礼》作'职'。《牛人》曰:'祭祀共其享牛、求牛,以授职人而刍之。'注云:'职,读为樴。樴谓之杙,可以系牛。'"含弋符的樴字有拴系之意,在经文中是非常清楚的。

式字下部从工,"折木之衺锐"所标识或悬挂之物即为工。工为何物呢?《说文·工部》:"工,巧饰也。象人有规矩。与巫同意。"[1]杨树达释"工":

> 工盖器物之名也。知者,《工部》巨下云:"规巨也,从工,象手持之。"按:工为器物,故人能以手持之,若工第为巧饰,安能手持乎?……
>
> 以字形考之,工象曲尺之形,盖即曲尺也。巨所以为方,《说文》字或通作榘,经传通作矩,《史记·礼书》索隐训矩为曲尺,而巨字形为手持工,此工即曲尺之明证也。盖工与巨义本相同,以造文之次第论,初有工文,双声转注,后复有巨。制字者以巨工同物,故即就工字之形为巨字,后人习用巨字,致曲尺之义为巨所独据,工字之初义不明。[2]

以上所论甚是。从矩字古文形态看,为一人手持工。[3]矩、巨本相通,巨符与工形同,只是巨加一手持的会意符。至此可以明确,式即在一斜权断木上挂一器物,或为工具,或为曲尺,作为样品,当为会意字。故"式"初为样品之意,正如杨树达所说,"按工必系足为模范之器物"[4]。以后的仪式、范式等意都自此起。

文献中"式"除作虚词外,一作法,二作用。用,引申义;法,后起义,追溯初义,亦样式也。《尚书·说命上》"天子惟君万邦,百官承式",《立政》"严惟丕式,克用三宅三俊。其在商邑,用协于厥邑,其在四方,用丕式

---

[1] 许氏谓"工""与巫同意"是不正确的。工为何物虽有争议,但工与巫并无关系。"巫"字甲骨文作 ⊞,诅楚文亦如此。该字形貌似二工相交,实则中间相交处为玉字中间一横,即二玉相交。最能证明这点的是靈字。《说文·玉部》:"靈,巫也。以玉事神。从王,霝声。"许氏明注巫、玉二字同根,若巫与工同意,靈焉得从玉。工,各家解析不同。杨树达、章炳麟认为是规矩,故工、玉为不同之物。

[2] 杨树达:《积微居小学述林全编》,上海古籍出版社2007年版,第91页。

[3] 可参见《伯矩簋》《伯矩盉》《裘卫盉》中"矩"字形。如《裘卫盉》中矩字写作"⿰肽"。参见霍彦儒、辛怡华主编:《商周金文编——宝鸡出土青铜器铭文集成》,三秦出版社2009年版,第307页。

[4] 杨树达:《积微居小学述林全编》,上海古籍出版社2007年版,第91页。

见德"，《微子之命》"世世享德，万邦作式"，这几处的"式"，现一般都释为法，其实有些释为样式、范式更准确一些。后代文献亦多用样式、榜样这种含义。《汉书·扬雄传上》："先是时，蜀有司马相如，作赋甚弘丽温雅，雄心壮之，每作赋，常拟之以为式。"《后汉书·樊宏传》："二十七年，卒。遗敕薄葬，一无所用，以为棺柩一臧，不宜复见，如有腐败，伤孝子之心，使与夫人同坟异臧。帝善其令，以书示百官，因曰：'今不顺寿张侯意，无以彰其德。且吾万岁之后，欲以为式，还上之。'"《后汉书·马援传》："援好骑，善别名马，于交址得骆越铜鼓，乃铸为马式，还上之。"注："式，法也。"注文之"法"，并非国家法律，而具有样式之意。因式最初是器物的样式、范式，所以秦汉及以后各代的式所规定的对象，亦多以具体的物品、事物的细部为主。

二、式的类别

因为式之初意为范式、样式，人们在日常生活和生产活动中也必然会设立许多供人学习、模仿、制作的模式，以使人们在生产、生活中有一定规范可循。这种式涉及到各个方面，或潜隐在人们的生产、生活习惯中，或以文字的形式规定下来，重要的则上升为国家的法律。就目前文献资料所见，式所规范的对象有如下几类。

（一）物品之式

所谓物品之式，就是在生活、生产中对有关具体物品的尺寸、质地或形状的规定，这些规定可以称之为式，有些式显然已上升为具有强制力的国家法律，如《秦律十八种·金布律》简66：

（1）布袤八尺，福（幅）二尺五寸。布恶，其广袤不式者，不行。

这条规则显然是国家规定的布的尺幅标准，即长宽及质量不符合规定的不能在市场流通。布的广袤标准放在《金布律》中，说明布在当时还充当着价值尺度的作用，因此，必须以法律的形式规定下来。[1]

---

〔1〕 关于布幅的宽度有学者提出质疑，可参见彭浩："秦律'幅广二尺五寸'质疑"，载王沛主编：《出土文献与法律史研究》第3辑，上海人民出版社2014年版。

秦时有关式的资料相当少，但从承袭秦制的汉代资料中，可以见到较多式的规定。汉代资料显示，当时的式仍然以规定实物的尺幅为主，如《盐铁论·错币》：

（2）于是废天下诸钱，而专命水衡三官作。吏匠侵利，或不中式，故有薄厚轻重。

从"或不中式，故有薄厚轻重"分析，此处之式，显然是关于铸币规格、品质的规定。

敦煌悬泉简中有关于城垣墙坞建设方面的规定，当时也以式的形式加以规范，如Ⅱ0111①：279简：

（3）羌，备城坞垣，时当增治厨传，当式〔1〕

本简意为建筑城垣墙坞，要增治厨传设施，并要求符合尺符标准。引文（3）曰"当式"，所谓"当式"就是要符合式的规定，说明当时已有修治城坞厨传的法律规定。张俊民先生说"以传舍所用器物簿为例，传舍的内部设施首先是有一个可以遵循的标准，当时称为'式'"。〔2〕张俊民先生所论甚是。

悬泉简还有关于边县厩器物等方面的法律规定，当时也以式的形式予以规定：

（4）建始元年二月乙未朔癸丑，督邮史光告效谷：往者厩器物不齐或少，相胜甚不可（合）。亭坞椎多古，不任用。●今移式，书到，亟作治，务令缸坚，壮事齐壹，毋（勿）出三月十日毕（必）成，以书言光。循行，课。毋（无）状者，必亲（下缺）〔3〕

---

〔1〕 胡平生、张德芳：《敦煌悬泉汉简释粹》，上海古籍出版社2001年版，第170页。

〔2〕 张俊民："悬泉置遗址出土简牍文书功能性质初探"，载西北师范大学文学院历史系、甘肃省文物考古研究所编：《简牍学研究》第四辑，甘肃人民出版社2004年版，第82页。

〔3〕 甘肃省文物考古研究所："敦煌悬泉汉简内容概述"，载《文物》2000年第5期。此段简文经甘肃省文物考古研究所研究员何双全核订，本文以此为准。在此特向何双全先生谨表谢意。

简文中所言"移式",应当理解为向效谷下发关于"厩器物"及亭坞设施方面的规定,属于成文法范畴。此简大意是敦煌郡督邮史光告诉效谷县,以往厩中器物不齐备或不符合规定,亭坞设施陈旧不能任用,现将关于这些规定的式规发下,要求效谷县立即整治,务必在三月十日之前完成。

悬泉简还有关于县置接待西域客人的规定,其中有关于陈设物品的式规:

> (5)右使者到县置,其舍递传大县,更传舍如式:龟兹王、王夫人舍次使者传。堂上置八尺床卧一张,皂若青帷,堂内口上四卧□□□,皆张帷,传舍门内张帷,有为贵人坐者,以二人道。(ⅠDXT114①:112A)[1]

简文后部应当是为龟兹王及其夫人在传舍提供设施的规定,堂内如何设置,四卧皆应张挂帷帐,床的尺寸等堂内布置皆规定得非常详细。这些传舍设置应当就是简文所谓的"更传舍如式"的内容。这条简文十分重要,因为,唐朝存在以式这种规定接待少数民族或蕃居人士的式文。霍存福先生对唐式进行了辑佚研究,其所辑下列各条可兹比较:

> (6)《唐式》:鸿胪蕃客等器皿、油单及杂物,并令少府监支造。[2]
> (7)蕃客准《式》:诸季支主宾格(客)鸿胪诸蕃官客食,宜令御史按察。有供给不如法,随事纠弹。[3]
> (8)《主客式》:诸蕃夷进献,若诸色无估价物,鸿胪寺量之酬答。[4]

此外,《唐六典》卷一八"鸿胪寺典客署"令条有近似规定,有学者以为《唐六典》此条似为式中更为具体化的规定。[5]唐朝接待蕃客的行政规定

〔1〕 甘肃省文物考古研究所:"敦煌悬泉汉简内容概述",载《文物》2000年第5期。

〔2〕 [日]新美宽撰,[日]铃木隆一补:《本邦残存典籍による辑佚数据集成(正续)》,京都大学人文科学研究所1968年版,第52~53页。霍存福认为:"本条系'鸿胪蕃客'所需物规定,应是《主客式》。但因其职掌在少府监,或可能是《少府式》。"参见氏著《唐式辑佚》,社会科学文献出版社2009年版,第403页。

〔3〕《白氏六帖事类集》卷一一《聘八》,文物出版社1987年影印傅增湘旧藏南宋刻本。

〔4〕《白氏六帖事类集》卷一二《蛮夷贡赋二六》,文物出版社1987年影印傅增湘旧藏南宋刻本。

〔5〕 霍存福:《唐式辑佚》,社会科学文献出版社2009年版,第404页。

或在《主客式》，或在《少府式》，其规范非常详细，特别是《倭名类聚抄》卷六中的"诸蕃入朝，调度帐幕、鞍鞯、秋辔，量事供给"，[1]与悬泉简内容性质相同，悬泉简明言"更传舍如式"，说明汉时已用式这种法律形式作为接待蕃属的规范了。

那些关系到生产或生活的重大问题，或涉及国家与社会稳定运行的规则，一般就上升为具有强制力的法律规范了。这种对器物的形状、尺寸、质地的强制性规定，应当以文字的形式表现出来，这时式便正式成为国家的法律形式了。

《考工记下》："凡沟防，必一日先深之以为式。"注"程人功也"，贾疏："'程人功'者，将欲造沟防，先以人数一日之中所作尺数，是程人功法式，后则以此功程，赋其丈尺步数。"[2]《考工记》这段话的意思是：凡挖掘沟防，一定先让固定的人数看其一日挖掘的进度，然后按这个方式推进以后的工程。联系下一句"里（已）为式，然后可以傅众力"，这里的式应为方式、样式之意。《考工记》至迟为汉代作品，应当反映了汉代工程等基层部门以式作为规章的情况。《周礼·天官·冢宰》："酒正掌酒之政令，以式法授酒材。"郑注："式法，作酒之法式。作酒既有米麹之数，又有功沽之巧。《月令》曰：'乃命大酋，秫稻必齐，麹蘖必时，湛饎必洁，水泉必香，陶器必良，火齐必得。'"此"式法"说的是酿酒的技术规则，"既有米麹之数，又有功沽之巧"，《月令》虽有原则规定，但细部技术问题还是在式法中加以规定。

（二）文书样式

文献记载，古人临字、写文章皆有范式，这些被临摹、效仿的字帖、文章也称为式。《汉书·扬雄传上》："先是时，蜀有司马相如，作赋甚弘丽温雅，雄心壮之，每作赋，常拟之以为式。"长卿所拟赋文可"以为式"，其它文书也有称为式的，秦汉简中就有相关记载，里耶秦简8-768：

---

〔1〕［日］新美宽撰，［日］铃木隆一补：《本邦残存典籍による辑佚数据集成（正续）》，京都大学人文科学研究所1968年版，第53页。

〔2〕（汉）郑玄注，（唐）贾公彦疏，彭林整理：《周礼注疏》，上海古籍出版社2010年版，第1682页。

（1）迁陵守丞有敢言之：守府下四时献者上吏缺式曰：放式上。今牒书應（应）书者一牒上。敢言之。[1]

此式显然是秦朝规定的一种文书格式，要求府吏必须按这种格式书写牒书。里耶秦简 8-768 的"放式"与《居延新简》EPT52：576 简文中的"放式"是同一语："☐ 拘校，令与计簿相应，放式移遣服治☐"。[2]即按照计簿的格式，将相关文书移送。汪桂海说："从剩余的语词推断，大约是居延都尉府要求甲渠候官务必把某些簿籍认真核实好，使之与上计簿相符，并且注意按照规定的格式书写。此简证明汉代也有专门规定文书簿籍程序的'式'。"[3]里耶秦简 8-94 言"群志式具此中"，"群志"即各种志，如庸作志（8-949）、禾稼租志（8-1246 背）、户当出户赋者志（8-518），又简 8-434"三月壹上发黔首有治为不当计者守府上簿式"，"志"即"簿"，故"群志式"就是各种文书簿籍的格式。类似内容的简牍在敦煌汉简中也曾出现过，这种规定就如同我们现今法律考试教材中有关法律文书写作的规定。规定官文书格式的规范——式，应当是法律形式的一种，相关部门的人员必须遵从。

1948 年，夏鼐、阎文儒二位先生在敦煌小方盘城北郭发现两枚汉简，其上文字有"☐某年某月☐"、"☐某君某县☐"。夏鼐说："以上二片似为一简之断片。二片字体工整；年月郡县之上，皆用不定称之'某'字，疑为供实学者练习写字及草撰文稿之范本。"[4]

邢义田认为秦汉两代都有一定的行政文书范本，类似于现代办公所用的预制表格，"在敦煌、居延遗简中，我们发现不少以'甲、乙、丙、丁……'或'某'代替特定人和以'若干'代替特定数位的简牍。这些简牍归纳起来看，和睡虎地发现的秦代文书——《秦律十八种》《封诊式》中以'甲、乙、丙、丁……'、'某'、'若干'代替特定人或数字的情形相同。汉简中还有以'东、西、南、北'代表特定方位的情形。我相信具有这种特征的简牍，最少

〔1〕 湖南省文物考古研究所编著：《里耶秦简〔壹〕》，文物出版社 2012 年版，第 50 页。

〔2〕 甘肃省文物考古研究所等编：《居延新简——甲渠候官与第四燧》，文物出版社 1990 年版，第 266 页。

〔3〕 汪桂海：《秦汉简牍探研》，文津出版社有限公司 2009 年版，第 126 页。

〔4〕 夏鼐："新获之敦煌汉简"，载氏著：《考古学论文集》，科学出版社 1961 年版，第 89 页。

有某些部分是文书的范本"。[1]但是，在发现的疑为文书式的汉简中有很多文字不规整，所以邢义田认为"在进行进一步讨论以前，必须先对以上各简的字迹清晰、工整与否与简的完整与否作些检讨。夏先生在判定文书范本时，提到字迹工整这一标准，这是值得注意的"。（邢文第390页）似乎邢先生认同夏先生将字迹工整作为判断是否为文书式的标准。但是，邢先生还认为"文书范本原来可能像我们发现的习字残简一样，是普遍存在于烽燧线上。老吏或许不再须要这些范本，但每年应征调到边塞来的士卒或进入吏职的新人，可能就不得不凭借范本的帮助来处理日常的文书"。（邢文第396页）笔者以为，既然承认量词前带有某某干支的这些简是文书式文，则与字迹就没有必然的联系了。因为，当时很多人习作、临摹式文时，这些习作之简的字迹就不会太工整，很可能还会出现错、漏、衍等情况。这些字迹不工整的简文，类似证据分类中的传来证据，仍然证明了文书式的存在。

目前所发现的文书式简牍都是残片，文字残缺较严重，已无法判明它们是哪种文书的范本，但邢先生认为，"即使如此，在居延、敦煌出土的文书中还是可以找到不少虽然残缺，无论在文例或格式上相同或类似的实例"。邢义田将部分"式"简与实际应用文书进行了检索、对照：

（2）延某里公乘王甲年若干　　　　　　　（38.2，劳图版246）
（3）张掖居延甲渠戍卒居延某里大夫王甲年若干　（61.2，劳图版129）
（4）居延甲渠第二队长居延广都里公乘陈安国年六十三建始四年八月辛亥除　　　不史（EPT51：4）

上举引文（2）（3）与（4）对读，显然，（2）（3）是为时人书写实用文书所预设的一种范式，其中的名字"王甲"一望而知不是实际名称，而实用文书例（4）则都尉、候官、里名、人名、年龄俱全。

"此外还可一提的是以上找到的范本残简出土于不同的地点，并不是集中出现在边塞某一个办公室遗址"。（邢文第396页）这些都进一步证明了文书

---

[1] 邢义田："从简牍看汉代的行政文书范本——'式'"，载中国社会科学院简帛研究中心编辑：《简帛研究》第三辑，广西教育出版社1998年版；后收入《严耕望先生纪念论文集》，稻乡出版社1998年版，第387页。为避文繁，以下在正文中迳注为"邢文某页"。

式的存在。邢义田认为，范本是今天的用语，以上残简很可能就是汉代"律、令、品、式、科、比"里的"式"。邢先生将前述"某""若干"及天干等词语作为一种文本的重要特征，然后再以这些特征去检验相关的文书材料，从而判定带有这种"某""若干"及天干词语的文书性质。他认为，睡虎地秦简《封诊式》存在这些特征，文书自名为"式"，可以作为判定带有"某""若干"及天干词语的汉简是某种文书之式的旁证。（邢文第 396 页）邢先生的思路非常清晰，对判定文书式的存在指出了绝佳的思路。汉简这种带有"某""若干"及天干词语的文式主要是文书写作上的范本，它们当然可以称为式，而秦之《封诊式》除文书范式外，更主要的是司法程序的规则，虽然也称为式，但程序规定的对象主要是人的行为。因此，本文将其列为式的另一种类型。此外，汉简还见"☐出式"之辞。[1]尽管因简文过于残破而不能断定文意，但张俊民对悬泉置简牍文书性质的论述，对"出式"一词的理解颇具启发。他认为悬泉置首先是一个官属服务性的机构，故其物品的支出、收入必须详细登记，"物品的接收，即'入'类文书；而另一类相伴而产生的是'出'类文书，记录物品的使用情况。从其性质而言，悬泉置的'入'本身就是为了'出'。由'出、入'二字产生的文书，可以说涵盖了悬泉汉简的绝大部分"。[2]悬泉置简牍有粮食出入簿、钱物出入簿、茭出入簿、鸡出入簿等，某某出入簿在居延汉简中常见，如《合校》简 286.28 "元寿六月受库钱财物出入簿"，《合校》简 EPT7.13 "盐出入簿"，《合校》286·21 "鉼庭候长永诣官六月癸丑食时入"等。敦煌汉简之"出式"应当就是"出类文书"的书写标准，秦汉简牍的相关记载为这种联系提供了信息。综合以上"出入簿"内容可知，"出入簿"应有记录格式的要求，即时间、地点、人物是不可或缺的，如居延汉简 286.19A、B 简为购买肉、内脏及各部位的帐目，记录甚详，除分记斤两外，还有凡某某斤，并值某某。[3]更能证明这一点的是，秦律就有国家有关出入簿的法律规定。《秦律十八种·仓律》简 28 "入禾

---

〔1〕 吴礽骧、李永良、马建华释校：《敦煌汉简释文》，甘肃人民出版社 1991 年版，第 139 页。

〔2〕 张俊民："悬泉置遗址出土简牍文书功能性质初探"，载西北师范大学文学院历史系、甘肃省文物考古研究所编：《简牍学研究》第四辑，甘肃人民出版社 2004 年版，第 81 页。

〔3〕 谢桂华、李均明、朱国炤：《居延汉简释文合校》，文物出版社 1987 年版，第 483 页。该页 386·19A 应为 286·19A，引用时径改，特此说明。

稼、刍、稿，辄为廥籍"，即入国家仓廪的稼、刍、稿每次都要立即在廥籍上登记。登记的要求是"而书入禾增积者之名事邑里于廥籍"。[1]《效律》简 170 更是明确规定："入禾，万【石一积而】比黎之为户，籍之曰：'廥禾若干石，仓啬夫某、佐某、史某、禀人某。'是县人之。"可见入禾增积者在廥籍上不但要写姓名、籍贯，还要写入禾数量以及各负责人的姓名，一应俱全。该规定应是秦仓廪廥籍入式的规定，我们推测也应有出式的规定。上述相关出入簿并非一个地点发现，悬泉、居延等地都存在；汉有各类出入簿及出式，秦亦存在各类入库簿籍的相关规定，因此我们认为，出入式的相关规定在秦汉是有传承的，并在全国普遍实施。

（三）程序之式

将办事程序以式的形式加以规定的，目前只有《封诊式》。《封诊式》是战国末期至秦时的法律文献，是关于审讯、查封、勘验方面的法律规定。"封诊式"三字位于全篇最后一支简反面，说明《封诊式》为篇题。全篇共 25 节，每节第一支简首写有小标题，这对认识文献的性质以及各小节的核心内容至关重要。睡虎地秦简整理小组解释说："《治狱》和《讯狱》两节，根据出土位置，应当居于卷首，内容是对官吏审理案件的要求……其余各条都是对案件进行调查、检验、审讯等程序的文书程式，其中包括了各类案例，以供有关官吏学习，并在处理案件时参照执行。"[2]这种解释大体不误。

《封诊式》前两篇的大部分内容是关于治狱原则的规定，分别名为《治狱》《讯狱》。《治狱》载："治狱，能以书从迹其言，毋治（笞）谅（掠）而得人请（情）为上；治（笞）谅（掠）为下；有恐为败（简1）。"这段文字讲的显然不是司法程序，也不可能是司法文书写作的范式，而是对于审讯案件的原则要求。同样，《讯狱》所谓"凡讯狱，必先尽听其言而书之，各展其辞，虽智（知）其訑，勿庸辄诘"，也是对讯狱的原则要求，不是文书写作的样式规定。不过《讯狱》又曰，"其辞已尽书而毋（无）解，乃以诘者诘之。诘之有（又）尽听书其解辞，有（又）视其它毋（无）解者以复诘之。诘之极而数訑，更言不服，其律当治（笞）谅（掠）者，乃治（笞）谅

---

[1] 睡虎地秦墓竹简整理小组编：《睡虎地秦墓竹简》，文物出版社 1990 年版，第 27 页。
[2] 睡虎地秦墓竹简整理小组编：《睡虎地秦墓竹简》，文物出版社 1990 年版，第 147 页。

（掠）。治（笞）谅（掠）之必书曰：'爰书：以某数更言，毋（无）解辞，治（笞）讯某'（简2~5）"。这段简文不但是对讯狱程序的原则规定，也是对讯狱爰书格式的原则要求。因此，可将《治狱》《讯狱》两篇定性为关于审讯方式、程序以及讯狱爰书方面的原则性规定。

《封诊式》其余各篇多用不确定代词或量词，这种情况与敦煌、居延出土的文书式简相同，这些无疑是文书样式中最为常见的。如《有鞫》"敢告某县主：男子某有鞫"，《封守》"乡某爰书"，《覆》"敢告某县主：男子某辞曰"等，说明这些都是国家特定机关按照司法运行的要求起草的法律文书范式。《封守》爰书的内容，明确说明是乡机关接到县机关的指示，查封被审讯者的家室并派人看守，然后向县机关汇报的法律文书范式。这里虽然确定为文书范式，但文书中所述的各项程序（事项）显然也是乡机关在实施封守工作时所必须遵守的准则。

《封诊式》第六篇到最后第二十五篇，是乡、县两级机关在受理当事人、举报人报案后根据一定的格式、要点制作司法文书的范示，所以每篇篇题后都有"爰书"二字，其后才是爰书要求记录的案件内容。各爰书的篇题就如同现在起诉书中的"案由"一样，起着点题的作用。爰书以范示的形式规定各类案件如何记录报案人、被告人或举报人的报案，如何讯问当事人等。程序要求受理案件后要派人查验有关人员、现场情况。与此相应，爰书的内容亦可划分为记录报案爰书、记录讯问爰书、查验爰书等。《封诊式》所举各类案件应是根据实案总结、概括出来的，作为式这种法律形式，各案应当属于虚拟案例。案件性质有刑事，也有民事。从案件的启动看，有向乡机关举报的，乡有关人员即制作受理的爰书，也有县机关有关人员制作的受案记录。这就从各方面为习法人员或初从法律事务的人员提供了各类案件受理时应当掌握的程序与事项。如《告子》爰书是县机关在接到士伍甲告子不孝后，首先派令史前往缉捕，归案后由县丞审讯，爰书记录了县丞讯问后对案件的初步结论："甲亲子，诚不孝甲所，毋（无）它坐罪。"又《出子》爰书所展示的案情是，某里士伍妻甲在报案陈述后，县长官即派令史抓捕被告丙，同时检查原告流产的胎儿情况，还派有多次生育经验的隶妾检查甲流产的身体状况，又派人讯问甲的家属甲到家后的生活与流产情况。对于检验的情况县丞要制成爰书，爰书对检验的详细情况要进行记录，"其一式曰：令隶妾数字者某某诊甲，皆言甲前旁有干血，今尚血出而少，非朔事殹（也）”。这类爰书不但规定了乡、县机关应遵守的程序，同时，也规定了爰书的写作规范。《封诊式》通过爰书的示范性，规定了受理案件、查验案件的程序规则。因此，我们认为，《封诊式》既是治狱程序的规定，也是司法文书记录规则的样式规定，这应当是《封诊式》的两个主要功用。

司法程序应当以稳定的方式固定下来，这对公平办案，防止冤假错案是非常必要的。而文书格式设定的科学，记录内容全面、准确是正确处理案件的前提，《封诊式》就是秦国晚期以及秦朝在长期司法活动的基础上总结、制定出的办案规则，是规范乡、县两级办案机关的程序。《封诊式》在秦朝似已区分为《封式》与《诊式》。《里耶秦简》8-477 简“式谒臞季，臞季籍式诊式”，〔1〕此“诊式”显然当写为“《诊式》”，是关于办案的查验程序与文书格式方面的规则。里耶简时代已进入秦朝，虽然并没有见到《封式》，但从众多的秦国与秦朝的法律资料看，其继承性是相当明显的。战国时有《封诊式》，秦朝有《诊式》，我们相信也一定有《封式》。

式作为规范指向法律程序在战国中期就已出现，《商君书·定分》：“主法令之吏有迁徙物故，辄使学读法令所谓。为之程式，使日数而知法令之所谓；不中程，为法令以罪之。”〔2〕“不中程”，就是达不到规定的要求。《封诊式》《诊式》的发现，为我们提供了程序规则方面的第一手资料。

以上从式所规范的对象划分了式的类型。从理论上讲，只要式成为一种法律形式，那它所规范的对象就绝对不会只有上述三种。凡是需要以式来规范的都会以式这种形式命名，但目前所见则仅上述三类。这里特别需要提及岳麓书院藏秦简《为吏治官及黔首》，该篇文书载：“此治官黔首及身之要也与。它官课有式，令能最，欲毋罪，皆不可得。”〔3〕陈松长对课及式的单字解释不误，陈伟对此二字的解释亦无不同，即皆将课解释为考核，式解释为规格、标准。这里的式是作为法的一种泛称，还是特指一种法律形式则是关键

〔1〕湖南省文物考古研究所：《里耶秦简〔壹〕》，文物出版社 2012 年版，第 34 页。

〔2〕蒋礼鸿撰：《商君书锥指》，中华书局 1986 年版，第 140~141 页。

〔3〕陈松长：“岳麓书院藏秦简《为吏治官及黔首》略说”，载中国文化遗产研究院编：《出土文献研究》第九辑，中华书局 2010 年版。本处断句及释文从陈伟之文。陈伟：“岳麓书院秦简校读”，载武汉大学简帛研究中心主办：《简帛》第五辑，上海古籍出版社 2010 版，第 11~12 页。

所在。如将"它官课有式"的"式"解释为一种法律形式，则此句的解释就是：它官的考核有式这种法律形式（或它官以式这种形式进行考核）。如果将式作为一种法律泛称或概称，则可解释为它官的考核有法律规定。在此，"课"作为动词，作考课解。若作为名词，指称的是法律形式的一种，睡虎地秦简有《牛羊课》，证明课确是一种法律形式。如果将"它官课有式"的课、式都作为法律形式解，文法上就不通，不能说考课这种法律形式内还有式这种形式。比较上述解释，将课作为动词，将式作为一种法律规范的泛称更为合适。

三、式的性质及其在法律形式中的地位

从以上分析可知，式最初本是生产品的样式，供人们生产中参照、模仿以便按此形式再生产出新的同类产品。因此，这时的式还仅指生产品中的实物。随着式这种含义在其它领域的应用，文章范示也称为式，一定的行为模式、程序也可称为式。[1]这时的式，就升华为既有特定的对象所指，也有内涵丰富的规则性条文。但是，作为国家法律形式的式必须以国家强制力为后盾，因此，并非称式的规范都属于法律形式。只有那些以国家名义（先秦以王的名义、秦汉以后以皇帝的名义）颁布的，以国家强制力作为后盾的式，才属于法律形式。按照这个标准，前述秦律《金布律》及《盐铁论·错币》中的"式"，都应当属于法律规范。《封诊式》既是司法文书范本，也是治狱程序规则，因此，《封诊式》也属于法律规范。它们都是法律形式的一种，如果违反，都会受到法律的惩处。

式在先秦的本意为范示，文献中常常借用式字的引申之义，代指国家法令。最迟从战国开始，式已经明确成为法律形式之一种，并常与品、程、法相连，组成品式、程式、法式等，这些词代指国家法令，如《史记·秦始皇本纪》"治道运行，诸产得宜，皆有法式"，"初平法式，审别职任，以立恒常"，《汉书·刑法志》"此为国者之程式也"，《宣帝纪》"枢机周密，品式备具，上下相安"，《孔光传》"光以高弟为尚书，观故事品式，数岁明习汉制及法令"，居延汉简214.144"☐☐☐如品式"等等。正因为战国以来，式正式成为国家法律，所以

---

〔1〕 邢义田认为："凡是当作标准、规范的都可称作式。"邢义田："从简牍看汉代的行政文书范本——式"，载《严耕望先生纪念论文集》，稻乡出版社1998年版，第400页。

才有法式、程式、品式等不同法律形式组合而成的名称以代指国家法律。可见，式这种独立身份的法律形式在社会上的应用是上述合成名称出现的前提。

秦及秦朝的法律形式有多种，目前所见主要有律、令、课、廷行事、法律答问（或称律说）、式、程等。其中律、令主要规定国家政治制度和刑罚制度；课为公职人员从事特定事务的考课标准；式初始以具体的品物为规范对象，以后逐渐发展到司法文书之式、司法程序之式等等；所以秦及以后的汉代，式也多以具体的事物为规范对象。正因为式起源于生产中的范式，因此，早期的式多与技术规范或生产活动紧密相联。如果式只是由生产部门作为生产中的样式，违反后只是受到相关部门内部的处罚，这种式自然就不是法律形式。特别是某些文书样式，如果只是供人们学习的范式，即使某些人不以其为榜样，其结果只是在习俗上不被人们认可而已，并不会受到国家性质的责罚，这种式就更不属于法律形式。只有那些由国家相关机关颁布，在生产、生活中供人们习用、遵守，如果违犯，或不被国家认可，或受到相关处分的式，才能称为法律形式。

在帝制国家，规范内容不同的法律往往分属于不同的法律形式，不同的法律形式效力等级也不同。有权发布法律形式的国家机关一般只有中央一级，中央一级似乎也只有皇帝认可才能颁布法律。不同法律形式存在的原因，不在于制定、颁布法律的国家机关，而主要在于规范对象和规范内容的不同，或者说是规范领域的不同，由此造成不同法律形式的重要性和强制力也不同。式是从物品的样式发展而来，多规范具体物品的规格或文书的范式，以现代法律类别的划分，多归属在行政法范围。因此，越是接近具体生产规范的式，在法律形式中的位阶越低，违反后所受的处罚也就越轻。律令一般多规范国家的政治制度以及人们的犯罪行为，以维护专制政权为根本目的的律令自然比规范生产领域以及其它领域的具体、细节制度的式的地位高，二者的强制力也不同。因此就一般而论，违律令比违品式处罚要重。[1]

---

〔1〕　目前我们虽然还没有见到违反秦汉律、令、式的处罚可资比较的条文，但从律令式所规定的内容可以得出律令的重要性要高于式的看法。关于这一点，可参见唐律违式的相关条款。不论秦汉还是魏晋，违律重者有死刑，轻者有笞杖。《唐律疏议·杂律》："诸违令者笞五十，别式减一等。"疏议曰："谓《礼部式》'五品以上服紫服，六品以下服朱'之类，违式文而着服色者，笞四十。"由此亦可知，式为准则性规定，只是较令规定的更具体。凡重大犯罪皆有律条规定，按疏议解释，凡令有禁制，律无罪名，违者得笞五十。同样，违式减一等，笞四十。其处罚的轻重程度自然明了。

余论 式对后世的影响

秦汉式有非法律意义上的文书样式与国家法律形式之分。国家法律形式之式，有实体规范、司法文书的写作规范，也有司法程序规范。文书之范式唐宋依然存在，邢义田对此有过充分论述，汉代以后，"作为文书格式意义的式仍然存在。举例来说，《宋书》卷一五《礼志》就录有十余条宋文帝元嘉二十六年（公元449），太子监国时所订的仪注。这些仪注都是规定不同官署之间往来公文的文书式，称作'仪'，也称作'式'"。邢先生并举敦煌吐鲁番文书中资料认为，开元公式令的残卷里有移式、关式、牒式、符式、制授告身式和奏授告身式等官文书的书式，是延续中国过去的式。"当作文书范本用的式，在魏晋以后不一定称作式，而在更广泛的意义下，变成了书仪，内容上也不限于公文，而是社会各阶层婚丧书信的范文。"（邢文第400~402页）这说明，非法律形式的文书之式秦汉以后一直存在。我们分析，可能因为式这种名称的法律形式的存在，社会上各类文书之式逐渐改变名称，而称为书仪了。

西晋以后，式这种法律形式向经济、政治领域延伸，规范更加广泛，如《晋书·食货志》所记户调式，包括有占田制、户调制和品官占田荫客制三项内容。晋武帝颁布户调式的目的，主要是为了限制土地兼并，以保证国家的税收和徭役征发，这显然是当时基本的经济制度和财政制度。但无论如何，式这种带有范式的内在特质没有改变，式只是准则性法律，其条文自身并不带有处罚性的内容。西魏的《大统式》所规范的内容比户调式更为广泛，《隋书·刑法志》《唐六典》《周书·文帝纪下》对《大统式》产生的原因、过程以及基本内容都有粗略的交待，据这些文献来看，其内容仍然不具处罚性质。霍存福在分析了西魏的法律环境和《大统式》的基本内容后指出："实际上，西魏仍应使用北魏的法律制度，即北魏律令制度。'典章多阙'，不应是连刑事法律也缺乏。明白了这一点，就可以大体确定《大统式》不应是一部刑事法典，而是一个行政类的法典，类似隋唐的令式，这也是隋唐时期沿用其体、袭用其名的缘故。至于《大统式》与北魏的令的关系，二者在规范类型上应是一致的。"〔1〕从法律规范的逻辑结构上看,《大统式》仍然属于准用性行为模式,尽管其所规范的内容向政治方面扩展。唐式规范面最广,六部二十四司及相关寺、监皆有各自所依凭的式,但其法律性质仍然"属于非刑事性规范"。〔2〕关于令式关系,由于式与令同样是规范人们行为的准则性条款,都没有涉及到法律后果的部分,所以霍存福认为"唐代人皆以同样的态度对待令、式。……在根源上,式与令的这些类似特征,源于式出于令,是从令中转化出来的,自然带有它的母体具有的特征或特性"。〔3〕此观点还可商榷。从前面令式的考察可知,令是从上级、王的命令转化而来,其针对的本来就是比较重要、紧迫的国家事项,其规范对象偏重于政事以及对刑事规则的补充,汉魏时其准则性条款的特征逐步向国家政治、经济领域推进并与律逐渐分离。式则是从产品样式演化而来,其规范对象与令相比偏重于生产性、物质性,且规范的要求更具体、细致,所以《唐六典》说"式以轨物程事",〔4〕从一个侧面说明了式所规范的对象。魏晋以后,式不断向政治、经济领域拓展。因式与令同属准则性规范,又以具体规范为特征,因此隋唐以后令式交叉、互补或者式作为令的补充也是自然不过的事。又因为式天生以来就以规范实物的具体、细部为己任,故隋唐以后式作为令的补充就顺理成章了。秦汉之式向魏晋、隋唐之式传承、演变的流脉还是有迹可寻的,这里不存在式"是从令中转化出来的"问题。

---

〔1〕 霍存福:《唐式辑佚》,社会科学文献出版社 2009 年版,第 6 页。

〔2〕 霍存福:《唐式辑佚》,社会科学文献出版社 2009 年版,第 41、44 页。

〔3〕 霍存福:《唐式辑佚》,社会科学文献出版社 2009 年版,第 36 页。

〔4〕 (唐) 李林甫等撰,陈仲夫点校:《唐六典》,中华书局 1992 年版,第 185 页。

再论秦及汉初的"执法"官

执法应是秦朝（包括秦国晚期）及汉初的职官，因传世典籍记载不详，故未引起学界的特别关注。21世纪初，随着岳麓秦简的披露，简文中涉及"执法"职事的律令引起了学界的重视。陈松长、彭浩、王捷、邹水杰、土口史记等先生或发表论文，或在学术研讨会上阐述了各自的观点。[1]他们的研究对于揭示"执法"官的职权与源流无疑起了积极的促进作用，但笔者认为"执法"一职仍有许多需待解决的问题。现在谈一点并非成熟的想法，不当之处，谨冀斧正。

一、学界对"执法"的认识

《史记·滑稽列传》载，齐国的淳于髡说："执法在旁，御史在后，恐惧俯伏，不敢放量饮酒，不过一斗径醉矣。"从这条记载看，执法似中央机构官吏，其职与御史近似。王捷先生认为，这条记载来源有问题，其文本或是依据汉时小说家言附会而成，不会是齐国之事。[2]《战国策·魏策四》："秦自四境之内，执法以下至于长挽者，故毕曰：'与嫪氏乎？与吕氏乎？'虽至于门闾之下，廊庙之上，犹之如是也。"此"执法"作专门的职官解释似乎不妥。综

---

〔1〕 陈松长："岳麓秦简中的几个官名考略"，载《湖南大学学报（社会科学版）》2015年第3期（以下简称陈文）；彭浩："谈《岳麓书院藏秦简（肆）》的'执法'"（以下简称彭文），载王捷主编：《出土文献与法律史研究》第6辑，法律出版社2017年版。王捷："秦监察官'执法'的历史启示"，载《环球法律评论》2017年第2期（又，2017年11月在湖南大学岳麓书院举行的第七届出土文献与法律史研究学术研讨会上，作者以《岳麓秦简所见"执法"赘补》为题，发表了论文的全版）。〔日〕土口史记："岳麓秦简'执法'考"，何东译，载周东平、朱腾主编：《法律史译评》（第六辑），中西书局2018年版（原文发表于京都《东方学报》第92册，2017年）；邹水杰："岳麓秦简'中县道'考"，见《第七届出土文献与法律史研究学术研讨会论文集（2017年）》（以下简称邹文）。
〔2〕 王捷："岳麓秦简所见'执法'赘补"，载《第七届出土文献与法律史研究学术研讨会论文集》，第164页。

合传世典籍看，战国时的"执法"也应是监察官，但不能确定官秩。西汉时的两条材料证明"执法"与御史有密切的关系，《汉书·高帝纪》求贤诏曰：

> 贤士大夫有肯从我游者，吾能尊显之。布告天下，使明知朕意。御史大夫昌下相国，相国酂侯下诸侯王，御史中执法下郡守，其有意称明德者，必身劝为之驾，遣诣相国府，署行、义、年。有而弗言，觉，免。年老癃病，勿遣。

刘邦的求贤诏通过相国传达给诸侯王，通过御史中执法传达给郡守，故御史中执法应为中央官。王捷先生认为本段中"御史中执法"是二种不同的

图1　御史中执法印

职官，中央是御史与中执法并列，皇宫禁中的"执法"称为"中执法"，所以标点为"御史、中执法"。但《汉铜印原》有一枚"御史中执法印"铜印（见图1），[1] 说明"御史中执法"为一个职官，其地位与性质则不清楚。《汉书·叔孙通传》"御史执法，举不如仪者，辄引去"，[2] 此句很难断定是"御史、执法"，还是"御史执法"，笔者以为御史是主体，执法是谓宾。陈松长认为"御史执法"当断开为"御史、执法"为佳。[3] 晋唐人谓"御史中执法"为"御史中丞"，[4] 后代基本沿袭这种看法，宋叶绍翁《四朝闻见录·天子谳》："雠家真亮（陈亮）父于州酾，又嘱中执法论亮情重，下廷尉。"[5]《资治通鉴后编》卷九十九："（王）安中之为中丞也，一日，请对，曰：'臣起诸生，蒙陛下亲擢，备员中执法，日夜惧无以报。'"可见，传世典籍的信息告诉人们，御史中执法是汉初的中央官吏，后更名为御史中丞。近人的认识在岳麓秦简出世前并没有超出这个范围。[6]

---

〔1〕（清）汪启淑编：《汉铜印原》，西泠印社出版社1996年版，第20页。

〔2〕《汉书·叔孙通传》："汉七年，长乐宫成，诸侯群臣皆朝十月。……觞九行，谒者言'罢酒'。御史执法，举不如仪者，辄引去。"

〔3〕陈松长等：《秦代官制考论》，中西书局2018年版，第245页。

〔4〕《汉书·高帝纪》"御史中执法下郡守"，颜师古注引晋灼曰："中执法，中丞也。"

〔5〕文渊阁《四库全书》子部小说家类杂事之属，《四朝闻见录》卷一。

〔6〕［日］樱井芳朗："御史制度的形成（上）"，载《东洋学报》第23卷第2号（1936年）。

岳麓秦简的发现，使这个问题有了深入研究的基础。陈松长先生最先发表文章谈了"执法"问题。他认为：律文中出现的"执法"都与"丞相、御史"并列，很显然，"执法"当是与丞相、御史职位或职级相同的官名。但是简文也有不少"执法"并不是与"丞相""御史"并列的，简1612明言"其县官求助徒获者"，"各言属所执法"，这个"执法"比县官更有权威，它可能更负有特定的使命。综合相关简文内容，陈松长做了三点推测：1. "执法"在秦代是一个常见的官名或官署名。2. "执法"既可以是朝廷法官，与丞相和御史并列，又可以是郡或县里专管狱状的法官。3. "执法"的职权范围大于县官，它有专门的官署和属吏。[1]

彭浩先生认为，在中央政府"执法"是与御史、丞相并列的，同时郡也设有执法（彭文第92页）。王捷先生也认为秦中央的"执法"与御史、丞相并列，但地方上普遍设有执法，为中央垂直管理的监察体系，独立于地方；在行使其监察律令执行职权时，往往是与郡守平行的。"执法"有属官机构，且其级别应是与县、道相同（王文第167页）。陈松长、彭浩、王捷还对"执法"的职掌等问题做了分析。关于执法与御史的关系，王捷认为，执法是独立体系的监察官，与御史系统在职掌上明显不同，执法更多地是从法律层面进行监察，而御史则是参与立法和司法事务并由此行使其司法、行政监察职能。二者在汉代合二为一（王文第171页）。

日本学者土口史记先生认为，"执法"属吏有：执法丞、卒史，而卒史是郡守等二千石官的属吏，暗示"执法"是与郡守相同的二千石官。但"执法"属吏不见相当于郡尉、县尉的军官，"执法"似乎不具备军事或是维持治安的组织及功能（《法律史译评》第六辑第59页）。

邹水杰先生认为，"执法"为关中地区中县道和郡的上级，各县道与都官的狱治要向"执法"汇报。据岳麓简《奏谳状》和张家山汉简《奏谳书》的案例，郡的司法由太守管辖，中县道的管理多元化，司法由廷尉直管，"执法"可能没有司法权。对于岳麓简文中的相关事件需分属所"执法"，说明执法不是

〔1〕 陈松长："岳麓秦简中的几个官名考略"，载《湖南大学学报（社会科学版）》2015年第3期。陈松长先生主编的《岳麓书院藏秦简（肆）》（上海辞书出版社2015年版，第78页）在注释中认为："执法，官名或官署名，或为朝廷法官……或为郡县法官，郡执法有断狱、奏谳、上计、调发刑徒等职责。此处与都官等并列，故应为郡县法官之名。"

· 165 ·

一个。他推测，可能与关中地区的中县道分部管理有关（邹文第 379~386 页）。

上述学者的研究，对于最终解决"执法"一职的性质、地位都做出了重要贡献。综合各家的研究成果，笔者认同下列几项结论：1. "执法"为二千秩石官。2. "执法"与监御史是两个独立的职官体系，互不统属。3. "执法"应是监察官。下面就"执法"的设置等问题再谈一些不成熟的看法。

二、关中不同行政区域的划分与政治地位

关中是秦国京畿之地，这一区域与关东的管理方式不尽相同。秦朝在关东推行郡县制，而关中郡府设置较晚，而且并不普遍。《二年律令·津关令》显示，直到汉初"四关"之内仍然存在内史直管县与郡管县的二种模式：

> 1. □议：禁民毋得私买马以出扞〈扦〉关、郧关、函谷【关】、武关及诸河塞津关。其买骑、轻车马、吏乘置传马者，县各以所买名匹数告买所内史、郡守。内史、郡守各以马所补名为久久马，为致津关，津关谨以藉（籍）、久案阅，出。（简 506、507）
> 2. 十二、相国议：关外郡买计献马者，守各以匹数告买所内史、郡守，内史、郡守谨籍马职（识）物、齿、高，移其守，及为致告津关，津关案阅，出，它如律令。（简 509、508）

上载四关及诸河塞津关内，不但有内史直接管辖的县，也存在郡管辖的县。简文中"内史、郡守"之"郡守"应为关内的上郡，而关外之郡则径称为"关外郡"，如上引简 509。[1]在关内，内史与郡是平级的，二者的上级都是中央政府。游逸飞先生也注意到内史与郡的平行关系，他通过分析《二年律令·史律》认为，学僮参加的"讽书五千字"的初级考试，在首都与各郡治均有举行；但"八体"这种可谓高级考试仅在首都举行，郡守无权举行，只能将史送到首都参加考试。高级考试只有太史可以举行，也就是说，郡守、内史都没有完整的考试权。全国这种高级考试由太史全部负责，

---

[1] 又，《津关令》："□、制诏相国、御史：诸不幸死，家在关外者，关发索（索）之，不宜，其令勿索（索），具为令。相国、御史请关外人宦、为吏若徭使有事关中，不幸死，县道若属所官谨视收敛……"（简 500、501）这里直接将关中、关外对举而言。

太史有权将优秀学员任命为诸郡属县的县令史。[1]内史也不具完整的考试权，说明内史与其它各郡的权力基本上是平行的，因此"八体"这种专业性考试，由专业性官僚太史负责而不是内史。

杨振红先生认为，汉王朝对直辖地的关中与非直辖地的关外采取不同的政策，这些政策当沿自秦的津关政策。秦的内史为秦王畿（京师）——邦之长官，秦统一后虽然不再称邦，但仍由内史任京师长官的制度却一直延续到汉。[2]但是，内史却不是关中唯一的地方长官，按《津关令》所载，关中还有郡，二者互不统属。这种格局其实是承袭秦朝而来，《岳麓书院藏秦简（肆）》的相关简文对我们理解关中各区划的关系颇有帮助：

> 3. 郡及襄武L、上雒L、商L、函谷关外人及罃（迁）郡、襄武、上雒、商、函谷关外男女去阑亡、将阳，来入之中县道，无少长，舍人室，室主舍者，智（知）其请（情），以律罃（迁）之。典、伍不告，赀典一甲，伍一盾。……其亡居曰都官、执法属官、禁苑、园、邑作务官道畍（界）中，其啬夫吏、典伍及舍者坐之，如此律。[3]（简053~57）

简文意为：（上）郡及襄武、上雒、商地、函谷关外的人以及受迁罚到（上）郡、四关之外者，若潜逃到中县道，逃亡者、留居者与知情者不报者，无论少长都要处以迁刑。这些亡居者在中县道的都官、执法属官、禁苑、园、邑从事劳务，各部门的负责人及官舍所在的典伍，按"典伍（知情）不告"的相关法律论处。[4]这里的"郡及襄武、上雒、商、函谷关外人"之"郡"，

---

〔1〕 游逸飞："太史、内史、郡——张家山《二年律令·史律》所见汉初政区关系"，载中国地理学会历史地理专业委员会《历史地理》编辑委员会编：《历史地理》第二十六辑，上海人民出版社2012年版，第256~257页。

〔2〕 杨振红：《出土简牍与秦汉社会（续编）》，广西师范大学出版社2015年版，第15页。

〔3〕 律令引文凡不同报告原文者，为笔者重新做了标点。下同。

〔4〕 本律的犯罪主体有四类：A. 原住（某）郡及襄武、上雒、商、函谷关外的人；B. 受迁罚而到（某）郡及襄武、上雒、商、函谷关外的人；C. 中县道为A、B两类人提供居舍的人及居舍所在的典伍；D. 中县道为A、B两类人提供作务的相关部门负责人及官舍所在的典伍。A、B两类人并非逃亡者，但擅自到中县道则违反法律规定，故也在《亡律》中加以规定。秦汉城邑设置有闾里，张衡《西京赋》："秦里其朔，寔为咸阳。"汉长安"街衢相经，廛里端直，甍宇齐平"。《三辅黄图》："长安闾里，一百六十，室居栉比，门巷修直。"所以《亡律》规定，禁苑、园及城邑"其啬夫吏、典伍及舍者坐之，如此律"，即按C项违法行为处罚。

应指关内所设之郡，因"关外"自然包括关东各郡。本条律文说明秦不但在关中、关外之间有一条明显的地理、法律界线，在关内郡、中县道两类不同结构形式的行政单位法律地位也不同。全段律文的核心思想是禁止全国各地百姓，包括关中郡属的百姓随便徙往中县道，"其亡居日都官、执法属官、禁苑、园、邑作务官道畔（界）中"，正说明中县道有"执法属官"。

关于中县道的管辖范围，岳麓简报告、欧扬、周海锋、邹水杰等都做了很好的研究，[1]本文不对秦朝关内郡县在地理上的辖区进行详细的考证，只是说明关中存在三个政治地位不同的行政区域。

传世及出土秦上郡戈近 10 件，其中四十八年戈铭作"四十八年上郡假守毫造，漆工平、丞□□、工□（内正刻）•上郡武库•广武•二（内背刻）"（戈《珍秦铜》86 页），从年号分析，此戈只能是秦昭王四十八年，可知秦国昭王时就已设上郡。秦时上郡约在今天陕西省宜川、黄陵以北，内蒙古伊金霍洛旗、准格尔旗以南，东至黄河，西达内蒙古乌审旗、宁夏盐池县，上郡的东界当不越黄河。[2]

岳麓秦简 093"陇西县道及郡县道"，则陇西等地自然没有设郡。邹水杰先生认为秦统一前在关中并未设"陇西郡"与"北地郡"是正确的。秦关内只有一个"上郡"，中县道的北部边界东段就是上郡的南界，西段就是以昭襄王所修的长城为边界（邹文 367 页）。至此，中县道的地理范围就清楚了，即陇山以东，商、洛西北及函谷关以西这一区域。

秦律令的中县道、陇西县道与郡县道三个区域划分的目的是什么呢？这与秦的发祥、扩张步骤有直接关系。"陇西县道"是秦人的老家，其间还多杂戎狄，多为秦属邦，是秦人笼络、依靠的对象。"郡县道"是秦人向东方发展的东北部屏障，中县道则是秦国、秦朝的王畿之地，政治中心。三个区域中，显然中县道的地位最高，其次是"陇西县道"。秦人视关中区域为基业的大本营，是征讨东方的基地。鉴于这种认识，秦国在关中区域实施的是一种与关

---

〔1〕 欧扬："岳麓秦简'毋夺田时令'探析"，载《湖南大学学报（社会科学版）》2015 年第 3 期。周海锋："岳麓书院藏秦简《亡律》研究"，载杨振红、邹文玲主编：《简帛研究二〇一六春夏卷》，广西师范大学出版社 2016 年版，第 171 页。

〔2〕 吴良宝："十五年上郡守寿戈置用地名补说"，载中国文化遗产研究院编：《出土文献研究》第 11 辑，中西书局 2012 年版，第 58 页。

东不尽相同的政策。

岳麓简文证明，中县道与关中郡县相比，受到多方面的法律保护：

4. 阑亡盈十二月而得，耐。不盈十二月为将阳，轂（系）城旦舂。
☑□其逋殹（也），事（给事。完成劳役）；其毋逋殹（也），笞五十。其
工殹（也），笞五十，有（又）轂（系）城旦舂，拾（通"给""供也"、
"备也"）逋□□□罪而与郡县道，及告子居陇西县道及郡县道者，皆毋
得来之中县道官。犯律者，皆（简094）作其数，及命者籤（遂），盗贼
亡、司寇、隶臣妾、奴婢阑亡者，吏弗能审而数，其县道啬夫
（缺简）　　　　　　　　（岳麓简肆：093～096）

此简前部残断，但大致意思清楚，即居住在陇西县道、郡县道有逃亡记
录的犯罪人员、告子，都不能来中县道，否则依律处罚。岳麓简文字一般在
述及"中县道"、"陇西县道"后再称"郡县道"，这个"郡县道"多指关内
之上郡。而关东郡县、关东人简文常称"函谷关外人"（肆简035）、"郡（应
为上郡）及关外黔首"（肆简366）等。所以引文4的"郡县道"应指关中的
上郡。秦律除了对来往、居住中县道的身份做了限制外，也做了一些变通，
即关内之郡及关外人来中县道探亲及贸易者不受限制：

5. ●郡及关外黔首有欲入见亲、市中县【道】，【毋】禁锢者殹，许
之。入之，十二月复，到其县，毋后田。田时，县毋☑入殹。L而溆不同
L，是吏不以田为事殹（也）。或者以溆穜时繇（徭）黔首而不顾其时L，
及令所谓春秋试射者，皆必以春秋闲时殹（也）。今县或以黔首急耕L、
穜、治苗时已乃试之L，而亦曰春秋试射之令殹（也），此非明吏所以用
黔首殹（也）。丞相其以制明告郡县L，及毋令吏以苛繇（徭）夺黔首春
夏时，令皆明焉。以为恒，不从令者，赀丞令、令史、尉、尉史、士☑
吏、发弩各二甲。▍廷内史郡二千石官共令☑（岳麓简肆：366～375）

"郡及关外黔首"之郡也应指的是关内之上郡，即上郡与关外的百姓非禁
锢者可以到中县道贸易、探亲，到年底十二月要返回务农。来中县道不得误
农时，官吏也不得以农时行繇（徭），既使是春秋试射，也必须在春秋闲时举

行。丞相必须将这项制度明确告诉郡县，违反者相关官吏都要处罚。

关中各区黔首的政治待遇也是不同的，岳麓秦简《尉郡卒令》第乙七十六规定：

6. ●令曰：吏及黔首有赀赎万钱以下而谒解爵一级以除，〔及〕当为疾死、死事者后，谒毋受爵L，以除赀赎，皆许之。其所除赀赎〔皆许之其所除赀赎〕过万钱而谒益【解】爵、【毋受爵者，亦许之，一级除赀赎毋过万】钱。其皆谒以除亲及它人及并自为除，毋过三人。赀赎不盈万钱以下，亦皆【许之。其年过卌五以上者，不得解】爵、毋受爵，毋免以除它人。年皖老以上及罷癃（癃）不事从皖老事及有令终身不事、畴吏解爵而当复爵者，皆不得解爵以自除，除它人；鼎者劳盗<盈>及诸当捧（拜）爵而即其故爵如鼎及捧（拜）后爵者，皆不得解其故爵之当即者以除赀赎。为人除赀赎者，内史及郡各得为其畍（界）中人除，毋得为它县人除L。【中】县、它郡人为吏它郡者，得令所为吏郡黔首为除赀赎。属邦与内史通相为除。为解爵者，独得除赀赎。令七牒。（岳麓简伍：138～145）

这是一条以爵位顶替赀赎刑（债）的法律规定，可以概括为下列几点：一是允许吏民归爵一级或不继承疾死、死事者爵位以抵除万钱赀赎刑（债）；二是归爵除赀赎可以为本人、亲人或他人，但不得超过三人；三是45岁以上、身体残疾等不能服徭役者皆不得解爵、不受爵而为自己或他人除赀赎。四是因劳获爵、拜爵达到法律最高限度而传爵后人，不得以此爵为继者除赀赎。此外，令文还对不同地域人的归爵权益做了三点限制：一是"为人除赀赎者，内史及郡各得为其畍（界）中人除，毋得为它县人除"，即内史与郡辖区的黔首只能为各自辖区的人除赀赎。本句并没有限制为人除赀赎的主体，即并未区分吏与民，但是这个"郡"的具体含义就不好轻易判断，是指所有的郡，还是仅仅指关内的上郡。上面已指出，从关中相关联的行政区划分析，本文还是倾向于简文"内史及郡"之郡是指关中的上郡。因内史不称郡，故令文称"毋得为它县人除"。二是"【中】县、它郡人为吏它郡者，得令所为吏郡黔首为除赀赎"，报告注释认为："两个'它郡'所指不同，第二个'它郡'是指为吏之人的原籍郡之外的郡（报告156页）。"这是从字面语义做的解释，参考"为人除赀赎者，内史及郡各得为其畔（界）中人除"，两处"它郡"应当无别，本令强调的是中县、它郡人在它郡为吏时只能为任职郡辖区的人除赀赎，而且专指官吏为郡黔首除赀赎。这个"它郡"与"它县"一样，不是为吏原籍之外的它县、它郡，而是指中县、上郡以外的它县、它郡。三是"属邦与内史通相为除。为解爵者，独得除赀赎"，属邦是臣服于秦的异俗部族（或称民族），此令文之属邦当指居处于秦故地西北边域的部族（或称民族）。随着秦向东方的发展，这些异族仍然分布在当时陇西县道附近。令文规定允许内史区域与属邦的吏民相互归爵除赀赎，说明秦朝政府对自己老家异俗部族的笼络与重视。[1]内史所辖区域与属邦的重要性，至少在以爵除赀赎的规定上，秦朝将此二者是放在同一个档位上考虑的。

三、"执法"与"属所执法"

"执法"官署到底设置在哪一级，学者多有争论。这里在学者们研究的基础上试做补充，《内史旁金布令》第乙九：

> 1. ●令曰：叚（假）廷史、廷史、卒史覆狱乘傳（使）马L，及乘马有物故不备，若益骖驷者L。议：令得与书史、仆走乘，毋得骖乘∠。它执法官得乘傳（使）马覆狱、行县官及它县官事者比。（岳麓简伍：261~262）

廷史为廷尉属官，张家山汉简《奏谳书》案例21"廷尉等议夫死未葬和奸案"有明确的记载；卒史一般为中央二千秩石卿及郡级属吏，秩石二百或百石，职权较同秩的其它属吏为重。[2]该令规定，叚（假）廷史、廷史、卒史在覆狱时因"乘马有物故不备"，"毋得骖乘"；"它执法官得乘傳（使）马覆狱、行县官及它县官事者比"。说明执法官不属于中央廷尉，也不属于中央其

---

〔1〕 秦人的崛起除变法的原因外，周边少数民族的贡献也是不可低估的。秦穆公曾通过收买戎人贤者由余伐戎王，益国十二，开地千里，遂霸西戎。

〔2〕 李迎春："论卒史一职的性质、来源与级别"，载西北师范大学历史文化学院等编：《简牍学研究》（第六辑），甘肃人民出版社2016年版，第133~143页。

他部门，而应是县廷的上级，所以才有权力行县覆狱、案察。这里的"县官及它县官事"应当作县廷及其它官府公务，若都作公事解，就没有必要补缀"及它县官事者比"七字。从秦汉简牍材料看，覆狱最低是郡属大吏的权力，县级无权覆狱。所以"执法"地位当在县廷之上并对所属县官行使监督检察权。

　　2. 敢有挟舍匿者，皆与同皋。同居、室人、典老、伍人见其挟舍匿之，及虽弗见L，人或告之而弗捕告，皆与挟舍匿者同皋。其弗见及人莫告，同居、室人，皋减焉一等L。典老、伍人皆赎耐L。挟舍匿者人奴婢殴（也），其主坐之如典老、伍人L。所求在其县道官界中而脱，不得，后发觉，乡官啬夫、吏及丞、令、令史主者，皆以论狱失皋人律论之L。执法、执法丞、卒史主者，皋减焉一等。（岳麓简伍：020~024）

　　报告注释认为，本简是对窝藏从人的规定。[1]挟，《尔雅·释言》"藏也"。《汉书·惠帝纪》"除挟书律"，注："秦律，敢有挟书者族。""挟"即藏。舍为不知情而收留；匿，为知情而偷偷隐藏。"挟舍匿者"，即窝藏舍匿者，与舍匿者同罪。简文排列5档由低而高的身份依次是：1. 同居、室人，这些是家室成员；2. 典老、伍人，是里、伍的责任人；3. 乡官啬夫、吏员；4. 县丞、令、令史；5. 执法、执法丞、卒史主者。这第5层级当为郡级官吏。所求挟匿者在其县道辖界逃脱，虽后发觉，"乡官啬夫、吏及丞、令、令史主者，皆以论狱失皋人律论之"，但执法、执法丞及卒史主者则以论狱失皋人律减一等处罚，因为执法等官吏承担的是间接的连带责任；这就如同秦律中因仓腐而处罚级别较高的间接责任人一样，级别越高，处罚越轻。此外该令还规定"挟舍匿者人奴婢"，主人受牵连，但"坐之如典老、伍人"。

　　陈松长认为，岳麓简0964号"最偕上御史，御史奏之，其执法不将计者而郡守将计者，亦上之"，"执法"与郡守并列且列于郡守之前，则"执法"非郡守无疑，且其地位似高于郡守。据此推断"执法"当为中央一级官员，即《汉书·高祖纪》里的御史中执法。执法可以直接上书丞相，岳麓秦简

　　〔1〕陈松长主编：《岳麓书院藏秦简（伍）》第一组释文注二十二："从人的来源都出自故六国，其身份特殊，'级别较高'，不是普通的伙同从犯，这种特殊的犯人应该是文献中所说的主张合纵抗秦之人"。

1781 号"执法则上丞相"亦可佐证之。〔1〕又，岳麓秦简令文曰：

> 3. 皆勿令回费日，以便。毋病，黔首为故不从令者，赀丞、令史、执灋、执灋丞、卒史各二甲。（岳麓简肆：0019）

陈松长认为："'执法'位列县丞、令史之后，卒史之前，其为基层小吏无疑。那么'执法'究竟是朝官还是基层官吏呢？恐怕执法并非特指职官名，而是某一类职官体系之称，正如我们不能简单定义'尉'一样，其可以指太尉，也可以指郡尉和县尉，但无论是哪一级别的尉都属于尉官系统是不错的。故我们初步判定，'执法'既可以指中央执法官，也可以指郡或县一级执法官。县执法直接对郡执法负责，郡执法对御史中执法（御史中丞）负责，御史中执法（御史中丞）则直接对御史大夫负责。"〔2〕引文 3 是关于官府如何处置黔首居赀赎责（债）无能力偿付及隶臣妾病老无依的问题，如果百姓无故不从令，则要处罚丞、令史、执灋、执灋丞、卒史各二甲，估计这些官员是因职务而承担连带责任。这就如同引文 2 诸官吏因责而受处罚是一样的。而岳麓简 0964 号执法与郡守二者皆可上计御史，执法与郡守并列且列于郡守前也不能说明"执法"当为中央一级官员。因为"最偕上御史"本是执法的职责，为保证中央掌握郡县情况，如果执法未能"最偕上御史"，郡守"最偕上御史"也是可以的。这是一种相互制衡的机制，并不能证明执法高于郡守。

> 4. ●令曰：吏徙官而当论者，故官写劾，上属所执法，执法令新官亟论之。执法【课其留者，以】发征律论之。【不】上属所执法而径告县官者，赀一甲。以为恒。
>
> ● 廷 甲 第廿二（岳麓简伍：216~217）

这几枚简有缺字、漏字，报告整理者据相关内容进行了增补。该简完整意思还是清楚的：官府吏员已调离本署应追究责任的，由原官署写出劾状，上呈给所属"执法"，"执法"命令吏员所赴任的官署及时论处。对不上呈属

〔1〕 陈松长等：《秦代官制考论》，中西书局 2018 年版，第 246 页。
〔2〕 陈松长等：《秦代官制考论》，中西书局 2018 年版，第 247 页。

所"执法"而直接告到县官府者，赀一甲。本令当成为定制。本令规定"故官写劾"给所属执法，执法又"令新官亟论之"，说明"执法"官管辖不只一县，其地位必然是高于县廷的机构。这条令清楚地表明，"执法"一职对所属县级吏员拥有绝对的监督权，不经"执法"认可的告劾是无效的。秦"执法"到底设在哪些区域呢，我们试做分析：

5. 亡不仁邑里、官，毋以智（知）何人殿（也），中县道、官诣咸阳，郡【县】道诣其郡都县，皆毄（系）城旦舂，槫作仓，告（梏）[1]，令舂勿出，将司之如城旦舂。其小年未盈十四岁者，槫作事之，如隶臣妾然。令人智（知）其所，为人识，而以律论之。其奴婢之毋（无）罪者殿（也），黥其雡〈颜〉颊，畀其主。咸阳及郡都县恒以计时上不仁邑里及官者数、狱属所执法，县道官别之，且令都吏时覆治之，以论失者。覆治之而即言请（情）者，以自出律论之。（岳麓简肆：024~028）

邹水杰先生认为，"亡不仁邑里、官"之"官"，应是与县道相对的"都官"。县道是府衙，不是逃亡者所往之地，而都官相当于国企，往往会大量用工。他还认为，此段简文原本就有删改，报告整理时所增之字没有必要。按原简"中县道、官诣咸阳，郡诣其都县"文字简明通畅（邹文第381页），笔者认为邹文意见是正确的。这段简文的意思是：不能辨识居住里邑、都官的逃亡者，在中县道、都官被拿获的都要押解到咸阳，逃亡到郡辖区被拿获的都要押解到郡之都县。要按城旦舂刑徒那样将他们聚集到仓所戴械具作苦役，不得外出。年龄不满十四岁的像隶臣那样集中拘系役使。如果有人知道他们原居何处，为人所识，则按相关法律予以论处。奴隶无罪的，脸颊施墨记交还主人。咸阳及郡都县在上计时要将逃亡者数量与案情上报各自所属的"执法"，县道官予以判决。"执法"官还要令都吏按时覆治，以便审核判决失当的案件。覆治时，"亡不仁邑里、官"者若能供出实情，按自出律论处。

邹水杰先生认为："简文显示'咸阳''郡都县'相对，可知咸阳相当于

---

[1] 原句报告释作"槫作仓，苦，令舂勿出"，此从何有祖释。见氏文"读《岳麓书院藏秦简（肆）》札记"（三则），载姚远主编：《出土文献与法律史研究》（第七辑），法律出版社2018年版，第81页。

中县道之都县。咸阳与郡都县汇总了各县道官的这类亡人，论定了他们的罪罚之后，要在上计时向所在地上级（属所执法）上报这些亡人的数量和案卷。而后由'执法'派都吏覆治，说明其时'执法'为中县道和郡之上级，各县道与都官的狱治要向'执法'汇报。"（邹文第381~382页）土口史记认为，从简028"咸阳及郡都县恒以计时上不仁邑里及官者数狱属所执法"简文"很好地证明了咸阳所在'中'与'郡'都设置了执法"。[1] 土口的本意大概是认为全国所有的郡都设有执法。例5简文中的"执法"指监管中县道和郡所属县的"执法"，因此该"执法"并不是郡的上级。统览岳简中的"执法"，大多可以确定是介于县道与中央政府之间的监督机构。都吏是郡级衙署大吏，"执法"令都吏覆治狱案证明执法的级别相当于郡级（二千秩石）。

上面简文透露的信息是：咸阳是中县道、都官的政治中心；都县是郡的政治中心。咸阳、郡之都县审理的逃亡案件要分别申报给所属"执法"。前面我们已分析，"中县道"归内史，此时关中只设有上郡，至此我们可以证明中县道、上郡设有"执法"，且是其所辖县的上级机构。按引文例5，其余各郡理应设有执法，但下引简文则证明并非所有的郡都设有"执法"：

> 6. ●繇（徭）律曰：发繇（徭），兴有爵以下到人弟子、复子，必先请属所执法，郡各请其守，皆言所为及用积徒数，勿敢擅兴，及毋敢擅傅（使）敖童、私属、奴及不从车牛。凡免老及敖童未傅者，县勿敢傅（使），节载粟乃发敖童年十五岁以上、史子未傅先觉（学）觉（学）室，令与粟事。敖童当行粟而寡子独与老父老母居，老如免老，若独与庲（癃）病母居者，皆勿行。（岳麓简肆：156~159）

这段律文对征发徭役做了限制性规定。"人弟子、复子"，彭浩先生解释为吏的弟子及政府免除某些特定人员子、孙繇（徭）赋者（彭文第88页）。勿敢擅兴、擅使的对象还有敖童、私属、奴、免老及敖童未傅者等，若"兴有爵以下到人弟子、复子"，则必先向所属执法请示，郡则向其守请示。结合例5引文，以"执法"是否设置为标准，秦朝的郡署机构就有了两种结构形

---

〔1〕［日］土口史记："岳麓秦简'执法'考"，何东译，载周东平、朱腾主编：《法律史译评》（第六辑），中西书局2018年版，第60页注1。

式：设"执法"的郡与不设"执法"的郡。下一步的关键则是确定哪些郡设执法，哪些郡不设。

邹水杰先生认为，秦的"中县道"为中央直辖，属内史管辖。但是简文中的"执法"为何还有"属所"之语？秦简中完全没有将"中县道"分部的记录，但考虑到秦曾设有左右丞相、左右内史，秦始皇后期又分"中县道"为北地郡、陇西郡和内史，项羽分封时将秦旧地分为雍国与塞国，汉建立后曾将内史分为渭南、河上与中地郡，将地域较大的"中县道"分部管理是可以想象的（邹文第384~385页）。现在可以肯定的是中县道设有"执法"，因此本文认为，确定秦各属所执法的结症不在内史而在郡。从秦的政治、军事形势、地理环境分析，秦朝以函谷关为界，形成以关中、关东两种高低不同地位的行政机构。秦朝关中只有上郡，始皇晚期才设陇西、北地郡，关东则广泛实施郡县制。秦简凡涉及"属所执法"的郡，大都与内史或中道县相关联，如引文例5是专门规定亡人的律文，中县道的咸阳与（某）郡的都县相对应，这个郡就设有执法。引文6"必先请属所执法，郡各请其守"，又说明有些郡是不设执法的。哪些郡不设执法呢？推测应该是关东区域的郡，进而推断"执法"只设在关中区域。前面已经论述，关中存在着三个地位不同的行政区域："陇西县道"、"郡县道"和"中县道"。中县道与上郡分别设有"执法"，"陇西县道"是否设置执法不能肯定。岳麓简伍145"属邦与内史通相为除"，说明内史与属邦分区管辖。从"中县道"这个名称来讲，内史所辖区域似乎应当更为广大；从机构设置讲，陇西县道上面应设"执法"，或设有相当于"执法"或内史一级的机构。陇西县道与中县道是否都属内史管辖，现在还不清楚（换个角度讲，即中县道的概念是否包括陇西县道）。但是，秦朝关内狭义的中县道（即京畿之地）和上郡设有执法应无疑义。

四、关中区域的分职管领

秦"执法"秩石同郡守，对所辖县的经济、行政、司法都有监督权。"执法"职能酷似郡监，但不具备军事权。从平面的视角观察，"执法"似仅设于关内，并未在关东设置。有关"执法"职责的条款多在《内史郡二千石官共令》中，如简309~311系属于《内史郡二千石官共令》第戊，简348、349系属于《廷内史郡二千石官共令》第己、今辛。秦内史职开始为周朝的文秘，后负责全国的经济管理，秦朝时渐向关中的行政主管转型。[1]因此，该"共令"中的职官多与内史共存，这种共通性当缘于管辖范围指向大致相同的区域。从相关律文看，秦朝乃至汉初关中的司法、行政分别由不同的职官掌管，还没有建立类似于三辅性质的行政、司法职能合一的郡级行政机构。汉初《二年律令·置吏律》：

> 1. 县道官之计，各关属所二千石官。其受恒秩气禀，及求财用年输，郡关其守，中关内史。其受（授）爵及除人关于尉。都官、（自）尉、内史以下毋治狱，狱无轻重关于正；郡关其守。（简213～215）

本律条界定了关中诸职官的权限。"中关内史"之"中"，整理小组认为是"朝中官署"，显然不确，因为"朝中官署"范围过大，哪些官署"关属所"内史是不能确定的。秦汉时涉及官制之"中"往往有特别含义，否则不得其解。如西汉官吏有中二千石秩级，此"中"亦曾多有歧义。劳榦先生认为："鄙意中二千石之中，亦如中尉之中，犹言京师。京师之二千石乃对郡国之二千石而言。"[2]"中关内史"之"中"与此有近似之意，其实际所覆盖范围与秦中县道之"中"相当。"都官自尉内史以下毋治狱"，句中的"都官"最关键，故首先应正确解释"都官"。[3]"都官"为中央各部机关（一般为二千石官署）在各地设的行业性机构，《置吏律》："都官在长安、栎阳、雒阳者，得除吏官在所郡及旁郡。（简218）""都官自尉、内史以下毋治狱"之"尉"与上句"其受（授）爵及除人关于尉"之"尉"应是同一职；都官是县级，内史、尉是郡级，故此句于意不通。于振波认为，尉和内史应是指都官的属吏，而不可能是廷尉、京师内史这样的高官。"正"是指都官之上级单

---

〔1〕 参见杨振红：《出土简牍与秦汉社会（续编）》，广西师范大学出版社2015年版，第15页。

〔2〕 劳榦："秦汉九卿考"，收入氏著《劳榦学术论文集》甲编上册，艺文印书馆1976年版，第866页。

〔3〕 都官应是中央派驻的一种机构。睡虎地秦简《法律答问》："命都官曰长，县曰啬夫。"邹水杰认为，秦都官是中央派出的特种官署之长官。驻扎在郡县治所的一些专门部门称都官，驻扎在离邑、离乡的称离官，他们不治民，与县是不同性质的。参见邹水杰："秦代县级行政主官称谓考"，载《湖南师范大学社会科学学报》2006年第2期。曹旅宁先生认为，"都官是设置在县中的经营机构，不是与县平行的行政单位。"参见曹旅宁：《秦律新探》，中国社会科学出版社2002年版，第117～124页。

位的长官。〔1〕但都官下属不存在尉和内史，推测此句"自"是衍文，正确的标点应为"都官、（自）尉、内史以下毋治狱"。关中京师地区的廷尉正、郡、县可以治狱，但其它部门，都官、主爵都尉和内史都没有治狱权。这段律文正确的译句是：县道官向上级汇报工作，应向所属的二千石官报告。县道官品秩的确定及每年度的财用请求，郡属县道由郡守负责，中县道由内史负责。授予爵位及任命官吏的手续等事务由主爵中尉负责。〔2〕都官及主爵中尉、内史以下没有治狱权，狱案无论大小都归属廷尉正，设郡区域由郡守负责。关中内史辖区的司法权、行政权（含财务）在西汉初分别隶属于廷尉属官与内史。这种格局应当承自秦，秦令规定，都官原则上无治狱权，岳麓简秦令《廷卒》甲二：

> 2. 令曰：都官治狱者，各治其官人之狱，毋治黔首狱；其官人亡若有它论而得，其官在县畛（界）中而就近自告都官，都官听，书其告，各移其县。县异远，都官旁县者移旁县。其官人之狱有与黔首连者，移黔首县；黔首县异远，其旁县者亦移旁县。县皆亟治论之。有不从令者，赀二甲L。其御史、丞相、执法所下都官，都官所治它官狱者治之。（岳麓简伍：155~158）

令文规定，都官治狱，只能审理本官署人员犯罪的案件，无权审理一般百姓犯罪的案件。都官人员逃亡或者有其他应被论罪而被捕获的：因都官所在县界内而就近向都官自首者，都官应当受理并记录自告，然后移交应受理的县廷；若应受理的县廷与都官"异远"，则移交旁近县。都官人员案件与百姓有牵连者，狱移百姓所在地的县廷审理；受理县"异远"，也移交给旁近县。御史、丞相、执法交给都官审理的案件，则都官有权审理其它官署人员

〔1〕 于振波："汉代的都官与离官"，载李学勤、谢桂华主编：《简帛研究二○○二、二○○三》，广西师范大学出版社 2005 年版，第 226 页。
〔2〕 陈松长：《岳麓书院藏秦简［肆］》之《置吏律》："县、都官、郡免除吏及佐、羣官属，以十二月朔日免除，尽三月而止之。其有死亡及故有缺者，为补之，毋须时。郡免除书到中尉，虽后时，尉听之（简 220、221）。"魏明先生认为，此中尉应当是指主爵中尉。参见氏文：" '受爵及除人关于尉'再认识"，载王捷主编：《出土文献与法律史研究》（第六辑），法律出版社 2017 年版，第 353~359 页。

的犯罪案件。但哪些案件属于"各治其官人之狱"的范围并不清楚，从汉简《置吏律》看，在关内各官署的审判管辖权方面，汉初的规定比秦朝更加严格。都官主要设置在关中，除丞相、御史外，执法有权确定都官的审判管辖权，可见在内史区域执法的意见还具有权威性。又，《内史官共〔令〕》：

> 3. □□坐一□，丞、令、令史、官啬夫吏主者夺爵各一级，无爵者以
> (?) 官为新地吏四岁，执法令都吏循行案举不如令【者】，论之，而上夺
> 爵者名丞相，丞相上御史。都官有购赏赍责（债）不出者，如县。（岳麓
> 简伍：269~270）

此简前部残缺，大意是县属的丞、令、令史及官啬夫吏主者（各专业部门的负责人）违犯某法令致罪，夺爵一级，无爵者派驻新地为吏四年。新地，当为关东地区，执法对属县官吏有夺爵、派新地为吏的"论之"权。都吏在西汉为郡属吏，里耶简"乘传客为都吏"，[1]都，大也。里耶简"邦"某职多改为"都"某职，说明其职最初设于关中国都。"执法"官下属有都吏，似乎也说明执法一职初设关中。上引各例律令显示，行政与财经归内史，司法归中央廷尉，对关中地方官吏的监察权由执法负责。岳麓简"■廷内史郡二千石官共令·卅六第己"，此令应当是廷、内史及郡二千石官共同遵守的令。[2]内史虽最初为中央职官，秦国晚期职司关中已成为其主务。而执法官与内史常常被同一法令所规范；"内史旁金布令第乙九"令文明确将"执法"官置于该令中加以规范，似也说明"执法"职权应局限在关中区域。再者，本节引文 3 的令文规定，对违犯该令的无爵官吏罚往新地为吏，说明"执法"官供职于关中区域是确凿无疑的。

秦"执法"对司法及司法行政具有监督权，在《狱校》律中也得到了

---

〔1〕 陈伟主编：《里耶秦简牍校释》（第一卷），武汉大学出版社出版 2012 年版，第 157 页。

〔2〕 凡国栋先生认为，"虽然这些令文（引者注：指岳麓秦简部分共令的令文）的具体内容尚不得而知，但就令名本身来看，我们怀疑'共令'与'挈令'似乎应该是相对而言的，也就是说，若'挈令'照大庭脩氏那样理解为'仅适用于一个官署、一个地区等的特令'的话，'共令'应该是适用于多个官署的共同遵循的令"。（见氏著："'挈令'新论"，载武汉大学简帛研究中心主办《简帛》第五辑，上海古籍出版社 2010 年版，第 464 页）。此前笔者曾推测此"共"可能通"供"。现在看来，就此种"共令"的分析，凡国栋先生的推测还是正确的。

证明:

4. 略妻及奴骚悍,斩为城旦;当输者,谨将之,勿庸(用)传口,到输所乃传之L。罨(迁)者、罨(迁)者包及诸辠当输L□及会狱治它县官而当传者,县官皆言狱断及行年日月及会狱治者行年日月,其罨(迁)、输

(缺简)

□会狱治,诣所县官属所执法,即亟遣,为质日,署行日,日行六十里,留弗亟遣过五日及留弗传过二日到十日,赀县令以下主者各二甲;其后弗遣复过五日,弗传过二日到十日,辄驾(加)赀二甲,留过二月,夺爵一级,毋(无)爵者,以卒戍江东、江南四岁(岳麓简肆:232~236)

这几支简因残涒不能完整连读,但大致意思可以明白,当是关于押送徒隶,传送文书的规定。遣,当是派遣;传,当为传送文书,此处当是关于传送徒隶案件卷宗的文书。质日,报告注释认为是“记录日期行程”。会狱,是移送拘系者后由受理地对同批次人犯开庭审理的专门程序。原意大致是,对于略妻、骄悍之奴,应斩为城旦(即黥城旦);当严格地将他们押送到劳役地点,到达输送地点再将文书送达会狱官府。被迁者、与迁者随同迁移的人,以及其它各类罪犯应当输送者,以及在它县会狱的案件而需要传送文书的,所输送的县官都要写明审理结论及行程日期、会狱治者的行程日期,……会狱审理案件,需将案件审理卷宗送到所属执法官,并及时派遣并记录日期行程。行程规定,每日行进60里,不及时派遣押送人员滞留超过5日,以及滞留文书未传送超过2日至10日,对县令以下各有关责任人赀罚2甲。其后不派遣再次超过5日,未传送文书超过2日至10日,一律加罚二甲。滞留超过二个月,夺爵一级;无爵者,按卒兵待遇戍守江东、江南四岁。这是说被迁及各类输送的相关拘系者以及会狱的案件情况、行程日期等都要向“会狱”地的执法报告案件处理情况。如果滞留或迟滞规定日期将被处罚。从引文4可知,执法可以对“县令以下”违令官员夺爵,并将他们发往江东戍守,这个“执法”的秩级必然高于县廷并对若干县具有监督权的职官。从目前资料

看，执法一般不直接参与案件的审理，但有督察权及对相关审理人员的处罚权。

五、执法与监御史

《汉书·百官公卿表》："监御史，秦官，掌监郡，汉省。"监郡御史应当是秦国向东方推行郡县制的产物，现在还没有证据证明秦朝在关中设监御史。《秦始皇本纪》：始皇二十六年，"分天下以为三十六郡，郡置守、尉、监"，这是始皇统一初年的事。里耶秦简、岳麓简都见"监府"文字，[1]稍早的始皇二十五年《癸、琐相移谋购案》有"监御史康"，[2]这已是秦统一前夜。特别是里耶简有"洞庭监御史"（10-15、11-34）简文，直接证明洞庭郡设有监御史。岳麓简还有两条不明确切年月，但应为统一后的令文，从中可知监郡御史的职责及其与郡守的关系。

1. ●监御史下劾郡守。县官已论，言夬（决）郡守，郡守谨案致之。不具者，辄却道近易具；具者，郡守辄移 048 御史以盨（赍）使及有事咸阳。御史掾平之如令。有不具、不平者，御史却郡。而岁【郡】课郡所移 049 并筭，而以夬（决）具到御史者狱数率之，婴筭。多者为殿。十郡取殿一郡，奇不盈十到六亦殿一郡。【郡】050 亦各课县。御史课中县官，取殿数如郡。殿者，赀守、守丞、卒史、令、丞各二甲，而令狱史均新地 051。（岳麓简伍：048~052）

陈伟先生认为："原释文颇不顺，疑 49 号简'而岁'下衍一'郡'字，50 号简末尾可能仅残重文符。"[3]上引简文标逗已按陈伟先生的意见做了订正。令文"御史课中县官"的"御史"应指中央的御史寺。令文意思是：监御史有权向郡守下发劾文。县官对案件做出的判决意见，应报郡守论决的，郡守要严格审核。案件要件不完备、路程近且易补齐者一律退回。案件材料

---

〔1〕 陈伟主编：《里耶秦简牍校释》简 8-1644：监府书迁【陵】☒（第 372 页）；8-1006：到监府事急☒（第 260 页）；8-1032：迁陵论言问之监府致觳（系）痤临沅（第 265 页）。朱汉民、陈松长主编：《岳麓书院藏秦简（壹）》，上海辞书出版社 2010 年版，第 68 页。

〔2〕 朱汉民、陈松长主编：《岳麓书院藏秦简（叁）》，上海辞书出版社 2013 年版，第 252 页。

〔3〕 陈伟："《岳麓书院藏秦简（伍）》校释"，载姚远主编：《出土文献与法律史研究》（第七辑），法律出版社 2018 年版，第 5 页。

完备的，郡守将卷宗交由蘦使及有事去咸阳者移交御史寺，御史属官按律令审核。案件要件不完备或论决不公正的，御史退还郡府。御史每年以考核郡府所移交的全部案件为基数做统计，以郡府论决、要件完备并报御史的案件数量计算比率。狱案要件不完备数量多者为差，10个郡取一个最差的；余数不到10至6个郡，亦评取一个最差的。郡也要分别考核所属各县，御史寺考课中县官，取最差者数量如考核郡一样。考核最差者，郡守、丞、卒史、县令、丞，各赀二甲；狱史一律发放到新占区（就职）。此令说明，无论是关东区域还是关中中县道的考核都由中央御史负责，监御史只是代表上级御史下发劾文，郡府核准后的材料还要上交到中央御史，由中央御史属官进行审核。岳麓秦简（叁）《癸、琐相移谋购案》，"监御史康劾以为：不当，钱不处，当更论。更论及论失者言夬（决）（简14）"。后州陵县因吏议分歧，向郡府上讞，由郡府作了回复。

"御史课中县官，取殿数如郡051"，对中县道的考核如同考核郡那样。因中县道是不设郡的，自然也就不存在监郡御史。结合岳麓简24~28、232~236材料可以推测，对中县道的具体考评应由执法进行。"执法"的作用与郡监御史相同，因中县道也要向御史上计，故上引例1简文便没有规定"执法"的权限。中县道"执法"对司法也有监督权：

2. ●治皋及诸有告劾而不当论者，皆具传告劾辟（辞）、论夬（决），上属所执法，与计偕。执法案掾其论（岳麓简伍335）

即对于已论治的案件以及有告劾但不符合法律的审判意见，要将告劾辞状、判决文书等具狱材料与上计材料一起上报所属执法，执法官对案件材料及判决结果要进行核查，"执法"对司法审判具有监督权，对错误的法律适用及狱失人员有明确的纠察权，其职能与引文1所述县道上级的监郡御史相同。按常理分析，同郡设两个职能相同的平级官署是不可思议的；执法有官署，有属吏，如果关东各郡设有执法，很难协调执法与监御史的关系，故监御史与执法是不同区域的职官应当是最合理的解释。上述分析看似合乎逻辑，但里耶秦简的相关内容也颇使人感到困惑：

3. 甲子朔戊子，洞庭郡守……下县，各以道次传，别书。洞庭尉吏、执法属官在县界中［者，各］下书焉。洞庭尉下洞庭除＝道＝尉＝下当用者。鐔成以便近道次尽下新县。皆以邮行，书到相报⏌。［不报者⟨追⟩。临源、门浅、上衍口口（里耶简9：26）〔1〕

此简前后文义并不太清楚，应是洞庭郡向所辖各县传递中央的官文书，要求以次序传递。里耶简属秦始皇晚期，洞庭郡是新设之郡，前已述洞庭郡是设有郡监的（里耶简：10-15、11-34），故是否为朝廷新派"执法"官来此执行任务，洞庭郡守下书要求各级官员配合工作亦未可知。否则很难解释是洞庭郡以外的执法属官在洞庭郡管辖的县界中活动。"洞庭尉史、执法属官在其界中者，各下书焉"还有不好理解之处，因"执法"机构与郡平行，其属官也不属于郡管理，因此也不好理解为"执法"属官在下达郡府的指示。这条简文涉及到关东是否设置"执法"，以及"执法"与监郡御史的关系问题。前文已述，执法有衙署、有属员，一郡之中很难存在两个职能相近的衙署。总之，里耶简洞庭郡的"执法属官"问题还需深入挖掘材料，进一步研究。按传世典籍所载，秦置36郡（实际已知有40余郡），当置郡守、丞、尉、监；如果认为洞庭郡设置执法官，则郡机构既设监御史又同时设置执法官，二者的职责划分等就要重新考虑。现在没有更多的材料证明关东各郡设执法，故里耶简"吏执法属官在县界中"，或可以推测为执法本就相当于监御史，此"执法"被派驻关东后仍延用故名。

六、执法与御史的关系

岳麓简材料显示，"执法"为二千秩石官，设置在县廷之上。还有的学者认为，简文常见丞相、御史、执法三职排列，因此"执法"也可能是中央政府职官。下面通过几组材料说明之，《卒令》乙八：

1. ●令曰：御史、丞相、执法以下有发征及为它事，皆封其书，毋以檄。不从令，赀一甲。·卒令乙八（岳麓简伍：102）

这是关于征发事宜的规定，御史、丞相、执法三职的排列方式，似乎为

---

〔1〕 陈伟主编：《里耶秦简牍校释》（第二卷），武汉大学出版社2012年版，第38页。

中央设有"执法"提供了支持。这种排列方式在《廷卒》甲二也见："其御史、丞相、执法所下都官，都官所治它官狱者治之（岳麓简五：158）。"引文1实际是"发征及为它事"之令发出的路迳，其排序是御史在前，其后是丞相、执法。这种排序方式在典籍中也有，如皇帝诏令等出台的路迳不是依官秩高低，而是以皇帝身边向外发出的次序排列。又，《卒令》丙九是这样的排列：

2. ●令曰：御史节发县官吏及丞相、御史、执法发卒史以下到县官佐、史，皆毋敢名发。其发治狱者官必遣尝治狱二岁以上。不从令，皆赀二甲。其丞、长史、正、监、守丞有（又）夺各一攻（功），史与为者为新地吏二岁。御史名发县官吏□书律者，不用此令。·卒令丙九（岳简伍：128~129）

丞相、御史、执法三职并列相排能否证明"执法"必然是中央政府的职官？秦武王二年新修《田律》木牍有"二年十一月己酉朔朔日，王命丞相戊、内史匽、□□更修为《田律》"，[1]此律文丞相、内史排列在一起，当然可认为此时的内史是秦中央官吏。从岳麓简《内史户曹令》第甲看，在战国末年就已经成为关中行政官员的内史，其主管范围除经济外还涉及民政事务：

3. 廿年二月辛酉内史言：里人及少吏有治里中，数昼闭门不出入。请：自今以来敢有□来□□□□昼闭里门，擅赀伪□□□□□□□□者，县以律论之。乡啬【夫】、吏智（知）而弗言县廷，亦论。乡啬夫、吏令典、老告里长，皆勿敢为。敢擅昼闭里门，不出入□□，赀。乡啬夫、吏智（知）弗言县廷，赀☑（岳简肆0443、0544、0665）

秦国内史不只一人，常分设左右内史，还见其他分职的内史；睡虎地秦简《均工》有分管秦国技工的内史：

4. 新工初工事，一岁半红（功），其后岁赋红（功）与故等。工师

---

〔1〕 四川省博物馆、青川县文化馆："青川县出土秦更修田律木牍"，载《文物》1982年第1期。

善教之，故工一岁而成，新工二岁而成。能先期成学者谒上，上且有以赏之。盈期不成学者，籍书而上内史。均工（简111、112）

岳简所载"内史"与"执法"都是二千秩石官员，均职辖关中区域事务，相关职责往往在《内史郡二千石官共令》加以规定；在发布相关政令时，丞相、御史、执法排列在一起就理所当然了。从秦"执法"的职事分析，更可能是秦中央御史寺管领的二千秩石官员。

5. ●制诏御史：闻狱多留或至数岁不决，令无辠者久毄（系）而有辠者久留，甚不善。其举留狱上之L。御史请：至计，令执法上寂（最）者，各牒书上其余狱不决者，一牒署不决岁月日及毄（系）者人数为寂（最），偕上御史，御史奏之。其执法不将计而郡守、丞将计者，亦上之。制曰：可。·卅六

▌廷内史郡二千石官共令 第己（岳简伍：59~61）

引文例5令文结构完整。陈伟对此段标点及解释有异议，"其，原注释：'指上奏者。'今按，这里的'其'似当是副词。《词诠》：'殆也。于拟议不定时用之。'093-94号简'其勿令衣傅之'，系同一用法。上寂（最），原注释：上报簿籍纲要。《汉书·严助传》：'愿奉三年计最。'颜师古注引晋灼曰：'最，凡要也。'今按，《史记·绛侯周勃世家》：'最从高帝得相国一人，丞相二人，将军、二千石各三人。'索隐：'最，都凡也。谓总举其从高祖攻战克获之数也。''上最'的'最'，是各地统计资料的汇总，即计簿。'上最'犹'上计'。下文'一牒署不决岁月日及毄（系）者人数为寂（最）'的'最'，则是'各牒书上其余狱不决者'的合计"。[1]陈伟先生的解释为是，上引简文标点已按陈伟先生意见标录。从中可以看到，"执法"对郡的狱政有监督权，并由"执法"上计给御史，由御史上奏皇帝。如果"执法"不统计上报狱留"久毄（系）"的情况，则郡守、丞也应上报。可见"执法"乃郡级官员，与郡守、丞有平衡制约作用。现在所见材料，似各郡的监御史与其职

〔1〕 陈伟："《岳麓书院藏秦简（伍）》校释"，载姚远主编：《出土文献与法律史研究》（第七辑）法律出版社2018年版，第6~7页。

责相似。故从逻辑上分析有两种可能：一是各郡既设监御史，又设"执法"；二是设监郡御史的不设"执法"，设"执法"的不设监郡御史。目前还见不到二职均设的直接证据。

6. ●制诏丞相御史：兵事毕矣∟，诸当得购赏赏责（债）者，令县皆亟予之。令到县，县各尽以见（现）钱，不禁者，勿令巨皋。令县皆亟予之。▌丞相、御史请：令到县，县各尽以见（现）钱不禁者亟予之，不足，各请其属所执法，执法调均；不足，乃请御史，请以禁钱贷之，以所贷多少为偿，久易（易）期，有钱弗予，过一月，[1]赀二甲。

▌内史郡二千石官共令　　第戊　（岳简伍：308～312）

这是一篇完整的诏令，该令规定，军事行动结束后，各县对符合条件者要以现钱及时奖赏、放赏债；现钱不足，各县要向所属"执法"请示，执法在所辖各县均平调配现钱额度；仍然不足就要向御史请示借贷国府禁钱，但要按规定期限偿还。县"各请其属所执法"，也说明"执法"官不只在一处设置。此令直接规定执法要向御史寺请示发放禁钱事，因此执法应当归御史大夫管领是可以肯定的。如果还存在中央一级的执法，那引文6中的执法就应直接向中央执法请示，而不必向御史请示。简文也有"执法"直接向皇帝报告的规定，如岳麓简肆：

7. ●县官上计执法，执法上计冣（最）皇帝所，皆用箅橐囗，告雟（巂）已，复环（还）箅橐，令报讕县官。（简346）

此令是关于中县道官府吏员上计的规定，伴存简文有"三年诏曰"文字，报告认为此简时代当为二世三年。令文规定由县官上计"执法"，"执法"汇总"皆用箅橐囗"封装上计皇帝所。后部简文有断缺，似主要针对五、六百秩石官员。吏员政绩状况皆"以尺牒牒书"上报所属执法，同时还要求执法对当免者上报丞相、御史，由丞相、御史免除，对官署、尉佐、有秩吏，由

---

〔1〕　原报告释作"过一金"，据雷海龙意见改释，参见氏文："《岳麓书院藏秦简（肆）》释文商补（八则）"，载姚远主编：《出土文献与法律史研究》（第七辑），法律出版社2018年版，第89页。

执法免除，也要上报御史、丞相。在这个上计环节中，执法处于县官与丞相、御史之间。简文的"县官上计执法，执法上计冣（最）皇帝所"似是针对中县道官员。按秦官设置，在始皇推行郡县制后，县廷与中央机构之间还应有一级。秦京畿地区内史应是中县之上的行政机构，但司法不属内史。因中县道的特殊地位，对京畿各县的上计由执法分别上报皇帝和丞相、御史。故可以将"执法"理解为御史寺的派出机构，御史寺设各类御史，这些御史可以奉命出使各地，但执法则常驻所属关中区域活动。"御史课中县官，取殿数如郡 051"也可以间接证明执法属于御史系统的职官。还有一些秦令也应是针对关内郡及中县道的：

> 8. ●令曰：郡及中县官吏千石下繇（徭）傅（使），有事它县官而行，闻其父母死，过咸阳者自言□□□◿已，复之有事所。其归而已葬者，令居家五日，亦之有事所L。其不过咸阳者，自言过所县官，县官听书言亦遣归如令。其自言县官，县官为致书；自言丞相，丞相为致书。皆诣其居县，居县以案□◿（岳麓简伍：296~298）

关内之郡及中县官秩在千石者因繇（徭）事出差到其它官署，闻父母死，经过咸阳者，自己向（某官署告假），丧事完毕后要返回到事繇的地方。如回家后父母已经下葬，则居家 5 日后也要回到所事繇所。不经过咸阳者，向需验证的官府申明，官府要记录其陈述并按令遣其返回。自身向官府或丞相告假赴丧，官府、丞相都应为其书写告假公文，告假官吏将公文带到居丧地，所居县要核察（登记在案）……。本简文"郡及中县官吏"之"郡"应当指关中之郡，令文所言告假主体亦当限定在关内的千石官。若为所有官吏制定此令则不必言"郡及中县官吏千石"，只需言"吏千石者"即可，没有必要戴限定地的帽子。再者"令居家五日，亦之有事所"，此日程在关中诸县勉强可以，若放大到全国各地，远近不一，只有 5 日的丧假是不可想象的。岳麓简伍：299"●令曰：县官相付受，道远不能以付受之，岁计而隤计者，属所执法辄劾穷问，以留乏发征律论坐者"，此令与例 8 简文虽不是同一令，但有关联。即县官相互交接任务，因路远而误期在岁计时要上报，否则是要被执法追究责任的。

综上所述，岳简中的"执法"应是关中内史区域及上郡的监察长官，其地位相当于关东区域的监郡御史。执法属御史寺系统官吏，对辖区的各方面具有监督权，对所督部分官员也有处置权，但需向御史大夫或丞相报告。因关中的特殊地位，对关中重要事项的查处还需另向皇帝直接报告。陈松长、王捷、土口史记等先生据史料、秦简对秦执法与汉初御史中执法的关系做了分析和推测，所论皆具合理成分，但因材料的缺如，不能直接证明二者之间的发展关系。秦朝"执法"的走向，据现在材料本文亦未能得出确凿结论，推测秦末中县道的"执法"可能曾称为"中执法"。汉初中央取消"执法"称呼，将御史寺属官的执法径称为"御史中执法"，后世因其地位的原因职改御史中丞。中执法之"中"最初当是"中县道"之"中"，而非禁中之"中"；这就如同中尉之"中"原本就是关中之"中"是一个道理，其职本掌关中的治安与宿卫。因此这里有一个中县道之"中"向"禁中"之"中"的演变过程。汉以后的典籍中，只留有御史中丞与执法关系的丝丝记忆，而秦朝执法官的印痕早已被历史尘封。岳麓书院所藏秦简的发现，为我们破解这一历史谜团提供了线索。

后记：本文的写作得到了王捷、孙铭、张传玺三位学友的帮助，在此谨表谢意！

两汉御史中丞的设立及其与司直、司隶校尉的关系

两汉的监察机关在中国历史上设置最复杂，变化最大。中央监察机关或职官先后设置有御史大夫、丞相司直、司隶校尉、御史中丞，负责地方监察的专门机构或职官先后有监郡御史、丞相刺史和州部刺史。司隶校尉不但监督中央百官，同时也是三辅、三河、弘农七郡的地方监察官。这些机关或职官因形势的需要和皇帝个人的情趣在西汉武帝时期、西汉晚期和东汉初年都发生过较大的变动。其间，丞相司直一度被撤销，御史大夫改变职能，司隶校尉名称亦曾变动，唯御史中丞保留下来，并最后发展成为中国历史上唯一的监察机关。御史中丞的设置、职掌及其与其他监察职官的关系，随着新资料的发现，相关研究不断深入。本文对御史中丞的相关制度作一浅陋分析。

一、御史中丞的初置与隶属的变化

御史大夫本秦官，《汉表》称其"位上卿，银印青绶，掌副丞相"，主案奏章与监察。汉承秦制，位属三公。《史记·汉兴以来将相名臣表》"御史大夫位"，《索隐》注"亚相也"，祝总斌先生亦将其归入宰相之例。[1]御史大夫置二丞，一为御史丞，一为御史中丞。御史中丞为御史大夫之副，这在历代官志中都有明确的记载，如应劭《汉官仪》："御史中丞二人，本御史大夫之丞。其一别在殿中，兼典兰台秘书。"[2]这里"御史中丞"的"中"字为衍文。御史中丞为御史大夫之副，这一点没有争议，但该职是何时设置，史家记载并不一致。《汉表》只说御史大夫秦官，并未述及其丞。《晋书·职官表》却明言："御史中丞，本秦官也。秦时，御史大夫有二丞，其一御史丞，

---

〔1〕 祝总斌：《两汉魏晋南北朝宰相制度研究》，中国社会科学出版社 1998 年版，第 2 页。
〔2〕 （清）孙星衍等辑，周天游点校：《汉官六种》，中华书局 1990 年版，第 144 页。

其一为中丞。"《宋书·百官志》记载与《晋表》相同，这种说法占主流。[1]
但杜佑却不这样认为，他在《通典·职官六》中记述："御史中丞，旧持书侍
御史也。初，汉宣帝元凤中，感路温舒缓刑之言，季秋后请谳。时帝幸宣室
斋居而决事，令侍御史二人持书，持书御史起于此也。"按杜氏所言，御史中
丞之职最早也应是宣帝元凤时事。《续汉书·百官志》"治书侍御史二人，六
百石"，[2]六百石官职转化为千石之吏的御史寺之丞，历史上却没有丝毫迹象
可寻，这种可能性是不大的。再者，《史记·景帝本纪》："中三年（公元前
147），罢诸侯御史中丞。"这说明，御史中丞在景帝中三年之前就已设置。因
此，杜氏"御史中丞，旧持书侍御史"的观点是不能成立的。[3]

目前，我们还没有见到景帝中三年（公元前147）之前有关御史中丞的直
接资料。《汉书·高帝纪下》：十一年（公元前196）二月，"御史中执法下郡
守"，注引晋灼曰："中执法，中丞也。"这是否就能够证明汉高帝十一年（公
元前196）二月已设有御史中丞了呢？我们暂且将此问题放下，先看看新出土的
张家山汉简《二年律令》中的有关记载，或许对我们解决这一问题有所帮助。

《二年律令·秩律》是汉初吕后二年（公元前186）关于官吏俸禄的法律
规定，律载："御史大夫、廷尉、内史、典客、中尉……秩各二千石。御史、

---

〔1〕《宋书·百官志下》："秦时御史大夫有二丞，其一曰御史丞，其二曰御史中丞。"大多数学
者赞同御史大夫二丞说，即一为御史丞，一为御史中丞。这在史籍事例中亦有所反映，如《汉书·广
川惠王刘越传》："天子遣大鸿胪、丞相长史、御史丞、廷尉正杂治巨鹿诏狱，奏请逮捕去及后昭信。"
《汉书·王尊传》："天子以新即位，重伤大臣，乃下御史丞问状。""原其所以，出御史丞杨辅……"
《汉书·酷吏严延年传》："事下御史丞按验。"但御史丞的地位显然没有御史中丞重要，故史籍记载的
较少。宋吴仁杰等学者以为御史大夫属官一为中丞，一为内史。安作璋、熊铁基先生在《秦汉官制史
稿》中已辨其误，此不赘述。参见安作璋、熊铁基：《秦汉官制史稿》，齐鲁书社2007年版，第55页。
〔2〕《太平御览》卷二二六《职官部》二四载，"《续汉书》曰：《百官志》曰持书御史秩百
石"。《续汉书·百官志》："侍御史十五人，六百石。"因治书侍御史起于御史，故治书侍御史亦应为
六百石，不可能为百石。《太平御览》所记文字在"持书御史秩"后面似脱漏一"六"字。《续汉
书·舆服志下》"青绀绶条"引《东观书》曰"中外官尚书令、御史中丞、治书侍御史、公将军长
史……皆千石"，记载亦有误。中丞为千石，治书侍御史为其属官，则其秩不可能为千石。
〔3〕杜佑的这段话可能来自东汉胡广的《百官箴》，《续汉书·百官志》注引胡广曰："孝宣感路
温舒言，秋季后请谳。时帝幸宣室，斋居而决事，令侍御史二人治书，御史起此。"胡广说"御史起
此"，明显不对。胡广是东汉中晚期人，在尚书台供职多年，他对本朝官制所记不可能出现这种错误。因
此，错误当是传抄刻录过程中造成的。杜佑显然看出"御史起此"是不对的，根据文意在前加了"持
书"二字，《晋书·职官志》就是这样处理的。杜佑的补正虽然符合胡广原意，但在这一段前面多出的
"御史中丞，旧持书侍御史"一句，也不应是胡广原话，亦不知杜佑是否另有所据，还是传抄中的错误。

丞相、相国长史，秩各千石。（441）"〔1〕"二千石□丞六百石"（444），〔2〕
《赐律》"御史比六百石（296）"赏赐，〔3〕比较御史长史和二千石之丞，一
为千石，一为六百石，二者级差相当大。作为御史大夫之副，御史长史的资
格更为合适。《汉表》相国、丞相"有两长史，秩千石"，太尉、前后左右将
军"有长史，秩千石"，郡守"有丞，边郡又有长史，掌兵马，秩皆六百
石"，独御史大夫"有两丞，秩千石"，九卿"自太常至执金吾，秩皆中二千
石，丞皆千石"。按《汉表》，三公级官吏大多设长史，秩级为千石，九卿级
官吏多设丞，秩级亦为千石，只有边郡郡守有丞、有长史，秩级为六百石。
当时汉朝中央官或设长史，或设丞，未见二职同设的记载，且设长史的边郡
的地位似乎更高一些。《秩律》"御史、丞相、相国长史，秩各千石"，与《汉
表》中规定的丞相、太尉长史秩禄相同。我们做两种推测，一是《秩律》中
规定的"二千石□丞六百石"，包括御史大夫之丞，汉初其丞只有六百石。二
是这里的"二千石"不包括御史大夫，汉初御史大夫未设丞。从《秩律》的
文义分析，"二千石□丞六百石"的"二千石"应当包括简440所述的御史大
夫、廷尉等主体。不论哪种情况，至少在吕后二年（公元前186）的时候，御
史长史作为御史大夫的管家，秩为千石，这时的御史大夫可能还未设御史丞与
御史中丞，如果设有此职，其秩级也只有六百石，与普通的御史秩级相同。〔4〕

　　御史丞及御史中丞是什么时候设置的，更确切地说应是二丞的地位是何
时确立的，笔者认为应当在吕后二年（公元前186）之后，景帝中元三年

---

　　〔1〕《张家山汉墓竹简〔二四七号墓〕》（释文修订本）"御史、丞相、相国长史，秩各千石
（四四一）"，"御史"后面标的是逗号，因《赐律》有"御史比六百石"，故此条又规定御史秩千石
就矛盾了。参见彭浩等主编《二年律令与奏谳书——张家山二四七号汉墓出土法律文献释读》（第258
～259页）以为"御史、丞相、相国长史，秩各千石"在丞字后面脱一重文符号，即应为"御史丞、
丞相、相国长史，秩各千石"。本文同意阎步克先生的意见，以为原文并不错漏，御史后面应为顿号，
即御史和丞相、相国的长史秩皆为千石。参见阎步克：《从爵本位到官本位》，三联书店2009年版，
第419页。又，本文所引《二年律令》均出自张家山汉墓竹简整理小组编著：《张家山汉墓竹简〔二
四七号墓〕》（释文修订本），文物出版社2006年版。

　　〔2〕该条律文中的□字不清，推测或为"之"，或为"各"。有学者补释为"尉"亦通。

　　〔3〕阎步克先生认为，此处御史当指御史少史，参见阎步克：《从爵本位到官本位：秦汉官僚品
位结构研究》，生活·读书·新知三联书店2009年版，第419页。笔者以为，汉虽曾设御史少史之职，
但《赐律》之御史还应是御史大夫寺属员之御史。

　　〔4〕张家山汉墓竹简整理小组编著：《张家山汉墓竹简〔二四七号墓〕》（释文修订本），《二年
律令·赐律》"御史比六百石"（296），文物出版社2006年版，第50页。

(公元前 147) 冬十一月之前。《史记·景帝本纪》"中三年冬,罢诸侯御史中丞",说明此前汉廷与诸侯国都设御史中丞,为打压诸侯王,中央罢其御史中丞;[1]进一步分析,在吕后二年(公元前 186)之后、景帝中三年之前,御史大夫属官有过一次调整,将御史大夫二丞的秩级定为千石,而御史长史则被撤销。自此,丞相长史与御史中丞秩级相同,二职常常同领皇帝交给的特殊使命,如《广川惠王刘越传》:本始三年(公元前 71),"天子遣大鸿胪、丞相长史、御史丞、廷尉正杂治钜鹿诏狱,奏请逮捕去及后昭信"。《酷吏咸宣传》:"于是上始使御史中丞、丞相长史使督之……"《成帝纪》:永始三年夏六月,"遣丞相长史、御史中丞逐捕,以军兴从事,皆伏辜"。十二月,"遣丞相长史、御史中丞持节督趣逐捕"。如果御史大夫之丞是《秩律》规定的六百石,按汉仪,那就无法与丞相长史和廷尉正同列治事了。

还应看到,因御史大夫职掌的改变,御史长史一职的设置多次反复。按《汉表》和《宋书·百官志》,西汉成帝绥和元年(公元前 8)御史大夫更名为大司空,置长史如中丞,官职如故,禄比丞相。哀帝建平二年(公元前 5)又恢复为御史大夫;元寿二年(公元前 1)复为大司空,而将御史中丞更名御史长史,出为外台,主掌监察。东汉光武帝又"还曰中丞,又属少府",当然御史中丞又为内台了。[2]更名后的大司空"掌水土事",与监察毫无关系,所以《续汉书·百官志》"御史中丞"本注:"及御史大夫转为司空,因别留中,为御史台率,后又属少府。"同书"少府条"本注:"自侍中至御史,皆以文属焉。"[3]自此,御史中丞与御史大夫脱离了隶属关系,成为名义上由少府统辖的监察机构。

从这一变化过程可推知,西汉中后期,御史长史与御史丞地位相当,二

---

[1] 七国之乱后,景帝中五年对诸侯王官职再次进行调整,《汉表》载:"景帝中五年令诸侯王不得复治国,天子为置吏,改丞相曰相,省御史大夫、廷尉、少府、宗正、博士官,大夫、谒者、郎诸官长丞皆损其员。"

[2] 参见祝总斌:"关于汉代御史中丞的'出外'、'留中'问题",载氏著:《材不材斋文集——祝总斌学术研究论文集(下编):中国古代政治制度研究》,三秦出版社 2006 年版。祝文对于两汉御史中丞的出外与留中,论述颇为详尽。

[3] 劳榦说:"'以文属焉'今尚不能得其确切的实际解释,但按照汉代'文'字的用法,有时当作法令的文辞解,则所谓的'以文属焉'的意义,应当对其职属而言,即谓在法令的旧文虽属少府,而其实并不属少府。"见氏文:"两汉刺史制度考",载中华书局编辑部编:《中研院历史语言研究所集刊论文类编》(历史编·秦汉卷),中华书局 2009 年版,第 219 页。

者是不兼置的，所以才有西汉后期和东汉光武帝时的"大司空，置长史"、"御史中丞更名御史长史"、"光武还曰中丞"的名称变动。在汉初，一般长史和丞也不兼置，同级别职官的长史地位要高于丞；如二千石御史的长史秩千石，卫将军长史秩八百石，而"二千石□丞六百石"，汉初，即使御史大夫长史、二丞兼置，二者的地位也不相当。

我们再来分析《汉书·高帝纪下》"御史中执法"这一官职的职能。御史之职最初只是王的文书，刘师培先生说："御史之职在周代之时亦属微官，惟邦国之治，万民之令，均在御史所掌，复兼摄赞书之职，以书从政之人，与后世起居注略同。战国时秦、赵有御史，亦属末僚。盖御史训为侍御史，犹言侍史，惟居斯职者得以日亲君侧，故至秦代，即为尊官，与丞相并，复改称御史大夫。"[1] 御史在初期具有很强的皇帝私属性质，《二年律令·赐律》中御史还按"比六百石"赐，说明他没被列在正秩中。秦虽置御史大夫，但其官寺建制尚在初期，故不如丞相属员齐备、管辖范围大。[2] 御史大夫属员多在殿中活动，属官也并非后代官志所记那样齐备。"御史中执法"之"中"，自然指的是殿中[3]，其职掌是在殿中督察违法行为。中执法只是御史职务的一种，其他还有符玺御史、侍御史、监御史等。由中执法这一名称，也看不出是一种具有管领性质的官职。《陈万年传附子咸传》"元帝擢咸为御史中丞，总领州郡奏事，课第诸刺史，内执法殿中"，《薛宣传》"成帝初即位，宣为中丞，执法殿中"，《王莽传》"改郡太守曰大尹，都尉曰太尉，县令长曰宰，御史曰执法"，御史执法是其职责，中执法即在殿中执法而已。我们推测，高帝时御史大夫属员还未严格区分为殿中、殿外两大部分，御史中执法只是殿中负责监督的御史而已。这时御史寺的日常工作由御史长史负责。吕后二年以后（具体年代有待考证）御史大夫属员一分为二，御史中执法才发展为御史中丞。晋灼是西晋尚书郎，他的注释一般认为不会有误，他注御史中执法为御史中丞，后人也就相信御史中执法就是御史中丞了，如《宋史·

---

[1] 邓实主编：《国粹学报》第3年（1906年）第2册。

[2] 安作璋、熊铁基先生认为，"在秦代，丞相之下是可以说没有什么属官的，办事靠各级各类官吏"，说是丞相府属员也未健全。参见安作璋、熊铁基：《秦汉官制史稿》，齐鲁书社2007年版，第23页。

[3] 《文献通考》卷五三中丞条注："汉中丞有石室以藏秘书图谶之属，以其居殿中，故曰中丞。"

石公弼传》，"大观二年，拜御史中丞。执政言：'国朝未有由左史为中执法者'"。宋孙逢吉撰《职官分纪》卷一四："有两丞，秩千石，一曰中丞，亦谓中丞为御史中执法。"实则御史中执法为御史的一种，御史中丞是侍御史的负责人，为御史大夫副二。二职虽有发展演变关系，但并不能等同。日本学者樱井芳朗认为，《史记》中并没有汉代侍御史的记载，故推测武帝末年之前这个名词尚未产生。即便产生，在此之前御史也没有宫中与府中的区分，因此也就没有区分御史与侍御史的必要。[1]

二、御史中丞的地位

我们先看御史诸官的秩级，《赐律》"御史比六百石（296）"赏赐。如将御史中执法作为御史职务的一种，其秩级也只相当于御史。即便御史中执法如晋灼所注是御史中丞，按《秩律》"二千石□丞六百石"，御史中丞也不可能超过六百石。《二年律令》制定的时候，御史大夫秩二千石，《汉表》"御史大夫"注引臣瓒曰："《茂陵书》御史大夫秩中二千石。"至少在宣帝以后，御史大夫脱离中二千石之列，成为丞相与中二千石之间的一个过渡等级，其地位如《汉表》"位上卿，银印青绶"。[2]《秩律》御史长史秩千石，《汉表》御史两丞秩千石，未见长史，故《汉表》所记载的两丞应是景帝以后的制度。

蔡质《汉仪》曰"（御史中）丞，故二千石为之"，[3]"尚书、谏议大夫、侍御史、博士皆六百石"。[4]《通典》卷二四《职官六》中丞条本注承袭此说。按《汉书·百官公卿表》御史中丞千石，《续汉书·百官志》亦称御史中丞千石，《续汉书·舆服志下》"青绶条"引《东观书》曰："中外官尚书令、御史中丞、治书侍御史、公将军长史……皆千石。"不知蔡质《汉仪》御史中丞二千石说何据。不过，蔡质《汉仪》这段完整的话是："（御史中）丞，故二千石为之，或迁侍御史高第，执宪中司，朝会独坐，内掌兰台，督

---

〔1〕 ［日］樱井芳朗："御史制度的形成"，田人隆译，载《秦汉史研究译文集》第1辑，中国秦汉史研究会1983年印制，第217~218页。

〔2〕 御史大夫秩级的上升，可参阎步克：《从官本位到爵本位：秦汉官僚品位结构研究》（下编第1章《战国秦汉间禄秩序列的变迁》）。

〔3〕 （清）孙星衍等辑，周天游点校：《汉官六种》，中华书局1990年版，第207页。

〔4〕 《续汉书·舆服志下》青绶条注引《东观书》。

诸州刺史，纠察百寮，出为二千石。"造成中丞"故二千石为之"的原因，一是传抄可能有误，二是中丞"出为二千石"所致。因为皇帝身边的内官地位高，内官皆"高第"外补，如《续汉书·百官志》注引《古今注》曰："永元三年七月，增尚书令史员。功满未尝犯禁者，以补小县，墨绶。"墨绶为千石至六百石之吏，[1]而尚书令史只有二百石，可以补小县比六百石的长吏。这说明尚书、御史中丞的实际地位比其名义上的秩级要高得多。

汉廷礼仪，内官品秩虽低，但礼遇高于外官，[2]"至上莫若君父之前，至重莫若朝廷之内"，[3]内官的礼遇、地位并非体现在官秩上，而是体现在礼仪、权力的运作等政治待遇上。御史大夫寺原本就位傍宫城，在司马门内，[4]御史中丞更是更值殿内。[5]中丞掌兰台，兰台亦称内台。东汉以后，尚书、御史中丞、谒者称三台，[6]中丞地位仅次于尚书；汉王隆《汉官解诂》："建武以来，省御史大夫官属入侍兰台。兰台有十五人，特置中丞一人以总之。此官

〔1〕 墨绶即黑绶。《汉书·百官公卿表上》"秩比六百石以上，皆铜印黑绶"，《续汉书·舆服志下》黑绶条"千石、六百石黑绶"，可知黑绶这一级规格变化不大，只是"成帝阳朔二年除八百石、五百石秩。绥和元年，长、相皆黑绶"。《续汉书·百官志二》光禄勋条："左右仆射、左右陛长各一人，比六百石。"注引《汉官》曰："陛长，墨绶铜印。"可证墨绶最低为比六百石。

〔2〕 本文内官、外官的划分是以官员日常办公是否在皇帝身边为标准，并非史籍所载中朝官、外朝官概念，如《汉书·刘辅传》注引孟康曰："中朝，内朝也。大司马左右前后将军、侍中、常侍、散骑、诸吏为中朝。丞相以下至六百石为外朝也。"有关中朝、外朝的问题，参见劳榦："论汉代的内朝与外朝"，载中华书局编辑部编：《中研院历史语言研究所集刊论文类编》，中华书局2009年版。又参见祝总斌："两汉魏晋南北朝宰相制度研究"，中国社会科学出版社1998年版，第2页。本文同意祝总斌先生关于中外朝官的分析，本文所说的内、外官与史籍的中朝、外朝有联系，但并不完全等同。外官，即相当于史籍所载外朝官，如三公及诸卿；御史中丞及其属官本不属中朝，但因在宫中办公，本文将其称作内官。之所以这样划分，是因为礼仪制度上存在这种区别。

〔3〕 文渊阁《四库全书》史部政书类通制之属，宋李攸撰：《宋朝事实》卷九。

〔4〕 卫宏撰《汉旧仪》："御史大夫寺在司马门内，门无塾，署用梓板，不起郭邑，题曰御史大夫寺。"载（清）孙星衍等辑，周天游点校：《汉官六种》，中华书局1990年版，第73页。《汉书·元帝纪》颜师古注："司马门者，宫之外门也。卫尉有八屯，卫候司马主卫士徼巡宿卫。每面各二司马，故谓宫之外门为司马门。"西汉未央宫紧临东司马门，《汉书·五行志上》："永始四年四月癸未，长乐宫临华殿及未央宫东司马门灾。……未央宫，帝所居也。"《汉书·张释之传》注引如淳曰："宫卫令'诸出入殿门公车司马门者皆下，不如令，罚金四两'。"

〔5〕 卫宏撰《汉旧仪》："御史、卫尉寺在宫中，亦不鼓。"载（清）孙星衍等辑，周天游点校：《汉官六种》，中华书局1990年版，第71页。

〔6〕《后汉书·袁绍传》注引《晋书》曰："汉官尚书为中台，御史为宪台，谒者为外台，是谓三台。"

得举非〔法〕（官），其权次尚书。"〔1〕可见，御史中丞与尚书台属员一样，都应属于内官。

御史中丞秩虽千石，礼仪地位却在三公之上。蔡质《汉仪》曰："凡三公、列卿、将、大夫、五营校尉行复道中，遇尚书仆射、左右丞郎、御史中丞、侍御史，皆避车豫相回避。"〔2〕可见，内、外官同行复道时，外官要礼让内官。在这种情况下，御史中丞与尚书台诸官的地位相当。

但同是内官，地位也不相同。御史中丞职掌监督权，故其地位低于号称中台的尚书台诸官。蔡质《汉仪》曰："御史中丞遇尚书丞、郎，避车执板住揖，丞、郎坐车举手礼之，车过远乃去。尚书言左右丞，敢告知如诏书律令。郎见左右丞，对揖无敬，称曰左右君。丞、郎见尚书，执板（对）揖，称曰明时。见令、仆射，执板拜，朝贺（对）揖。"《续汉书·百官志》尚书令一人，千石；尚书仆射、尚书，六百石；左右丞、侍郎，四百石；御史中丞秩千石。作为宪台之首，遇四百石郎、丞时竟然也要"避车执板住揖，丞、郎坐车举手礼之，车过远乃去"，可见内官中台的地位最高。

朝议时，御史中丞与尚书、司隶校尉具有特别的位置，号三独坐。《后汉书·宣秉传》："光武特诏御史中丞与司隶校尉、尚书令会同并专席而坐，故京师号曰'三独坐'。"〔3〕司隶校尉虽位"三独坐"，但属外官，行复道遇御史中丞，仍要"避车豫相回避"。因此，在朝仪方面，御史中丞低于中台诸官而高于外官。

徐天麟《西汉会要》卷三七《职官七》有"班序"一目，按班序表，丞相司直、司隶校尉班位在关内侯之后，在城门校尉、八校尉、搜粟都尉、光禄大夫之前，这些职官秩在二千石之列。光禄大夫之后就是御史中丞，其后则是丞相长史、三辅都尉；尚书令则还在御史中丞之后八位。这个班序原则上是按秩级排列的，所以司直排在最前，其后是司隶校尉，再其后是御史中丞。尚书令秩级只有千石，当时其政治地位还不似东汉那样高，班位在比二

---

〔1〕（清）孙星衍等辑，周天游点校：《汉官六种》，中华书局1990年版，第16页。

〔2〕（清）孙星衍等辑，周天游点校：《汉官六种》，中华书局1990年版，第204页。

〔3〕《汉官仪》曰："御史大夫、尚书令、司隶校尉，皆专席，号三独坐。"此御史大夫应为御史中丞。三独坐为光武时称号，御史大夫早已更名为大司空。见（清）孙星衍等辑，周天游点校：《汉官六种》，中华书局1990年版，第124页。

千石的骑都尉之后，西域都护之前，西域都护亦秩比二千石。由此也可看出中央，就是秩级千石的内官其地位也远高于比二千石的地方官。从这个班序表看出，御史中丞的地位较高，因为御史中丞、丞相长史皆秩千石，而其后的三辅都尉秩二千石，五官中郎将、羽林中郎将、护军都尉等秩级皆比二千石。班位其前的光禄大夫按《汉旧仪》"秩比二千石"，但也有中二千石的，如《汉书·孔光传》"拜（光）为光禄大夫，秩中二千石"，故《会要》光禄大夫职下小注云："非中二千石者，叙在三辅都尉下。"这样，两千石的光禄大夫就班位于丞相长史之后。司直、司隶、御史中丞、尚书令诸官在西汉的班序，反映了诸官职的政治地位，虽然班序体现的是朝廷礼仪，但各官职的政治地位与礼仪存在相当紧密的联系。

三、御史中丞的职掌及其与司直、司隶校尉的权限划分

《汉表》：御史大夫"有两丞，秩千石。一曰中丞，在殿中兰台，掌图籍秘书，外督部刺史，内领侍御史员十五人，受公卿奏事，举劾按章"。西汉御史寺属员一分为二，在殿中兰台主持工作的叫御史中丞，在殿外的叫御史丞。御史寺的御史总员额为四十五人，十五人在殿中为侍御史。《汉书·萧望之传》注引如淳曰："《汉仪注》御史大夫史员四十五人，皆六百石，其十五人给事殿中，其余三十人留守治百〔官〕事，皆冠法冠。"[1]自西汉末御史大夫职改大司空以来，御史中丞一直主掌监察并兼文秘工作，其权力逐渐加大，汉王隆撰《汉官解诂》："建武以来，省御史大夫官属入侍兰台。兰台有十五人，特置中丞一人以总之。此官得举非〔法〕（官），其权次尚书。"[2]《续汉书·百官志》：御史中丞一人，千石。"本注曰：掌察举

---

〔1〕 卫宏撰《汉旧仪》亦述："御史，员四十五人，皆六百石。其十五人衣绛，给事殿中为侍御史，宿庐在石渠门外。二人尚玺，〔四人〕持书给事，二人侍前，中丞一人领。余三十人留寺，理百官事也。皆冠法冠。"见（清）孙星衍等辑，周天游点校：《汉官六种》，中华书局1990年版，第63页。这段文字较如淳《仪注》为详，且可补正其遗误。成帝绥和元年（公元前8）御史大夫更名为大司空后，中丞自掌监察，已无内外之属员的区别。

〔2〕 （清）孙星衍等辑，周天游点校：《汉官六种》，中华书局1990年版，第16页。这段注解极易引起误解，建武入侍兰台，是说御史中丞及其侍御史返回宫内，因其曾一度出为外台。"兰台有十五人"，是说侍御史共十五人，而非兰台令史十五人。据《汉官仪》《后汉书·班超传》李贤注引《续汉志》，兰台令史共六人。

非法，受公卿群吏奏事，有违失举劾之。凡郊庙之祠及大朝会、大封拜，则二人监威仪，有违失则劾奏。"从汉官志看，御史中丞职责主要有：（1）掌图籍秘书及兰台；[1]（2）外督部刺史；（3）受公卿奏事，举劾按章；[2]（4）在国家举行的重大活动中察举"违失"。此外，检阅两汉纪传等史料，御史中丞在实际工作中，其职事远远超出这个范围。清官修《历代职官表》曾概括其要，今人安作璋、熊铁基两位先生在《秦汉官制史稿》中也有非常详细的阐述。[3]御史中丞的实际职事还有：（1）受命治狱；（2）执捕案犯；（3）奉节督战或领兵征伐；（4）诘问大臣；（5）督运漕粮。

从上可知，御史中丞管理、督责范围相当广泛，有些甚至超出了御史中丞应有的职权范围。不过，在专制社会中，这种事很正常，太监受皇命去监督出征的将军也是合法的。因为御史中丞职权的庞杂，必然会涉及与其他督察官员的职责、权力划分问题。西汉主要是与丞相司直的权限划分，东汉主要是与司隶校尉的权限划分。

两汉的监察职官较为复杂，经历了一个由一元监察体系向多元监察体系的发展过程，终两汉固定在御史中丞和司隶校尉两个监察体系上。

汉兴，省秦之监察御史，"惠帝三年（公元前192），又遣御史监三辅郡"，"其后诸州复置监察御史。文帝十三年（公元前167）以御史不奉法，下失其职，乃遣丞相史出刺，并督监察御史。武帝元封元年（公元前110），御史止，不复监。至五年，乃置部刺史，掌奉诏六条察州，凡十二州焉"。[4]各州部刺史由御史中丞直接管领。[5]武帝元封元年之前，地方监察机制主要

---

[1] 关于兰台令史的职责，汪桂海先生论述的非常正确，他说："关于兰台令史，史书有这样三条材料……，但其中第三条即今本《续汉书·百官志》的记载有错误，而李贤注所引的《续汉志》（即章怀所见到的《续汉书·百官志》）及《汉官仪》的记载是正确的。……兰台令史的职事有三：一曰书劾奏，二曰书印，三曰主文书。"参见汪桂海：《秦汉简牍探研》，文津出版社有限公司2009年版。

[2] 《陈万年传附子咸传》："万年死后，元帝擢咸为御史中丞，总领州郡奏事，课第诸刺史，内执法殿中，公卿以下皆敬惮之。"从这条史料可知，御史中丞不但"受公卿奏事"，也"总领州郡奏事"，管辖诸州刺史。陈咸的职权正符合《续汉书·百官志》所记御史中丞的职责。关于刺史与御史中丞的关系，还可阅王鸣盛《十七史商榷》卷十四"刺史隶御史中丞"条。

[3] 安作璋、熊铁基：《秦汉官制史稿》，齐鲁书社2007年版，第56~68页。

[4] （唐）杜佑：《通典》卷三二《职官十四》。

[5] 《汉书·薛宣传》："（薛）宣为中丞，执法殿中，外总部刺史。"

是监察御史和刺史的叠置问题，武帝废监察御史和丞相刺史，改设州部刺史，并将其归属御史中丞管领，从而解决了这一问题。因此，武帝元封之前御史中丞的职责主要是"掌图籍秘书"，"受公卿奏事，举劾按章"。御史中丞与其他监察官发生冲突是在武帝元狩五年（公元前118）设丞相司直和司隶校尉以后的事。此前，在中央层面只有御史大夫系统的监察，故谈不上与其他监察系统存在职权与管领范围的冲突。

武帝元狩五年（公元前118）设丞相司直，秩比二千石，"掌佐丞相，举不法"，[1]"职无不监"。[2]征和四年（公元前89）置司隶校尉，[3]"捕巫蛊，督大奸猾"，"察三辅、三河、弘农"。[4]初始持节、领兵，后武帝罢其兵，元帝初元四年（公元前45）去节。《续汉书·百官志》：司隶校尉从事史十二人。本注曰"都官从事，主察百官犯法者"。御史中丞、司直、司隶校尉三官均司督察，其职责如何划分，似应有所规定。祝总斌先生认为："司隶校尉偏重在通过直接发现百官的不法行为进行检举，如行驰道中在京师活动违犯禁令等。御史中丞在汉初则为'受公卿奏事，举劾按章'，也就是通过发现公卿给皇帝所上言事文书之违失处进行举劾。而司直和他们不同，似乎主要是通过审阅经过丞相府的各类文书，发现不法行为，进行纠察。"[5]史载，"故事，州郡所举上奏，司直察能否以惩虚实"。[6]而事实上，司直并非只据文书案牍察举官员，在发现不法时，亦直接上书举劾。司直不但举劾地方官员，也劾举中央官员，如《汉书·翟方进传》载，翟方进为司直行驰道，被司隶校尉陈庆劾奏没入车马。在甘泉宫议政时，陈庆私语"尝有所奏事，忽忘之，留月

---

〔1〕《汉书·百官公卿表》。

〔2〕卫宏撰：《汉官旧仪》卷上："丞相府司直一人，秩二千石，职无不监。武帝初置，曰（马）〔司〕直官，今省。"参见（清）孙星衍等辑，周天游点校：《汉官六种》，中华书局1990年版，第36页。

〔3〕朱绍侯先生论证，司隶校尉初置应在征和二年，并认为这一职官是由绣衣直指使者演化而来，江充应是历史上第一位司隶校尉。参见朱绍侯："浅议司隶校尉初设之谜"，载《学术研究》1994年第1期。安作璋、熊铁基先生在《秦汉官制史稿》论述司隶校尉一职时，亦流露出江充可能是历史上第一位司隶校尉之意。最早流露此意的可能是东汉的崔瑗，见《全后汉文·司隶校尉箴》。又，《续汉书·百官志》："荀绰《晋百官表注》曰：'司隶校尉，周官也。征和中，阳石公主巫蛊之狱起，乃依周置司隶。'"此条亦可证明以上诸家对司隶校尉设置的时间和目的的推论是正确的。

〔4〕《汉书·百官公卿表》。

〔5〕祝总斌：《两汉魏晋南北朝宰相制度研究》，中国社会科学出版社1998年版，第46~47页。

〔6〕《后汉书·马援传附兄子严传》。

余"，翟方进乘机报复，"于是举劾庆曰：'案庆奉使刺举大臣，故为尚书，知机事周密壹统，明主躬亲不解。庆有罪未伏诛，无恐惧心，豫自设不坐之比。又暴扬尚书事，言迟疾无所在，亏损圣德之聪明，奉诏不谨，皆不敬，臣谨以劾。'庆坐免官"。又，成帝河平年间，涓勋初拜为司隶，"不肯谒丞相、御史大夫，后朝会相见，礼节又倨"。翟方进暗中观察涓勋，又发现"勋私过光禄勋辛庆忌，又出逢帝舅成都侯商道路"，涓勋违反上下之礼，王道纲纪。于是劾奏涓勋"轻谩宰相""贱易上卿"，并请免勋。成帝"贬勋为昌陵令"。这说明，司直有权当场举劾大臣。从司直的活动看，司直职掌虽不如御史中丞广泛，但在劾举官吏方面，好像与中丞又没有什么区别。

丞相司直存在于西汉武帝元狩五年（公元前 118）到东汉初，东汉末又恢复。《汉官仪》曰："武帝置丞相司直，元寿二年（公元前 1）改丞相为大司徒，司直仍旧。"《后汉书·光武纪下》：建武十一年（公元 35）"夏四月丁卯，省大司徒司直官"。献帝建安八年（公元 203），"初置司直官，督中都官"。其职仍属丞相，司监察。西晋，司直亦然，如《晋书·刘隗传》："隗雅习文史，善求人主意，帝深器遇之。迁丞相司直，委以刑宪。"复置后的司直，权力已不如前。北朝司直走向与南朝不同，它脱离丞相机关而附属于廷尉；北魏永安二年（公元 529），"复置司直十人，视五品，隶廷尉，覆治御史俭劾事"。[1]北齐、隋，司直已彻底退出行政系统而为大理寺的属员，历史最终摆正了司直的位置。[2]

司隶校尉"掌察百官以下及京师近郡犯法者"，[3]《续汉书·百官志》注引蔡质《汉仪》云，司隶校尉"职在典京师，外部诸郡，无所不纠"。《太平御览》卷二五〇《职官部》应劭《汉官仪》："司隶校尉纠皇太子、三公以下及旁州郡国无不统。"司隶校尉是因特殊事件而设立的，故其权力非比寻常。[4]

---

〔1〕《魏书·官氏志》，中华书局 1974 年版，第 3004 页。

〔2〕《北齐书·儒林孙灵晖传》：孙灵晖，子万寿，"卒于大理司直"。《隋书·百官志下》："大理寺，不统署。又有正、监、评、司直、律博士、明法、狱掾。"

〔3〕《续汉书·百官志》司隶校尉条本注。

〔4〕应劭《汉官仪》："司隶校尉，征和中，阳石（子）〔公〕孙敬声巫蛊之狱，乃依周礼，置司隶校尉，持节督大奸猾事，复置其司。"见（清）孙星衍等辑，周天游点校：《汉官六种》，中华书局 1990 年版，第 148 页。司隶校尉的设置与征和年间的巫蛊案有直接关系，在武帝看来，当时形势严峻，皇位势危，故设司隶校尉以打击异己。

既然司隶校尉"无所不纠""无不统",在行使其权力时必然会与传统的监察官发生冲突,特别是西汉晚期以后,随着御史中丞权力的加强,二者的冲突在所难免。从国家机器正常运行的角度分析,司隶校尉设立之初,武帝应当考虑二职掌的分工及相互关系。从史籍所载二官员的活动分析,二职掌的侧重面还是有所不同。御史中丞本在殿中兰台,负责皇家图书馆并兼掌文印奏诏,其监察职能主要是察举殿中违法。后因御史大夫职能的改变,御史中丞便全盘接手监察任务,但其宫中纠察的角色还是很重的。袁宏《后汉纪》卷二二:延熹七年(164),太尉杨秉劾中常侍侯览,尚书诘问:"夫设官分职,各有司存,三公统外,御史察内,今越左右,何所依据?"这段话证明,御史以察宫内为主要职责。《三国志·魏书》卷一四《程晓传》:嘉平时(250-254),程晓论不必选校事上疏曰:"今外有公卿将校总统诸署,内有侍中尚书综理万机,司隶校尉督察京辇,御史中丞董摄宫殿,皆高选贤才以充其职,申明科诏以督其违。"这是说,公卿将校统属殿外各级衙属的行政事务,侍中与尚书在宫中咨议、决策,司隶校尉督察京师,御史中丞督察宫中违制。由这些材料看,御史中丞与司隶校尉这两个监督机关的职掌区分得还是很清楚的。

在实际运行中,二职掌往往发生冲突,特别是御史中丞全面接手监察职责以后,更与司隶校尉的关系无法理清。御史中丞与司隶校尉长期并存,不像丞相司直,建武十一年(35)"省大司徒司直官"。因此,御史中丞与司隶的职权冲突,始终未能解决。即使到了晋代,情况依然如此。晋惠帝时,司隶校尉傅咸先是"奏免河南尹澹、左将军倩、廷尉高光、兼河南尹何攀等,京都肃然,贵戚慑伏",后又以仆射兼吏部的"(王)戎备位台辅,兼掌选举,不能谧静风俗,以凝庶绩,至令人心倾动,开张浮竞。中郎李重、李义不相匡正。请免戎等官"。御史中丞解结认为,傅咸劾奏王戎有违典制,越局侵官,超越职权。傅咸反驳道:"按令:'御史中丞督司百僚。皇太子以下,其在行马内,有违法宪者皆弹纠之。虽在行马外,而监司不纠,亦得奏之。'如令之文,行马之内有违法宪,谓禁防之事耳。宫内禁防,外司不得而行,故专施中丞。今道路桥梁不修,斗讼屠沽不绝,如此之比,中丞推责州坐,即今所谓行马内语施于禁防。既云中丞督司百僚矣,何复说行马之内乎。既云百僚,而不得复说行马之内者,内外众官谓之百僚，则通内外矣。司隶所以不复说行马内外者，禁防之事已于中丞说之故也。中丞、司隶俱纠皇太子以下，则共对司内外矣，不为中丞专司内百僚，司隶专司外百僚。自有中丞、司隶以来，更互奏内外众官，惟所纠得无内外之限也。……司隶与中丞俱共纠皇太子以下，则从皇太子以下无所不纠也。得纠皇太子而不得纠尚书，臣之暗塞既所未譬。皇太子为在行马之内邪，皇太子在行马之内而得纠之，尚书在行马之内而不得纠，无有此理。……臣识石公前在殿上脱衣，为司隶荀恺所奏，先帝不以为非，于时莫谓侵官。今臣裁纠尚书，而当有罪乎？"[1]御史中丞解结认为傅咸有违典制，显然是依据傅咸所引之晋令。按晋令，当时确有行马内外之职分。但从傅咸的申辩可知，事实上司隶校尉与御史中丞监察界限不易区分。从晋史看，二者职权范围是交叉的。

司隶校尉一职的设立本因特别事件，是特定时代的产物。它的设立对于打击豪强和不法权贵发挥了很大作用；但是这一职官毕竟不符合常制，在运行机制上也与出身"内官"的御史中丞存在冲突。且司隶校尉还有督察三辅、三河、弘农七郡的地方权力，其地方监察官的属性就不曾被取消，再加之其职责与御史中丞的冲突，所以"及渡江，乃罢司隶校尉官，其职乃扬州刺史也"。[2]司隶校尉自西汉武帝征和初年至西晋末，运行了四百余年，至此终结了使命，其监察权统归宪台。司隶校尉一职被取消是必然的，自此，也就不存在与御史中丞的冲突了。

四、御史中丞与司直、司隶校尉的制约关系

武帝不满足于现有的以御史大夫为首的一元监察体制，又先后设置了丞相司直、部刺史和司隶校尉等监察机关，由此形成了多元、多层次的监察格局。如此众多的监察机构，除规定各自的职掌外，还应在职事运行中规定督促与管领的机制。汉官制，司直隶属于丞相；部刺史由御史中丞管领；司隶校尉一职由直指绣衣使者演化而来，直指绣衣使者原为御史大夫属官，故司隶

---

〔1〕《晋书·傅咸传》。
〔2〕《晋书·职官志》。

校尉持节活动，名义上受命于皇帝，但在隶属上似仍归属在御史大夫名下。[1]御史中丞隶属于御史大夫，但御史大夫官转大司空后，名义上属少府，实由皇帝直接管领。从官制的一般原则分析，各职官应由其上级部门管领、监督工作，但诸多典籍却记载不同系统的监察官之间具有监管关系。《通典》卷二四《职官六》："武帝时，以中丞督司隶，司隶督丞相，丞相督司直，司直督刺史，刺史督二千石，下至黑绶。"《北堂书抄·设官部》引《汉旧仪》同此。《唐六典》卷一三《御史台》本注："及置司隶校尉，以御史中丞督司隶、司直，司隶、司直督刺史，刺史督二千石，下至墨绶。"《御览》卷二二五作："御史中丞督司隶，司隶督司直，司直督刺史，刺史督二千石以下。"这里"督"字，并非只是监察非法，乃含有督促、督办及职事上的监管之意。文献记载虽略有差异，但都说三监司之间存在监督、督促关系。御史中丞、司隶校尉、司直三监司之间虽然没有隶属关系，但是通过一个"督"字，前者就具有了督促、督察后者办案质量与进度的权力。

　　《通典》《唐六典》的作者均为唐人，且《唐六典》为唐朝官修政书，所记应当有所本。检《隋书》、两《唐书》之《经籍志》《艺文志》，有关汉朝史籍与官志犹存。《北堂书抄》《御览》皆引自《汉旧仪》，《汉旧仪》的作者为汉议郎东海人卫宏。四库《汉官旧仪提要》载，"《汉旧仪》四篇，以载西京杂事，见于《范书》本传。隋唐《经籍》《艺文志》：《汉旧仪》四卷；《宋史·艺文志》：三卷，俱著于录。马端临《经籍考》卷目与《宋志》同，而别题作《汉官旧仪》"。可见元时《汉旧仪》仍在，只是比隋唐时少了一卷。因此，我们认为，汉朝各监察职官之间的督察关系应不是后人误记或伪造。至于所述文字不同，应是错讹漏误所致。分析比较诸书文字，《御览》较为准确。丞相为百寮之首，不是监察官，且为司直的上司，不应在监察官制

――――――――――

〔1〕 司隶校尉一职的统署，两汉官志对此记载并不明确。本文是从司隶校尉一职演变的角度推测其应隶属御史大夫。《汉表》："绥和二年，哀帝复置，但为司隶，冠进贤冠，属大司空，比司直。"御史大夫官转大司空后，司隶复置，属大司空。从这点分析，司隶校尉似应隶属御史大夫。安作璋、熊铁基认为："司直属丞相，司隶当属御史大夫，故御史大夫转官为大司空后，仍以司隶属大司空。"见安作璋、熊铁基：《秦汉官制史稿》，齐鲁书社2007年版，第56~68页。《汉书·翟方进传》："初，方进新视事，而涓勋亦初拜为司隶，不肯谒丞相、御史大夫，后会合相见，礼节又倨。"作为御史大夫的属官，"初拜""不肯谒"，实罕见。从司隶校尉的活动及持节行事的情况分析，司隶校尉似"不统署"，直接归属皇帝。司隶校尉的隶属问题还是值得进一步探究的。

约之内。《通典·职官》"司隶督丞相"可能在"丞相"后面脱漏"司直"二字，又多出"丞相督司直"一句。

我们推定武帝时存在监察官之间的制约、督察关系的另一个依据是："文帝十三年（公元前167）以御史不奉法，下失其职，乃遣丞相史出刺，并督察御史。"[1]丞相史"督察御史"的时间虽然不长，但说明文帝时已出现监察官被督察的制度。又，《续汉书·百官志》司徒条"本注曰：世祖即位，以武帝故事，置司直，居丞相府，助督录诸州，建武十八年省也"。《马援传附兄子严传》载，马严针对当时诸刺史不尽心国事，司察偏阿的情况上封事曰，"今益州刺史朱酺、扬州刺史倪说、凉州刺史尹业等，每行考事，辄有物故，又选举不实，曾无贬坐，是使臣下得作威福也。故事：州郡所举上奏，司直察能否以惩虚实。今宜加防检，式遵前制"。马严上封事时，丞相司直已被撤销，马严举故事，意味着如司直还在，刺史不法诸事会由司直处断。部刺史职官本隶属御史中丞，但上述材料证明，武帝时丞相司直确有督录诸州事务及州部刺史的权力。当然，司直应当是通过"州郡所举上奏"来督察部刺史的。

"中丞督司隶"虽没有见到明文规定，但可以这样理解：《汉表》云中丞"外督部刺史"，实即对地方监察官行使督察权；司隶校尉"察三辅、三河、弘农"，蔡质《汉仪》司隶校尉"职在典京师，外部诸郡，无所不纠"，故司隶校尉带有地方监察官的性质，因中丞"外督部刺史"，故司隶在三辅等地方上的工作应在被"督"之中。

"御史中丞督司隶，司隶督司直"，目前还没有找到更多的材料予以支持。"御史中丞督司隶，司隶督司直"是以低秩官督察高秩官，以皇帝内臣督察外臣。御史中丞秩级最低，只有千石；司隶校尉秩比二千石，位在司直下。司直最高，二千石。"司直督刺史"，又形成中央监察官对地方监察官的督察。"刺史督二千石下"，虽然刺史只有六百石，但他代表中央对二千石的地方官进行监察。顾炎武说："夫秩卑而命之尊，官小而权之重，此小大相制，内外相维之意也。"[2]严格来讲，卑官对尊官进行监察的制度设置是从武帝开始

---

〔1〕（唐）杜佑撰：《通典》卷三二《职官》。

〔2〕（清）顾炎武著，黄汝成集释，栾保群、吕宗力校：《日知录》卷九《部刺史》，上海古籍出版社2006年版，第528页。

的，这种模式代表了中国专制社会监察制度的发展方向。

"御史中丞督司隶，司隶督司直，司直督刺史，刺史督二千石以下"是武帝时的一种制度设计。《通典·职官六》及《北堂书抄·设官部》所引《汉旧仪》特别强调"武帝时"三个字。现实中这种制约关系并没能贯彻下去。首先，我们看到的是各系统的监察官是可以相互督察参劾的，如《汉旧仪》虽言"司隶督司直"，但史上不乏司直弹奏司隶的事例；《汉书·翟方进传》载，成帝时，司直翟方进"旬岁间免两司隶，朝廷由是惮之"。司直不但奏免司隶，同样也劾奏御史丞的上司御史大夫。《汉书·萧望之传》：宣帝时，丞相司直繁延寿曾劾奏御史大夫萧望之对丞相不恭。这样的督察制度很难使监察官之间形成较为固定的督促、管领关系。再者，尚书令可以督办监察官，蔡质《汉仪》："延熹中，京师游侠有盗发顺帝陵，卖御物于市，市长追捕不得。周景以尺一诏召司隶校尉左雄诣台对诘，雄伏于庭答对，景使虎贲左骏顿头，血出覆面，与三日期，贼便擒也。"时周景为尚书令，尚书令秩级千石。由尚书令"诏召司隶校尉左雄诣台对诘"，虽然是奉皇帝之命，但至少说明原来监察官之间的督办关系早已不复存在。此外，御史中丞、司隶校尉事实上皆由皇帝直接领导，司直虽隶属丞相，但常直接受皇帝委派。他们三者之间的督促、督察关系在这种体制下是难以维系的。成帝时，丞相、御史请遣掾史与司隶校尉、部刺史并力逐捕北地人浩商等刺杀义渠长妻子等六人命案，司隶校尉涓勋上奏认为，司隶校尉不当受丞相属官督派，并请廷议。廷议时，僚属们对中丞、司隶、司直的制约关系只字未提，议者只是以为司隶校尉"得奉使督察公卿以下为职"，不宜受丞相掾属的督察。[1]史料所述，说明这种制度没有实施；专制官僚性质，决定了这种制度不可能实施。再考虑两汉司直、司隶时废时置，这种制约关系就更不可能存在了。

御史大夫是秦汉中央王朝的最高监察机关，建立伊始，地位不是很高。御史初为微官，秦加"大夫"以示其尊。汉初，御史大夫秩级只有二千石，与廷尉、内史、郡守等同秩。御史等属员不在正秩，其赐仅比六百石。这时，御史大夫属员还没有区分为由御史丞、御史中丞分别统领的宫外、殿中两大

---

[1]《汉书·翟方进传》，中华书局1962年版，第3413页。

系统。御史、侍御史之分及御史中丞的设立至少应在吕后二年以后、景帝中元三年之前。历史上许多机构的设立，都有一个发展过程，最初的属员、职能并不健全。据安作璋、熊铁基先生论证，"在秦代，丞相之下是可以说没有什么属官的，办事靠各级各类官吏"，[1]御史大夫的情况也是如此，在《二年律令》制定的时候，或没有御史丞这个职官，御史大夫的管家是御史长史，秩级千石。

武帝元狩五年以后，先后增设丞相司直、司隶校尉、部刺史等监察机构，形成了多元化的监察体系。除部刺史巡察州郡外，中央的司直、司隶校尉和御史中丞在实际运行中，权力范围交织，职权界限并不明晰。汉代监察机关职事混杂，并不专职于监察，常受皇命从事于其他工作，这一点清《历代职官表》就已阐明。汉廷从最初的一元监督发展到多元体系的监督，其权力皆来源于皇权，特别是御史诸官和司隶校尉具有皇帝的私人属性，在专制体制下，监督机关在本质上是皇帝的御用工具。

司直位在丞相府，隶属行政系统。在多元监察体制下，无论是从皇权专制的角度，还是行政、监察分立的角度，司直权力的运行既违背常理，又显得多余。司隶校尉是武帝因特别事件而设，他代表皇帝持节督捕。司隶既监中央百官，又督三辅等七郡，因此，他既是中央监察官，又是地方监察官。随着州部刺史职能的转变，司隶也不可能独善其身。再者，司直、司隶的监察职权皆无所不监，故他们与中央常设的宪台必然存在权力冲突。正因为如此，北朝司直的统属向审判机关发展，司隶校尉因原本就领京畿诸郡，东晋改扬州刺史。两汉的监察机关自御史大夫职转大司空后，只有御史中丞保留下来，以后各代，其名称虽有变化，最终成为专制中央王朝的唯一监察机关。这种变化表明，监察机关最终向一元体系发展是符合政府的一般运行机理的。

两汉的监察机关，司直秩级最高，其次为司隶校尉，御史中丞秩级最低，只有千石。历史的发展恰恰是秩级最低的御史中丞保留下来。以品低制品高、以下监上是中国以后各代监察体系的特色，这其中的玄机就是最高统治者制衡各种权力的驾驭之术。行政权、司法权、监督权最后统属于皇帝，这是专制政体的政权结构形式，也是皇权专制的内在要求。这种体制的最后决定力

---

[1] 安作璋、熊铁基：《秦汉官制史稿》，齐鲁书社2007年版，第23页。

量是皇权。与此相反，现代民主政府的各项权力来源于人民，各项权力向上延伸，独立运行，互不统属。决定这种体制的最后力量是法律，是人民的意志。典籍所载汉武帝时各系统的监察机关之间督促、监察的机制，在专制政体下不但不必要，也不可能实现。因此，多元监督体系向一元化转变，即使在专制体制下，不但是可行的，更是经济的。

秦汉的乞鞫与覆狱

战国秦汉简牍资料自上世纪 70 年代以来多有出土和发现，很多简牍对于复原秦汉的诉讼制度具有重要作用。云梦睡虎地秦简、岳麓书院所藏秦简、张家山汉简等对秦汉乞鞫和覆狱制度的研究更具有意义，很多学者对此进行了研究并取得了诸多成果，但仍有一些环节、司法术语的内涵等需要厘清，本文就秦汉时期刑案的乞鞫与覆狱等问题试做探讨。

一、乞鞫的程序与审理机关

案犯（或称被告）论决后，本人及其直系亲属不认为有关行为系犯罪或认为原判适用法律不当，可以请求重新审理，秦汉法律称之为乞鞫。关于乞鞫制度，睡虎地秦律、张家山汉简《二年律令》都有规定，《二年律令·具律》的规定更为详细：

> 气（乞）鞫者各辞在所县道，县道官令、长、丞谨听，书其气（乞）鞫，上狱属所二千石官，二千石官令都吏覆之。都吏所覆治，廷及郡各移旁近郡，御史、丞相所覆治移廷。（简 115-117）[1]

这段律文的前部分容易理解，但是"廷及郡各移旁近郡，御史、丞相所覆治移廷"，就难于理解。按字面解释，都吏所覆治的案件要移交给相邻的旁近郡，而御史、丞相所覆治的案件要移交给廷尉。这种治狱程序，目前还找不到其它材料的支持。籾山明认为，简 117 "及郡各移旁近郡，御史、丞相所覆治移廷"是错简，与前简 116 不能相接，其本应接续的简应是以"尉"字

---

〔1〕 彭浩等主编：《〈二年律令〉与〈秦谳书〉：张家山二四七号汉墓出土法律文献释读》，上海古籍出版社 2007 年版，第 139 页。本文所引《二年律令》及《秦谳书》材料皆自该书，为避文烦复，不再标注出处，只注简号。

开头的。〔1〕基于原简的缀联，我们对于乞鞫案覆治的移送程序可能产生错误的理解。对于乞鞫案件，都吏审核（"覆之"）后是由二千石官指定移旁近郡，还是由上级机关指定"旁近郡"再行"覆治"，学界对此有不同的理解。〔2〕分析现在所见秦汉乞鞫案件，籾山明认为简117与简116是错接的推论可能是正确的。

乞鞫应首先向县、道机关申请，县、道官令、长、丞听其陈述并记录，将乞鞫申请上报所属的二千石官，"二千石官令都吏覆之"，这里的"覆之"是审核的意思。乞鞫在秦律中已有规定，睡虎地秦简《法律答问》简115："以乞鞫及为人乞鞫者，狱已断乃听，且未断犹听殹（也）？狱断乃听之。"〔3〕即只有判决后才能乞鞫，汉初《具律》的规定与此相同。《具律》简114还规定"气（乞）鞫不审，驾（加）罪一等；其欲复气（乞）鞫，当刑者，刑乃听之"，《具律》没有限制乞鞫次数，只是规定再次乞鞫，判处肉刑的，应当先执行肉刑。〔4〕反言之，若第一次乞鞫则不应执行肉刑。当然，若初次判决后未乞鞫，被执行肉刑后在规定的期限内乞鞫也是允许的。乞鞫不影响劳役刑的执行。第一次乞鞫相当于我们现在的一审上诉，第二次乞鞫"刑乃听之"则相当于现在生效案件的再审申诉了。乞鞫案件"覆治"的主体是二千石官指派的都吏，但都吏"覆治"后的程序走向争议颇大。从《具律》简116"都吏所覆治，廷"句分析，都吏覆治后还需由某"廷"的机构审核（或审判），这个最后审核（或审判）的机构无疑应是廷尉。目前为止，出土材料共有三个乞鞫案例，其中两个较为完整；各案例均不见郡府论治的踪影，但廷

〔1〕 〔日〕籾山明：《中国古代诉讼制度研究》，李力译，上海古籍出版社2009年版，第97～98页。

〔2〕 朱红林先生在"廷及郡各移旁近郡"后面的注中写道："《汉书·衡山王传》：'公卿请遣宗正、大行与沛郡杂治王。'案：可见，一郡重大案件须有旁郡会审，为汉时制度。"参见氏著：《张家山汉简〈二年律令〉集释》，社会科学文献出版社2005年版，第94页。程政举先生认为："廷及郡各移旁近郡"可理解为对于都吏已复审的案件，郡守或郡的司法官吏再将案件移送至邻近的郡验审（或再复审）。"御史、丞相所覆治移廷"可理解为御史、丞相已复审过的案件再移送至廷尉验审（或再复审）。参见氏文："张家山汉墓竹简反映的乞鞫制度"，载《中原文物》2007年第3期。

〔3〕 睡虎地秦墓竹简整理小组编：《睡虎地秦墓竹简》，文物出版社1990年版，第120页。下引睡虎地秦简皆自本报告，正文中只引简号，不再出注。

〔4〕 杨振红："秦汉'乞鞫'制度补遗"，载复旦大学出土文献与古文字研究中心编：《出土文献与古文字研究》第六辑，上海古籍出版社2015年版。

尉的最后判决却是必不可少的。这说明，至少在秦朝乞鞠案件必须由廷尉做最后论决。下面对各案逐一加以分析：

（一）"得之强与弃妻奸"案（简172—0425）[1]

A【……当阳隶臣得之气（乞）鞠曰：……】不（？）强（？）与（？）弃（？）妻（？）变奸，未餤（蚀）。当阳论 耐 【得之为】隶臣。得之气（乞）鞠，廷覆之。以得之不审，毄（系）得 城旦 【……】。

B元年四月，得之乞鞠曰："和与变卧，不奸。" ● 廷史赐等覆之：● 变曰："得之屏（屏），欲与变奸，变弗听，捽搒殴变。"它如故狱。● 得之改曰："欲强与变奸，未餤（蚀）。"它如变。● 其鞠曰："得之殴屏（屏）变，欲强与奸，未餤（蚀）。气（乞）鞠不审。"审。廷报之："毄（系）得之城旦六岁。"

按：A段应是得之第二次乞鞠的状词。B段为覆审机关查阅的第一次乞鞠与判决记录。从这两段简文可知，得之一审是被当阳县判处耐为隶臣的。第一次乞鞠，覆审机关认为"气（乞）鞠不审"，被判"系城旦六岁"。原报告的文书层次表认为，第一次覆审的机关是郡府。

C今讯得之，得之曰（以下是第二次乞鞠的审讯记录，详见报告）。

D谓当阳啬夫：（略）● 覆之：得之去毄（系）亡，已论毄（系）十二岁，而来乞鞠。气（乞）鞠不如辞。以毄（系）子县。其毄（系）得之城旦六岁，备前十二岁毄（系）日。

按：报告认为第二次覆审的机关也是南郡，D段是郡报开头词及第二次覆审的判决。

"得之强与弃妻奸"案的乞鞠与覆审脉络是清楚的：得之因强与弃妻行奸，当阳县"丞嘻论耐得之为隶臣"，得之在秦王政元年四月（公元前246）

---

[1] 朱汉民、陈松长主编：《岳麓书院藏秦简（叁）》，上海辞书出版社2013年版，第196~201页。该案在报告作者分类中归属在第二类，排序为案例一一。本文所引简文是该案摘录，划分段落与所加A、B、C、D亦为分析需要所加。全案内容请参阅原报告。

第一次乞鞫，"廷史赐等覆之"，认定乞鞫不实，"毄（系）得之城旦六岁"。第二次乞鞫年月不详，对于这次乞鞫简文亦称"覆之"。这次"覆之"的结果是"其毄（系）得之城旦六岁，備前十二岁毄（系）日"，即再论处系城旦六岁，此前十二岁系日也要执行。[1]

本案中的覆审机关存在争议，报告作者认为二次覆审都是南郡。[2]《汉书·刑法志》"今遣廷史与郡鞫狱，任轻禄薄"，注引如淳曰："廷史，廷尉史也。以囚辞决狱事为鞫，谓疑狱也。"[3]《汉书·于定国传》：于定国补廷尉史，"以选与御史中丞从事治反者狱，以材高举侍御史"。[4]廷史"任轻禄薄"，为廷尉属吏。《奏讞书》案 21 "杜泸女子夫死和奸"案简 184 "廷尉毄、正始、监弘、廷史武等卅人议当"，简 189 "今廷史申讂使而后来，非廷尉当"，这两句最能证明廷史为廷尉府属官，否则廷史岂能与廷尉、正、监等议事，还能"非廷尉当"！得之两次乞鞫后，既不是由当阳县的上级南郡审理，也未见廷尉批转到当阳以外的"旁近郡"审理，都是由廷尉府审理的。

岳麓简"田与市和奸"案的案情基本清楚，报告所载文书结构、层次与"得之强与弃妻奸"案相同，全案亦见"乞鞫""覆视故狱""今讯""鞫之"等关键词。但简文缺失严重，在乞鞫审理程序方面，提供不了更有意义的信息。[5]本案覆审机构最后将审理结果"腾（?）脂（?）重泉、夏阳"，故覆审机构肯定不会是与夏阳平级的机关。本案为乞鞫案，乞鞫案的审理称为"覆之"，确切的审理机关从简文还不能断定，但应为魏县的上级机关或中央廷尉。

---

〔1〕《二年律令》简 165："隶臣妾、收人亡，盈卒岁，毄城旦舂六岁；不盈卒岁，毄三岁。自出殹，笞百。其去毄三岁亡，毄六岁；去毄六岁亡，完为城旦舂。"得之乞鞫不审，被判毄城旦舂六岁，"去毄六岁亡"，按《具律》当完为城旦舂。从这点分析，汉初律文与秦的律文相比，可能有所变化。

〔2〕 对于该案的覆审机关，报告在该案的注释部分与文书层次表中的表述略有差别。注释〔四〕认为，"廷"有两种可能性，或廷尉，或县廷，未能确定。注释〔八〕写道，"廷史"亦有两种可能性，与前文简 172 "廷"字的解释相应：一为廷尉史，二为县属史。但县属史不见于古书。报告的文书层次表则明确将此案覆的部分划在郡覆栏中。

〔3〕《汉书》，中华书局 1964 年版，第 1102 页。

〔4〕《汉书》，中华书局 1964 年版，第 3042 页。

〔5〕 朱汉民、陈松长主编：《岳麓书院藏秦简（叁）》，上海辞书出版社 2013 年版，第 205～211 页。

(二) 乐人讲被诬盗牛案[1]

士伍毛在汧邑盗牛，在雍县卖牛被捕获。毛诬乐人讲与其合谋，雍县论乐人讲黥城旦。乐人讲曰"不与毛盗牛"，乞鞫。本案记录可以分为五个部分：(1) 雍县的原判决与乐人讲乞鞫；(2) 乞鞫受理机关覆视故狱；(3) 重新讯问；(4) 重新确认案情（鞫）；(5) 廷尉兼指示平反。该案于二世元年十二月癸亥告发，二年二月癸亥"黥讲为城旦"，四月丙辰乞鞫，十月癸酉被平反。在审核乞鞫案时有"覆视其故狱（简100）"，终审称"覆之（简122）"。按《具律》，只有第二次乞鞫才会"刑乃听之"，本案从立案拘捕到廷尉府平反不到一年，不可能存在二次乞鞫，整篇狱辞亦未见二次乞鞫的踪影，推测乐人讲是辞服后被施黥刑并送往汧邑服劳役一个月后乞鞫的。参照现代诉讼程序，可以称之为一审生效后的申诉再审。那么这个再审机关是谁？乐人讲被安置在汧邑服劳役，汧、雍皆属内史郡，但全案并无内史的任何记载。从廷尉兼给汧啬夫的平反指示看，此案是中央廷尉为其改判并直接指示汧县啬夫"令自常"，并将其妻子及财产赎回。"覆之"的主体应是廷尉。全案文书的第4部分"昭、姚、敢、赐论失之，皆审（简120、121）"，应是廷尉在覆审乐人讲案件后，对雍县狱史铫等官员在原审中的失职行为做出的否定性评价。

上述所举乞鞫案例，除"田与市和奸"案的编简缺残外，其余两个乞鞫案都是廷尉府为终审机构，中间并不见郡一级的转呈或批覆。对于城旦讲乞鞫案，郭洪伯据《具律》《置吏律》等律条认为，县道是最基层的司法机构，县道的上级外地是各郡的郡守府。西汉前期京师没有郡守府，汧邑其上的二千石司法机构只有廷尉。因此，城旦讲乞鞫案的终审是廷尉府，整案是由廷尉府与汧邑点对点的交流。[2]那么，前述"得之强与弃妻奸"案的覆案主体

---

[1] 彭浩等主编：《〈二年律令〉与〈奏谳书〉：张家山二四七号汉墓出土法律文献释读》，上海古籍出版社2007年版，第359~360页。

[2] 郭洪伯："郡守为廷——秦汉时期的司法体系"，第八届（2012年）北京大学史学论坛文集。《奏谳书》案3"临淄狱史阑诱汉民之齐案"的上奏程序与城旦讲案相同，该案廷报书"太仆不害行廷尉事，谓胡啬夫谳狱史阑，谳因有审，廷以闻，阑当黥为城旦"，也是行廷尉直接回复了胡县的上谳文书。关于汉初内史所辖案件的上谳问题，万荣先生所持观点与郭洪伯是一致的，即内史所辖县奏谳案件是由中央司法机关廷尉直接负责。见氏文："秦与汉初刑事诉讼程序中的判决：'论'、'当'、'报'"，载武汉大学简帛研究中心主办：《简帛》第十一辑，上海古籍出版社2015年版，第150页。

也是廷尉府。得之第一次乞鞫在秦王政元年四月（公元前246），"乐人讲"乞鞫于秦二世二年（公元前208），两案相距近40年；一在南郡，一在京畿地区，两案皆为乞鞫案而覆审机关都是中央廷尉府，这应当引起我们的注意。

在出土秦汉资料中，除乞鞫案不见郡府批覆外，疑狱也见由中央廷尉直接批覆的。《奏谳书》案1、3~5为县廷的谳书及廷尉的回复，县廷的疑狱上谳文书往往直接言"敢谳之"，并将本司"吏议"附在上谳文书中，以说明本司吏员对该案的不同意见；廷尉府以"廷报"或"廷以闻"直接批覆给县廷，但这并不意味着郡府不上谳狱案，或对县廷的狱案无权批覆。《奏谳书》案6~13为郡府对廷尉的谳书及廷尉的回复，因郡府与廷尉府平级，故其上谳称"某守谳"，廷尉回复亦称"廷报"。岳麓秦简案例则多见县廷上谳及郡府的批覆，称为"某郡守报某（县）"，"癸、琐相移谋购案"、"尸等捕盗疑购案"都清楚地记录了这种程序。"癸、琐相移谋购案"记录秦始皇二十五年六月州陵县向南郡上谒本案狱情，首行书"州陵守绾、丞越敢谳之"；在监郡御史的督劾下，州陵县第二次向郡报告审讯情况，并附"吏议"；本年七月南郡的批覆是："南郡叚守贾报州陵守绾、丞越：子谳……，谳固有审矣。……有律，不当谳。""尸等捕盗疑购案"的初审、上谳、批覆主体与文书格式与此相同。[1]文献记载，郡与廷尉都承担着解决疑狱的职责。《汉书·刑法志》载，高皇帝七年，制诏御史：

> 狱之疑者，吏或不敢决，有罪者久而不论，无罪者久系不决。自今以来，县道官狱疑者，各谳所属二千石官，二千石官以其罪名当报之。所不能决者，皆移廷尉，廷尉亦当报之。廷尉所不能决，谨具为奏，傅所当比律令以闻。[2]

疑狱依次由县、郡、廷尉逐级上报，皇帝则是案件的最终裁判者。上述疑狱上谳的各类案件证明，县、郡、廷尉在上谳程序上既是一个完整的程序链条，而相邻两个层级的上谳与批报又可以独立存在。

如果说"城旦讲乞鞫案"（《奏谳书》案17）、"临淄狱史阑诱汉民之齐

---

〔1〕 朱汉民、陈松长主编：《岳麓书院藏秦简（叁）》，上海辞书出版社2013年版，第251~255页。

〔2〕 《汉书》，中华书局1964年版，第1106页。

案"（《奏谳书》案3）由廷尉直接回复，是因秦及汉初内史权力不及刑狱，该辖地内案件的乞鞫与疑狱直接由廷尉终审，那么"得之强与弃妻奸"案由廷尉覆审并直接批覆，还用这个理由解释显然就讲不通。

劳武利认为，三个乞鞫案的重审和判决应该均是由廷尉来负责的。[1]但是，他并没有解决郡府在乞鞫案中的地位问题。比较汉律关于乞鞫与疑狱的规定可知，郡府在两个程序中的作用是不同的。高帝七年诏书规定，"县道官狱疑者，各谳所属二千石官，二千石官以其罪名当报之。所不能决者，皆移廷尉，廷尉亦当报之"。如果二千石官对县道官所谳疑狱"能决"，则不移廷尉；这就是我们在岳麓简中能够看到南郡府对县廷疑狱批覆的原因。而汉律对乞鞫案则规定，"县道官令、长、丞谨听，书其气（乞）鞫，上狱属所二千石官，二千石官令都吏覆之。都吏所覆治，廷……"，虽然此简后面缀联有误，但仍可以推测都吏所覆治并不能成为定案，而要上报廷尉府，郡级的覆案在这里只起了审核、转呈的作用。或者说，凡是乞鞫案件的终审论决必须由廷尉下达。秦汉狱状文书的编纂以简约、能说明实质问题为原则，故此我们所见的乞鞫狱状文书应是将郡府"都吏覆之"这一环节编剪掉了。

二、乞鞫与覆狱

《岳麓书院藏秦简（叁）》的作者将所发表材料按材质形状、书写体裁等分为五类，有实质意义的为四类。从内容看，第一类、第三类同属狭义的奏谳文书；第二类包括陈事进言的"奏"类文书与乞鞫、覆案文书；第四类内容与《奏谳书》案18接近，但细节未详；第五类内容应分别属第一类与第四类，但因残损严重而暂归为一类，以待后考。第二类卷册的部分简背分别写有："为狱訽状"（简137）"为气（乞）鞫状"（简139）"为覆奏状"（简140）的题签，报告作者将这批简命名为《为狱等状四种》。为什么一个卷册有三个不同的标签？作者在报告前言中也做了推测。[2]关于这批简的命名、分类与性质，陶安先生撰文认为：

---

〔1〕〔德〕劳武利："张家山汉简《奏谳书》与岳麓书院秦简《为狱等状四种》的初步比较"，李婧嵘译，载《湖南大学学报（社会科学版）》2013年第3期。

〔2〕朱汉民、陈松长主编：《岳麓书院藏秦简（叁）》"前言"，上海辞书出版社2013年版。

《为狱等状》是秦代的司法文书集成，以四种不同形制收录三类司法文书，即狭义的奏谳文书、自称为"奏"的进言陈事文书和覆审乞鞫案件的下行文书。……"乞鞫"、"覆"和"奏"分别与第二类所收两种文书相应，表示《为狱等状》的编者（或使用者）对收录文书的类别具有较为清楚的认识。[1]

报告作者经与张家山汉简《奏谳书》比较后，认为：

《奏谳书》案例十四至十八由二千石官派出官吏进行审理，虽前后原委细节各有所不同，但均可以归入《为狱等状四种》第二类小标题所谓"覆"的范围内。《奏谳书》案例二十二则可以判定为第二类小标题所谓"奏"。[2]

岳麓简第二类的案例12、13，《奏谳书》案例17都是乞鞫案例，按作者的划分方法，乞鞫案包含在"覆"案之中。关于乞鞫与覆的关系，作者有更为详细的论述：

据张家山汉简《二年律令》简116，乞鞫案件由二千石官"令都吏覆之"，可知"覆"包含乞鞫案件。换言之，"为气（乞）鞫"也可以称为"为覆"。在第二类的语境限制中，"为乞鞫"与"为覆"其实只不过是同一件事情的两种不同说法，"为覆奏状"与"为气（乞）鞫奏状"两种标题实质上无异。

认为覆案包含乞鞫案件无疑是正确的，"'为乞鞫'与'为覆'其实只不过是同一件事情的两种不同说法"，这种观点也大体不误，但简册不同名称的标题一定有其意义。笔者分析，这是对诉讼程序中的不同环节从不同角度的称呼，即从案犯角度讲称乞鞫，上级对案件的审核称为覆。从这个角度讲，"为气（乞）鞫"则不应称"为覆"。

────────

〔1〕 岳麓书院藏秦简整理小组："岳麓书院藏秦简《为狱等状四种》概述"，载《文物》2013年第5期。

〔2〕 朱汉民、陈松长主编：《岳麓书院藏秦简（叁）》"前言"，上海辞书出版社2013年版。

审理乞鞠案件称为覆治、覆案，在传世文献中还屡见覆狱、覆讯等词语，它们所涉及的案件很多并非乞鞠案件，因此学者们对覆狱、覆治的含义多有争论。程政举先生认为，可以将覆讯制度定义为，案件经初次审讯，案情基本清楚后，再由其他官员或审讯人进行二次审讯，以验证初次审讯真实性的程序。覆讯制度又可称为验狱制度。覆讯程序具有以下特征：（1）覆讯程序是初审程序的一部分；（2）覆讯程序不属于对已生效案件进行再次审理的复审程序；（3）初次审讯的审讯人和覆讯程序的审讯人是不同的。通过上述分析，我们也就可以确知，黥城旦讲乞鞠案中"覆者"就是覆讯程序中审讯人。[1] 籾山明认为"'覆'即'反复'"。[2] 水间大辅先生也认为，"覆狱"这种司法制度在史料中称为"覆治""覆案"，是指重新审理刑事案件。[3]

乞鞠案的审理称为"覆"已为案例所证实。此外，典籍材料证明，上级指令审讯的案件也往往称为覆治、覆讯。皇帝使者察验重要案犯与上书举报的冤狱也称为覆，或覆治。《史记·李斯列传》："赵高使其客十余辈诈为御史、谒者、侍中，更往覆讯斯，斯更以其实对，辄榜之。"李斯案自始至终都是由中央一级官员审理，不"服"则"更往覆讯"，本案一直处于一审阶段，御史、谒者覆治李斯案，是在不承认原讯狱的前提下对案件的"重新"审理。之所以称为"覆讯"，是因为御史、谒者、侍中代表皇帝。西汉时有司覆治赵广汉等鞠狱故不以实，擅斥除骑士、乏军兴罪一案也属于这种情况。《汉书·赵广汉传》：

> 初，广汉客私酤酒长安市，丞相吏逐去，客疑男子苏贤言之，以语广汉。广汉使长安丞按贤，尉史禹故劾贤为骑士屯霸上，不诣屯所，乏军兴。贤父上书讼罪，告广汉，事下有司覆治，禹坐要斩，请逮捕广汉。有诏即讯，辞服，会赦，贬秩一等。[4]

推测本案中苏贤已被刑死，故"贤父上书讼罪"，没有称为乞鞠。原案已

---

〔1〕 程政举："略论《秦谳书》所反映的秦汉'覆讯'制度"，载《法学评论》2006年第2期。

〔2〕 〔日〕籾山明：《中国古代诉讼制度研究》，李力译，上海古籍出版社2009年版，第40页。

〔3〕 〔日〕水间大辅："秦汉时期承担覆狱的机关与官吏"，载武汉大学简帛研究中心主办：《简帛》第七辑，上海古籍出版社2012年版。

〔4〕 《汉书》，中华书局1964年版，第3204页。

生效，苏贤蒙冤，其父讼罪告广汉，中央指令劾治的是赵广汉，故本案也称"覆治"。

又《王嘉传》：

> 张敞为京兆尹，有罪当免，黠吏知而犯敞，敞收杀之，其家自冤，使者覆狱，劾敞贼杀人，上逮捕不下，会免，亡命数十日，宣帝征敞拜为冀州刺史，卒获其用。[1]

此案是"黠吏"家属自冤，皇帝派使者核查，称为覆狱。因此，有些案件即使处于侦察（或上级调查）阶段，因由上级特别是天子派遣进行核查，必称为"覆案"，如《史记·梁孝王世家》：

> 其夏，上立胶东王为太子。梁王怨袁盎及议臣，乃与羊胜、公孙诡之属谋，阴使人刺杀袁盎及他议臣十余人。贼未得也。于是天子意梁，逐贼，果梁使之。遣使冠盖相望于道，覆案梁事。捕公孙诡、羊胜，皆匿王后宫。使者责二千石急，梁相轩丘豹及内史安国皆泣谏王，王乃令胜、诡皆自杀，出之。[2]

覆狱、覆讯，由上级指派人员对案件进行审讯、调查是一般性原则。又因"覆"本身即有察、核之意，至迟在秦朝初年，法律确定立案登记需要审讯、记录的环节称为覆；《封诊式》有"覆"一节，要求除记录相关案犯姓名、身份、籍贯外，还要"覆问"有无其它犯罪，判过什么刑罚或经赦免与否；还要讯问、登记是否有逃亡、通事等问题。可知，官方立案对报案、举报人员的讯问与记录称为覆；司法程序中这种最初阶段的行为其本质就是核查、讯问之义。对于"覆"的相关问题，杨振红曾总结说：秦汉的"覆"，"均是上级机关介入的诉讼审判案件，……介入的程序包括立案、侦查、审判、复核、监督等各个环节"。[3]这个总结无疑是正确的。从出土资料与传世典籍看，至少秦朝开始，"覆狱""覆问"已经成为司法程序中的一个专门术

---

〔1〕《汉书》，中华书局 1964 年版，第 3489 页。
〔2〕《史记》，中华书局 1959 年版，第 2058 页。
〔3〕 杨振红、王安宇："秦汉诉讼制度中的'覆'及相关问题"，载《史学月刊》2017 年第 12 期。

语，意为上级派员对案件进行专门审核。里耶秦简有关"覆"的简文如下：[1]

> 报曰：狼有逮在覆狱已卒史衰、义所　Ⅴ8-135
> 谒报覆狱治所　Ⅲ8-136+8-144
> 覆狱沅陵狱佐已治所迁陵传洞庭　8-255
> 酉阳覆狱治所　8-1295
> 覆问毋　Ⅳ8-1295

《资治通鉴·秦始皇三十四年》："谪治狱吏不直及覆狱故失者，筑长城及处南越地。"胡三省注："覆狱者，奏当已成而覆按之也。"胡注恐非是。《资治通鉴》原文明确显示"治狱"与"覆狱"是两种治狱形式，而不会是"奏当已成而覆按之"，更不会是"复"（重复之意）狱。岳麓简等材料显示，覆狱已是一种专门的诉讼程序，对于覆狱人员是否一律给予特别的照顾。岳麓简报告五《内史旁金布令第乙九》规定："●令曰：叚（假）廷史、廷史、卒史覆狱乘傳（使）马，及乘马有物故不备，若益骖驷者。议：令得与书史、仆、走乘，毋得骖乘。它执灋官得乘傳（使）马覆狱、行县官及它县官事者比。"（简261、262）从诉讼程序看，只有郡级以上的人员治狱才能称为"覆"。

乞鞫案只是"覆狱"的一种，乞鞫与覆狱在时间上表现为先后两个阶段，行为人可区分为案犯、家属与乞鞫案的审理机关。作为记录乞鞫案件的文书狱状，虽然乞鞫与覆难以分开，可以归为一类，但毕竟"乞鞫"与"覆"是诉讼过程中两个主体各自独立的行为，所以岳麓简会出现"为气（乞）鞫状"（简139）、与"为覆奏状"（简140）两个题签。乞鞫案包含在"覆"案中，说明乞鞫案的审理必然是原审的上级机关。

三、覆治与复治

典籍资料与出土文献中除"覆狱""覆案""覆治""覆曹"外，还有"复

---

〔1〕 陈伟主编：《里耶秦简牍校释》（第一卷），武汉大学出版社2012年版。简文除"覆狱""覆问"外，还见有"覆曹发·洞庭"（简Ⅱ8-2550），校释："疑为主覆狱之曹署"。见该著述第479页。

案""复治"等司法术语，学界对此颇多争议，普遍以为"覆""复"相通。《张家山汉墓竹简〔二四七号墓〕》之《奏谳书》案例16"复其奸诈及智（知）纵不捕者，必尽得，以法论"。"复之：武出时……"，简牍释文在"复"后加"（覆）"，意即借为"复"。案例18"南郡卒史盖庐、挚、朔，叚（假）卒史瞗复攸庲等狱簿"注："复，覆审。"[1]杨振红在《"南郡卒史复攸 等狱簿"再解读》的第三部分"相关问题讨论"中，对"复""覆"的有关争议及主要观点做了概述，为避文繁，不一一例举。她认为："秦时谋反案由御史亲自下达指令，令旁近郡"复"，已经成为一种惯例、原则。这一原则与郡一级的乞鞫案处理方式相同，可以参照《二年律令》简116~117'都吏所覆治，廷及郡各移旁近郡'的规定。"本案"由于是御史所下书，而且所治者为县令，案情涉及苍梧郡守、尉等，所以此案交由旁近郡的南郡'复'"。[2]杨文就"覆"的相关问题谈了几点意见：1."覆"不含"重审""再次"之意；2."覆"是上级机关进行的诉讼审判行为；3.至少在秦时，已经把由上而下进行的诉讼审判行为称为"覆"了，有时也写作"复"。该文并以《二年律令·兴律》简396、397与"南郡卒史复攸庲等狱簿"两条材料做了论证。[3]笔者对杨文的许多观点十分赞同，其独到的眼光对解决秦汉诉讼制度中的相关问题颇具贡献；但对"复""覆"相通一点心存未安，觉得还有回旋的余地。不过，由于秦汉诉讼制度中的"复""覆"材料并不丰富，要想讲得明白也非易事，这里仅就现有材料做出分析，供同仁们参考。

战国末年秦国的基层司法机构对案件的报告、告发进行全面讯问并记录，这个司法行为称为覆。至少自秦朝始，覆狱、覆治已经形成一种独特的诉讼程序，而有资格覆狱的主体最低应为郡级机关。皇帝的使者或任命、许可的官员对案犯及家人称冤上书、告发等"直诉"案件的审理、核察称为"覆"；皇帝决定侦察的案件称为"覆"；郡级机构的执法、都吏对下级案件的核查称为覆。司法程序用"覆"有二个标准：一是上级对下级，特别是皇帝的使者

〔1〕 张家山二四七号墓竹简整理小组编著：《张家山汉墓竹简〔二四七号墓〕》（释文修订本），文物出版社2006年版，第98页、第105页。

〔2〕 杨振红："'南郡卒史复攸庲等狱簿'再解读"，载徐世虹主编：《中国古代法律文献研究》第八辑，社会科学文献出版社2014年版，第111页、第113页。

〔3〕 杨振红、王安宇："秦汉诉讼制度中的'覆'及相关问题"，载《史学月刊》2017年第12期。

核查案件，即便是处于一审阶段，甚至侦察阶段，也称为覆；二是在诉讼程序使用"覆"者，该案此前的诉讼程序告一段落，并被法律认可，如乞鞠案件、平冤直诉案件等。这些应是"覆"案的真正意义所在。

关于"复之""复"在秦汉案例及司法程序中的辞句，我们划分为 A、B 两类进行对比：

A. 表示行为次数或重复某种状态

（1）隶臣妾及收人有耐罪，黥城旦舂六岁。黥日未备而复有耐罪，完为城旦舂。（《具律》90、91）

（2）罪人狱已决，自以罪不当欲气（乞）鞠者，许之。气（乞）鞠不审，驾罪一等；其欲复气鞠，当刑者，刑乃听之。（《具律》简 114）

（3）所免不善，身免者得复入奴婢之。其亡，有它罪，以奴婢律论之。（《亡律》简 163）

（4）"讲恐复治（笞），即自诬曰"，"恐不如前言，即复治（笞）"。（《奏谳书》简 109、117）

（5）自当不当复受婢。（《奏谳书》简 10）

B. 在司法程序中使用之"复"

（1）县道官所治死罪及过失、戏而杀人，狱已具，勿庸论，上狱属所二千石官。二千石官令毋害都吏复案，问（闻）二千石官，二千石官丞谨掾，当论，乃告县道官以从事。彻侯邑上在所郡守。（《兴律》简 397）

（2）"复其奸诈及智（知）纵不捕者，必尽得，以法论"。"复之：武出时……"（《奏谳书》简 79）

（3）"今复之"；"御史恒令南郡复"；"幸南郡来复治"。（《奏谳书》简 129、131、144）

上引 A 类所用之"复"均可作"再一次"解，表示的是一种行为的重复；B 类所使用之"复"，若以"再一次"解显然不通。"复"有多解：还、告、恢复、报复、补偿、免除、宽宥、安宁等意。在古籍中"复""覆"有时通用，即所谓通假的问题。《墨子·尚同》谓"方今之时，复古之民始生，未有正长之时"，孙诒让注考意。[1]高亨《墨子新笺》所注更为明确："复者考求也。复当读为覆，二字古通用。《尔雅·释诂》'覆，审也'，《广雅·释言》'覆，索也'，《说文》'索，求也'，是覆有考求之意。"[2]覆字起源晚于"复"，是后起的会意字，因此，早期用复字的场合要多。当覆字创造出来后，一般会用覆字强调其用意。东汉以后，文献中也存在"覆"通"复"的现象；如《后汉书·班固传下》："亦以宠灵文武，贻燕后昆，覆以懿铄，岂其为身而有颛辞也！"李贤注："覆，犹重也。"[3]但在秦汉诉讼这类司法文书中，二者在文意上是否完全相通确实值得商讨。

B1《兴律》中所规定的"死罪及过失、戏而杀人"这类案件，虽县道官"狱已具"，但"勿庸论"，表明案件并未生效，法律规定这类案件一审就不生效。"都吏复案"，意为由都吏再审核，"当论"，则上报二千石官；"都吏复案"本身也不能产生法律效力。这个"复案"强调的是诉讼程序中的一个环节，而不是程序中的一级审判。

B2 出自《奏谳书》案例16，原新郪县令信在关于狱史武失踪的爰书中隐瞒实情，在淮阳守的督核下对此案展开了调查。"复其奸诈及智（知）纵不捕者，必尽得，以法论"是淮阳守的批示，这句中的"复"应作核查解。分析全案，"复之"后面是此案重新调查、审讯的记录。而重新调查的主体当是新任县令甲及丞乙、狱史丙。全案是新组建的合议庭审讯完毕后向淮阳守的报告。此案"复之"是县级合议庭的调查，并非上级的覆案，而且并未生效，最后是"为奏当十五牒上谒，请谒报，敢言之"，故全案用"复"而非"覆"。

B3 是南郡卒史盖庐、挚等奉御史之命对苍梧郡攸县令庮"儋乏不斗"罪的调查报告。御史书于秦始皇二十七年二月壬辰（1日）下达南郡，甲午（3日）到达盖庐治所，本案调查截止于二十八年八月，[4]报告所书记录早不过

[1]（清）孙诒让著，孙以楷点校：《墨子间诂》，中华书局1986年版，第70页。
[2] 高亨：《诸子新笺》，齐鲁书社1980年版，第9、10页。
[3]《后汉书》，中华书局1965年版，第1382~1383页。
[4] 本案所记干支有误，彭浩先生做了推测，认为应是八月之误。参见氏文："谈《奏谳书》中秦代和东周时期的案例"，载《文物》1995年第3期。

这个日期，推测案发应在二十六年。起因是苍悟郡攸县利乡发生反叛，[1] 攸县调集新黔首前往镇压，令史义战死，新黔首纷纷叛逃。令史毗掌管三批平叛的新黔首名籍，但其名籍不分批次，混杂在一起，至使"未有以别智（知）当捕者"。苍梧郡对叛逃者曾有劾书，由攸县守令媱、丞魁、狱史氏组成合议庭进行审判。事过多时没有处理结果，新任县令庫"上书言财（裁）新黔首罪"，认为不能一味镇压，"欲陛下幸诏庫以抚定之"（简 147）。南郡卒史这次调查所针对的就是庫，毗及吏卒不救援义等去北者，"颇不具，别奏"。最后预决的只有原攸县令庫一人。南郡卒史对此案只是一个彻底调查，报告上奏南郡府后，还应上报御史。所以报告最后只有"当之"，而无论决。并附书"庫毄（系）。讯者七，其一人毄（系），六人不毄（系）（简 160），不存皆不讯（简 161）"，显然南郡府卒史并无审判权。对于攸县的反叛事件，简文中多次提及"苍梧县反者，御史恒令南郡复（简 131）"、"有（又）须南郡复者（简 132）"、"氏以为南郡且来复治（简 138）"、"幸南郡来复治（简 144）"、"南郡复吏到攸（简 151）"；从隶属关系看，南郡对苍梧郡并无管辖权，只是受御史之命对攸县利乡反叛及庫的渎职案跨境调查，而且郡卒史级别低，虽有一些令人关注的权力，[2] 但非上级对下级的覆讯。"今复之"以下应是南郡卒史的调查内容，简 133"灶、徒唯曰"，说明苍梧守、尉都是卒史调查的对象，故全案称作"复治"，不用"覆"。司法程序进行中所用"复"字、"复之"案件，一般皆在诉讼程序中，案件并未生效。对比乞鞫与"直诉"称冤案件的审理，原案皆已"生效"，后由上级或另外指定的机关来"覆"，这可能是"复"与"覆"的区别所在。

覆与复在字的本义上区别甚严，许慎《说文》："覆，从襾复声。""襾，覆也。"段玉裁对"覆"的解释最为精当："冂者自上而下也，凵者自下而上也。故曰上覆之。"[3] 引申为上下翻覆，推倒审察之意。《说文》："察，覆也。"《尔雅·释诂下》："覆、察、副，审也。"郝懿行注曰："《广雅》云

---

〔1〕 苍梧为县及设郡问题，参见蔡万进："秦'所取荆新地'与苍梧郡设置"，载《郑州大学学报（哲学社会科学版）》2008 年第 5 期；及陈伟："秦苍梧、洞庭二郡刍议"，载《历史研究》2003 年第 5 期。

〔2〕 参见杨天宇："谈汉代的卒史"，载《新乡师范高等专科学校学报》2003 年第 1 期。

〔3〕（汉）许慎撰，（清）段玉裁注：《说文解字注》，上海古籍出版社 1988 年版，第 357 页。

'审，諟也'，又云'审索也'。《考工记》注以审为察也。《吕览·察微篇》注：'审，详也。'"〔1〕索，即索。汉律诉讼程序中使用"覆"，明显具有审核、核查之意，且在层级上为上对下的审核。而"復"并非"复"的繁体，其初文本就是"复"，甲文写作 $\Large \exists$，下部为一倒"止"，意为离开城郭。金文加"彳"，字形成为 $\Large \exists$，意为往返。《说文》："复，往来也。从彳复声。"其实无论金、甲文，此字都属会意字，意为往返。故段注曰："返，还也。还，复也。皆训往而仍来。"〔2〕引申为动作的反复。《诗·豳风·九罭》"公归不复"，《书·大传》"旦复旦兮"，《易·泰》"无往不复"，都取这个意思。后来与覆偶为通假，现在简化有时不加区分。〔3〕上引A类所用"复"亦取此意，明显不具有程序上的特定意义。里耶秦简"覆曹发·洞庭"（简Ⅱ8-2550），此"覆"若作为再一次（重复）解明显不通，将"覆曹"解释为专门负责上级审核、审理案件的部门较为合适。《奏谳书》案例17，士伍毛在在雍县盗卖牛被捕获，诬乐人讲与其合谋，讲乞鞫。案例记录的覆讯过程较为详细，此案凡涉及程序问题一律用"覆"，而在表述被多次磔笞时则用"复"。〔4〕在一篇司法文书中强调得如此鲜明，说明"覆"强调的是特定司法程序中的审核、审察；复，突出的是一种行为的反复、再一次的意思。《汉书·景十三王传》谓刘建："专为淫虐，自知罪多，国中多欲告言者，建恐诛，心内不安，与其后成光共使越婢下神，祝诅上。与郎中令等语怨望：'汉廷使者即复来覆我，我决不独死！'"〔5〕意中央使者再来按验、审讯，他也不会善罢干休，也是"复""覆"分明。秦汉司法程序中虽然使用"复"，但只是借用了"覆"字的调察、核实之意，并没有将"覆"在司法制度中的含义照搬过来。后代司法术语中，"复""覆"仍有区别。自隋以降，死刑覆奏制度皆写为"覆奏"，而不能写为"复奏"；虽然典籍中出现"复奏"，但与司

〔1〕《尔雅义疏·释诂下》，中国书店1982年影印咸丰六年刻本。

〔2〕（汉）许慎撰，（清）段玉裁注：《说文解字注》，上海古籍出版社1988年版，第76页。

〔3〕安德义："'覆试'非'復试'——兼释以'覆'为词素的一组复词"，载《辞书研究》1992年第3期。

〔4〕彭浩等编：《〈二年律令〉与〈奏谳书〉》，上海古籍出版社2007年版。

〔5〕《汉书》，中华书局1964年版，第2416页。

法程序中的"覆奏"不能等同。[1]通过上面的论述，似乎上引 B 类文献中"复"不宜简单地与"覆"通借，似有再一次核察之意，因此秦汉司法文书涉及程序问题中偶用"复"，与"覆"似乎还是有些区别的。

本文对乞鞫与覆狱制度的相关问题谈了一些不成熟的看法，基本观点是：郡府二千石官在疑狱与乞鞫案件中的作用可能有所区别，乞鞫案的最终决定权应当在廷尉府。乞鞫与覆讯是同一司法程序中的两个方面，一为当事人或其近亲属的行为，一为主理司法机关的行为。在秦汉诉讼制度中，"复""覆"的使用值得再探讨，除秦国晚期司法机关的立案讯录行为称"覆"外，乞鞫案件、受皇命立案、侦察、审讯的案件也称为"覆"。而"复"除作为"再一次"（重新）表示行为的反复外，也用来表示在司法程序中，或上级发现问题派有关人员对案件进行核查，在级别上不包括皇帝派遣的人员对案件的审核。在司法效果上，覆的权威性要高于"复"，"复"后不能对当事人直接产生法律后果。"覆"开启了一个司法程序，而"复"只是原有司法程序上的继续。

文章草就后，笔者对于所论问题一直忐忑不安，迟迟不敢定稿。一是在论证时沿着汉承秦制的思路将秦与汉初资料视为一个整体加以考虑，这种论证方法还是存在风险的；二是有关"复""覆"资料并不十分丰富；三是从文字入手论证某项制度，证据与证明对象之间往往缺乏直接的关联性，还需要归纳更多的材料加以证明。本着提出问题供学界探讨的愿望，还由于华东政法大学王沛教授的鼓励与督促，所以将问题提出来向同仁们请教，从而使问题越辩越明，最终得出正确的结论。

---

[1] 参见仇加勉、王平原："'复奏'、'覆奏'考辨"，载《首都师范大学学报（社会科学版）》2007 年第 4 期。

试论秦汉律罪数的相关规定

　　所谓罪数，或称犯罪行为的个数，就是合理的确定一个犯罪行为或多个犯罪行为的犯罪形态。严格认定一罪或数罪，对于分析罪状和正确判决都是十分必要的。典籍中很早就有罪数的记载，《尚书·吕刑》"其刑上备，有并两刑"，说明西周已有罪数的概念。[1]但如何科罚并无记载，倒是汉人据汉律意思做了解读。《吕刑》"下刑适重，上服"，孔安国传曰："一人有二罪，则之重而轻并数。"孔颖达疏："一人之身，轻重二罪俱发，则以重罪而从上服，令之服上罪。"[2]又，《公羊传·庄公十年》："战不言伐，围不言战，入不言围，灭不言入，书其重者也。"东汉经学家何休注："明当以重者罪之。犹律'一人有数罪，以重者论之'。"这里反映了一个问题，即汉律规定的数罪处罚原则是重罪吸收轻罪。秦汉存在罪数问题，但人们往往缺乏对吸收原则的关注。《汉书·王子侯表》："元鼎五年，侯圣嗣，坐知人脱亡名数，以为保，杀人。免。"颜注："脱亡名数，谓不占户籍也。以此人为庸保，而又别杀人也。"此案的结果自然会使人忽略杀人鬻免案件中吸收原则的应用。日本学者西田太一郎在《中国刑法史研究》的第十章"关于合并罪"中专门讨论了这

　　[1]《吕刑》："狱成而孚，输而孚，其刑上备，有并两刑。"孙星衍解释曰："狱成而信，乃输写汝信于上。""其刑上备者，具列爰书上之，勿增减其罪状也。有并两刑者，郑注《大传》云：'二人俱罪吕侯之说刑也。犯数罪，犹以上一罪刑之。'言犯二罪以上，止科一罪也。郑注此条虽佚，亦必云然。《大传》注见《御览·刑法部》，一云'犯数罪，犹以上一罪刑之'当作'犯数罪以上，犹以一罪刑之'。待决于王也。"见（清）孙星衍撰，烁抗、盛冬玲点校：《尚书今古文注疏》，中华书局1986年版，第540页。

　　[2]《吕刑》"上刑适轻，下服。下刑适重，上服"，孔安国及后世学者多以为是关于犯数罪而以轻罪并入重罪。实际上，此句前面讲的是赎刑的施用及其具体规则。这句及后面两句讲的并不是数罪处罚的问题，而是判决轻重的理论问题。孙诒让解释的最为恰当："言当服上刑者，其过轻，当以下刑治之；下刑过重，以上刑治之。下服，减等也；上服，加等也。轻重诸罚有权宜也。"这样解释才与后面"刑罚世轻世重，惟齐非齐，有伦有要"在意思上连贯。见（清）孙星衍撰，烁抗、盛冬玲点校：《尚书今古文注疏》，中华书局1986年版，第538页。

个问题，他着重论述唐律的合并罪，但在该章的后面列有"附论：二罪俱发规定的来源"。[1]系统的、较为严密的罪数理论是近代产生的，数罪按罪名上划分可以分为同种数罪与异种数罪，以案发时间划分又可区分为新罪与漏罪，以异种数罪之间的关系又可分为牵连犯、吸收犯、竞合犯等等。今天我们不去讨论这些概念的划分及不同学派的异同，只就我国秦汉法律中存在的有关罪数的规定以及如何处罚试做疏理，并试与秦汉以后的法律做一比较，使我们对当时的法律规定以及法律流脉有一个比较全面的了解。

一、关于数罪并罚

所谓数罪并罚，按现在刑法规定就是在判决前被告被确认有两个以上的需要判处刑罚的罪行。唐律称"诸二罪以上俱发"，现在又称并合罪。《岳麓书院藏秦简（叁）》案例 6 记行为人暨犯有 8 项罪，县廷对是否累论有争议，故向上级奏谳。县吏审理时诘问暨"赢（累）论有令，可（何）故曰赢（累）重"，[2]证明当时已有关于罪行赢（累）论的令文，但规定得肯定不详备，所以县廷才会上谳。学界对于"赢（累）论有令""相遝"有不同的理解，因此，对于秦时是否存在数罪并罚的原则存在分歧。

《岳麓秦简（叁）》"暨过误失坐官案"中，"暨坐八劾：小犯令二，大误一，坐官、小误五"。暨认为"此过误失及坐官殹（也）。相遝，赢论重"。县廷审理时也有争议。[3]赢论应即累论。[4]"相遝"应当是争议的焦点所在。报告认为，"相遝"即"罪状相及、相关，罪状相关的'过误失'都合并一

---

〔1〕 ［日］西田太一郎：《中国刑法史研究》，段秋关译，北京大学出版社 1985 年版，第 175～190 页。

〔2〕 朱汉民、陈松长主编：《岳麓书院藏秦简（叁）》，上海辞书出版社 2013 年版，第 262 页。

〔3〕 朱汉民、陈松长主编：《岳麓书院藏秦简（叁）》，上海辞书出版社 2013 年版，第 145～149 页。里耶秦简亦见"相遝"一词："□□年八月辛丑，迁陵拔、丞殹徵讯启。辞曰☑赏一甲，与此相遝，它如劾。"见陈伟主编：《里耶秦简牍校释》（第二卷），武汉大学出版社 2018 年版，第 183 页。

〔4〕 张伯元先生举秦简《效律》论证道："为都官及县效律；其有赢、不备，物直（值）之，以其贾（价）多者罪之，勿赢（累）。"他认为："累，累计。……这里指的是物资的检验，与犯罪的性质有所不同，但是从法律制定的角度看，它同样有准则，即按其中价值最高的论处。"见氏文"'累论'与数罪并罚"，载徐世虹主编：《中国古代法律文献研究》第八辑，社会科学文献出版社 2014 年版，第 53 页。

罪，仅判一刑"。[1]吴雪飞先生认为："从'八劾'内容来看，暨有部分犯罪被重复举劾……'相遝'并非指罪状相及，而是指举劾相及，'累论'并非指将多种行为合并为一罪，而是指将多种举劾逐一累加论罪。'相遝''累论'确是指定罪量刑中的'罪数'问题，但是其主要含义是对同一行为只论一罪，而不能重复论罪。"[2]张传玺先生认为，"言决相遝"即"言决相及"，是"判决之刑罚得以相覆"之意，亦即相继提出的举劾，若一罪"狱断"所给定刑罚得以覆盖其余"未断"之狱刑罚，则为"相遝"，"已劾未断"之狱的刑罚就不再执行。[3]张伯元先生在论文中将八劾案做表一（张文第50页），从表中可以看出劾4已处断，为赀一甲。原报告《奏谳文书》所录该案【某曰】（层次表将其划在"供述"栏）部分将八劾案发时间按顺序做了说明，劾4在始皇廿年十月己酉（初三）被劾，被判赀一甲。劾5于同年十月乙亥日（二十九）被劾，其余被劾6案皆发生在劾4之前。此次所劾案当是"谬百弩"，于是此前7劾被牵连出来。这八案中，劾4已被处罚过，一事不能两罚的原则相信当时亦当如此。此劾文所谓"相遝"应是劾4是否应抵过、包容此前所犯6过，若按数罪从一重处论，则劾4为大误，赀一甲，且已处罚。本次所劾"谬百弩"失误属新犯，应重新判罚，与此前各案不存在"相遝"关系。然而爰书确罪道："鞫之：暨坐八劾：小犯令二，大误一，坐官、小误五。已论一甲，余未论，皆相遝。审。"显然是将已判决的劾4之大误作为"相遝"原体了。按此，暨应释放，不当受任何处罚。但是，最后的吏议是"赀暨一甲，勿赢论"，似又是所劾新罪被处罚了。

陈松长、温俊萍先生推测，累论与否，"是否是故意行为所造成的失当结果，可能是'数罪问题'处罚所依据的一个重要标准"[4]。从暨案分析，秦国之数罪"相遝"应是一般规则，而"赢论"当是例外。所谓"相遝"当时应判之最重刑罚，覆及已发他罪，从而只论最重之罪的论罪方式。故"相遝"

〔1〕 朱汉民、陈松长主编：《岳麓书院藏秦简（叁）》，上海辞书出版社2013年版，第150页。
〔2〕 吴雪飞："读秦简杂识七则"，载武汉大学简帛研究中心主办：《简帛》第十二辑，上海古籍出版社2016年版，第105~114页。
〔3〕 张传玺："睡虎地秦简《法律答问》'狱未断'诸条再释——兼论秦及汉初刑罚体系构造"，载徐世虹主编：《中国古代法律文献研究》第十二辑，社会科学文献出版社2018年版，第142页。
〔4〕 陈松长、温俊萍："论秦律的罪数处罚——以岳麓书院藏秦简为中心"，载杨振红、邬文玲主编：《简帛研究2016（秋冬卷）》，广西人民出版社2017年版，第84页。

既与罪犯之主观形态没有必然联系，也与同种罪异种罪不相干。从暨所犯八罪看，也确实如此。所以陈松长、温俊萍指出："但是仔细分析这'八劾'的具体描述，实在难以看出个中的具体联系。勉强地说，唯一的关系就是这八劾都是其在担任官职期间的失职所造成的，如果依此判定'八劾'本身存在实质性的联系就显得十分牵强。"[1]审判官在诘问暨时说："赢论有令，可故曰赢重？"说明当时有累论的法律规定。[2]陈、温论文中引用了岳麓简一条新的令文对说明"相遝"很有帮助：

> 1. 廿七年三月乙卯御史言：留书，数书同日偕留，皆犯令殹（也）。其当论者，皆不当相遝，其驾（加）者亦不当相遝；及皆不当与它论相遝；及论狱失者，其同狱一鞠，有数人者，皆当坐之。[3]

此令对看似过误的行为却规定不得"相遝"，实际需"赢论"。该令强调了两个并不相关联的问题，一是行书过程中出现"数书同日偕留"时，每一件行书滞留都是犯令行为，"其当论者，皆不相遝"，即不得以一书之滞留替代其他的滞留行为。加刑者也不得以此罪相覆盖替代。意即某人所犯罪需加刑，也不能覆盖替代留行书罪，即须相累。二是判决过失者，数人同案，都应坐罪，亦不得以相遝论处其中部分数人。之所以专门规定对留滞行书的累论规定，应是出于对皇权运行的特殊保护。陈松长认为一日之内滞留行书数件，很有可能端为，是严重的犯令，故令文规定"不当相遝"。在同一案件中，对数人失滞行书，也可能是故意为之，也"不当相遝"（陈文85页）。此令也说明当时论狱"相遝"是常态，对"不当相遝"论罪以令做出单独规定。

出土文献证实，西汉法律就明确规定了重罪吸收轻罪的原则。《二年律令·

---

〔1〕 陈松长、温俊萍："论秦律的罪数处罚——以岳麓书院藏秦简为中心"，载杨振红、邬文玲主编：《简帛研究 2016（秋冬卷）》，广西人民出版社 2017 年版，第 81~82 页。

〔2〕 张伯元先生认为："说'赢论有令'就是指累计论处有明文规定，可能过于绝对。此'令'还不能贸然指认律文规定，更贴近的意思是，直接针对'暨过误失坐官案'案中官府的命令，即对此案的处断。退一步说，即使有这方面的明文规定，也是模糊的说辞。因为事实上，'八劾'缺乏应有的内在关联，不能视为'累论'法律制度的存在依据。"见氏文"'累论'与数罪并罚"，载徐世虹主编：《中国古代法律文献研究》第八辑，社会科学文献出版社 2014 年版，第 54 页。

〔3〕 陈松长、温俊萍："论秦律的罪数处罚——以岳麓书院藏秦简为中心"，载杨振红、邬文玲主编：《简帛研究 2016（秋冬卷）》，广西人民出版社 2017 年版，第 84 页。

具律》:"一人有数☐罪殹,以其重罪罪之(99)。"此简虽然残断并有一字摩泐,但其意不会有太大出入。《二年律令·奏谳书》案例 3"临淄狱史阑娶汉民之齐国"案也涉及到罪数问题。该案梗概是:临淄狱史阑护送被迁徙长安的齐国田氏女南,到长安后狱史阑却娶南并将其戴缴(缟)冠伪装,佯病躺在车中企图混出函谷关,还没出关就被捕获。胡县组成合议庭审理此案,因审判意见有争议而上谳。对阑的确罪有两种意见:一是认为阑从诸侯来诱汉民;另一种意见认为阑当论奸及匿黥舂罪。若以诸侯来诱汉民罪论,按《二年律令》"☐来诱及为间者,磔(简三)",从罪状看虽然阑符合此罪,但审判人员也说"阑虽不故来",即承认阑最初并不是抱着诱汉人的目的来京师的。因此,廷尉最后判阑黥城旦。乔志鑫先生认为汉代数罪认定时,"以犯罪动机为主导","在这里审判者对阑犯罪的主观动机是考虑在内的"。[1]若认为阑"当以奸及匿黥舂罪"论,则意味着阑犯有二罪。先说奸罪,乔志鑫认为此处之"奸"是"犯也"之义,而不是通常意义上的"强奸""和奸"。本文认为还是作"和奸"解顺畅,简文"与偕归临淄,是阑来诱及奸(简19、20)",其中"诱"与前面"吏议"提到的"匿黥舂罪"都是具体的罪名,与作为"犯"之义的"奸"不是同一层次的概念。从简19、20全句看,可以解释为"阑偕同南一起返回临淄,这属于阑来诱汉民南并且犯和奸罪",因阑与南的婚姻不合法,所以称为奸。阑还有匿黥舂罪,则南犯有黥舂罪。致于南犯了哪项罪论黥舂,从简文本身还不能准确把握。[2]按汉律,和奸罪,"其吏也,以强奸论之"(《杂律》192),而强奸罪的处罚较为复杂[3],廷尉最后论"阑当黥为城旦"。此案对于阑的判刑是数罪从一重处,则本案奸罪的处罚或为黥城旦,或轻于黥城旦,如此则法律意义上奸罪的内涵或处罚还值得重新探讨,但二罪择一重处的原则还是应当肯定的。

唐律累论不分故意与过失,皆据判决刑累并。《唐律·名例》:"诸二罪以

〔1〕乔志鑫:"汉律罪数问题研究",载姚远主编:《出土文献与法律史研究》(第七辑),法律出版社 2018 年版,第 180 页、第 183 页。

〔2〕乔志鑫推测说:"南的逃亡之所以被判为黥舂罪,与其本身是田氏、同时又准备逃亡临淄(诸侯国)有关,而这种行为的后果虽然暂时难以见到明文规定,但极有可能是黥为舂的处罚。"同上第 173 页。

〔3〕孙闻博:"秦汉简牍所见特殊类型奸罪研究",载《中国历史文物》2008 年第 3 期。

上俱发，以重者论；等者，从一。"唐律刑罚有居作、赎、官当等不同的执行方式，《注》谓"若重罪应赎，轻罪应居作、官当者，以居作、官当为重"。《疏议》举例进一步解释道："假有甲任九品一官，犯盗绢五疋，合徒一年；又私有稍一张，合徒一年半；又过失折人二支，合赎流三千里，是为'二罪以上俱发'。从'私有禁兵器'断徒一年半，用官当讫，更征铜十斤；既犯盗徒罪，仍合免官。是为'以重者论'。"以上三罪，最后应依"私有禁兵器"（私有稍一张）一罪论处，因其身分是九品官员，则以官当为重："谓甲过失折人二支应流，依法听赎；私有禁兵器合徒，官当，即以官当为重。若白丁犯者，即从禁兵器徒一年半，即居作为重罪。"此案"犯盗绢五疋，合徒一年"，"过失折人二支，合赎流三千里"属于"不累轻以加重"。唐律规定，凡有官爵者犯罪须先以官当，官少不尽其罪才可收赎，所以只"从'私有禁兵器'断徒一年半，用官当讫，更征铜十斤"论处。即二罪俱发之轻重，不依主刑轻重次序，而是按居作、官当、赎的执行方式的顺序排列。在官当、赎的规定中，官当的官品要高于赎。若以"过失折人二支，合赎流三千里"为标准择一重罪，即使"以官当流者，三流同比徒四年"；按赎法，三千里赎铜一百斤。唐律的数罪俱发择一重处，在议、请、减、赎的轻重排序下，更加影响了刑罚的公正性，其本质仍然反映的是帝国的官本位思想和等级制度。

二、新罪的处罚

现代刑法规定，新罪是指判决宣告以后，刑罚执行完毕之前又犯罪的称为新罪，这是相对判决宣告前的罪行而言。但是，秦汉时法律往往称"当某刑又犯某刑则当某刑"，故秦汉时似以拘系为界点，拘系前称为数罪俱发，一般实行从一重处；而拘系后未判决又犯罪的则规定了与"俱发"完全不同的判决原则。为便于理解和阐述，我们将拘系后判决之前的犯罪姑且也称之为新罪。分析秦律和汉初《二年律令》，秦汉的新罪包括告发拘系后、宣判前的新罪与正在执行期间的新罪两种类型，这有别于现代刑法关于新罪的界定。秦律对判决前的新罪与判决后的新罪规定了不同的处罚原则，这种规定与有罪推定及秦汉的刑罚体系相关。试分析《法律答问》的两组规定：

表1　秦律判决前与执行期间两类新罪处罚比较

A 未判决前又犯罪	1. 简117：当耐司寇而以耐隶臣诬人，可（何）论？当耐为隶臣。〔I〕 （当耐司寇罪+耐隶臣罪＝耐隶臣罪） 2. 简108：【有收当耐未断，以当刑隶臣罪诬告人，是谓当刑隶臣。】 （当耐+刑隶臣＝刑隶臣）
	3. 简118：当耐为隶臣，以司寇诬人，可（何）论？当耐为隶臣，有（又）系城旦六岁。 （当耐为隶臣+司寇＝耐为隶臣+系城旦六岁） 4. 简120：当黥城旦而以完城旦诬人，可（何）论？当黥劓。 （当黥城旦+完城旦＝黥劓）
B 执行期间犯罪	1. 简119：完城旦，以黥城旦诬人。可（何）论？当黥。〔II〕 2. 简116：隶臣将城旦，亡之，完为城旦，收其外妻、子。

〔I〕该简文下还有"当耐为侯（候）罪诬人，可（何）论？当耐为司寇"，这段简文有脱漏，但脱漏哪些字，脱漏于何处，诸家说法不一。故这段简文存疑，不引录。

〔II〕张传玺先生认为，据简117、118、120都有"当"字，则此简简首也应有此字，但被省略。其说明见氏文："睡虎地秦简《法律答问》'狱未断'诸条再释——兼论秦及汉初刑罚体系构造"，载徐世虹主编：《中国古代法律文献研究》第十二辑，第126页注文①。为慎重，本文引简仍依原报告释文。

比较A、B两组，A组属于已发未断又犯新罪，A1、2例新罪重于应判之罪，按新罪处罚，采用重罪吸收轻罪，A3、4之新罪轻于应判之罪，则采取（累并）加重处罚，其加重结果则重于原应判之刑罚。汉初执行期间的新罪规定"有罪当黥，故黥者劓之（88）"，上表A4规定，"当黥城旦而以完城旦诬人"亦处"黥劓"，两相比较，秦律还是显得偏重的，尽管这种比较方法未必合适。B组属于执行期间又犯新罪，无论新罪轻重，都采取了加重处罚。可见，执行期间所犯新罪与未决又犯新罪，即使新罪轻于应判之罪，也采用的是加重原则。而已发又犯新罪，新罪重于应判之罪的则按新罪处罚，与二罪俱发的判决原则相同。

A 类所举规定，一是未决案犯皆为普通身份，二是新罪皆为诬罪。对于这类"先未断之罪、后再犯之罪"的定罪追究顺序，以及诬罪的定罪原则，张传玺已做分析，兹不赘述。[1]还有身份为葆子的"未断"案，既然存在"未断""后再犯"的问题，那么原则上也属于判决前又犯新罪的范围，不过葆子因其身份，虽有"后再犯"之刑，但规定"勿刑，刑其耐"，至使其最终受刑的轻重程度发生改变。这类因案犯身份而使判决发生改变的，不在本文讨论的范围之内。

汉初《具律》对执行期间的新罪做了系统的规定：

1. ☐所与同鬼薪白粲也，完以为城旦舂。有罪当黥，故黥者劓之，故劓者斩左止（趾），斩左止者斩右止（趾），斩右止（趾）者府（腐）之。女子当磔若要（腰）斩者，弃市。当斩为城旦者黥为舂；当赎斩者赎黥，当耐者赎耐。（87~89）

表 2　《二年律令·具律》的加刑规定

	原判刑罚	新罪应处刑罚	并科后应处刑罚
城旦舂加刑表	※（疑为鬼薪白粲）	同鬼薪白粲罪	完城旦舂
	城旦舂	耐罪以上	黥刑
	黥刑	黥刑	加处劓刑
	劓刑	黥刑	斩左止
	斩左止	黥刑	斩右止
	斩右止	黥刑	腐刑

2. 有罪当耐，其法不名耐者，庶人以上耐为司寇，司寇耐为隶臣妾。隶臣妾及收人有耐罪，鞫（系）城旦舂六岁。鞫（系）日未备而复有耐罪，完为城旦舂。城旦舂有罪耐以上，黥之。其有赎罪以下，及老小不当刑、刑尽者，皆笞百。城旦刑尽而盗臧百一十钱以上，若贼伤人及杀

---

[1] 张传玺："睡虎地秦简《法律答问》'狱未断'诸条再释——兼论秦及汉初刑罚体系构造"，载徐世虹主编：《中国古代法律文献研究》第十二辑，社会科学文献出版社 2018 年版，第 124 页。

人而先自告也，皆弃市（90~90）。

表3　《二年律令·具律》规定的加刑原则

原判刑罚	新罪应处刑罚	并科后应处刑罚
司寇	有罪当耐，其法不名耐者	耐为隶臣妾
隶臣妾及收人	耐罪	鬾（系）城旦春六岁
	鬾（系）日未备而复有耐罪	完为城旦春
城旦春	耐罪以上	黥
城旦春	赎罪以下	笞百
老小不当刑者		
刑尽者		
城旦刑尽者*〔1〕	盗赃一百一十钱以上	弃市
	贼伤人、杀人而先自告	

比较秦汉关于新罪的处罚，对判决后再犯新罪的，二者共同的特点就是，不论新罪是否重于原罪，都要"累并"处罚。新判刑罚与旧罪刑罚相比较本质上属于加重处罚，而且没有限制。新罪判决的轻重与旧罪关联度极大，旧罪刑罚越重，新罪的判决也重。在加刑刑尽后，即使新罪较轻，即便自首，仍然面临死刑。

秦律对于"已狱及已劾未论"等各类拘系者逃亡，除原罪继续惩治外，仍增治逃亡罪。岳麓简肆《亡律》：

3. 不会系城旦春者，以亡律喻<论>之。不会收及隶臣妾之耐，皆以
《亡律》论之。不会司寇之耐者，以其【狱鞫已】论，其审当此【耐而

---

〔1〕　刑尽不是指徒刑期满。如果城旦按某些观点是指六岁刑，其刑满后再犯盗赃110钱就要弃市，全面分析汉律可知，这样理解显然不对。《二年律令》载：盗660钱以上黥为城旦春，220~660完为城旦春，不盈220~110耐为隶臣妾。《二年律令》对于新罪的规定是：城旦春有耐罪以上处黥刑，黥城旦犯黥刑者处劓刑，意即刑罚执行期间犯新罪。如果刑法执行完毕后，盗窃罪110钱就弃市，显然不合理，只能理解为各种肉刑用尽后再犯盗110钱，即耐罪以上弃市。再者，刑尽是几年刑尽，三年、四年、五年刑期结束都是刑尽，如刑期一年刑尽盗110钱就弃市，就更不合理。只能理解为在加刑过程中，刑种等级无所加，再犯罪则弃市。

不会，耐为鬼薪】。不会答及除，未盈卒岁而得，以将阳癖（辟），卒岁而得，以阑癖（辟），有（又）行其答。(040~043)

"会"，报告解释为按规定日期前去官府报到，"不会"就是不按期报到。"隶臣妾之耐"就是隶臣妾犯有耐罪。系城旦舂、收及隶臣妾不按期日接受新判决，皆以亡律论处。系城旦舂者并不完全是刑徒，有些是居赀赎债者；收者则是因亲缘关系等被收孥；隶臣妾有些是官奴。因此也可以将系城旦舂、收及隶臣妾看作是三种特殊身份的拘系者，他们接受《亡律》的惩罚后，仍然保持原来的身份。而刑徒不会则据原刑加重惩处，例3 "不会司寇之耐者"，即司寇犯有耐罪，因其不会，法律规定"耐为鬼薪"。汉初《二年律令·亡律》对刑徒、拘系者的逃亡行为的惩处原则是相同的：

4. 城旦舂亡，黥，复城旦舂。鬼薪白粲也，皆答百。隶臣妾、收人亡，盈卒岁，系城旦舂六岁；不盈卒岁，系三岁。自出殹，答百。其去系三岁亡，系六岁；去系六岁亡，完为城旦舂。(164~165)

亡罪属新罪，故对该罪的判决本质上是加重。同是亡罪，原罪越重，处罚越重。

这里比较特殊的刑罚是毄（系）城旦舂，该刑罚的劳役强度应当比与隶臣妾、司寇为重，但毄（系）城旦舂不属于独立的刑种（相对正刑而言），故司寇、隶臣妾在毄（系）城旦舂若干年后，还要恢复原身份。秦汉律常用系城旦若干年对新罪加刑使用。岳麓简报告叁案例11《得之强与弃妻奸案》，当阳得之欲强奸已离弃的妻子变，变不从。得之被判耐为隶臣。始皇元年四月，得之乞鞫，廷尉史覆审，以得之乞鞫不审，被加毄城旦6岁。后得之再次乞鞫，仍以"得之乞鞫不审"驳回。简文透露"得之去毄亡，已论十二岁"，第二次乞鞫又加刑毄城旦六岁，狱辞要求"备前十二岁毄日"，得之共需毄城旦十八年。其中，两次乞鞫共毄城旦十二年，这两次乞鞫虽不能算新罪，但"得之去毄亡"应属典型的新罪，被加毄城旦六岁。故得之需以耐隶臣的身份从事城旦劳作十八年。[1]得之被加毄城旦是有法律依据的，岳简肆：

〔1〕 朱汉民、陈松长主编：《岳麓书院藏秦简（叁）》，上海辞书出版社2013年版，第271~274页。

"阑亡盈十二月而得，耐。不盈十二月为将阳，毄（系）城旦舂。（091）"
参考《二年律令·亡律》"隶臣妾、收人亡，盈率岁，毄（系）城旦舂六岁
（165）"，则得之逃亡应超过一年。汉初，毄（系）城旦舂仍然是新罪加刑
的手段，《具律》规定："隶臣妾及收人有耐罪，毄（系）城旦舂六岁。毄
（系）日未备而复有耐罪，完为城旦舂（90、91）。"由此也可以看到，秦汉
终身刑劳役制体系下，常以不同的劳作强度作为不同刑种的加刑方式。

系城旦虽然作为加刑使用，但奴隶在系城旦期间犯逃亡罪不但加系年数，
还被施以肉刑，只有那些老小不当施用肉刑的奴隶才只加毄（系）城旦舂若
干年作为惩罚手段。岳麓简肆《亡律》：

> 5. 奴婢毄（系）城旦舂而去亡者，毄（系）六岁者，黥其離（颜）
> 頯；毄（系）八岁者，斩左止；毄（系）十岁、十二岁者，城旦黥之；
> 皆畀其主。其老小不当刑者，毄（系）六岁者，毄（系）八岁；毄
> （系）八岁者，毄（系）十岁；毄（系）十岁者，毄（系）十二岁。皆
> 毋备其前毄（系）日。（简37~39）

《法律答问》"隶臣妾系城旦舂去亡，已奔，未论而自出，当治（笞）五
十，备系日"，岳麓报告肆简15对"弗会"的自首行为做了规定："有罪去
亡，弗会，已狱及已劾未论而自出者，为会。鞫，罪不得减。"即有罪逃亡而
不去官府报到，已经论罪判决及已被劾罪未论而自首者，不属"弗会"；但是
论罪时不得因自首而减轻处罚。

西晋早已实施有期刑，对新罪采用限制加重原则。《晋书·刑法志》："故
律制，生罪不过十四等，死刑不过三。徒加不过六，囚加不过五，累作不过
十一岁；累笞不过千二百。"[1]《晋律》的新罪在时间限定上包括"已发"与
刑罚执行期间，这与秦汉律是一致的。

唐律对新罪称为"更犯"，其犯罪时间讫限点也以"发"为界点，《疏
议》解释得颇为清楚："已发者，谓已被告言；其依令应三审者，初告亦是发

---

[1]《御览》卷六四二张斐《律序》："徒加不过六，囚加不过五，〔累作〕不过十二岁，累笞不
过千二百。"小字注曰："罪已定为徒，未定为囚。"可见晋律对于已发后未决前及执行期间之罪都一
体对待，统视为新罪。

讫。及已配者，谓犯徒已配。而更为笞罪以上者，各重其后犯之事而累科之。"〔1〕唐律对新罪的处治与晋律相同，均采取限制加重的原则；《名例》律规定："诸犯罪已发及已配而更为罪者，各重其事。"试看《疏议》以流徒为例对更犯的规定：

> 6. 有犯徒役未满更犯流役，流役未满更犯徒役，或徒、流役内复犯徒、流，应役身者，并不得过四年。假有元犯加役流，后又犯加役流，前后累徒虽多，役以四年为限。若役未讫，更犯流、徒罪者，准加杖例。犯罪虽多，累决杖、笞者，亦不得过二百。
>
> 7. 累流、徒应役四年限内，复犯杖、笞者，亦依所犯杖、笞数决。或初犯杖一百，中间又犯杖九十，后又犯笞五十，前后虽有二百四十，决之不得过二百。其犯徒应加杖者，亦如之。假如工、乐、杂户、官私奴婢等，并合加杖，纵令重犯流、徒，累决杖、笞，亦不得过二百。

唐律《贼盗》还有"盗经断后三犯"加重的规定："诸盗经断后仍更行盗，前后三犯徒者，流二千里；三犯流者，绞。"此条律文针对的只是强盗、窃盗二罪，实质是对此种罪行累犯的专门条款，故有两点与其他新罪判罚的设计有别，一是始点确定在"断后"，不似其他新罪以"发"为界限。二是此种计刑没有讫点。其他新罪始自"发"，讫止到刑罚执行完毕，若刑罚执行完毕再犯应当作为一个单独案件审判。而"盗经断后三犯"并没有"已发及已配"的界定，更没有将此条放置在《名例》的"更犯"条下，而是在《贼盗》章下单独成条，故据本条立法精神，应当包括刑罚执行完毕后再犯本罪。

三、关于赃罪的处罚

赃罪是可以统计赃值数额的，现代刑法学有将这类犯罪称为数额犯或数量犯。法律规定的某项数额或数量是一个定量标准，从而确定了罪与非罪、罪恶大小的界限。〔2〕秦汉律对赃罪实行累并原则并规定了若干额度的界限，

---

〔1〕 刘俊文撰：《唐律疏议笺解》，中华书局1996年版，第293页。
〔2〕 赵威："数额犯的一般理论"，载吴振兴主编：《犯罪形态研究精要I》，法律出版社2005年版，第174~204页。

《法律答问》："诬人盗直（值）廿，未断，有（又）有它盗，直（值）百，乃后觉，当并臧（赃）以论，且行真罪、有（又）以诬人论？当赀二甲一盾。"这里的"当并臧（赃）以论"，说明秦国法律存在并臧（赃）以论的规定。秦汉律文中多有关于赃值数额的界限，这些规定应当与赃值的累并相联系。岳麓秦简叁"匿訾税及室、肆，臧（赃）直（值）各过六百六十钱（130 \ 131）"，汉初《二年律令·盗律》的规定更为明确：

> 1. 盗臧（赃）直（值）过六百六十钱，黥为城旦春。六百六十到二百廿钱，完为城旦春。不盈二百廿到百一十钱，耐为隶臣妾。不盈百一十钱到廿二钱，罚金四两。不盈廿二钱到一钱罚金一两。(56)

汉简中亦多见赃罪数额界限的记载：

> 2. ☑故不以实，臧二百五十以上令辨告☑（《新简》E. P. T51. 290）
> 3. ☑贾而卖买而不言，证财物故不以实，臧二百五☑（《新简》E. P. T54. 9）
> 4. 坐簿书贵直，为擅赋，臧二百五十以上……（《新简》E. P. T43. 55）
> 5．案：秩无故入人庐舍，盗牛一头，凡臧（赃）七千二百。秩盗臧（赃）五百以上，数罪，发觉得　　（长沙五一广场东汉简145）

上引所见各罪的数额标准，不会仅指一次赃额的标准，应当包括并赃数额。上引例5简"秩盗臧（赃）五百以上，数罪，发觉得"，这个数罪只能是盗赃的数罪。居延汉简 E. P. T53. 103 更可以证明这个问题："☑囗利卒臧并直二百廿二钱以"，即某处士卒并赃后达到或超过 220 钱这个界线。

汉律已对不同种赃做出了区分，汉初《二年律令·盗律》对诸赃区分为劫人求钱财、受赇、受赇枉法、行赇、盗赃等。"劫人、谋劫人求钱财，虽未得若未劫，皆磔之，罪其妻子，以为城旦春（69）"，说明强盗无论是谋者、实施者，不论赃值数额都处以磔刑。"受赇以枉法，及行赇者，皆坐其臧为盗。罪重于盗者，以重者论之（60）"，即受赇枉法、行赇之赃按盗罪论处，当"罪重于盗者，以重者论之"。沈家本在《汉律摭遗》卷二《盗律》篇中著录诸赃，计有：主守盗、受所监临、恐猲受赇、受财枉法、行赇、劫略等多种罪名。[1]文献所载各案，诸罪判刑轻重不同，劫略最重，主守盗也有弃市刑。《汉书·陈咸传》注引如淳曰："律：主守而盗直十金，弃市。"而汉初律文规定"盗臧（赃）直（值）过六百六十钱，黥为城旦舂"。上引例2~4简，都是在各自的罪名内规定臧（赃）二百五十以上将如何论处，故秦汉律不同种之赃不应累并。不同种赃处罚的最高刑差距较大，因此累并只计同种赃是合理的。汉初《奏谳书》案例15，醴阳令恢盗官米出卖，得金六斤三两，钱15050，被认定为盗赃值过660钱，获刑黥城旦。此赃值肯定不是一次所为，应是多次盗卖并赃而计。

有些案件虽然计算赃值，但案件本身却不归属于任何一种赃罪。如《汉书·孝武功臣表》："（湘成）侯益昌嗣，五凤四年，坐为九真太守盗使人出买犀、奴婢，臧百万以上，不道，诛。"此案是违反禁买卖规定，最后以不道罪诛。

由于刑罚体系改变，唐律对诸赃的判决与汉律完全不同，归纳起来有三个问题需要说明：一是累科，二是倍论，三是诸赃之间的并满。

首先，唐律对同种赃要累科。《唐律疏议·名例》"即以赃至罪，频犯者并累科"，累科是原则，但涉及到多个侵害对象时，即盗侵多个主体所得之赃除累科外还需"倍论"，即折半而论，而对一家一次盗侵则不倍论。《疏议》释曰："其有于一家频盗及一时而盗数家者，并累而倍论。倍，谓二尺为一尺。"对于不同种赃，则规定"若罪法不等者，即以重赃并满轻赃，各倍论"。《疏议》对"罪法不等者"解释为：

6."罪法不等者"，为犯强盗、枉法、不枉法、窃盗、受所监临等，并是轻重不等。"即以重赃并满轻赃"，假令县令受财枉法六尺，合徒三年；不枉法十四尺，亦合徒三年；又监临外窃盗二十九尺，亦徒三年；强盗二尺，亦合三年；受所监临四十九尺，亦合徒三年。准此以上五处赃罪，各合徒三年，累于"受所监临"，总一百尺，仍倍为五十尺，合流二千里之类。

[1]（清）沈家本撰，邓经元、骈宇骞点校：《历代刑法考》，中华书局1985年版，第1393~1411页。

唐律不按各单项罪名独立处罚而采取并满法，既与"诸二罪以上俱发，以重者论；等者，从一"的吸收原则有关，也与其刑罚体系有关。即唐律徒刑最高为3年，各赃罪若按各自罪名独立论决，皆为3年徒，累并当为15年，若采取"等者，从一"的吸收原则，只能判处3年徒；这无疑使触犯多种赃罪的行为惩处过轻。如果诸赃相加，六赃论刑轻重不同，归并到哪一赃就成为问题。在这种体系下，"并满""倍论"就是调和、折衷的最好办法，唐律各赃罪的最高处罚如下表：

表4 唐律赃罪最高刑比较

罪名	最高刑	备注
强 盗 （281）	得财十疋绞；持杖不得财流三千里；五疋绞。	《疏议》："强取人财，注云'谓以威若力'。"即今抢劫罪。唐律分得财与不得财及持杖与否。
窃 盗 （282）	五十疋，加役流二千里	《疏议》："谓潜形隐面而取。"
枉法赃 （138）	十五疋绞	《疏议》："'监临主司'，谓统摄、案验及行案主典之类。受有事人财而为曲法处断者。"
不枉法赃	三十疋加役流	《疏议》："虽受有事人财，判断不为曲法。"
受所监临 （140）	五十疋，流二千里	《疏议》曰："监临之官不因公事，而受监临内财物者，计赃一尺以上笞四十，一疋加一等；八疋徒一年，八疋加一等，五十疋流二千里。"

按《唐律》刑罚体系，假使县令犯有五赃，若五赃罪中"不枉法赃"以上有触最高刑者，择一重处，死刑自然吸收其下轻刑。此例累并赃值高达100疋，并在死刑、加役流也不公平，毕竟所并之赃非本赃。于是规定重赃并满轻赃而倍折，五赃中最轻的是受所监临，50疋合流二千里。

与汉律相比，唐律对赃罪区分更细，划定了诸多不同的罪名和科罪的方法，在没有实行异种罪并科及徒刑最高刑期过短的前提下，对诸赃实行并满法也是一种无奈的选择。

唐律对于赃罪之漏罪也有其独特的理论与论刑方法。所谓漏罪就是判决宣告以后，又发现判决前需要追究的犯罪行为。《唐律疏议·名例》："诸二罪以上俱发，以重者论；等者，从一。若一罪先发，已经论决，余罪后发，其轻若等，勿论；重者更论之，通计前罪，以充后数。"对于漏罪，原则是等者"勿论"，重者"通计前罪，以充后数"，即补足已判之罪与漏罪的刑差。赃罪的漏罪依此原则，则与赃罪俱发的判决有巨大的反差，显得极为不合理，如《疏议》释曰：

> 7. 假有官人枉法，受甲乙丙丁四人财物，各有八疋之赃，甲乙二人先发，赃有一十六疋，累而倍之，止依八疋而断，依律科流，除名已讫；其丙丁二人赃物于后重发，即累见发之赃，别更科八疋之罪。后发者与前既等，理从勿论，不得累并前赃作一十六疋，断作死罪之类。

因甲乙 16 疋先发，合从倍折，故以 8 疋论处合流 2500 里。如果俱发，32 疋倍折为 16 疋，合绞。但丙丁 16 疋后发为漏罪，倍折 8 疋，"余罪后发，其轻若等，勿论"。枉法赃只因先后"发"，即从绞降到流 2500 里，显得极为荒唐。

但是，对于枉法赃是否专取一人的漏罪又不完全适用"余罪后发，其轻若等，勿论"的原则。唐律规定，侵害一人之赃，虽先后发，不采取吸收原则，而是累并。《疏议》举例释曰：

> 8. 问曰："有人枉法受一十五疋，七疋先发，已断流讫，八疋后发，若为科断？"答曰："枉法之赃，若一人边而取，前发者虽已断讫，后发者还须累论，并取前赃，更科全罪，不同频犯止累见发之赃。通计十五疋，断从绞坐。无禄之人，自依减法。"[1]

唐律对赃罪区分倍与不倍，"不倍者三"："监临主司因事受财而同事共与，若一事频受及于监守内频盗，累而不倍。"按疏议的解释，这三种赃罪累而不倍，须重惩：监临官员因同一事受同一伙人的贿赂；监临官断一人事而频受其财；当库人、府县官员频盗所部财物。

唐律论治赃罪还有"其一事分为二罪，罪法若等，则累论"等，不等则

---

[1] 刘俊文撰：《唐律疏议笺解》，中华书局 1996 年版，第 441 页。《刑统赋》继承这个原则，《粗解刑统赋》曰："赃非频犯者，后发须累于前发"条云："二事各受财者，先后事发，谓之频犯，故不累赃而止理见发也。一事二次受财者，先后事发，谓之非频犯，须合累赃科罪。"参见徐世虹主编：《沈家本全集》第 8 卷，中国政法大学出版社 2010 年版，第 517 页。

按"重法并满轻法"的规定，如《户婚律》"差科赋役违法"：

> 9. 假有官司，非法擅赋敛于一家，得绢五十疋：四十五疋入官，坐赃论，合徒二年半；五疋入私，以枉法论，亦合徒二年半。即以入私五疋，累于入官者，为五十疋，坐赃致罪，处徒三年。

擅赋敛单独购成一罪，枉法又购成一罪，如以"诸二罪以上俱发，以重者论；等者，从一"，只能处二年半，显然有遗漏惩处部分罪行的问题，于是规定"重法并满轻法"，处徒三年。如果此案不存在擅赋敛入官部分，据牵连关系，只应论处入私的枉法赃。可见，考虑问题的出发点与立脚点不同，制定的法律规则也不同。这就是唐律对各类赃罪按不同原则惩处的原由所在。

秦汉及后代在计量赃罪时以数额划定标准在立法技术上是个进步。秦汉赃罪以钱的数额作为定量标准，唐以疋数、尺数作为定量标准。数额犯具有对象的可计算性、立法的概括性等特点，故被历代立法所采用。现在刑法学界往往讨论数额犯的理论是何时、由哪位学者首先提出的，反映了理论界对此问题的自觉探讨。从现有资料看，赃罪数额的最早规定是战国时出现的，表明那时对赃罪的立法已有清醒的认识。

四、关于牵连犯

牵连犯是指以实施某一犯罪为目的，其犯罪的方法行为或结果行为又触犯其他罪名的犯罪形态。在这里，犯罪的方法可以有多个，每个行为又分别触犯了不同的罪名，但其目的却只有一个。在这种情况下，由于各行为之间联系的紧密性，时间的衔接性，以及原因、目的和结果之间的牵连性，所以现代刑法大多规定，除法律另有规定外，采取从一重处原则。这种数罪属于处断的一罪。秦汉时期虽然没有牵连犯这个概念，但是对于这种数罪已有清晰的认识，因此在立法中做出了明确的规定，《法律答问》：

> 1. 把其叚（假）以亡，得及自出，当为盗不当？自出，以亡论。其得，坐臧（赃）为盗；盗罪轻于亡，以亡论。（简131）

意即携带借用的官有物品逃亡，被捕获以及自首，应否作为盗窃？自首，以逃亡论罪。如系捕获，按赃数作为盗窃；如盗窃罪轻于逃亡罪，则以逃亡论罪。《问答》自然不会从逃亡与携带官器之间的牵连关系来考虑，但当时还是认识到应当择一而论的道理。现在学者在分析秦律罪数时，也将此种行为作为数罪来认识。[1]从现代罪数理论分析，也符合牵连犯的二罪择一重处的规定。

有些符合牵连犯的犯罪形态，汉律采取的处罚原则近似于从一重处。《二年律令》：

2.《具律》：鞫狱故纵、不直，及珍、报、辟故弗穷审者，……其受赇者，驾（加）其罪二等。所予赃罪重，以重者论之，亦驾二等（93、95）。

3.《盗律》：受赇以枉法，及行赇者，皆坐其赃为盗。罪重于盗者，以重者论之（60）。

上引例2 "鞫狱故纵、不直，及珍、报、辟故弗穷审理者" 本已构成犯罪，若因 "受赇" 而触犯其中任意一个情节则同时触犯两个罪名（即枉法裁判和受贿罪），两个行为之间存在牵连关系。例3 条文也是这个原理，只是行为人身份不同而已。《盗律》规定对于一般官吏受赇枉法，采用择其重者处之；而对于司法官吏受赇枉法，除 "以重者论之" 外，还要加重二等处罚，反映了汉律严于吏治的思想。可惜这种思想在唐律中严重缩水，对后世产生了消极影响。

唐律所举案例也存在牵连犯的犯罪形态，《贼盗》"故烧人舍屋而盗" 条规定："故烧人舍屋及积聚之物而盗者，计所烧减价，并赃以强盗论。"《杂》律中还有 "烧官府私家舍宅" 条，此两条在犯罪的外部形态上相同，但 "烧官府私家舍宅" 不以盗为目的，显然 "故烧人舍屋" 是盗的手段。当然，唐律并未从牵连犯角度制定惩治措施，而是据犯罪目的分为二个罪名，又据杀伤人否 "以故杀伤论"，并据烧毁损失、伤死人状况确定刑等。

---

[1] 彭浩："谈《岳麓书院藏秦简（肆）》部分竹简的归类"，载马聪等主编：《出土文献与法律史研究现状学术研讨会论文集》，暨南大学出版社2017年版，第3页。

　　本文对秦汉罪数及相关立法技术问题做一粗浅分析，并试图与唐律做些比较。整体看，秦汉立法看重个体，视每一个个体为约束对象。唐律看重阶层，对官员阶层从整体上给予很大的特权。秦汉法律还没有完全脱离肉刑，西汉刑制改革后仍然有肉刑的残迹，唐律已经有了完备的五刑体系。这些差别决定了秦汉与唐律在罪数问题上采取不同的处理方式。汉律对待官员犯罪，不论枉法不枉法，都要加重论治，特别是司法官员犯罪更是加二等处理。唐律对官员犯罪，对赃罪都有系统的规定，对诸赃量刑时，有重赃并满轻赃、倍论、累论等，量刑时还要据身份议、请、减、赎，结果自然使官员犯罪得不到应受的惩罚。唐律漏罪的立法原则虽与二罪俱发择一重处相一致，却使应当追究的罪行得不到惩治。汉律的加刑是无限制累进直至死刑，而唐律则是限制加重，这些都影响着对于数罪的处罚规定与量刑。通过疏理秦汉罪数问题的律文，可以发现秦时人们对于数罪已有初步认识，已有并赃、数罪、累论等概念。晋杜预以后，刑法理论有了突破，奠定了唐人对于罪数的立法基础，使唐律在制定时有了自觉的数罪意识。但是，因为刑罚体系及操作水平的限制，很多涉及罪数的法律规定并不科学。反观秦汉律文，虽然条文显得散乱，但很多规定反映了当时惩治犯罪较为朴实的认识，很多规定有其合理性。相反，在官本位的等级理论指导下制定的唐律虽然看似体系完整，却是对公平正义的严重侵害。

两汉刑事诉讼的审级与权限

有关秦汉诉讼制度的问题，很多学者进行了深入的研究并取得了诸多成果，特别是秦汉相关简牍出土以后，这方面的论述颇多。但是，这些论述主要针对秦及汉初这一时段刑事程序启动、审理的精细规则做了深入的分析，如刑案的启动须经告、劾；审讯案犯的程序需经诘、诊、问、鞫、论、当；县、郡及中央诸卿的廷尉是基本审判机关等等。这些研究成果对于复原两汉的审判制度无疑具有重要作用，但是整个两汉司法制度的运作、审级的确定及权限却少有论证。[1] 本文试就两汉刑案的审级、权限等问题进行探讨。

一、审级的确立与权限

审级概念完整的表述是：国家设置的审判权限明确、可以独立行使审判权的若干级别的审判机关，各级别的审判机关对各类案件的管辖有明确的权限划分，从而构成一个完整的审判体系。这些若干级别的审判机关，受理从初审到终审的刑事案件，并最终使案件到某一审级终止，从而使案件不可再诉。这种审判机制在秦汉帝国也是存在的。一般来讲，在中央集权式的官僚体制下，有几级行政机构就有多少审级。除乡一级外，秦汉行政机构分县（道）、郡、中央三级，因此秦汉的司法审级也应当是三级。《汉书·刑法志》载，高皇帝七年，制诏御史：

> 自今以来，县道官狱疑者，各谳所属二千石官，二千石官以其罪名

---

〔1〕 胡仁智先生的博士论文《两汉郡县官吏司法权研究》对郡县司法权做了深入研究，论文于2008 年由法律出版社出版。2009 年 3 月胡仁智先生又于《现代法学》第 2 期发表了《汉律中的县道官"断狱"权探析》。应当说这是第一次系统的研究两汉司法权的文章。本文借用现代法学概念，论述两汉刑事诉讼的审级与权限。可以认为，接近于现代法学所划分的刑事案件的概念在秦朝时已经出现。这类案件称为"狱"或"狱事"，刑事案件的审理称为"治狱"或"决狱"。

当报之。所不能决者，皆移廷尉，廷尉亦当报之。廷尉所不能决，谨具为奏，傅所当比律令以闻。

这证明汉初存在三个审级，如果算上皇帝则为四级了。秦及汉初在中央京畿地区是否也存在三级的审理机制存在争议，这主要是因为秦及汉初京畿地区的内史是否具有审判权的问题。现有文献证明，西汉三辅机制建立后，三辅机关具有审判权，且为京畿地区县级的上级机关，其地位在审级上相当于地方上的郡。我们将两汉的刑事诉讼在县、郡、廷尉三级之间受理、审理、上诉、奏谳、批复的案件称为一般程序，而将皇帝指令的诏狱、杂治、覆案以及上级录囚等称为特别程序。

从睡虎地秦简《封守》爰书看，乡政府受县丞指令可以对嫌疑人采取封守措施，但并没有审判权。乡虽得受理因路远不便前往县廷之告，但不得审理，只是先书其告，然后上报县道官。《二年律令·具律》对此有明确规定：

> 诸欲告罪人，及有罪先自告而远其县廷者，皆得告所在乡，乡官谨听，书其告，上县道官。廷士吏亦得听告。（101）[1]

睡虎地秦简、岳麓秦简等资料显示，自秦朝开始县廷就承担初审的职责，郡府则不能承担一般刑事案件的初审。秦简《法律答问》："'辞者辞廷'，今郡守为廷不为？为殹（也）。┃'辞者不先辞官长、啬夫'┃，可（何）谓'官长'？可（何）谓'啬夫'？命都官曰'长'，县曰'啬夫'。"对于截文符号中的这段文字，郭洪伯先生的观点是正确的，即秦律规定诉讼必须先向县、道或都官提出（否则不予受理），二者（指县、道或都官——引者注）在秦朝已经是基层司法机构。[2]《说文》："辞，讼也。"所谓"辞者"即起诉人，这里也应包括告劾者。廷，《广韵》"正也"，《韵会》"直也"，《广韵》"廷者，平也"。此处所用为引申义，指有权审理案件的机关，律文指的是县

---

〔1〕 张家山二四七号汉墓竹简整理小组：《张家山汉墓竹简〔二四七号墓〕》（释文修订本），文物出版社 2006 年版，第 22~23 页。

〔2〕 参见郭洪伯："'郡守为廷'——秦汉时期的司法体系"，载 2012 年《第八届北京大学史学论坛论文集》。据汉简《置吏律》"都官自尉、内史以下册治狱，狱无轻重关于正，郡关其守"（214~215）分析，西汉时都官没有治狱权。

廷。《答问》这段话讲的是初审权的问题，即郡府是有权审理案件的机关，但是，"辞者不先辞官长、啬夫"，则郡府不能直接受理案件。《法律答问》明确规定，中央直属机关所设的事务性机构"都官"以及地方行政机构的县廷（包括道）是初审受理机关。这种设置汉时依然。[1]

一般刑事案件由县级机关初审，但是，并非所有的案件一律由县道初审，而是视案件情节的轻重及案犯的身份决定由哪一级初审。《二年律令·奏谳书》案例 14 所记"狱史平舍匿无名数大男子种"，案犯狱史平由安陆丞忠书劾状，南郡守强、守丞吉、卒史建治狱。奏书尾部附"舍匿"对象无名数大男子"种县论"。因"平爵五大夫，居安陆和众里，属安陆相"，故由南郡守组庭审判，[2]说明案犯身份不同，初审机关也不同。

有些案件县级机关虽有初审权，但无论决权，需报上一级机关论决。不同案件的论决或归县道，或归郡，或归中央廷尉，或由皇帝论决。案件的性质、案犯的身份都对论决的机关构成影响。论决权不同，应当有法律规定，《二年律令·兴律》："县道官所治死罪及过失、戏而杀人，狱已具，毋庸论，上狱属所二千石官。二千石官令毋害都吏复案，问（闻）二千石官；二千石官丞谨掾，当论，乃告县道官以从事。彻侯邑上在所郡守。"（简 396-397）《贼律》"其过失及戏而杀人，赎死"（21），《具律》规定"赎死，金二斤八两"（119），因此，需上报郡所论决的案件不是以判决的刑种来划分，而是以罪行是否涉及人命来划分，即死罪与过失、戏而杀人两类涉及人命的案件都需上报郡府论决。

西汉中期以后，县令长是否有论杀之权是个有争议的问题。沈家本认为，"在外之狱，郡县则守令主之，……三辅及守令、相皆有专杀之权"，并举长陵令何并追杀王林卿奴一案以证。[3]元帝时王尊以兼行美阳令的身份，"取不孝子悬磔著树，使骑吏五人张弓射杀之，吏民惊骇"。王尊以非常手段射杀不

---

〔1〕 陈长琦、赵恒慧两位先生对此亦有论述，参见氏文："两汉县级管辖下的司法制度"，载《史学月刊》2002 年第 6 期。

〔2〕 张家山二四七号汉墓竹简整理小组：《张家山汉墓竹简〔二四七号墓〕》，文物出版社 2006 年版，第 97 页。

〔3〕 （清）沈家本撰，邓经元、骈宇骞点校：《历代刑法考·历代刑官考》，中华书局 1985 年版，第 1976 页。

孝子，可以解释为"律无妻母之法，圣人所不忍书，此经所谓造狱者也"，所以王尊并没有按正常的刑事程序报三辅之右扶风。[1]东汉县级令长独立行使诛杀权更是常见，如光武时董宣特征为洛阳令，"时湖阳公主苍头白日杀人，因匿主家，吏不能得。及主出行，而以奴骖乘。宣于夏门亭候之，乃驻车叩马，以刀画地，大言数主之失，叱奴下车，因格杀之"。[2]李章为阳平令，"时赵、魏豪右往往屯聚，清河大姓赵纲遂于县界起坞壁，缮甲兵，为民所害。章到，乃设飨会，而延谒纲。纲带文剑，被羽衣，从士百余人来到。章与对宴饮，有顷，手剑斩纲，伏兵亦悉杀其从者，因驰诣坞壁，掩击破之，吏人遂安"。[3]周纡补南行唐长，"遂杀县中尤无状者数十人，吏人大震。迁博平令。收考奸臧，无出狱者"。黄昌为宛令，"政尚严猛，好发奸伏。人有盗其车盖者，昌初无所言，后乃密遣亲客至门下贼曹家掩取得之，悉收其家，一时杀戮"。[4]但是，也有记载县令对命案需上报郡府的；《于定传》载，昭帝时，东海孝妇被诬杀姑婆，"吏捕孝妇，孝妇辞不杀姑。吏验治，孝妇自诬服。具狱上府，……太守竟论杀孝妇"。还有一种情况值得关注，就是令长行使专杀权可能有朝廷的特别许可，永始、元延间，"长安中奸猾浸多，闾里少年群辈杀吏"，"（尹）赏以三辅高第选守长安令，得一切便宜从事"，故尹赏到任后捕杀恶少年数人。[5]因此，不排除令长专杀权存在特别授权的可能。文献所载县令长专杀案都是西汉晚期以后，如果不以所记县道长官行使诛杀权为特例的话，那《二年律令》的相关规定在西汉晚期及东汉时应当有了较大的改变。

传世典籍所载案例显示，西汉时中央部分二千石官有生杀大权，地方机构郡守有独立判决并直接执行的权力。景帝时，郅都为济南太守，"至则诛瞷氏首恶，余皆股栗"。周阳由既为郡守，"武帝即位，吏治尚修谨，然由居二千石中最为暴酷骄恣。所爱者，挠法活之；所憎者，曲法灭之。所居郡，必夷其豪"。义纵"迁为河内都尉。至则族灭其豪穰氏之属，河内道不拾遗"。

〔1〕《汉书·王尊传》。
〔2〕《后汉书·酷吏董宣传》。
〔3〕《后汉书·酷吏李章传》。
〔4〕《后汉书·酷吏黄昌传》。
〔5〕《汉书·酷吏尹赏传》。

西汉都尉比二千石，与郡守并重，有时代行郡守权力。《汉官旧仪》还明确记载都尉有断狱权："汉承秦郡，置太守，治民断狱。都尉治狱，都尉治盗贼甲卒兵马。"〔1〕义纵为定襄太守时，"掩定襄狱中重罪二百余人，及宾客昆弟私入相视者亦二百余人。纵壹切捕鞠（鞫），曰'为死罪解脱'。是日皆报杀四百余人"。宣帝时，涿郡两高氏称霸，"（严）延年至，遣掾蠡吾赵绣按高氏得其死罪。绣见延年新将，心内惧，即为两劾，欲先白其轻者，观延年意怒，乃出其重劾。延年已知其如此矣。赵掾至，果白其轻者，延年索怀中，得重劾，即收送狱。夜入，晨将至市论杀之，先所按者死，吏皆股弁。更遣吏分考两高，穷竟其奸，诛杀各数十人。郡中震恐，道不拾遗"。严延年以涿郡太守身份诛杀赵掾及两高并未上奏报批。传书记载，严延年于"冬月，传属县囚，会论府上，流血数里，河南号曰'屠伯'"。这些都证明郡守、都尉有独立行使诛杀之权。

不过，也有记载诛杀豪猾大族需上奏皇帝的，如王温舒为河内太守，"上书请，大者至族，小者乃死，家尽没入偿臧。奏行不过二日，得可，事论报，至流血十余里。河内皆怪其奏，以为神速"。严延年"尤巧为狱文，善史书，所欲诛杀，奏成于手，中主簿亲近史不得闻知。奏可论死，奄忽如神"。〔2〕哪些案件需奏报皇帝，哪些案件郡府独立行使诛杀权，目前还不能得知其原由。再有一个需要探讨的是，对于地方豪猾大族似乎走的是一条特别程序，他们可能受皇命直接对这些人采取措施，而不必先由县府启动告劾程序。赵翼在《陔余丛考》"刺史守令杀人不待奏"条中写道："盖豪猾族刑非常法，故特奏。若罪之丽于常法者，不奏也。"〔3〕综上所述，秦及西汉在县道（都官）、郡、廷尉的三级审理体系中，县级机关对绝大部分案件有论决权，而对于涉及人命案的"死罪及过失、戏而杀人"的论决权在郡一级。但自西汉后期始，特别是到了东汉，县级令长对个别案件常常独立行使专杀权；这种权力可能缘自于"得一切便宜从事"的特别授权。二千石官对于豪右奸猾大族的惩处更是一种非常手段，但也需要上奏皇帝，并非完全拥有专杀权。

中央这一级情况较为复杂，廷尉对一般案件包括疑狱、乞鞫案件有论决

---

〔1〕（清）孙星衍等辑，周天游点校：《汉官六种》，中华书局1990年版，第48页。
〔2〕《汉书·酷吏传》，中华书局1959年版，第3656页、第3669页。
〔3〕（清）赵翼撰：《陔余丛考》，中华书局1963年版，第304页。

权。皇帝可以派遣各类使者进行审讯，或者以"杂治"这种类似"合议庭"的形式审理案件，但他们都没有论决权，只有皇帝有最后的论决权，因此中央临时组成的"合议庭"谈不上是独立的一个审级，属于特别程序的一种类型。

二、疑狱、乞鞫与上请

汉初对于疑狱的论决，高帝诏书做出了明确规定，即疑狱须逐级上谳并由有权机关做出最后裁定或新的判决。《汉书·刑法志》载高皇帝七年诏规定，受案机关之疑狱不能决，则依次由县（道）、郡、廷尉逐级上报，皇帝则是疑案的最终裁决者。疑狱上谳在程序上涉及吏议、报或廷报制度，这些在张家山汉简《奏谳书》和岳麓秦简奏谳文书中都有体现。秦汉奏谳文书都证明，疑狱上谳文书往往直接言"敢谳之"或"某守谳"，上级批覆的回文，郡称为"报"，廷尉称为"廷报"。[1]县级机构在上谳时则将本司"吏议"附在上谳文书后，以说明本司对该案的不同意见。岳麓书院秦简"癸、琐相移谋购案"、"尸等捕盗疑购案"都清楚地记录了这种程序。"癸、琐相移谋购案"记录秦始皇二十五年六月州陵县向南郡上谒本案狱情，首行书"州陵守绾、丞越敢谳之"；在监郡御史的督劾下，州陵县第二次向郡报告审讯情况，并附"吏议"的不同意见；本年七月"南郡段守贾报州陵守绾、丞越"，对该案做了批覆。"尸等捕盗疑购案"的初审、上谳、报覆主体及文书格式与此相同。[2]

从传世文献与秦、汉初简牍材料看，郡与廷尉都承担着解决疑狱的任务。上文所述为秦县级机关向郡的谳书及郡的回复，张家山汉简《奏谳书》案例6到13皆为郡守上谳廷尉文书，开首言"某守谳"，廷尉的批复皆为"廷报"。张家山汉简《奏谳书》案3、4为汉初县级机关向廷尉的谳书及廷尉的回复，案3廷尉的回复明书"太仆不害行廷尉事，谓胡啬夫谳狱史阑，谳因有审，廷以闻，阑当黥为城旦"，即廷尉直接回复了县级的谳书。案例4在上谳程序与3相同。对比岳麓简案例，可以知道县级机构对疑狱的不同意见以

〔1〕 参见万荣："秦与汉初刑事诉讼程序中的判决：'论'、'当'、'报'"，载武汉大学简帛研究中心主办：《简帛》第十一辑，上海古籍出版社2015年版。
〔2〕 朱汉民、陈松长主编：《岳麓书院藏秦简》（叁），上海辞书出版社2013年版，第251~255页。

"吏议"的形式表述，廷尉回复称为"廷以闻"或"廷报"。《奏谳书》案 1 "毋忧为屯去亡案"、2"婢媚去亡案"、5"故军奴武拒捕伤视案"皆为县道级机构向上级郡府谳狱，并由郡府向廷尉上报，故皆用"吏当……或曰"。"吏当……或曰"应为郡府对案件的意见，县、郡上谳文书用语有严格区别。简文中廷尉的批复仍为"廷报"或"廷以闻"。《奏谳书》案例 3、4 县级机构未经郡府而直接上谳到廷尉的原因，应当是秦及汉初内史不具有司法职能的缘故。[1]

案犯（或称被告）论决后，本人及其直系亲属不认为犯罪或认为适用法律不当，可以请求重新审理，秦汉法律称之为乞鞫。关于乞鞫制度，张家山汉简《具律》有较为详细的规定。杨振红有专文论述乞鞫制度，其研究的成果令人信服。[2]汉简《具律》简 115~117 规定：

> 气（乞）鞫者各辞在所县道，县道官令、长、丞谨听，书其气（乞）鞫，上狱属所二千石官，二千石官令都吏覆之。都吏所覆治，廷及郡各移旁近郡，御史、丞相所覆治移廷。

这段律文的前部分好理解，也得到了案例的证实；但是"廷及郡各移旁近郡，御史、丞相所覆治移廷"，就比较难于理解。按字面理解，都吏所覆治的案件要移交旁近郡，而御史、丞相所覆治的案件要移交给廷尉，但目前找不到其它材料的支持。籾山明认为简 117"及郡各移旁近郡，御史、丞相所覆治移廷"是错简，与前简 116 不能相接，其本应接续的简应是以"尉"字开头的。[3]若此，我们不但对于中央层面各机关覆治案件的移送程序产生错误的

---

〔1〕 万荣认为，汉初内史不属任何郡，而是直属中央政府，因此，内史所辖县秦谳案件是由中央司法机关廷尉直接负责。参见氏文"秦与汉初刑事诉讼程序中的判决：'论'、'当'、'报'"，载武汉大学简帛研究中心主办：《简帛》第十一辑，上海古籍出版社 2015 年版，第 150 页。张家山汉简《奏谳书》案例 3、4 分别为汉高祖十年七月、十二月由胡县啬夫状、胡县丞上谳。据陈直《三辅黄图校证》："汉高祖入关，定三秦，元年更为渭南郡，九年罢郡，复为内史。"（陈直校证：《三辅黄图校证》，陕西人民出版社 1980 年版，第 1 页。）可知高祖十年胡县的行政上级是内史，但内史不负责司法，故胡县的两个案例可以确证"吏议……或曰"为县级司法用语。

〔2〕 杨振红："秦汉'乞鞫'制度补遗"，载复旦大学出土文献与古文字研究中心编：《出土文献与古文字研究》第六辑，上海古籍出版社 2015 年版。

〔3〕 ［日］籾山明：《中国古代诉讼制度研究》，李力译，上海古籍出版社 2009 年版，第 97~98 页。

理解，就是初次乞鞫后的审理机关也会产生理解的偏差。即案犯乞鞫后，是由二千石指定的都吏审核后直接进入二审程序，还是二千石在都吏覆治后再移交旁近郡重新审理，对此学界有不同的认识。从现在所见秦汉乞鞫的案件分析，乞鞫的最后论决权应当在中央廷尉。籾山明认为简 117 与前 116 是错接的推论是有道理的。再者，根据《具律》简 114，乞鞫要承担可能不利的法律后果："乞鞫不实，驾（加）罪一等；其欲复乞鞫，当刑者，刑乃听之。"

　　上请制度也是论决权的重要依据。上请案件在立案前或审讯前即需上请，其论决权在皇帝或中央廷尉。汉高祖七年（公元前 200 年）春即颁布律令："郎中有罪耐以上，请之。"[1]《汉书·刘屈氂传》记载，"太子军败，南奔覆盎城门，得出。会夜司直田仁部闭城门，坐令太子得出，丞相欲斩仁。御史大夫暴胜之谓丞相曰：'司直，吏二千石，当先请，奈何擅斩之。'丞相释仁"。丞相刘屈氂当时之所以没有立斩司直田仁，是因当时的法律规定"吏二千石，有罪先请"。汉宣帝黄龙元年（公元前 49）诏曰："吏六百石位大夫，有罪先请。"西汉平帝元始元年（公元 1 年），定令："公、列侯嗣子有罪，耐以上先请。"《后汉书·百官志》曰："宗正，卿一人，中二千石。本注曰：掌序录王国嫡庶之次，及诸宗室亲属远近，郡国岁因计上宗室名籍。若有犯法当髡以上，先上诸宗正，宗正以闻，乃报决。"不同身份的案犯应由受案机关上报中央廷尉、宗正，最后由皇帝裁定或认可对案犯的审理、论决。

　　年龄、身体状况或亲情关系等也有上请的规定，《汉书·刑法志》记载，西汉成帝鸿嘉元年（公元前 20 年）定令："年未满七岁，贼斗杀人及犯殊死者，上请廷尉以闻，得减死。"[2]上请案件有些属于特别程序，如"吏二千石，有罪先请"等；有些则与一般的诉讼程序并不矛盾，只是立案前或立案后需上请，并将初审结果上报等待最后的批复，如因年龄而上请的案件。因此，这类上请案件不是审理权的移转，而是论决权的移转。

三、刺史的设置与职能

　　刺史本为监察官，汉武帝元封五年设置。该职与秦监御史及汉初的丞相

〔1〕《汉书·高祖本纪》，中华书局 1959 年版，第 63 页。
〔2〕 参见程政举："汉代上请制度及其建立的理性基础"，载《河南财经政法大学学报》2012 年第 1 期。

刺史在职能上有渊源。[1]《汉书·百官公卿表》：

> 监御史，秦官、掌监郡。汉省，丞相遣史刺州，不常置。武帝元封五年初置部刺史，掌奉诏条察州，秩六百石，员十三人。成帝绥和元年更名牧，秩二千石。哀帝建平二年复为刺史，元寿二年复为牧。

两汉凡以"部"置官名者，如部刺史、部督邮、部都尉（边郡）等，这些官职均不构成地方行政体系中的一级，因而其建制并不影响已有的行政体制的基本格局。这些"部"置官皆为上一级的派出官吏，在某一区域行使某一方面的职权。[2]应当认为，西汉一朝，无论初名刺史，还是更名州牧，其职掌都是以监察为主，不作为一级司法机构审理民刑案件。陈长琦先生对西汉晚期刺史职能的变化曾有明确的论证："西汉末年刺史秩别的这种反复无常的变动，从根本上来说，并没有引起刺史职官性质的变化和职能的改变，刺史仍然是监察官，部州仍然是监察区划而不是行政区划，即没有改变汉代郡、县两级制的地方结构。"[3]假设刺史作为一般程序的正式一个审级，那么刺史应有固定的审理机构，这应当包括固定的属员和治所。恰恰刺史治所这一问题存有较大争议。有的史籍记载刺史无固定治所，《三国志·魏志·夏侯玄传》司马懿报书曰："故刺史称传车，其吏言从事，居无常治。"《续汉书·百官志》刘昭注："孝武之末始置刺史，监纠非法，……传车周流，匪有定镇。"然而也有材料记载刺史是有治所的，《汉书·武帝纪》载，元封五年，"初置刺史部十三州"。颜注引《汉旧仪》："初分十三州，假刺史印绶，有常治所。常以秋分行部，御史为驾四封乘传。到所部，郡国各遣一吏迎之界上，

---

〔1〕 对于刺史一职的设置及其因革，劳榦先生认为："秦的监郡御史只是天子的近臣，而汉的刺史则由丞相掾史变成。在丞相史刺州之时监御史尚未废去，因此监御史的作用或者有时与刺史近似，但决不能说监御史即系刺史制度。刺史所监的据《汉旧仪》所说，监御史是亦在其内的，《百官表》言丞相遣史分刺州，不常置，武帝元封五年初置部刺史。则丞相史的刺州，亦和刺史常置的制度相去有间。但丞相史为刺史制度的前身，则具有明文。"参见氏文"两汉刺史制度考"，载中华书局编辑部编：《中研院历史语言研究所集刊论文类编》（历史编·秦汉卷），中华书局 2009 年版，第 31 页。

〔2〕 余行迈："汉代以'部'为称诸官概说——多部位的地方监察、警察制度"，载《秦汉史论集》第五辑，法律出版社 1992 年版，第 214~227 页。又，参见周振鹤："从汉代'部'的概念释县乡亭里制度"，载《历史研究》1995 年第 5 期。

〔3〕 陈长琦："汉代刺史制度的演变及特点"，载《史学月刊》1987 年第 4 期。

所察六条。"阎若璩认为刺史无治所，王鸣盛认为刺史应有治所。[1]劳榦先生持有治所说，他根据居延汉简"☐刺史治所，迫断冬狱☐"[2]与《汉书·朱博传》"欲言二千石墨绶长吏者，使者行部还，诣治所"，认为"刺史确有治所"。[3]也有认为刺史先无治所后有之者，《文献通考·职官考》十五"州牧刺史"条：[4]

> 汉刺史乘传周行郡国，无适所治。中兴，所治有定处。旧常以八月巡行所部（常以秋分行部，郡国各遣二吏迎之界上），录囚徒，考殿最。初，岁尽诣京都奏事。中兴，但因计吏，不复自诣京师（建武十一年，初断州牧自还奏事）。虽父母之丧，不得去职（元嘉元年，初听刺史二千石行三年服；延熹二年，复断之）。

若按《文献通考》所记，则西汉时刺史无治所。安作璋、熊铁基先生承袭了这种观点，认为："大抵刺史之制，时有变化，元封五年始置刺史或无固定治所，以后因实际需要或习以为常（如每次行部，住在某处），而渐有定治。"[5]敦煌悬泉汉简Ⅰ0114①：11"诣使者雍州牧治所"[6]，此牍属王莽时期，则新莽时期州牧已有治所。但据此溯及武帝时代刺史是否有治所，仍不能确定。我们倾向于刺史没有类似于郡县那种规模较大的，供各类属员长期固定办公的治所，这与刺史的性质有关。刺史初设，以郡属吏为从事。文献记载，元帝时始有正式属吏，有治中、别驾、诸部从事等。[7]刺史属员少，还要随刺史出巡，根本不具备受案、审理的条件。因此，刺史不具有法律规

〔1〕（清）王鸣盛著，黄曙辉点校：《十七史商榷》卷一六《刺史治所》，上海古籍出版社2013年版，第174页。

〔2〕谢桂华、李均明、朱国照：《居延汉简释文合校》，文物出版社1987年版，第578页。

〔3〕劳榦："两汉刺史制度考"，载中华书局编辑部编：《中研院历史语言研究所集刊论文类编》（历史编·秦汉卷），中华书局2009年版，第38页。

〔4〕（元）马端临撰：《文献通考》，中华书局1986年版，第553页。

〔5〕安作璋、熊铁基：《秦汉官制史稿》，齐鲁书社2007年版，第523页。

〔6〕胡平生、张德芳撰：《敦煌悬泉汉简释粹》，上海古籍出版社2001年版，第96页。

〔7〕（清）孙星衍等辑，周天游点校：《汉官六种》，中华书局1990年版，第150页。汪清先生认为，大略元帝时开始有固定治所的迹象，至迟在成帝时则确实有了固定治所。参见氏著：《两汉魏晋南朝州、刺史制度研究》，合肥工业大学出版社2006年版，第25页。

定的相当于一个审级的审判权。

西汉晚期，刺史与州牧之名亦屡有变动，也不具备一个审级的审判权，县、州（郡）、路（省）、中央的四级审判格局应是宋以后逐渐形成的。关于刺史的设置及其变动，《汉书·百官公卿表》虽然有载，但《通典·职官》记述的更为详细：

> 秦置监察御史，汉兴省之。至惠帝三年，又遣御史监三辅郡，察词讼，所察之事凡九条，监者二岁更之。常以十月奏事，十二月还监。其后，诸州复置监察御史。文帝十三年，以御史不奉法，下失其职，乃遣丞相史出刺并督察监察御史。武帝元封元年，御史止不复监。至五年，乃置部刺史，掌奉诏六条察州，凡十二州焉。居部九岁，举为守相。成帝绥和元年，以为刺史位下大夫而临二千石，轻重不相准，乃更为州牧，秩真二千石，位次九卿。九卿缺，以高第补。哀帝建平二年，复为刺史。元寿二年，复为牧。后汉光武建武十八年，复为刺史。外十二州各一人，其一州属司隶校尉。……灵帝中平五年，改刺史，惟置牧。是时天下方乱，豪杰各欲据有州郡，而刘焉、刘虞并自九卿出领州牧。州牧之任，自此重矣。[1]

从这段记载可以看出，两汉刺史的职权、地位是有变化的。成帝绥和元年前，刺史品秩低，在制度上有许多限制性规定，如刺史"居部九岁，举为守相"，[2]"诸州刺史上郡并列卿府，言'敢言之'"，[3]可见部刺史在郡县地方官吏系统中的级别是低于郡府的。劳榦认为"汉的刺史对于郡的关系和部督邮对于县的关系，颇有几分相似的"，"督邮的部和刺史的部，虽不能断言谁抄谁，但二者作用是相近的。郡县二级不能加入部刺史为三级，犹之郡

---

〔1〕（唐）杜佑撰，王文锦等点校：《通典》，中华书局 1988 年版，第 884 页。

〔2〕《汉书·朱博传》。

〔3〕《后汉书·朱儁传》引蔡质《典职仪》。《典职仪》此条当系西汉时制度，东汉时刺史地位较西汉大有提高，特别是东汉末刺史具有较多的实权。徐州刺史陶谦等在给朱儁的信中，刺史列于先，其后才是国相、太守、博士。此时刺史的地位显然高于太守了。

县二级不能加入部督邮为三级一样"。[1]无论是地方行政序列，还是司法审级，刺史都不能按渐次等级排序。本质上，刺史最初是中央的派出机构，督邮是郡的派出巡行官员。成帝绥和元年，虽然改刺史为州牧，秩真二千石，位次九卿，但此后州牧→刺史→州牧又反复多次，东汉光武帝才"复为刺史"。东汉末年灵帝时因刘焉建议，才成为郡上一级的统辖机构，刺史、州牧也与"部"这个前置词脱离了干系。《后汉书·刘焉传》：

> 时灵帝政化衰缺，四方兵寇，〔刘〕焉以为刺史威轻，既不能禁，且用非其人，辄增暴乱，乃建议改置牧伯，镇安方夏，清选重臣，以居其任。……会益州刺史郄俭在政烦扰，谣言远闻，而并州刺史张懿、凉州刺史耿鄙并为寇贼所害，故焉议得用。出焉为监军使者，领益州牧，太仆黄琬为豫州牧，宗正刘虞为幽州牧，皆以本秩居职。州任之重，自此而始。

所以王鸣盛论曰，"若汉末袁绍、曹操辈为州牧，位尊权重，与西汉初制迥不相同。《魏志·刘馥等传》评曰：自汉季以来，刺史总统诸郡，赋政于外，非若曩时司察之而已。"[2]但东汉晚期政治昏暗，天下纷纷，州牧虽架置于郡上，但州、郡、县的地方三审级制度并未形成。日本学者樱井芳朗认为，刺史原来是监察官，"但是由于反乱迭起，需要一个强有力的统治者，于是州牧应运而生。这里必须注意，刺史虽然演变为州牧，但之后刺史依然存在。因此，与其说是刺史改为州牧，不如说是由于设置新的牧职因而废除了刺史来的妥当。牧是单纯的行政军事长官，但在乱世期间也潜在作为监察官的刺史的影响"。[3]樱井芳朗的观点是可取的，一是这时新替设的州牧是一州的军事长官，二是各州据情况而设州牧，并非统一改制。

然而，典籍确实记载刺史有"断理冤狱""中以刑法"等权力，而且六条

---

〔1〕 劳榦："两汉刺史制度考"，载中华书局编辑部编：《中研院历史语言研究所集刊论文类编》（历史编·秦汉卷），中华书局 2009 年版，第 36 页。

〔2〕 （清）王鸣盛撰，黄曙辉点校：《十七史商榷》卷一四《刺史太守屡更》，上海古籍出版社 2013 年版，第 162 页。

〔3〕 ［日］樱井芳朗："御史制度的形成"，田人隆译，载中国秦汉史研究会编：《秦汉史研究译文集》，第 233~234 页。

问事明确规定刺史对"二千石不恤疑狱，风厉杀人，怒则任刑，喜则淫赏"有监察权。[1]如何理解典籍所记刺史的察劾权力呢？

基于刺史的监察职掌，刺史的一个重要职责就是录囚。《汉书·隽不疑传》：

> （隽不疑拜为青州刺史），每行县录囚徒；还，其母辄问不疑："有何平反？活几何人？"即不疑言多有所平反，母喜，笑为饮食，言语异于他时；或亡所出，母怒，为之不食。故不疑为吏，严而不残。

《汉书·何武传》载"及武为刺史，行录囚徒"，这只是记载刺史的录囚而已，《百官公卿表》："武帝元封五年，初置部刺史，掌奉诏条察州。"注引《汉官典职仪》云，"刺史班宣，周行郡国，省察治状，黜陟能否，断治冤狱。"这条记载会使人误以为刺史有审判权。《续汉书·百官志》："诸州常以八月巡行所部郡国，录囚徒。"注胡广曰："县邑囚徒，皆阅录视，参考辞状，实其真伪。有侵冤，实时平理也。"沈家本在《历代刑法考》"汉代录囚"条写道"录囚之事，汉时郡守之常职也"，"此事又属于刺史，隽、何二传皆为刺史时事也"。"东汉沿武帝之制，刺史为一州监察之官，其人初以御史行之，后亦不专任御史矣。其期每年一举行，与旧郡守之制是否相同，已无可考。魏、晋尚踵行之，乃理冤之事，非肆赦之事也"。[2]沈家本的意思是，刺史是监察官，录囚（理冤）是其职责的重要内容，魏晋仍然沿袭。刺史的一个重要特权是"掌奉诏条察州"，因此刺史"周行郡国，省察治状，黜陟能否，断治冤狱"属于监察性质，所谓的"断治冤狱"是在巡行地直接据实情平理，其所"断治"并非独立的一个审级。

正因为刺史"掌奉诏条察州"这种职能，刺史有劾奏权甚至收捕权。王鸣盛《十七史商榷》卷一四"刺史察藩国"条：

> 历考诸传中，凡居此官者，大率皆以督察藩国为事。如《高五王传》，青州刺史奏菑川王终古罪。《文三王传》，冀州刺史林奏代王年罪。《武五子传》，青州刺史隽不疑知齐孝王孙刘泽等反谋，收捕泽以闻。又昌邑哀

---

〔1〕《汉书·百官表》，颜师古注引《汉官典职仪》。
〔2〕（清）沈家本撰，邓经元、骈宇骞点校：《历代刑法考》，中华书局1985年版，第791~792页。

王之子贺既废，为宣帝所忌，后复徙封豫章为海昏侯，扬州刺史柯奏其罪。《张敞传》，拜冀州刺史，既到部，而广川王国群辈不道，贼发不得，敞围王宫搜得之。……因劾奏广川王，削其户。盖自贾谊在文帝时已虑诸侯难制，吴楚反后，防禁益严，部刺史总率一州，故以为要务。

从上可以看到，史书记载一般刺史对诸王的不轨行为是"奏""奏其罪"，或"收捕泽以闻"，皆不见刺史直接行使审判权。《二年律令·具律》"治狱者，各以其告劾治之（113）"，刺史录囚，或行使核罪权，只针对一般程序中的在审个案，刺史本身并不是既有程序中的"治狱者"，他录囚而平反的案件也只能在其原有的审级进行，其本质仍然属司法监察。如果归属于审判，也只能算作特别程序。沈家本对刺史的职能有清醒的认识，他在《历代刑官考》"汉官"的按语中写道："州刺史则监郡而不治狱。《鲍宣传》云：'迁豫州牧。岁余，丞相司直郭钦奏宣举错烦苛，代二千石署吏听讼，所察过诏条。'是州牧之职，但以六条察郡，不得出于六条之外。若张敞之捕刘调等，与鲍宣之代二千石听讼，皆非其常也。"〔1〕

如上说明刺史的基本职能还是以监察为主，纵使其权力扩大，实际成为地方上的割据势力，也未见其具有审判职能。当然，在天下纷乱的形势下再谈论审级制度也就没有意义了。

四、杂治、诏狱与录囚

所谓杂治，即由不同的具有一定级别的多名中央官员或地方官员审讯案件，类似于明清的会审。《说文通训定声》："凡狱讼多言'杂治'之，犹今言会审也。"《史记·淮南衡山列传》："公卿请遣宗正、大行与沛郡杂治王。"《汉书·楚元王刘交传》，"昭帝初，（刘德）为宗正丞，杂治刘泽诏狱"，颜师古注："杂谓以他官共治之也。"杂治人员并不固定，有2~5人，一般为3人。杂治成员由中央官员或中央官员与地方郡级官员共同组成。有时皇亲国戚亦参与杂治，《汉书·贾捐之传》："乃下（长安令杨）兴、（待诏）贾捐之狱，令皇后父阳平侯禁与（中书令石）显共杂治，……"杂治在唐以后仍然存

---

〔1〕（清）沈家本撰，邓经元、骈宇骞点校：《历代刑法考》，中华书局1985年版，第1977页。

在，《新唐书·杨师道传》："太子承乾得罪，诏与长孙无忌等杂治其狱。"《续资治通鉴·元世祖至元十七年》："命都事刘正等往按，狱弗具，复遣参政张澍等杂治之，竟置三人于死。"杂治与会审的区别是，会审有明确的会审主体参与制度，而杂治则随意性很大。杂治案件多为诏狱，所谓诏狱，就是奉诏令审理案件。《资治通鉴》元狩元年"又伪为诏狱书"，胡三省注："汉时左右都司空、上林、中都官皆有诏狱，盖奉诏以鞠囚，因以为名。"[1]胡三省意思是在左右都司空、上林、中都官都建有实体的监狱，这是奉上意而鞠囚徒的，即奉旨办案。

相对于两汉县、郡、中央廷尉的三级审理，杂治属于特别程序，既可适用于初审，亦可将一般程序的案件转为杂治。杂治针对的多为重大的政治性案件，这种案件承皇帝旨意办理。一般杂治为初审案件，也是终审案件。但是，也见杂治后的审判结论被推翻的，汉昭帝时侯史吴案即其例，廷尉王平、少府徐仁杂治赦除侯史吴之罪。但权臣霍光不满，后侍御史奏请覆治此案，"劾廷尉、少府纵反者"，最后，"光以廷尉、少府弄法轻重，皆论弃市"。[2]可见，杂治与诏狱并非法定的审级，一般是一审，其本质则体现了最高统治者对司法的操纵。

东汉以后，皇帝、皇后往往因灾异、天象而录囚，如《后汉书·和帝纪》：永元六年"秋七月，京师旱。……丁巳，幸洛阳寺，录囚徒，举冤狱。收洛阳令下狱抵罪，司隶校尉、河南尹皆左降。未及还宫而澍雨。"《后汉书·和熹邓皇后纪》载：永初"二年夏，京师旱，亲幸洛阳寺，录冤狱。有囚实不杀人而被考自诬，羸困舆见，畏吏不敢言，将去，举头若欲自诉。太后察视觉之，即呼还问状，具得枉实，实时收洛阳令下狱抵罪。行未还宫，澍雨大降"。这些案件正处在一般程序之中，还未审判，既不属于诏狱，也不属于上请案件，只是因为皇帝、皇后的录囚从而改变了诉讼程序的轨迹。皇帝、皇后录囚审理的案件只能属于终审，这种形式的审理也属于特别程序，属于最高权力对司法的干预，也可以说是司法监督。

上面对两汉的司法审级与权限等问题做了简单疏理，有些问题还需要继

---

〔1〕（宋）司马光编著，（元）胡三省音注：《资治通鉴》，中华书局 1956 年版，第 624 页。

〔2〕《汉书·杜周传附杜延年传》。

续研究。一般而论，两汉的司法审级是三审，即县（道）、郡、中央廷尉。除特别重大案件外，县道是初审机关，疑狱则层层上谳，郡、廷尉在有法律依据的情况下都可以定案并回复下级的上谳。若中央廷尉不能决定则由皇帝做最后裁决。乞鞫案件的最后审判权应当归属中央廷尉，郡府一级似乎对乞鞫案没有论决权。两汉刺史可以录囚，可以劾奏，但没有形成一个固定的审级；这些权力实质上属于监察权的范围。上请案件无论由哪一级初审，其最后论决或归廷尉，或由皇帝做最后决定。诏狱案件一般采用杂治的方式审理，一般杂治是一"审"定音。可以说，两汉的固定审级仍然是县、郡、廷尉的格局，疑狱上谳、乞鞫案件都在这个纵向的一般程序之内运行。杂治、录囚都应当称为特别审判程序，同时皇帝录囚也是司法监督的最高形式。

试论录囚的产生、变化与功能

录囚是郡县制建立以后发展起来的对在押囚犯进行核查审讯的制度，唐以后又称虑囚、理囚或览囚。录囚属于审判程序中的临时举措，不是独立的程序，故在各代法典中不见系统的规定。录囚在审判体系中有别于法定的审判程序，且各时代所蕴含的理念也不尽相同，这种理念的变化不但影响录囚活动本身，也对案件的审判结果有着重要影响，因此，探讨录囚活动及其指导思想的演变是十分必要的。

一、录囚的起源

录囚一词最初见于班固《汉书》。从两汉的录囚活动可知，最初的录囚，是由刺史对在押囚犯（或称繫囚）阅录讯问的审查活动，并不是审判程序中的必然环节。初审机关的上级或有监督权的机关提前介入案件核查案情，应当以司法的审级及监督机关的确立为前提。因此，严格意义上的录囚在理论上应当是郡县制及监察制建立以后的产物。《礼记·月令》"仲春之月，命有司省囹圄，去桎梏，毋肆掠，止狱讼"，有学者认为这是中国古代关于录囚的最早记载。[1]《礼记》诸篇多为汉人作品，意在追记、阐发周礼。西周是分封制，城邦诸国独立性很强，基本上处于自治状态，其司法权亦成块状分布。在邦国乃至王畿之内，上级审录囚徒，实际存在的可能性不大。[2]《史记·李斯列传》载，二世乃使赵高案丞相狱，"赵高使其客十余辈诈为御史、谒者、侍中，更往覆讯斯。斯更以其实对，辄使人复榜之。后二世使人验斯，斯以为如前，终不敢更言，辞服"。这是皇帝的特使覆案囚徒，属于一种独立的覆

---

〔1〕 程政举："汉代录囚制度考论"，载《文博》2006 年第 1 期。

〔2〕 目前，大多数学者认为录囚是西汉形成的一种审判制度，也有的学者认为在奴隶制时期就已形成。万安中先生据《礼记·月令》这条材料，认为西周时期就有了司法官吏定期巡视监狱，省录囚徒的制度。参见氏文"录囚制度考论"，载《学术研究》2004 年第 6 期。

狱制度。从秦所创立的监察制度分析，中央监察官应当有权案验地方机关审录的案件，这从江陵张家山汉简《奏谳书》案例18《南郡卒史盖卢、挚、朔、段卒史𪩘复攸庨等狱簿》中得到了证明。[1]秦及汉初监察系统官吏职权较大，察验下级狱案确是其职内之事，如果上级或监察官对下级在审案件审录，自然应算作是录囚活动，只是未见录囚一词而已。[2]

江陵张家山汉简《奏谳书》大部分案件都是通过奏谳这种程序上送下达的，上级多以书面形式阅录案件。监察机关或上级机关主动监督、审录下级机关在审狱案应当是汉武帝以后开始的。西汉录囚的初衷是防止冤狱，纵览西汉录囚活动，最初多由刺史进行。《汉书·隽不疑传》："（隽不疑），拜为青州刺史，每行县录囚徒还，其母辄问不疑：'有所平反，活几何人?'"又《何武传》："及武为刺史，行部录囚徒，有所举以属郡。"这两条材料皆为刺史对所部录囚徒。州部刺史为汉武帝元封五年设置，其职掌初为监察豪右，奉诏条察州。刺史在所部的监察权相当大，司法监督自在其中，录囚是作为一种司法监察活动发展起来的。《续汉书·百官志》："诸州常以八月巡行所部郡国，录囚徒。"注胡广曰："县邑囚徒，皆阅录视，参考辞状，实其真伪。有侵冤，即时平理也。"沈家本"汉代录囚"条案语："录囚之事，汉时郡守之常职也。《百官公卿表》：'武帝元封五年，初置部刺史，掌奉诏条察州'，注：《汉官典职仪》云'刺史班宣，周行郡国，省察治状，黜陟能否，断治冤狱'，此事又属于刺史，隽、何二传皆为刺史时事也。"[3]按沈家本所述，似乎在刺史设置之前郡守录囚是其常职，刺史设置后刺史也行使录囚权。但据现有文献，最初所见的录囚活动是刺史。汉初的普通治狱程序为县道、郡、廷尉三审级，且每一审级各有权限；地方"不能决"之疑案则采用奏谳方式

---

〔1〕 苍梧郡攸县令庨镇压叛者过程中，上书要求重新裁定黔首反叛罪行。中央御史认为庨有罪，指令南郡审理此案，南郡指派卒史盖卢、挚、朔、段卒史𪩘对此案进行了审录。此案的诉讼进程与西汉的录囚并不相同，故不能算作录囚活动。参见张家山汉墓二四七号墓整理小组编著《张家山汉墓竹简［二四七号墓］》（释文修订本），文物出版社2006年版，第103~104页。

〔2〕 彭浩先生认为，江陵张家山汉简《奏谳书》所记案例16属录囚活动（氏文："谈《奏谳书》中的西汉案例"，载《文物》1993年第8期），上引程政举先生文章也认同。《奏谳书》案16记新郪令所呈爰书到淮阳郡后，郡守偃以为情事可疑，于是责成新任新郪县令重新审理。本案由淮阳郡守偃下劾文，新任新郪令甲、丞乙、狱史丙组成合议庭审理，与西汉时的录囚也不是一回事。

〔3〕 （清）沈家本撰，邓经元、骈宇骞点校：《历代刑法考·赦考》，中华书局1985年版，第791页。本文引用时重新标点，特说明。

逐级上报。郡府从理论上有权对下级繫囚审录，但一般采用书面审理方式，郡府未必主动巡行录囚。在这种背景下，本系统内上级对下级的监督力度相对较弱，弥补这一缺陷的方式是汉初不同阶段存在的监御史、丞相刺史等。这可能就是我们未能见到最初由郡府录囚的原因。汉武帝元封五年初设部刺史，派其巡行所部，其监督力度自然要大的多、监督方式也灵活的多。因此，西汉最初所见录囚多由刺史行使。

汉制县道对于重大的刑事案件需上报郡，直至中央廷尉。现存资料显示，郡府录囚是东汉时发生的，《后汉书·应奉传》：奉"为郡决曹史，行部四十二县，录囚徒数百千人。及还，太守备问之，奉口说繫囚姓名，坐状轻重，无所遗脱，时人奇之"。沈家本按语："此郡守行录囚有不亲临而遣吏者，并可见诸州虽常年录囚，而郡守之旧制仍未尝废也。"[1]他说郡录囚徒是旧制也不知依据何在。帝、后录囚在东汉出现，且不罕见。至此，我们可以给两汉的录囚下个定义：为稽察冤狱，由监察机关或初审案件的上级对在押未决犯（或称繫囚）进行讯录的审理活动。这应该是录囚的最初内涵。按着这个标准去检验此前的审理活动，录囚应当是存在的，只是未这样称呼而已。比较以后的录囚活动，录囚的内涵却发生了较大的变化。

二、录囚的动因

西汉录囚的主体最初集中在刺史，"有侵冤，即时平理也"，这是录囚的最初动因。西汉中期以后，录囚的主体、动因都有了新的变化，《汉书·宣帝纪》：五凤四年"夏四月辛丑晦，日有蚀之。诏曰：'……以前使使者问民所疾苦，复遣丞相、御史掾二十四人循行天下，举冤狱，察擅为苛禁深刻不改者"。这里有两点值得重视，一是"日有蚀之"与"举冤狱，察擅为苛禁深刻"之间的关系，即录囚的动因发生潜在的变化。二是因为"日有蚀之"，所以"复遣丞相、御史掾二十四人循行天下，举冤狱，察擅为苛禁深刻不改者"，录囚的主体在扩大，并不限于刺史、郡吏，还包括中央丞相、御史的掾属。

东汉以后，常常因天象、气候原因而启动录囚。《后汉书·和帝纪》：永

---

〔1〕（清）沈家本撰，邓经元、骈宇骞点校：《历代刑法考·赦考》，中华书局 1985 年版，第792 页。

元六年"秋七月，京师旱。……丁巳，幸洛阳寺，录囚徒，举冤狱"。同书卷
五《安帝纪》：永初二年"五月，旱。丙寅，皇太后幸洛阳寺及若卢狱，录囚
徒……"《和熹邓皇后纪》对此记载的更为详细："京师旱，亲幸洛阳寺录冤
狱。有囚实不杀人而被考自诬，羸困舆见，畏吏不敢言，将去，举头若欲自
诉。太后察视觉之，即呼还问状，具得枉实，即时收洛阳令下狱抵罪。"《张
纯附子奋传》亦载："和帝召太尉、司徒幸洛阳狱，录囚徒，收洛阳令陈歆，
即大雨三日。"在这里录囚的动机与行为逻辑是：冤狱（人事）→灾异（天
象警示）→录囚（人事）→澍雨（天象感应），敬天而录囚显得特别灵验，
这必然导致录囚初衷的变化。以后各代录囚多降赦，正是出于这个原因。邓
后录囚理冤而放免者一人，此时虽因天象而录囚，理冤只对有冤者而论，还
未形成录囚而导致的普遍降赦。还应注意的是，录囚的主体因动因的变化而
变化，皇帝、皇后都亲来录囚。朝廷大臣也偶有奉诏伴皇帝录囚的，如上引
《张纯附子奋传》。可见，录囚的动因导致着录囚主体的变化。

　　魏晋以后，皇帝录囚成为常态。《三国志》卷二《魏志·明帝纪》：太和
三年（229）"冬十月，改平望观曰听讼观。帝常言'狱者，天下之性命也'，
每断大狱，常观临听之"。《晋书·武帝纪》：泰始四年（268）十二月"庚
寅，帝临听讼观，录廷尉洛阳狱囚，亲平决焉"。五年正月"丙申，帝临听讼
观，录囚徒，多所原遣"。十年六月"癸巳，临听讼观，多所原遣"。《魏书·
文帝纪》延兴四年（474）"秋七月辛亥，行幸火山。壬子，改作东明观。……
闰月丁亥，幸虎圈，亲录囚徒，轻者皆免之"。由此可见晋发普降之端，对后
世影响颇深，沈家本谓"晋武之平决则不但省录而已，多所原遣，则放免者
不止一人。唐制虑囚，当沿于此"。[1]六朝录囚也明显蕴含恤刑思想，这在梁
武帝诏书中也有表露：

　　　　（天监五年夏四月）甲寅，诏曰："朕昧旦斋居，惟刑是恤，三辟五
　　听，寝兴载怀。故陈肺石于都街，增官司于诏狱，殷勤亲览，小大以情。
　　而明慎未洽，囹圄尚壅，永言纳隍，在予兴愧。凡犴狱之所，可遣法官
　　近侍，递录囚徒，如有枉滞，以时奏闻。"[2]

〔1〕（清）沈家本撰，邓经元、骈宇骞点校：《历代刑法考·赦考》，中华书局1985年版，第793页。
〔2〕《梁书》卷二《武帝纪》，中华书局1973年版，第43页。

梁武帝的指导思想是"唯刑是恤",他不希望看到"囹圄尚壅"的状况,其目的是为解决"枉滞"。"惟刑是恤"必然导致普遍的原遣,"可遣法官近侍,递录囚徒",为录囚主体扩大提供支持。这个时期,除皇帝录囚外,也见太子录囚,《南齐书·文惠太子传》:"太子乃于玄圃园宣猷堂录三署囚,原宥各有差。"经过东汉至南北朝的录囚实践,录囚发展成以天象感应为动因,以恤刑为思想基础,以解决滞囚为直接目的的活动,此前的省阅冤狱反而降为次要地位了。这种状况深深影响着唐宋的录囚活动。

《隋书·刑法志》:"帝又每季亲录囚徒。尝以秋分之前,省阅诸州申奏罪状。"唐玄宗前几乎每位皇帝都有录囚记录,《旧唐书·高宗纪》:龙朔三年二月"庚戌,诏曰:'天德施生,阳和在节,言念幽圄,载恻分宵。虽复每有哀矜,犹恐未免枉滥。在京繫囚应流、死者,每日将二十人过。'于是亲自临问,多所原宥,不尽者皇太子录之"。唐以后因天象、气候变化而启动录囚的活动相当频繁。陈俊强先生认为,其背后的缘由是当时的五行相生说,与当时人们信奉的天人关系有关。他还对唐代皇帝录囚做了统计,共辑录 101 次之多。在 101 次录囚活动中,25 次原因不明,约有 53 次明显是因旱灾而举行的,10 次是因水灾而录囚,还有个别的是因为日食、星象。总之,这类自然灾异原因占了一多半的比例。[1]因天象录囚本质上就不存在合理性,特别是因录囚而导致的普遍降赦,易使相当多的罪犯得不到应有的惩罚。从这点讲,录囚的必要性与合理性的成分大大降低。

这种缘天象、灾异而录囚的现象宋代依然普遍,兹举如下:

1. 端拱二年(989)五月戊戌,以旱虑囚,遣使决诸道狱。(《宋史·太宗纪》)

2. 元丰三年(1080)八月丙寅,以旱虑囚,死罪以下递减一等,杖笞者释之。(《宋史·神宗纪》)

3. 绍兴五年(1135)"盛暑命监司行部虑囚。"七年,"辛丑,以日食求直言。以久旱命诸州虑囚。"(《宋史·高宗纪》)

4. 隆兴二年(1164)"六月辛酉,以淫雨,诏州县理滞囚。"(《宋史·

---

〔1〕 陈俊强:"唐代录囚制试释",载高明士编:《东亚传统教育与法制研究(一):教育政治社会》,台湾大学出版中心 2005 年版,第 274~276 页、第 287~294 页。

孝宗纪》）

5. 乾道九年（1173）春，"闰月戊申，以久雨，命大理、三衙、临安府及两浙州县决繫囚，减杂犯死罪以下一等，释杖以下"。（《宋史·孝宗纪》）

两宋录囚、虑囚起因大多以淫雨等灾异、天象为借口，并多以解决滞囚为目的。缘天象而录囚带来两大问题，一是普遍降赦，二是录囚的主体在扩大。更奇特的是还有因妃子生病而虑囚的，《徽宗纪》："崇宁元年（1103）二月丙戌朔，以圣瑞皇太妃疾，虑囚。"这种录囚也导致不合理的降赦。这显然不是健康的内容，可能是受赦宥的影响。录囚主体的扩大在东汉就已显现。李唐肇始，录囚机关就全部放开了，不但系押囚犯的上级机关可以录囚，原审机关也参与到录囚的行列中。陈玺先生总结说，"唐代司法实践中形成帝王亲录、有司自录和遣使录问三种方式"。[1]按录囚的最初机制，录囚并不包括县道初审机关。唐天宝六载七月"乙酉，以旱，命宰相、台寺、府县录繫囚，死罪决杖配流，徒以下特免"。[2]宋时县录囚徒则为常态，此时录囚已混同于一般的审录了，成为"推决未尽，留系未结者"的审讯活动了。这就将最初具有司法监察性质的录囚活动转变为一场场"运动式"的审讯了。

三、录囚与虑囚

录囚与虑囚含义是否相同，学界有争议。此争议缘于某些典籍的不同用法。《旧唐书》皆作"录囚"，《新唐书》之《本纪》皆作"虑囚"，《刑法志》则作"录囚"。《唐六典》作"虑囚"。[3]录、虑音、义是否相通，如何

---

[1] 陈玺："唐代虑囚使职系统的演进与发展"，载《求索》2008 年第 1 期。

[2] 《旧唐书》卷九《玄宗纪下》。

[3] 《唐六典》卷六："凡禁囚皆五日一虑焉。"本注："虑，谓检阅之也。"卷十八大理寺条："大理卿之职，掌邦国折狱详刑之事。……若禁囚有推决未尽、留系未结者，五日一虑。若淹延久系，不被推诘；或其状可知，而推证未尽；或讼一人数事及被讼人有数事，重事实而轻事未决者，咸虑而决之。"这几处的"虑"字当符合本注"检阅"之意。《唐六典》卷六："刑部录囚徒所犯以授使，使牒与州案同，然后复送刑部。……凡在京诸司见禁囚，每月二十五日已前，本司录其所犯及禁时日月以报刑部。"此"录囚"后面还有宾语"所犯""禁时日月"，其意是在文牒上记录囚徒所犯罪状及监禁日期等报送刑部。"录"、"虑"二字在此处用法并不相同。以上所引见陈仲夫点校本，中华书局1992 年版，第 191~192 页，第 502 页。

相通，各家论证路径并不一致。[1]最先提出这个问题的是颜师古，他在《汉书·隽不疑传》"行县录囚徒"的文字下注曰："省录之，知其情状有冤滞与不也。今云'虑囚'，本'录'声之去者耳，音力具反。而近俗不晓其意，讹其文遂为'思虑'之'虑'，失其源矣。"颜师古认为录、虑二字皆录音，只是声调不同而已，并以"录"为本字；相反，"虑"则失其源。宋人王观国不同意颜师古的看法，并对颜说展开了批评：[2]

> 《前汉》《后汉》皆称录囚，《唐史》《五代史》皆称虑囚，二字皆是也。录者，省录之也；虑者，谋议之也。《周礼·朝士》："若邦凶荒札丧寇戎之故，则令邦国都家县鄙虑刑贬。"郑氏注曰："虑，谓谋也，谓当图谋缓刑贬减也。"《雨无正》诗曰："昊天疾威，弗虑弗图。舍彼有罪，既伏其辜。"郑氏笺曰："虑、图皆谋也。"由此观之，则史言虑囚者，谋议之欲不失其情也。颜师古乃谓近俗不晓其意，讹为思虑之虑，失其源，盖师古未尝稽考，而遽生訾耳。

王观国认为，典籍中录、虑二字所用都对，先秦典籍中"虑"字就作谋议讲，"师古未尝稽考，而遽生訾耳"。通过比较、溯源，虑囚更近实情，"录"反失其源。

《康熙字典》自注也不同意颜师古的看法，也认为虑为本字，并对虑字音义详释曰：

> 按师古此言近于识字，而实未通韵。惟未通韵，亦未为识字之源也。盖每字原具四声，如虑字从平声起韵，闾吕虑录，则闾字为虑字之平，吕字为虑字之上，录字为虑字之入也。虑本训谋思，然兼有详审之义，故《汉书》"录囚"亦即"虑囚"也。虑字原具入声，有录音，岂必专属去声，为得字之源乎。

按《字典》自注，"闾、吕"分别为"虑"的平与上平，"录"字本"虑"

---

〔1〕 学界大多认为录囚、虑囚是通假使用，意义全同，但也有认为二者是有区别的。

〔2〕 （宋）王观国撰，田瑞娟点校：《学林·虑囚》，中华书局 1988 年版，第 89 页。

字之入声；"虑本训谋思，然兼有详审之义，故《汉书》'录囚'亦即'虑囚'也"。"虑"字才是"录囚"的正字，当写作"虑囚"，因音同，所以作"录囚"也不错。沈家本实质上是认同了王观国与《字典》的说法，他训二字字音曰："古音虑从虍声，在第五部，录从录声，在第二部，其相叚借者，二字同属'来'字母，为双声叚借。"〔1〕《广韵》：录，力玉切，烛韵；虑，良据切，鱼韵。二字同来母。清人秦蕙田的《五礼通考》、吴玉搢的《别雅》对录、虑二字音义做的集释，也没有超出前人的研究成果范围。从古文献的征引与字音韵来看，录、虑二字通假是没有问题的。

《周礼·朝士》"令邦国都家县鄙虑刑贬"，郑注："虑谓谋也。谓当图谋缓刑。"沈家本认为这个解释与《说文》"虑，谋思虑也"是相合的，并认为颜师古的"省录"、李林甫的"检阅"都是从这个意思引申而出的。《说文》"录，金色也"，这应是"录"字本义；《汉书·董仲舒传》注"存视也"，《吴语》注"第也"，《广雅·释诂》"具也"，《莊子·渔父》注"领也"；《后汉书·和纪》注"总领之"，《荀子·修身》"程役而不录"，杨注"录，检束也"，这些皆不是"录"之原本上的意义。因此"录囚"之本字当写作"虑囚"。〔2〕

先贤对录囚、虑囚的本义及录、虑二字字音的考证无疑是正确的，但同时也面临一个问题，即东汉500多年来，典籍一直假借"录"为虑囚之"虑"，500年以后唐宋人才想起用本字"虑"恢复为"虑囚"。其实，汉魏典籍的"录囚"并不是以"录"假借"虑"，而是"录"的引申之义已经具备了检省之意。《荀子·修身》"程役而不录"，杨注："录，检束也。"〔3〕《汉书·董仲舒传》"实试贤能为上，量材而授官，录德而定位"，颜注："存视也。"若以录字原始意义解，则根本不通。至少在战国、汉，录字引申义就分别有"检束""存视"之义。因此，《新唐书》以前所用乃"录"的引申义而非假借。因虑音义又与录相同，故唐时录、虑互用，其义正如颜注作"省录"、李注作"检阅"之解。至于《集韵》"录，音良倨切，宽省也"，那肯

〔1〕（清）沈家本撰，邓经元、骈宇骞点校：《历代刑法考》之《释虑囚》，中华书局1985年版，第2154~2155页。

〔2〕（清）沈家本撰，邓经元、骈宇骞点校：《历代刑法考》之《释虑囚》，中华书局1985年版，第2154~2155页。

〔3〕（清）王先谦撰，沈啸寰、王星贤点校：《荀子集解》，中华书局1988年版，第30页。

定是因唐录囚的实际状况而新增之意。特别需要说明的是，录囚并不是一种专门制度的名词，只是审理在押囚犯的一种表述；不同时代因不同理念使用这个词时塞进了不同的内容，因此用字的随意性很大。唐时或称录囚，或称虑囚，还有时称理囚，如《新唐书·太宗纪》"诏五品以上言事，减膳，罢役，理囚，赈乏，乃雨"，《懿宗纪》"戊戌，以蝗旱理囚"。宋时依然如此，《神宗纪》：熙宁"六年七月，录在京囚，死罪以下降一等，杖罪释之"。《宋史·孝宗纪》："己亥，诏诸路提刑岁五月理囚"，"隆兴二年六月辛酉，以淫雨，诏州县理滞囚"。虑囚、理囚都是审录之意，录、虑、理虽字异而意同。

四、录囚与降赦

自东汉以来，录囚就伴随着降赦，但是普遍的降赦还是唐以后，自此录囚实际成为降赦的一种变通方式。那么，录囚与降赦到底有哪些区别呢？

首先二者的身份不同。录囚皆为未决犯，而被赦宥的身份则复杂得多，即包括已决犯，未决犯，甚至还包括未被发现的、潜藏的"嫌疑犯"。历代赦宥多针对已决犯，这是赦制最常见的，此不赘述。针对未决犯或赦或降减的也多有记载：

1. 建武二十九年（53）"夏四月乙丑，诏令天下系囚自殊死以下及徒，各减本罪一等"。（《后汉书·光武纪》）

2. 建和元年（147）夏四月"庚寅，京师地震"。"丙午，诏郡国系囚减死罪一等，勿笞。"（《后汉书·桓帝纪》）

针对未发觉的嫌疑犯颁赦的诏条有：

3. 八年（公元前199）秋八月，吏有罪未觉发者，赦之。（《汉书·高帝纪》）

4. 黄初"六年（225）六月，利成郡兵蔡方等以郡反，杀太守徐质。遣屯骑校尉任福、步兵校尉段昭与青州刺史讨平之；其见胁略及亡命者，皆赦其罪"。（《三国志》卷二《魏书·文帝纪》）

5. 太清元年（547）辛酉，舆驾亲祠南郊，诏曰："……可大赦天下，尤穷者无出即年租调。清议禁锢，并皆宥释，所讨逋叛，巧籍隐年，

阖丁匡口，开恩百日，各令自首，不问往罪。流移他乡，听复宅业，蠲课五年"。(《梁书·武帝纪下》)

可见，赦在刑诉程序进程中的任何阶段都可实施，这是赦与录囚的重要区别。

其次，导致录囚的原因比较单一，早期多为理冤，后虽见皇太子婚、皇太妃疾等因，但一般缘天象、灾异而录囚；赦因则繁多，祥瑞、年丰、登基、劝农、太子婚等等不可胜数，天象、灾异可以录囚，也可以赦宥。录囚没有类别的划分，赦可分为大赦、特赦、曲赦、别赦等多种。关于录囚与赦降的法律效力问题，陈俊强先生有过分析："按照唐律规定，官人犯了十恶、故杀人、反逆缘坐等罪，纵使皇帝大赦，一律除名，也就是官爵都被剥夺。官人犯了一般的死罪，若蒙皇帝恩诏等，仍可以享受官当和赎罪的优遇。那么，若是皇帝别敕特赦以及虑囚之后获得减罪，其处理与上述遇赦和降等是否一样？在上引唐律的回答，明显可见若是特赦的话，官爵都可保留。若是虑囚后的减罪，与一般的降等没有分别，都可以享有官当和赎罪的优遇；倘若是虑囚后原免罪因，那就比照特赦的办法，也就是官爵都可保留。虑囚算是皇帝特别的恩德，故此，其效力比一般的赦降来得强大。"[1]

再次，早期录囚是上级行使监察权，重在理冤；后期虽有皇后、皇太子录囚，各级司法机构亦可根据敕令录囚，但他们皆无赦权，赦权专属皇帝，赦令只能由皇帝颁布。录囚与赦降无必然联系，理论上即使是皇帝录囚，也可以不赦降，而赦令一但颁布，凡符合条件者，都必须执行。

此外，多机构的联合录囚形式于南朝以后出现，宋"太康三年四月，旱。乙酉，诏司空齐王攸与尚书、廷尉、河南尹录讯繫囚，事从蠲宥"。[2]这在本质上与汉杂治相同，并被以后各代的审录所承袭。

皇帝录囚多随机而行，或降或赦并无定制。宋以后除临机录囚外，"天子岁自录京师繫囚"，且大多伴随降赦，如此录囚与降赦愈发相近。《宋史·刑法志》扼要总结了当时赦与录囚的异同：

---

〔1〕 陈俊强："唐代录囚制试释"，载高明士编：《东亚传统教育与法制研究（一）：教育与政治社会》，台湾大学出版中心 2005 年版，第 282 页。
〔2〕《宋书》卷三一《五行志》，中华书局 1974 年版，第 906 页。

恩宥之制，凡大赦及天下，释杂犯死罪以下，甚则常赦所不原罪，皆除之。凡曲赦，惟一路或一州，或别京，或畿内。凡德音，则死及流罪降等，余罪释之，间亦释流罪。所被广狭无常。又，天子岁自录京师系囚，畿内则遣使，往往杂犯死罪以下第降等，杖、笞释之，或徒罪亦得释。若并及诸路，则命监司录焉。

录囚所致降赦与一般的赦制至少有以下区别：从录囚的结果看，有赦免、也有降减；从录囚被赦免的人员与罪行看，有的类似于大赦，有的类似于曲赦，有的类似于别赦。一般而言赦的力度要大，如大赦，"释杂犯死罪以下，甚则常赦所不原罪，皆除之"，德音"则死及流罪降等，余罪释之，间亦释流罪"。皇帝录囚往往伴随赦降，与降赦同属"恩宥之制"，"杂犯死罪以下第降等，杖、笞释之，或徒罪亦得释"。赦宥的动因、类别范围与结果都涵盖录囚，而录囚之降赦只适用在审判阶段。所有这些，都使录囚这种审理形式越来越处于非常尴尬的境地。但录囚属于审判程序中的一项临时举措，原本还包含着监察、理冤的因素，所以也不是赦制所能够完全取代的。

五、录囚与会审

两汉时录囚具有司法监察的成分，随着录囚主体的多样化，特别是皇帝录囚及与之相伴的普遍降赦，录囚自然就成为一种特别的审理活动了。但是，我们也不能否认魏晋以后录囚兼具监察、恩宥及解决滞狱等功能。特别是宋以后，对缓解滞狱有很大的促进。明朝以后，录囚仍然存在，但只限于地方，且其规模与频率大大降低，因为很多功能被会审取代。张帆曾将明代的会审划分为两个体系，一是属于审判体系的三司会审、圆审和多官会审；二是属于审录体系的朝审、热审和大审。审判体系所属之会审为中央各机关及权臣公侯等对重大案件参与的初审与复审；审录体系所属之朝审的对象一般是真犯死罪重囚，而热审、大审则是针对所有关押的犯人，每隔一定的时间进行的复审，旨在让监狱中的罪囚能够"辨别冤枉"，获得平反或者减等发遣。[1]可见各类会审也是审判活动，在解决滞狱这一问题上，录囚与明会审中的热审、

[1] 参见张凡：《明代会审研究》，中国政法大学 2008 年硕士学位论文。

大审之旨最为契合。二者的不同之处在于，首先，录囚并不固定于某一时日，多为临时举措，虽然宋曾下诏定于岁五月虑囚或岁十一月虑囚，但这种解决滞狱的审理时间还是很宽泛的，而热审、大审的时间都是固定的。其次，二者的审判主体不同。会审的主体是固定的多元主体，录囚的主体并不固定，且存在于各级审判机关之中。录囚除皇帝指令外，只能由治狱部门办理，而会审的主体往往有非治狱机关。非治狱机关介入审判，对于专门的审判机关及其吏员具有监督作用，对最高统治者也是绝佳的控制司法权的手段。审判权力的分配以及审判主体的多元结构设置，最终被明统治者以会审的形式确立。但是，不能认为录囚直接发展成为明代的会审。录囚的审判主体呈多元化，上到皇帝下到县令，都有可能成为录囚的主体，其随机性与主动性较强。这样，只要存在司法审判，就存在录囚这种审理活动，录囚并不因为会审的出现而消失。审判体系中的会审无关降赦，与唐相比审录体系中会审的"降赦"力度也大打折扣。明朝都察院建立后，其理冤与督察职能也得到了空前的加强，但虑囚的监督意义还是存在的，如明人归有光《怀庆府推官刘君墓表》记载："君尝虑囚，一女子呼冤，君察其诬，系狱已二十年，遂出之。"[1]清代也仍然用这个词，只是这时的录囚已等同于一般的审理，其突出的理冤、恩典职能基本消失了。

六、录囚的功能

由于录囚的动因不同，主体不同，因此不能笼统的对录囚功能做出评判，应根据录囚的不同动因及主体分别进行评价。因录囚针对的是在押的未决犯，故称其为"囚徒"或"繋囚"，如《汉书·何武传》"及武为刺史，行部录囚徒"，《旧唐书·高宗纪》"壬寅以旱避正殿，减膳，亲录繋囚，遣使分省天下冤狱"，《宋史·理宗纪》"癸卯，诏决中外繋囚"等。西汉多由初审的上一级郡府大吏或刺史录囚，突显的是其监督与理冤作用。西汉的监察体系多

---

〔1〕 文渊阁《四库全书》集部别集类，（明）归有光《震川集》卷二三。虑囚的监督作用不因唐朝的普遍降赦而消失，只是作用下降。一旦普遍的降赦力度减弱，监察的作用就显现出来，《元史·苏天爵传》："苏天爵，字伯修，真定人也。……至顺元年，预修《武宗实录》。二年，升修撰，擢江南行台监察御史。明年，虑囚于湖北。……因有言冤状者，天爵曰：'宪司岁两至，不言何也?'皆曰：'前此虑囚者，应故事耳。今闻御史至，当受刑，故不得不言。'"

有变化，从最初秦制的御史系统到汉初的丞相刺史，二者的监察职能虽然较为全面，发现犯罪并有举劾职能，但御史系统注意力多在监察百官，丞相刺史设置时间过短，二者对司法系统并未有特别的关注。武帝时创设州部刺史制度，刺史巡行所部，除对二千石、奸猾豪右监察外，对司法事务也行使监督权。刺史按时巡行所部郡县，故对郡县在审案件的监督具备了条件，阅录囚徒成为其监察的内容之一。

一般情况而言，案件审理的上一级或皇帝的使臣录囚，其监察作用就明显；本案的机关录囚，程序上如普通的审理，其作用甚微。至于录囚的动因，强调冤滞则催促理冤；缘于天象，则重在降赦。即使在降赦泛滥的唐宋时期，初审机关的上级或使臣录囚仍然具有较强的监察作用。唐朝中央的使职录囚、大臣充使录囚具有随意性、临时性和权威性；中央台部在上诉、申诉程序中行使讯录权力也具有较强的监督性，《唐六典》"刑部"条对部臣录囚规定：

> 凡天下诸州断罪应申覆者，每年正月与吏部择使，取历任清勤、明识法理者，仍过中书门下定讫以闻，乃令分道巡覆。刑部录囚徒所犯以授使，使牒与州案同，然后复送刑部。

若刑部使臣录囚与州级审判的意见发生冲突，同条本注曰：

> 若州司枉断，使推无罪，州司款伏，灼然无罪者，任使判放；其降入流、徒者，亦从流、徒法。若使人与州执见有别者，各以状申。若理状已尽，可断决而使人妄生节目盘退者，州司录申辨，及赃露验者即决，不得待使覆；其余罪皆待覆定。

可见从定制看，上级录囚还是有较强的监督力度的，特别是"巡察使、按察使、廉察使，采访使，皆待制命而行，非有恒也"，[1]他们的权威大，监督力度也大。陈玺也对唐代的虑囚使职的监督作用给予了充分肯定。[2]但是，缘天象而普遍降赦的录囚活动，其最终目的是通过运动式的审理而宽免罪囚，

---

〔1〕（唐）李林甫等撰，陈仲夫点校：《唐六典》，中华书局 1992 年版，第 191~192 页。
〔2〕 陈玺："唐代虑囚使职系统的演进与发展"，载《求索》2008 年第 1 期。

各机构、各类使臣往往也就无心穷究犯罪的真相了。一般程序中，各机关审录系囚本在其职责范围内，但唐宋录囚为解决滞囚问题，都规定了相关主体录囚的期间与期限，《唐六典·大理寺》："大理卿之职，掌邦国折狱详刑之事……若禁囚有推决未尽，留系未结者，五日一虑。"〔1〕《宋史·理宗纪》："嘉定十七年十月，诏诸路提点刑狱以十一月按理囚徒。"这就脱离了西汉录囚为省察监督的初衷。从整体观察，唐宋及其以后的录囚仅仅是一项审录囚徒的活动，并不能构成一套系统的审判制度，只是因为录囚主体的不同而作用各异而已。

皇帝录囚具有特别意义，自东汉以来皇帝亲录囚徒就不曾间断，其监督作用不可低估。《宋史·刑法志》：

> 十月，（太宗）亲录京城系囚，遂至日旰。近臣或谏劳苦过甚，帝曰："傥惠及无告，使狱讼平允，不致枉桡，朕意深以为适，何劳之有？"因谓宰相曰："……或云有司细故，帝王不当亲决，朕意则异乎是。若以尊极自居，则下情不能上达矣。"

这一面说明皇帝对下放司法权并不放心，一方面也说明了皇帝监督的作用。宋王元吉受诬案就说明这个问题，《宋史·张雍传》载：

> （太平兴国年间）京城民王元吉者，母刘早寡，有奸状，……又惧元吉告之，遂遣侍婢诉元吉真董食中以毒己，病将死。事下右军巡按之，未得实。移左军巡，推吏受刘赂掠治，元吉自诬伏。俄而刘死，府虑囚，元吉始以实对。又移付司录，尽捕元推吏，稍见诬构之迹。且以逮捕者众，又狱已累月未能决，府中惧其淹，列状引见，诏免死决徒。元吉大呼曰："府中官吏悉受我赂，反使我受刑乎？"府不敢决，元吉历陈所受赂主名，又令妻张击登闻鼓诉之。上召张临轩顾问，尽得其枉状，立遣中使捕元推官吏，付御史鞠治。时滕中正为中丞，雍妻父也，诏供奉官蔚进别鞠之。雍坐与知府刘保勋、判官李继凝初虑问，元吉称冤，徙左军巡，雍戒吏止令鞠其毒母状，致吏讯掠惨暴。上怒，雍及左右军巡判官韩昭裔、宋廷煦悉坐免所居官；保勋、继凝各夺一季奉；左右军巡使殿直

---

〔1〕 （唐）李林甫等撰，陈仲夫点校：《唐六典》，中华书局1992年版，第502页。

庞则、王荣并降为殿前承旨。

此案虽非录囚而理冤狱，事在证明皇帝知晓案件后的最高监督作用。由此可知，南北朝以后尽管录囚被赋予的理念、功能与西汉的理冤不同，恤囚及普遍的降赦功能逐渐增强，但是，作为审理制度中的一项活动，录囚的监察作用还是存在着，特别是皇帝录囚的监督作用。

为了彰显皇恩而录囚的降赦同样就是在兜售皇家私货。唐太宗贞观六年（632）录囚，敕令全国死囚回家，约"秋来就死"，因死囚守信如约，故对390名死囚皆放免。[1]欧阳修批评说，这种行为的实质是"立异以为高""逆情以为誉"。[2]

沈家本曾指出皇帝录囚的弊端，其说甚为中肯。[3]学界对皇帝录囚亦多有评判，马作武先生对皇帝录囚基本持否定态度，他认为皇帝录囚是对地方官吏司法权的削弱，本质上是皇权的日益膨胀，还反映出帝王们热衷于粉饰酷政，夸张其所谓恻隐之心。[4]陈俊强先生认为，皇帝录囚的益处是具有很强的监督性，有时会导致冤案的及时平反或法律条文的更改。其问题是不论皇帝录囚还是臣下审理，"其性质逐渐从理冤消滞变成漫无章法的恩宥"，"录囚以后，君主对于罪囚，或降或赦，完全存乎一心。甚至，有时候原免罪囚成为最高的准则，纵是无冤可雪，亦照予宽宥"。"皇帝可以更加随心所欲地曲法施恩，不管是对于国家司法抑或皇帝恩典，都不是健康的现象。"[5]笔者

---

〔1〕 事见两《唐书》"太宗纪"及《通典》《唐会要》《资治通鉴》等，但全国纵免人数有记290者，有记390者。从白居易"怨女三千出后宫，死囚四百来归狱"诗句看，400应是390的整数。参见（唐）白居易著，朱金城笺校：《白居易集笺校》，上海古籍出版社1988年版，第140页。

〔2〕 （明）茅坤评著，陈加等校点：《唐宋八大家文钞》，沈阳出版社1996年版，第558页。

〔3〕 沈家本在《历代刑法考·赦考》"六代录囚"按语："《书·立政云》：'文王罔攸兼于庶言，庶狱庶慎，惟有司之牧夫是训用违。庶狱庶慎，文王罔敢知于兹。'孔传：'文王一无敢自知，委任贤能而已。'是圣如文王于庶狱犹不敢亲自平决，而必委任贤能。后之人主不及文王，而辄欲躬自录囚，在汉晋偶一行之，尚不失为勤政之一端。若隋文以此为常，是任己而不任人，实大违文王无敢自知之宗旨，况又性多猜忌，甚至殿陛杀人，安望省阁之不任意轻重乎？夫治狱乃专门之学，非人人之所能为，后世人主每有自圣之意，又喜怒无常，每定一狱，即成一例，畸轻畸重，遗害无穷，可不慎哉？虞舜施刑，必属皋陶；周公敬狱，必推苏公。圣人之所为，固非庸众之所能窥测矣。"

〔4〕 马作武："'录囚''虑囚'考异"，载《法学评论》1995年第4期。

〔5〕 陈俊强："唐代录囚制试释"，载高明士编：《东亚传统教育与法制研究（一）：教育与政治社会》，台湾大学出版中心2005年版，第285~286页。

认为，从司法体系的功能讲，皇帝录囚是不宜提倡的。

东汉以后，录囚的动因常缘于对天象、灾异的敬畏与恐惧。统治者认为狱治可能存在冤滞，因此皇帝、皇后或中央、地方吏员奉旨录囚，以回应上天的警示。虽然这种思想发端于汉宣帝时，但东汉以后才盛行起来，魏晋唐宋都沿着这个思路处理繫囚。客观上录囚对于滞囚的审理疏解还是有帮助的，《旧唐书·高宗纪》：

> 龙朔三年二月"庚戌，诏曰：'天德施生，阳和在节，言念幽圄，载恻分宵。虽复每有哀矜，犹恐未免枉滥。在京繫囚应流死者，每日将二十人过。'"

《御定渊鉴类函》引唐中宗虑囚制：

> 将申虑降，再释狴牢，庶无滞禁之冤，仍示小惩之诫，其都城之内见禁囚徒，朕特亲虑，仍令所司具为条例闻奏。[1]

宋时滞囚问题仍然严重，每每录囚都涉及这个问题：

1. 绍兴十一年（1141）七月庚子，遣官决滞狱，出繫囚。（《宋史·高宗纪》）

2. "隆兴二年（1164）六月辛酉，以淫雨，诏州县理滞囚。""三年八月甲寅，以久雨，命临安府决繫囚。戊午，遣官分决滞狱。""四年七月丙子，以不雨，命诸路提刑审断滞狱。戊寅，命临安府及三衙决繫囚，释杖以下。"（《宋史·孝宗纪》）

3. 嘉定元年（1208）"闰月……诏大理、三衙、临安府及诸路阙雨州县决繫囚，释杖以下。……（乙未）命大理、三衙、临安府、两浙州县决繫囚。""二年五月丁酉，以旱，诏诸路监司决繫囚"。二年六月，"诏台省及诸路监司速决滞狱"。"三年四月乙丑，决临安繫囚，释杖以下。"（《宋史·宁宗纪》）

---

[1] 文渊阁《四库全书》子部类书·御定渊鉴类函卷一五〇"政术部"。

录囚属于审判程序中的临时举措，在性质上并不是监狱管理措施，有些诏令虽规定要改善在监犯的生活条件，然其主要目的是为了更好地审录。[1]

缘于敬畏天象的天人感应思想而录囚，往往伴随着普遍降赦。这就使录囚向不公平、不合理的方向倾斜，特别对受害人是非常不公平的。从理论上讲，缘天象灾异而录囚是对法律的亵渎，宋朝录囚的降赦更是超乎李唐，以致达到滥赦的地步。这种普遍的降赦，如果说每每的大批繫囚确有必要降赦，那只能说立法出了问题。这必须从制定法律的层面上寻求解决，而不能通过赦降来救济，否则就是本末倒置。

录囚作为司法审理活动与当时的政治制度、法律文化密切相关。最初的录囚活动虽以监察理冤为其宗旨，但是当皇权需要直接统摄司法权，或借司法权彰显皇恩的时候，皇帝或皇族成员便会"亲平决焉"，他们的不同理念自然影响录囚的功能。统观整个录囚活动，其功能至少表现在四个方面：监察狱治、彰显皇恩、降赦减免、缓解滞狱。由于录囚是审理程序的一项临时举措，不是固定的、必然的司法制度，因此时常表现了它的随意性。由于最高统治者随意而变的举措，录囚最根本的理冤目的也没能很好地实现。

从录囚的整个发展历史看，中央专制集权的司法体制整体设置不科学、不严谨，在司法、行政合一的体制下，权力不能受到有效制约和监督，作为补救举措的录囚也不可能更好地发挥作用。除皇帝录囚具有其独特的两面性外，缘于天象灾异而启动的录囚对于正常的审判程序、监察体制以及赦宥制度在职能上都是一种侵蚀，或者说录囚在制度设置上的意义不大，我们不能因为个案而从制度上过多地肯定录囚的意义。明朝建立后，由于新的会审制度和都察院监察机构的设置，原有的录囚之作用更是微乎其微，这也是录囚最终没能成为一项系统而稳定的规制的重要原因。

---

[1] 有不少学者将录囚归属在监狱制度内，这是基于录囚解决滞狱问题而考虑的。万安中先生写道："在监狱发展史上，录囚制度是一项极为重要的管理制度，具有丰富的内涵及特征。录囚制度的制定实施……特别是加强监狱统治，起到了不可替代的重要作用。""录囚制度的形成和发展，是各代封建王朝狱政思想在狱制上的具体体现。"见氏文："录囚制度考论"，载《学术研究》2004 年第 6 期。

东汉侍廷里僤约束石券的发现与研究

东汉侍廷里僤约束石券是 1977 年 12 月在河南偃师县城南 20 公里的缑氏公社（镇）发现的。石券高 1.54 米、宽 0.80 米、厚 0.12 米。正面阴刻隶书 12 行，共 213 个单字。[1] 为方便检阅，现将全文按原碑款式誊录如下：

(1) 建初二年正月十五日，侍廷里父老、僤祭尊

(2) 于季、主疏左巨等廿五人，共为约束石券里治中。

(3) 乃以永平十五年六月中，造起僤，敛钱共有六万

(4) 一千五百，买田八十二亩。僤中其有訾次

(5) 当给为里父老者，共以客（？）田借与，得收田

(6) 上毛物谷实自给。即訾下不中，还田，

(7) 转与当为父老者。传后子孙以为常。

(8) 其有物故，得传后代户者一人。即僤

(9) 中皆訾下不中父老，季、巨等共假赁

(10) 田。它如约束。单侯、单子阳、伊伯通、锜中都、周平、周兰、

(11) □□、周伟、于中山、于中程、于季、于孝卿、于程、于伯先、于孝、

(12) 左巨、单力、于稚、锜初卿、左中孝（？）、尹思、锜季卿、尹太孙、于伯和、尹明功

该石券的发现引起了海内外学者的关注，各地学者对石券相关问题相继发表了颇有见地的论文。讨论的问题除对文字的释读勘误外，主要集中在单

---

[1] 黄士斌："河南偃师县发现汉代买田约束石券"，载《文物》1982 年第 12 期。

的名称、性质与历史流脉等方面。

一、关于单的名称与规模

单作为一种组织先秦就存在，从铜器铭文、秦代简牍、两汉印章以及碑刻资料看，或名单，或名僤、墠、弹，也有写作簟的，商周铜器铭文与汉印大多写作"单""僤"。但是，关于商周铭文之单与秦汉之单在性质上是不是一脉相承的组织，学界颇有争议。单的本义是什么，秦汉时构建一种组织为何名单（僤、墠、弹），尚没有一个较有说服力的观点。根据建单的目的或活动范围，可以将单划分为两类，一类是以里为范围，为里人入单者提供救助，如侍廷里僤，宜世里弹等，我们暂且称之为里单；另一类则是为某一专项事务成立的单，如酒单（《秦汉南北朝官印征存》993 号）、正卫弹等。这里主要据侍廷里僤材料说明一下里单的问题。[1]

所谓里单，以居民生活的行政单位里为构建基础，其组建成员不超出里的范围。从侍廷里单看，其成员皆为侍廷里内的居民，包括侍廷里的父老等。《岳麓书院藏秦简（叁）》案例七记载秦国末年一案例，涉及单这种组织，秦始皇十一年，秦大夫沛将自己的妾婠免为庶人，第二年并让其加入里单：

> 沛告宗人、里人大夫快、臣、走马拳、上造嘉、颉曰：沛有子婠所四人，不娶妻矣。欲令婠入宗，出里单赋，与里人通饮食。快等曰：可。婠即入宗，里人不幸死者出单赋，如它人妻。[2]

本案的秦大夫沛，有妻名危，并与一位名婠的妾同居，先后生了四个子女：羛（義）、娸、必、若。沛的妻子于 10 年前死去，沛没有再娶。沛先后给妾婠办理了免婢为庶人、立婠为妻及让婠在乡里入宗等手续。从狱辞可知，入单需经宗人、里人同意，婠需入宗并"出里单赋"，才能成为里单的一名正式成

---

〔1〕 林甘泉先生认为，汉代单的定名大致可以区分为三种情况，一种是冠有吉语的，一种是以所在之里为名的，还有一种是结单者的身份和结单的目的为名的。林文区分的这三种也可以说是他将单划分的三种类型。冠有吉语之单有可能是为某一项事务而建，具体情况不是十分清楚。参见氏文："'侍廷里父老僤'与古代公社组织残余问题"，载《文物》1991 年第 7 期。

〔2〕 朱汉民、陈松长主编：《岳麓书院藏秦简（叁）》，上海辞书出版社 2013 年版，第 153~156 页。

员。这个宗人应是族长、里父老一类人物，而里人应当是在里担任行政职务者。

1955 年四川宜宾市翠屏村发掘出土有汉墓砖，其中两方砖铭有"宣化宜世弹休之藏，永元六年始造"、"永元六年宜世里宗壑，利后安乐"，[1]此宜世弹即是宜世里所建之弹。汉印中还见有"良里弹印""工里弹印"等[2]，因此秦汉在里一级行政组织建立单（弹）是较为普遍的。这类单是为解决里中成员困难，救济单内成员而建立的自助组织。基于这样的认识，对于侍廷里所建之单的名称问题就容易解决了。

石券铭文"建初二年正月十五日侍廷里父老僤祭尊于季主疏左巨等廿五人共为约束石券里治中"，此句有不同的断句法。宁可先生标逗为"建初二年正月十五日，侍廷里父老僤祭尊于季主疏，左巨等廿五人，共为约束石券里治中"，并称此僤为"父老僤""侍廷里父老僤"。[3]林甘泉先生认为，单与里并非一致，还是"称为侍廷里父老僤要更恰当一些"。[4]张金光先生也认为，"此僤名应定为'侍廷里父老僤'"，"此僤是一个以一定地缘为本的民间组织，其成员局限于侍廷里的范围，又其组建之目的，在于为解决侍廷里父老一职的费用补偿问题"。[5]如果认为此僤依托里的基层组织而建，其成员不超出侍廷里的范围，称为"侍廷里僤"为宜，于季既是侍廷里的父老，又是新建僤的祭尊，故"父老"非僤名。我们认为俞伟超先生的断句可从，但"主疏"二字应属下断。台湾学者杜正胜认同俞文称为"侍廷里僤"，及侍廷里的父老亦是新建单祭尊的观点。[6]

二、建单人员的职务与人数

确定了侍廷里僤的名称，对于僤内各职务的认定具有帮助。侍廷里僤碑文首句，俞文断句为："建初二年正月十五日，侍廷里父老、僤祭尊于季主

---

〔1〕 匡远滢："四川宜宾市翠屏村汉墓清理简报"，载《考古通讯》1957 年第 3 期。

〔2〕 见俞伟超：《中国古代公社组织的考察——论先秦两汉的"单-僤-弹"》，文物出版社 1988 年版，第 74 页，图 9、12。以下正文引用径称"俞文"。

〔3〕 宁可："关于《汉侍廷里父老僤买田约束石券》"，载《文物》1982 年第 12 期。以下正文中皆注为"宁文"。

〔4〕 林甘泉："'侍廷里父老僤'"与古代公社组织残余问题"，载《文物》1991 年第 7 期。

〔5〕 张金光："论汉代的乡村社会组织——弹"，载《史学月刊》2006 年第 3 期。

〔6〕 杜正胜："'单'是公社还是结社?"，载《新史学》（创刊号）1990 年 3 月。

疏，左巨等廿五人，共为约束石券。"（俞文 114 页）王子今先生释文："侍廷里父老、僤祭尊于季、主疏左巨等廿五人，共为约束石券。"[1]张金光先生断句为："侍廷里父老僤祭尊于季、主疏左巨等廿五人共为约束石券里治中。"并认为，主疏是僤中掌理文书者，为侍廷里中主要管理者。[2]俞文、王文认为于季是侍廷里父老，同时也是僤祭尊，即这个僤是侍廷里组建，因此单名也是侍廷里僤。二者的区别是俞文认为"主疏"为动谓，王文认为应属下读为"主疏左巨"，这一点与张金光先生一致。籾山明认为主疏是职务，"主疏"就是"主簿"；并考证道，居延汉简的备品记录或称为"守御器簿"（506.1），或称为"器疎"（220.18），即是"簿"与"疎（疏）"可通的证据。[3]综合岳麓简分析，于季应当是侍廷里的父老，同时担任侍廷里僤的祭尊。"主疏"属下读，即左巨为单的书记员。这里涉及的职务有里父老、单祭尊和单的主疏，这些职务都属于民间组织系统的职务，包括里父老也不属于官方的职务。

"侍廷里父老、僤祭尊于季、主疏左巨等廿五人，共为约束石券里治中"之"治中"也有不同的解读。《周礼·春官·天府》"凡官府乡州及都鄙之治中，受而藏之，以诏王察群吏之治"，郑玄注引郑司农曰："治中，谓其治职簿书之要。"《通典》卷三二"职官"，汉有"治中从事"，俞文据此认为"治中"是里内的一种少吏之职，故"治中"属下读："治中乃以永平十五年六月中，造起僤，敛钱共有六万一千五百，买田八十二亩。"（俞文 119 页）若此，则治中成为建单立约的实际操办者。宁可先生在"里治中"前后未加标点，但从其所释文义看是属上断的。他认为"农村公社本有共同集会议事的场所，此后的里治就是这种场所的沿袭。正因为如此，僤的聚会、议事也就可以在里治中，而里治也可以被称为'街弹之室'了"（宁文 25 页）。张金光则明确将"治中"断上，认为"里治"即里之治所，亦即里之办公处所。[4]张

---

〔1〕 王子今："汉代'客田'及相关问题"，载中国文物研究所编：《出土文献研究》第七辑，上海古籍出版社 2005 年版，第 103 页。

〔2〕 张金光：《战国秦社会经济形态新探》，商务印书馆 2013 年版，第 414 页、第 416 页。

〔3〕 [日]籾山明："汉代结僤习俗考"，载《岛根大学法文学部纪要文学科编》9-1，1986 年版，第 3 页。

〔4〕 张金光：《战国秦社会经济形态新探》，商务印书馆 2013 年版，第 416 页。

文断句从整个券文文义来讲更通畅，因为"共为约束石券"的主体是于季、左巨等廿五人，若"里治中"属下读，则治中成了造单、敛钱的主体了。石券所载单内职务皆缀名姓，而里治中突兀降临不合情理。

侍廷里建僤人员的数额，石券自铭为 25 人。从石券后部所列人名看，记载无误。计有于氏 9 人、周氏 3 人、锜氏 3 人、尹氏 3 人、单氏 3 人、左氏 2 人、伊氏 1 人，又风化漫漶一氏，从排列位置推测当属周氏。券铭前部缀列职务的于季、左巨也在后部排列名单中。从名单人数与石券铭文前面所列单内职务分析，侍廷里父老与单祭尊只能是一人，即于季；若将里父老与单祭尊拆分为二人，那么在后部所列名单中就缺少了里父老的名字。从这点也可证明"侍廷里父老、僤祭尊于季、主疏左巨等廿五人"，这样标逗是正确的。但邢义田先生认为券文第二行"于季、主疏左巨等廿五人"，应标逗为"于季、主疏、左巨等廿五人"，并认为汉有主氏，如主父偃。[1]我们认同籾山明"主疏"就是"主簿"的观点。

对于僤父老一职的起源与职能，邢义田做了精彩的分析。他认为：

> 世代不迁的农村聚落大抵因婚姻建立起浓厚的血缘关系。少数几族人聚居一处，"祭祀同福，死丧同恤"（《国语·齐语》），族中的长者就是聚落的领袖。后来的乡三老、里父老一类的人物渊源于此。《公羊传》宣公十五年，何休注谓里"选其耆老有高德者名曰父老"，是可信的。父老也许原本是长老的泛称，但是随着新的乡里行政的需要，通称变成了专名。由于新里制并没有破坏原有的血缘性联系，而是与旧聚落迭合在一起，因此聚落的三老、父老才不失其力量的基础，在新的乡里中仍然居于领袖的地位。他们凭借传统的威望，和代表国家征兵、抽税、执法的有秩、啬夫、里正，成为乡里间领袖的两种类型。乡里间的事，多由这两类人物参预解决。[2]

---

[1] 邢义田："汉代的父老、僤与聚族里居——'汉侍廷里父老僤买田约束石券'读记"，载《汉学研究》（1983 年）第 1 卷第 2 期，第 358 页。

[2] 邢义田："汉代的父老、僤与聚族里居——'汉侍廷里父老僤买田约束石券'读记"，载《汉学研究》（1983 年）第 1 卷第 2 期，第 368 页。

张金光认为，从某种意义上说，里父老介于官民之间，或半官半私（民），他是政府承认的民间代表人物，是政府与民间联系的中介。他进一步区分了"父老"与"三老"的异同，二者虽然皆为传统的民间共同体领袖之职，但三老为更高层次之职（乡级以上），父老则只在闾里中。三老可与"吏比者"比，父老则在闾里活动，里无三老之职。而东汉充任父老的条件，除年高有德外，还要有"訾财"，"訾下不中"者自然不能充任。[1]但是，汉印有"万岁单三老"，这还需要进一步研究，此万岁单或是乡级所建亦未可知。[2]

三、建单的费用与容（客）田的定名

"里单"是集体所有制，也可以说是一种集约化了的私有组织。东汉侍廷里僤亦应如是。东汉明帝永平十五年（72）侍廷里的父老于季等 25 人共敛 61500 钱买田 82 亩作为建单的訾财，于章帝建初二年（77）立石束约。建僤的原则是共同出资，共同受益。敛訾所买之田亦应属于集体所有，如何利用所买之田，石券明言有二：一为"借与"，即"僤中其有訾次当给为里父老者，共以客田借与，得收田上毛物谷实自给"。宁可先生解释说，"《石券》中所规定的僤中以'訾次当给为里父老者'，即以僤所买的田借与经营，'得收田上毛物谷实以自给'，当即指此田上的收获供充里父老的使费而言"。二为"假赁"，"即僤中皆訾下不中父老，季、巨等共假赁田"。宁可先生认为"借与"是无偿，"假赁"就需交租，"究竟是由二十五人共同假赁还是僤中一部分人共同假赁；假赁之田是集体经营还是分散经营；假赁租额多少，交与僤作为基金和用度，还是另有安排（如分给各人）等，都不清楚"（宁文22页）。

石券言"共以客田借与"，这个"客"字也有争议。宁可先生据居延汉简有"客田"二字，认为客田是私田的一种，"但究竟系指与一般私有土地不同的一种特殊性质的田，还是指此田因非僤的成员所私有，只是借与当为里父老暂时使用，与其私人所有的土地相对而被称为'客田'，还不清楚。也许'客田'并没有形成一个有确定含义的辞，亦未可知"（宁文23页）。王子今也认为应释为"客田"，并且原则上认同宁可的观点，"其性质与'借与'、

---

〔1〕 张金光：《战国秦社会经济形态新探》，商务印书馆 2013 年版，第 420~421 页。

〔2〕 陈直：《汉书新证》，天津人民出版社 1979 年版，第 174 页。

'假赁'的经济关系有某种联系。看来称作'客田'者，应是由外来的'客'从事耕作的田地"。[1]俞伟超认为应释为"容田"，即为礼仪活动提供经费来源之田（俞文121页）。林甘泉先生同意俞文释为"容田"，"容"即"颂"，或"仪"，但容田不是供应社祭的经济来源，而是对里父老从事单中活动的一种报酬。因里父老没有俸禄，所以共訾出钱买田使父老"得收田上毛物谷实自给"。这是对担任里父老者的一种酬礼，故而所买之田也就称为"容田"。[2]张金光也认为应读为"容"，不过，所谓容田并不是礼仪活动经费之田，而是用于对单内德高望重以及率教导民活动给予奖颂，对单内德政活动破费补偿之用。[3]由于"容田"（客田）是孤证，目前并没有取得一致看法。俞文所发拓片（俞文图五一，第116页）是黄士斌拓片中最清楚的一幅，拓片右起第5行第9字看似"容"字，原报告所发此字亦应是"容"字。[4]对于"容田"含义的解释，林、张二先生所释近是。

四、建单的目的与性质

历史上的里单应是闾里居民在生产、生活中的自助组织，尽管其性质与古代农村公社有千丝万缕的联系，但是，里人入单是需要履行手续的，并非生而便是该组织的成员，这就决定了单这种组织与古代村社的区别。东汉侍廷里单成员的血缘关系已经相当淡化，其组建是依地缘并为达到某事项之目的。岳麓简案中婗入单后需尽"里人不幸死者出单赋"之义务，说明里单的主要作用就是互济互惠。王彦辉认为，"这个'单'是以宗族血缘为基础，以里为单位组织起来的一种民间组织，所以才称为'里单'"。[5]上文所引的永元六年宣化宜世弹休之藏的"宗礜"也应是宜世弹为弹内成员举办丧葬活

---

[1] 王子今："汉代'客田'及相关问题"，载中国文物研究所编：《出土文献研究》（第七辑），上海古籍出版社2005年版，第105页。

[2] 林甘泉："'侍廷里父老僤'与古代公社组织残余问题"，载《文物》1991年第7期。

[3] 张金光：《战国秦社会经济形态新探》，商务印书馆2013年版，第418页。此前张金光先生对容田亦发表了大致相同的看法："此（指容田）实为由侍廷里全里民户集资兴单置产，以为充任本里父老提供一份活动费用补偿"。见氏文："论汉代的乡村社会组织——弹"，载《史学月刊》2006年第3期。

[4] 黄士斌："河南偃师县发现汉代买田约束石券"，载《文物》1982年第12期。

[5] 王彦辉：《秦汉户籍管理与赋役制度研究》，中华书局2016年版，第117页。

动的证明。日本学者籾山明也认为单是民间自治组织,至于单印中的各种"职官"是各单的组织自行设置制造的,组织集团独自设立官位在当时是一个社会习惯。"父老僤或正卫弹是为了补救行政制度的缺陷而结成的互助组织,于此相对,党人所结成的僤则和赤眉或五斗米一样,是为了反抗当时的政治体制而组的",而东汉之正卫弹其建弹目的之一就是调整徭役的负担使其均等化。[1]总之,从已有资料看,入单自愿、经费自筹、困苦自助是秦汉里单的总原则。

关于侍廷里单的性质,学界大致有四种意见,一是以俞伟超先生为代表,认为两汉里单与古代农村公社有密切的传承关系,并将里单看作是古代农村公社在这一道路上演化的孑遗。他认为,侍廷里单的"容田"是单内的公有财产,但当时的单则是一种以私有制为主体的村社组织。[2]第二种即宁可先生的观点。他认为两汉的单是农村公社解体以后新成立的承担农村公社职能的新兴组织,换言之,单是受传统的农村公社影响产生的。因此,东汉的侍廷里单"与过去的组织特别是农村公社的组织无关"。[3]第三种是张金光先生的观点。他认为,单在先秦已有,只是村社的另一种组织,但本身不是农村公社。两汉的里单是新组建的村民自助组织。[4]第四种是台湾学者杜正胜的观点。他从根本上不同意俞伟超先生的看法,认为两汉的单是"结社"而非"公社"。至迟从战国开始已出现一种既非血缘,也非地缘的人群组织——"合同",反映的是为一定目的而合作的组织。因此,这种组织有商业性的,有宗教性的,有政治性的,也有黑社会的组织。[5]上述四种观点都涉及到中国古代农村公社的问题。

那么,历史上的单是否就是古代的农村公社?围绕古代农村公社存在的形式与名称等,学术界都有争议。探讨这个问题涉及农村公社的性质及其在中国的发展历程。农村公社是马克思研究欧洲各地区原始社会向私有制奴隶

---

〔1〕 〔日〕籾山明:"汉代的结僤习俗考",载《岛根大学法文学部纪要文学科编》9-1,1986年,第6页、第8页。

〔2〕 俞伟超:《中国古代公社组织的考察——论先秦两汉的"单-僤-弹"》,文物出版社1988年版,第117~119页。

〔3〕 宁可:"关于《汉侍廷里父老僤买田约束石券》",载《文物》1982年第12期。

〔4〕 张金光:《秦制研究》,上海古籍出版社2004年版,第417页、第433~435页。

〔5〕 杜正胜:"'单'是公社还是结社?",载《新史学》(创刊号)1990年3月。

社会过渡阶段时对乡村社会结构的一种描述，他认为原始公社有多种社会结构，农村公社是最后一个社会阶段。它的最主要特征有以下三个：（1）所有其他公社都是建立在自己社员的血统亲属关系上的。"农业公社"是最早的没有血统关系上的自由人的社会结合。（2）在农业公社中，房屋及其附属物——园地，多为农民私有。（3）耕地是不准转卖的公共财产，定期在农业公社社员之间重新分配，因此，每一社员用自己的力量来耕种分给他的份地，除了交纳租赋，把产品留为己有。[1]中国历史上农村公社存续时间大致与井田制的分配、耕作模式相始终，春秋战国时期就基本瓦解。吴荣曾先生在《周代的农村公社制度》一文中对两周时期农村公社的基本特征以及发展、解体做了较详细的论述。[2]马克思总结的欧洲各地的农村公社是一个公私二重性的产物，这一点与中国类似，但中国农村公社也有自己的特点，就是血缘关系（或称宗法纽带）在农村公社存续的时间很长。中国先秦的农村公社（以西周为典型）虽然已按地缘划分，但其内部的血缘关系却十分浓厚，有着地缘与血缘的二重性，即使到了战国时代仍然有很浓厚的表现，如岳麓简案例中秦大夫沛妾婉所入之里单，宗人在入单问题上仍然掌握着很大的权力。

　　商周金文"单"徽的内涵不清，暂且不论。目前，各家对先秦两汉的单与古代农村公社的关系可以归纳为两种观点，即：（1）单与农村公村在组织性质上有着直接或间接的发展关系；（2）单与农村公社是两种类型的组织，二者没有发展关系。

　　俞伟超、宁可所持都属于第一种观点。俞伟超认为，中国古代从公有制向私有制转化过程中普遍存在着本名为"单"的公社组织，因此，古代农村公社其名曰单。两汉时期的单只不过演化为以私有制为主体的村社组织了。[3]宁可也认为"单、社、里、邑等最早可能都是农村公社的称呼"，只是后来农村公社解体，由社、里各自承担着不同的职能。新出现的单是出于生产和生

〔1〕　参见马克思："给维·伊·查苏利奇的复信草稿"，载《马克思恩格斯全集》第19卷，人民出版社1963年版。又可参见李埏："试论中国古代农村公社的延续和解体"，载《思想战线》1979年第3期。

〔2〕　吴荣曾："周代的农村公社制度"，载氏著：《先秦两汉史研究》，中华书局1995年版，第20～68页。

〔3〕　俞伟超：《中国古代公社组织的考察——论先秦两汉的"单—僤—弹"》，文物出版社1988年版，第72页、第117～119页。

活上互相救助的需要而建立的。虽然单是受传统的农村公社影响并承担着与其相近的职能，但从组织发展脉络上，东汉的侍廷里单"与过去的组织特别是农村公社的组织无关"。第二种观点即张金光先生的观点，他认为，先秦公社组织是普遍存在的，但这种村社组织名字不叫单，而叫"社"，如春秋时期的"书社"。当时社邑合一，社、邑一体，只是自不同角度称谓不同而已。[1]单在先秦已有，只是村社的另一种组织，但本身不是农村公社，因此，单自然不可能与农村公社有直接的发展关系。杜正胜先生更是否定单与农业公社的发展关系。

农村公社是从远古的氏族演化而来，并没有一个专有的名称。前农村公社阶段，即古国时代，从血缘论则称姓称氏；农村公社是王国时代的产物，在田曰井，在乡曰邑。农村公社在王国晚期逐渐解体，帝国时代就基本消亡了。韩连琪先生很早就对这个问题进行了论证：

> 《晋语》所说的"士食田"的"田"，和"大夫食邑"的"邑"，是对举的，可见"田"不是泛指一般土地，而是和"邑"同样是一个地域性的组织。"田"就是井田，一邑大概至少有四个井田。即《周礼·小司徒》所谓"四井为邑"。"士"在最初至少是食一个井田的赋税，《王制》说"诸侯之下士视上农夫，禄足以代其耕"，即是指士之在官者的收入至少是一个井田内"公田"百亩的收入。[2]

韩连琪先生认为，春秋战国时期的书社，其性质应属于晚期井田制的农村公社。他在《春秋战国时期的农村公社》一文的第三部分"论书社为春秋战国间的晚期村社制度"做了详细论证。张金光先生也认为，春秋以后，作为社会组织的基本细胞常常直接以"社"名称呼，如"书社"。邑，也是一种共同体，邑必有社，或邑即社，邑社合一。社、邑实为一体，只是不同角度称谓之而已。[3]自管仲、商鞅强调邑里什伍的司察连坐功用后，邑里居民

---

　〔1〕 张金光：《战国秦社会经济形态新探》，商务印书馆 2013 年版，第 297~299 页。又，参见氏文："论汉代的乡村社会组织——弹"，载《史学月刊》2006 年第 3 期。

　〔2〕 韩连琪："春秋战国时期的农村公社"，载《历史研究》1960 年第 4 期。

　〔3〕 张金光："论汉代的乡村社会组织——弹"，载《史学月刊》2006 年第 3 期。又参见氏著：《战国秦社会经济形态新探》，商务印书馆 2013 年版，第 298~301 页。

的互助一面已完全消失。先秦的单原本就是不拘特定单位（界线）而"兴"建，《逸周书》卷四《大聚解》：

> 以国为邑，以邑为乡，以乡为间，祸灾相恤，资丧比服。五户为伍，以首为长；十夫为什，以年为长。合间立教，以威为长；合旅同亲，以敬为长。饮食相约，兴弹相庸，耦耕□耘，男女有婚，坟墓相连，民乃有亲。六畜有群，室屋既完，民乃归之。[1]

这里的"兴弹相庸"，显然说明"弹"不是农村公社，而是公社之外的另一种组织。这个弹显然是由当事人在便于生产和生活的条件下自发成立，以为弹内人员窘困自助。随着里邑行政功能的加强，井田制度的破坏，各级公"社"祭祀功能的突出，自助的功能便由弹（单）承担了下来。因此，春秋以后的弹，有久远流传下来的，也会有新成立的。无论如何，入单自愿，经费自筹，困苦自助是建弹的总原则。识劫婉案中，秦大夫沛为防自己死后家中妇孺无人照顾，将妾婉免为庶人，立为妻，并让她加入里单，希望自己死后使家庭成员通过里单得到救助。

从里、社的功用观察，里、社的本质与源流不同，但它们都与农村公社有着源渊关系。春秋战国里社合一，秦汉后，里社逐步分离。先秦虽然存在相当数量的单，但这种单与村社组织在本质上没有必然的联系。春秋以后，里为社会行政最基本细胞，而社专司祭祀，单则承担着农村公社的某种职能，如单内互济自助。在农村公社削弱、消亡过程中，行政里邑的规划、发展，使原有村社的规模变小，向固定化、单一化发展，似乎只有田亩规划成为公社的内容了，这样村社的许多职能就消失，从而凸显了里邑的行政功能。农村公社向里邑发展，从前的社（公社）祭（社）合一，发展到里社（祭）合一，再发展到里社化离。弹这种纯粹的民间的互助组织自始至终是被排斥在里、社之外的。

此外，学界对于单这种组织的起源，或者为什么叫单也多有论及。籾山明对单的本义及后代建单与其内在的联系做了探讨，他对单的原始涵义的探

---

〔1〕　黄怀信等撰，李学勤审定：《逸周书汇校集注》，上海古籍出版社1995年版，第420~422页。

讨也很新颖，认为墠才是其原始意义。墠本义为"广土""除地"，继而"扫地而盟""立单而盟"，这是封禅的原型，也是催生僤的母体。僤不仅是人群组织，同时也是一个设置的场所。人们集结之处的称呼转变为人群组织的名称，僤是人们不拘里的范围依其目的而结合的人群组织。[1]山田胜芳、东晋次、渡边义浩、渡边信一郎等日本学者还从单与国家支配的关系等方面做了探讨。[2]总之，自侍廷里僤石券发现以来，海内外的学者做了扎实的研究并取得了较为丰硕的成果，这些为进一步探讨与单相关的问题奠定了坚实基础。

---

〔1〕〔日〕籾山明："汉代的结僤习俗考"，载《岛根大学法文学部纪要文学科编》9-1，1986年，第11页。

〔2〕〔日〕山田胜芳：《"父老僤约束石券"と秦汉时代の父老》，载氏著：《秦汉财政收入の研究》，汲古书院1993年版；〔日〕东晋次：《后汉时代の政治と社会》，名古屋大学出版会1995年版；〔日〕渡边义浩："僤"，载氏著：《后汉国家の支配と儒教》，雄山阁1995年版；〔日〕渡边信一郎："汉鲁阳正卫弹碑小考——正卫·更贱をあくつて"，载氏著：《中国古代の财政と国家》，汲古书院2010年版。

再论东汉正卫弹的性质

　　传世东汉有关正卫弹内容的碑刻铭文共有四篇，即《昆阳都乡正卫弹碑》[1]《鲁阳都乡正卫碑》[2]《平氏都乡正卫弹碑》[3]和《酸枣令刘熊碑》[4]。《昆阳都乡正卫弹碑》刻铭有中平二年（185）记事；《酸枣令刘熊碑》是墓碑，主要记述刘熊生平事迹。刘熊字孟阳，曾任陈留郡酸枣县令。碑文自铭"光武帝之玄，广陵王之孙，俞乡侯季子也"，刘熊的世系，学界向来有争议。宋

---

〔1〕《昆阳都乡正衞弹碑》于赵明诚《金石录》、洪适《隶释》中都有记载，洪著定名为《都乡正衞弹碑》。因汉末这种自名"正卫弹"的碑刻共有三通，皆为不同县所立。为区别起见，俞伟超先生最先据各碑所在县名，分别定名为《昆阳都乡正卫弹碑》《鲁阳都乡正卫碑》《平氏都乡正卫弹碑》；本文分别简称为《昆阳碑》《鲁阳碑》《平氏碑》。各碑的著录、传藏过程，俞先生亦有全面的论述，参见氏著：《中国古代公社组织的考察——论先秦两汉的"单—僤—弹"》，文物出版社1988年版。为避文繁，本文引述径称"俞文"。

〔2〕《鲁阳都乡正卫弹碑》于1934年发现于今河南鲁山县琴台后的寨壕中，该碑残缺，现存南阳市汉画像石馆。许敬参曾写《鲁山县新出二石记》，发表了拓片及录文。参见《考古社刊》第4期，第85~97页。俞伟超先生在《中国古代公社组织的考察——论先秦两汉的"单—僤—弹"》著作中引录，并绘制了勾模本。参见氏著第137页图五四。

〔3〕此碑早已佚亡。《水经注·沘水》载，"（平氏县）城内有《南阳都乡正衞弹劝碑》"（王国维校，袁英光、刘寅生整理标点：《水经注》，上海人民出版社1984年版，第948页）。俞伟超认为："其'弹'下'劝'字，据汉碑篆额的通例，应当是多余的。如果这不是今本《水经注》的衍字，必郦氏见其内容比其它各《正卫弹碑》有更多的劝告众人实行相互扶助、平均劳苦的文句而加上去，用以强调此碑有劝勉百姓之意。"参见氏著第139页。

〔4〕《汉酸枣令刘熊碑》又名《刘孟阳碑》。北魏郦道元《水经注·济水》载，酸枣城内"有后汉酸枣令《刘孟阳碑》"（王国维校，袁英光、刘寅生整理标点：《水经注》，第264页），是为《刘熊碑》最早记载。此后宋欧阳修《集古录》、赵明诚《金石录》相继著录，南宋洪适《隶释》复详记碑之全文。据洪氏所记，原碑共23行，行33字。后碑断，残存两块。再后两残石已不存。1915年金石家顾燮光访得碑阴残石一块，存字8行，计63字；残石侧面有宋人题记。残石现存河南省延津县文化馆，能辨识者仅存数十字。参见河南省文化局文物工作队："河南现存的汉碑"，载《文物》1964年第5期。少文："记汉刘熊碑兼论蔡邕书碑问题"，载《文物》1966年第4期图版叁、肆。俞伟超对此碑的碑文考释、发现、著录等所论甚详，参见氏著第140~143页。又，本碑铭释文，除参读上述文字外，文渊阁《四库全书》子部艺术类书画之属有钱塘倪涛撰《六艺之一录》，内有辑录的"酸枣令刘熊碑"全文（明确标记缺漏），可与其它文献互校。各碑铭中的囗所补释之文，除另有说明外，皆依俞文补录。

人赵明诚、洪适就有不同的看法；今人李发林[1]、王戎[2]也发表了不同的意见。比较起来，本文倾向于清人熊迪功（《补后汉同姓侯王表》）及翁方纲（《两汉金石记》）的看法，即刘熊是俞乡侯刘彪之子，刘平之孙；而刘平是光武帝之孙，广陵侯刘元寿之弟。王戎认为，碑文撰者为炫耀刘熊身世，故意以刘熊伯祖父为祖父，这样才符合碑文刘熊是光武帝玄孙，广陵王（或广陵侯）孙的辈份。《后汉书·光武十王列传》"建初七年（82），肃宗诏元寿兄弟与诸王俱朝京师"，则刘熊之事迹大致在此后50年上下。这样，刘熊建弹的时间比《昆阳碑》所述建弹事宜（184）大约要早50年。碑铭记述刘熊"愍念烝民，劳苦不均，为作正弹，造设门更"，这些事迹与上述三碑所记内容及各弹立约的性质是相同的。俞伟超、邢义田、杜正胜等名家对先秦两汉的"单—弹"做了开创性的研究，他们的研究对于后来者继续探讨相关问题奠定了基础。[3]他们的观点虽然不尽相同，但同样启发了人们研究这一问题的视野和思路，特别是俞伟超先生的研究应当说是开创性的，这里引用杜正胜对俞伟超先生研究"单"（弹）文的评价，"今人研究古史，旁求传统文献以外的史料，如殷商的甲骨、两周的金文，和汉魏的石刻，故对古代历史的了解每能超迈前贤。但很少人像作者（指俞伟超先生，引者注）能大量引证玺印重建历史，而且运用之妙，几乎达到炉火纯青的地步"。（见杜文第108页）杜正胜先生有扎实的史学功底，对两汉单（弹）这种组织亦阐述了发人深省的观点。本文试就东汉正卫弹的性质及其与里单等相关组织的区别谈谈自己的看法。

一、从正卫弹碑铭考察其组织性质

（一）正卫弹是在政府主导下建立的

东汉正卫碑文显示，正卫弹一般是由县廷倡议，由县、乡部吏员招集、组建并报郡府备案的一种官办组织。《鲁阳都乡正卫弹碑》所示，参加组建、

---

[1] 李发林："汉碑偶识"，载《考古》1988年第8期。

[2] 王戎："《刘熊碑》释读正误"，载《考古》1993年第9期。

[3] 邢义田："汉代的父老、僤与聚族里居"，载《汉学研究》（1983年）第1卷第2期；俞伟超：《中国古代公社组织的考察——论先秦两汉的"单—僤—弹"》，文物出版社1988年版；杜正胜："'单'是公社还是结社"，载《新史学创刊号》（1993年3月），文中引用径称"杜文"并标识页码。

立约的有都乡、阳泉乡、唐乡、瞿乡四个乡的啬夫，碑铭有"左尉沛国虹赵术德祖""右尉河南蒲坂孙囗登高"，其左、右尉当为鲁阳县的尉官。《续汉书·百官志》："（县）尉，大县二人，小县一人。"刘昭注补引应劭《汉官》："大县丞、左右尉，所谓命卿三人。小县一尉一丞，命卿二人。"[1] 又《汉官旧仪》："长安城方六十里，中皆属长安令。置左、右尉。城东、城南置广部尉，城西、城北置明部尉，凡四尉。"[2]《秦汉南北朝官印征存》印368"肥城右尉"（原大22mm×22mm）。原注曰："瓦纽。汉书地理志，泰山郡属有肥成县。按：'成'印文作'城'。"[3] 县尉的职掌，《百官志》本注曰："尉主盗贼。凡有贼发，主名不立，则推索行寻，案查奸宄，以起端绪。"[4] 右尉职高于左尉。汉制，以右为尊，故重要的属吏均称为右职。[5]

（表略）

---

[1]《后汉书》，中华书局1965年版，第3623页。

[2]（清）孙星衍等辑，周天游点校：《汉官六种》，中华书局1990年版，第47页。

[3] 罗福颐主编，故宫博物院研究室玺印组编：《秦汉南北朝官印征存》，文物出版社1987年版，第65页。又参见李儒传、韩振飞："赣右尉印考"，载《江汉考古》1992年第3期。

[4]《后汉书·志二八·百官五》中华书局1965年版，第3623页。

[5]《汉书》卷八九《循吏黄霸传》："冯翊以霸入财为官，不署右职。"颜师古注："右职，高职也。"中华书局1962年版，第3628页。

注：⊔为泐一字；■为缺一字；○为空一格；①俞伟超据文意补作"得"；②俞伟超补作"获"；③许敬参释作"晓"；④许敬参释作"彼"。[1]

《鲁阳碑》铭文尾部的立弹人还有"别治掾赵存"（位于上图 C 栏最后一行），别治掾一职是县属或乡属不明。湖南长沙五一广场东汉简有"沮乡别治掾伦叩头死罪敢言之"简文，其中围绕"沮乡别治掾"，学者有不同看法。侯旭东先生论曰："'乡别治掾'，《发掘简报》解释为'或指县廷派驻诸乡的掾职'，可商。'别治'见于敦煌汉简，如简 1685：'十二月癸丑大煎都候丞罢军别治富昌隧，谓部士吏：写移书到，实籍吏出入关人畜车兵器物如官书，会正月三日，须集。移官，各三通，毋忽，如律令'，此处的'别治'为动词，表示离开通常的治所，在别处办公。《续汉书·百官志三》'大司农'条下刘昭在解释'雒阳市长'时引《汉官》提到有'别治中水官，主水渠，在马市东，有员吏六人'，亦是此类。'别治掾'的含义亦应是由此而生，指离开沮乡治所，在该乡界内别处办公的掾。"[2]《鲁阳碑》虽严重残损，但据铭文内容可以推知全碑大体行列，该碑残铭共 10 行，碑上部缺损 7 字，右下角亦缺损 3~7 字，碑文竖排右行起读。据胡海帆先生的分析，全碑铭文暂划分为 4 个栏区。右部 A 栏为碑铭正文，左部上下划分为 B、C、D 三栏，每栏之间空一行，立弹人员职名分别排列在这三个栏区中。[3]碑铭右起第 7 行"阳淳于翕汉成"，"阳"前应是"鲁"字；"阳淳于翕汉成"下面有 9 字空格，再下则是 D 栏建单人员。"〔鲁〕阳淳于翕汉成"最有可能是鲁阳县令。按许敬参的推测，"〔鲁〕阳淳于翕汉成"上面还有 6 字空格，若上面文字仍为建单人员则应再空一格，这样仅剩 5 个字的位置显然是排列不下一位职官与人名的。况且正卫弹为县所立，县令当排列首位。故此推测"〔鲁〕阳淳于翕汉成"及其上面的 6 个空格处的原文或是碑铭正文，划归 A 栏，或划归 B 栏列在立弹人员之首。从"〔鲁〕阳淳于翕汉成"所处的位置及 C、D 两栏职官的排列

〔1〕 此图据胡海帆《记〈鲁阳都乡正卫弹碑〉》一文的碑文行款复原表加工而成，原图载北京大学考古文博学院编：《高明先生九秩华诞庆寿论文集》，科学出版社 2016 年版，第 313 页。

〔2〕 侯旭东："湖南长沙五一广场东汉简 J1③：264-294 考释"，载北京大学中国古代史研究中心编：《田余庆先生九十华诞颂寿论文集》，中华书局 2014 年版，第 113~119 页。

〔3〕 胡海帆："记《鲁阳都乡正卫弹碑》"，载北京大学考古文博学院编：《高明先生九秩华诞庆寿论文集》，科学出版社 2016 年版，第 312 页。

分析，自第7行"〔鲁〕阳淳于翕汉成"之后，碑铭上下分三栏自右向左竖向起读，若一直竖向连读，此句下空9格，接着便是"阳泉乡啬夫韩牧"，这样从职官的排列上就不合理了。因此，将"〔鲁〕阳淳于翕汉成"及其此行以上的6个文字归在A栏正文中是合理的。D栏区内为4个乡部啬夫，C栏内除"左尉沛国虹赵术德祖""右尉河东蒲坂孙□登高"外，还有"别治掾赵存"，这三位都应是县职官员。如果"别治掾赵存"属于乡部吏，那就应当排列在所属乡啬夫的后面。因此，《湖南长沙五一广场东汉简牍发掘简报》将"乡别治掾"解释为"或指县廷派驻诸乡的掾职"的观点应当是成立的。

《鲁阳碑》铭文"府文于侧，纪弹之利。其辞曰……"，显然该弹的建立还要向郡府备案，"其辞曰"之下近全行款的1/3没有文字，那么此行的左部三行就应是"府文于侧"的文告。所谓"纪弹之利"就是记录立弹的益处。

《昆阳碑》载："县令宋国宁陵□君讳修，☑中□以府丞董察，□□抚昆阳，承丧乱之余，允称圣烈。……于是乎轻赋节敛，调贫抑富，结单言府，斑董科例。"这段碑铭也说明昆阳都乡正卫弹是由县令出面制定弹规，并向郡府备案。碑文最后记立约参与人为县乡两级官吏："尉曹掾都□，字汉宾；史张苞，字子才；有秩定陵杜则，字孝□；（下阙6字）字国室；陈□□。"此位序"尉曹掾都□"前有"时□□范秩，字符稚"8字，推测范秩亦应是县吏。

《酸枣令刘熊碑》除记述其身世外，在政教与财经管理措施方面对刘熊亦尽情歌颂。刘熊为光武帝玄孙，广陵王之孙。因该碑是墓碑而非誓约碑，因此不可能有县乡参约之人。碑文赞刘熊"循东□之惠，抑□礼官，赏进厉顽，约之以礼，博之以文。政教始初，慎徽五典，勤恤民殷，□心顾下，□□仁恩如冬日，威猛烈炎夏。贪究革情，清修劝慕，德惠潜流，邕芳旁布"，对其下官民能够"褒贤表善，扬幽拔微，式序在位，量能授宜"。在刘熊的治理下，"官无旷事，士无逸乐，民无□□，以门为正，以卒为更"。[1] 碑文还明

---

〔1〕 宋人洪适所撰《隶释》录《酸枣令刘熊碑》在"官无旷事"下仅注"缺二字"；清人翁方纲、赵之谦谓宋拓本补释"士无逸乐"。俞伟超先生据故宫博物院所藏清范懋政旧藏本和中国历史博物馆所藏刘鄂旧藏本补释如本文所引字样。参见俞文第140~142页。

确记载了刘熊参与建弹之事。此碑比其它三通正卫弹碑约早 50 年，大约在顺帝时期。此时形势已经开始动荡，顺帝阳嘉元年（132），曾旌等聚众海上，攻杀会稽郡句章；章河以迷信聚众反抗，范围包括扬州 49 县。汉安元年（142），广陵张婴造反，扫荡扬、徐，前后长达十余年。桓帝永寿二年（156），公孙举、东郭窦等聚众 3 万，攻击青、兖、徐三州郡县。而酸枣县正处司隶部与兖、徐、豫三州之汇，为保持统治的地盘，刘熊"愍念烝民劳苦不均，为作正弹，造设门更"。总之，各弹的建立皆有官府的影子，特别是县廷主持建弹的态度是非常明确的。

俞伟超先生详细论证了正卫弹组建的时代背景，东汉末中平年间，时值黄巾战乱，河南诸郡攻杀平叛炽热。《昆阳碑》明确记载年代是中平二年（185），正是黄巾起义炽烈之时（俞文第 139~140 页）。再者，从组建鲁阳都乡正卫单可知，鲁阳县的两尉都参与；昆阳正卫弹的立约人有"尉曹掾都□，字汉宾"，这些都从一个侧面反映了建弹的最终目的是抵御盗贼以获自保。

（二）建弹的訾财与应用

从东汉侍廷里僤所透露的信息看，此前里单组建经费是由达到一定訾财的里人筹集，[1]东汉晚期正卫弹的訾财却看不出是由个人筹集的。《鲁阳碑》："☑府文于侧，纪弹之利。其辞曰：☑弹。国服为息，本存子衍，上供正卫，下给更贱。"这段碑文有两个关键句子，一是"国服为息，本存子衍"，讲的是经费如何"繁衍"的问题；二是"上供正卫，下给更贱"，讲的是经费用来做什么的问题。先说"国服为息，本存子衍"，"本存子衍"好理解，就是要保本生息。"国服为息"本句出自《周礼·地官·泉府》，因此正确理解《泉府》的文义是非常必要的。《泉府》条说的是国家财货机构"泉府"在市场货物滞销时以其成本价收购，有需要者则从所属有司购之。购物者若暂时不能支付货款可以赊账，用于祭祀的不能超过十日，用于丧葬活动的不能超过三个月。国人还可以从泉府贷款，由主管官吏审查后放贷，"以国服为之息"，即

---

〔1〕 黄士斌："河南偃师发现汉代买田约束石券"，载《文物》1982 年第 12 期；宁可："关于《汉侍廷里父老僤买田约束石券》"，同上第 21~27 页。邢义田："汉代的父老、僤与聚族里居——'汉侍廷里父老僤买田约束石券'读记"，载《汉学研究》（1983 年）第 1 卷第 2 期，第 355~376 页。

按"国服"征收利息。[1]"以国服为之息"主要有两种解释,一为先郑注谓"贷者,谓从官借本贾也,故有息使民弗利。以其所贾之国所出为息也。假令其国出丝絮,则以丝絮偿;其国出絺葛,则以絺葛偿",实即根据借贷者所在地之特产计息偿还。二为后郑谓"以其于国服事之税为息也。于国事受园廛之田而贷万泉者,则期出息五百。王莽时民贷以治产业者,但计赢所得受息,无过岁十一"。[2]可知国家的基本农事称为"国服",以田产之税为计息依据就是"以国服为之息"。清人金榜之《礼笺》对此又进行了更为详细的解释,他认为"凡民之贷者,谓从官借本贾,先郑之说是也。以国服为之息,以其于国服事之税为息,后郑说是也"。其实先郑讲的是以何物偿息,后郑讲的是计息利率。金榜又据《周官·旅师》"凡用粟,春颁而秋敛之",解释说:"此贷于国人者,不令出息","贾人贷官财以权子母之利,则有息。农民受田,计所收者纳税。贾人贷泉,计所得者出息,其息或以泉布,或以货物,轻重皆视田税为差,是谓'以国服为之息'。《朝士》'凡民同货财者,令以国法行之',后郑释'国法'为国服之法"。[3]本文要说明的是,不论是"以其所贾之国所出为息也",还是"以其于国服事之税为息也",讲的都是官府行为,即国家所为。其他组织施訾贷息不会以"国服"为息,也不可能称为"国服之息"。明白了"泉府"所为,则正卫弹与此相关事业的性质就清楚了。再结合上述各弹的组建人员都是县廷或乡部吏员,因此,这种正卫弹自然不同于此前纯粹民间性质的里单。既使是有部分民间訾财参与正卫弹的组建,官有资产应占绝大部分,这种组织类似于现在的全资国有公司或国有控股公司。正卫弹正是以这种组织的名义实施放贷、雇佣一类的活动。

再谈"上供正卫,下给更贱"的问题。俞伟超先生认为,弹内存在"正卫"和"更卒"两种从役群体。正卫即监门,又可叫作"门卒",是看守里闾门户的低层职务。"更贱"即雇佣而来的"更卒","正卫"的地位要高于

〔1〕 (汉)郑玄注,(唐)贾公彦疏,彭林整理:《周礼注疏》,上海古籍出版社2010年版,第541页。

〔2〕 (汉)郑玄注,(唐)贾公彦疏,彭林整理:《周礼注疏》,上海古籍出版社2010年版,第541~542页。

〔3〕 金榜:《礼笺》,载《续修四库全书·经部礼类》第109册,上海古籍出版社2002年版,第14页。

"更卒"（俞文 146 页）。杜正胜先生不同意这种观点，认为应当反映了正卫弹
所处之官府"停止名不符实的征兵制，开始向人民敛钱募兵，以供各级政府
的兵役和劳役"。他认为"正卫""更践"只是服兵役的不同身份（笔者理解
实为不同岗位的兵种，见杜文 120 页）。其实，所谓"正卫"就是符合成丁傅
籍的在役士兵，正如《汉旧仪》所言："民年二十三为正，一岁而以为卫士，一
岁为材官骑士，习射御骑驰战阵。"[1]"上供正卫"明言弹内供养着成丁士兵
以保卫本县，这也是正卫弹名称的真正含义所在。两汉"更卒"大多是承担
国家正式徭役之外的人士，这里泛指弹内从事杂徭者。[2]碑文明言弹内的訾
财用来雇佣保卫本弹所处县城及邻近乡土的"正卫"兵士以及为本弹从事杂
徭的"更贱"（即践更）人士。

正卫弹的訾财应由官府拨付，只是这时的官府非汉朝中央政府而是县廷
自身，也可能会通过民间筹集一部分。黄巾战乱后，各地基本上呈现自保的
状态。郡、县、乡官府吏员之所以如此积极建立正卫弹，正是这种形势的需
要。乡野的豪绅地主筑坞壁，集宗族力量以自保。郡、县城垣所在，也积极
组建正卫弹以自保。正卫弹建立后对于稳定地方徭役，支撑地方政府的运行
是有帮助的。对于这种组织的性质，俞伟超先生认为是"公私兼有"，但更准
确的定义，应为官控官办，或官控为主、官民协办的自卫组织。筹建正弹的
理由就是在特定的形势下，那些不便由官府出面筹办的事项由正卫弹办理，
在当时特定的环境下，官民的利益达到一致。正卫弹所在县乡的徭役，通过
弹内訾财、力役的交换达到成员的所谓平等，但正卫弹的本质还应属公有性
质，俞伟超先生说"正卫和更卒是用官府仓储供给的一种雇佣兵"无疑是正
确的，但说他们"也就是一种被各县官府组织起来的部曲"则有待进一步商
榷。张金光先生认为："'正弹'系官办应付徭役的组织，可谓之官'弹'，非
民间事。虽说是'因民所利'，然毕竟带有一定强制性。"[3]张金光先生认为
"正弹"是官弹是正确的；但是，认为组弹的最终目的是"应付徭役"还有
再探究的必要。胡海帆先生认为，"汉代弹组织中，还有居民为保护地方安全

---

〔1〕 （清）孙星衍等辑，周天游点校：《汉官六种》，中华书局 1990 年版，第 48 页。

〔2〕 参见杨振红：《出土简牍与秦汉社会（续编）》，第八章"徭、戍秦汉正卒基本义务"，广西
师范大学出版社 2015 年版。

〔3〕 张金光："论汉代的乡村社会组织——弹"，载《史学月刊》2006 年第 3 期。

而成立的民间自卫组织，称之为正卫弹，简称为'正弹'或'卫弹'"，"正卫弹成立初衷，当是为缓和《后汉书》所云'戎事不息，百姓匮乏，疲于征发'引发的社会矛盾，解决地方治安问题"。他认为正卫弹是"民间自卫组织"，但同时又同意俞伟超先生的意见，认为正卫弹也"已经变成主要是官府部曲一类的组织"。[1]这样的认识显然是矛盾的，正卫弹应当是官办，其所雇用士卒也与部曲相距甚远。两汉正卫的主要任务，一是戎，二是徭。东汉末南阳地区是战乱的重灾区，正卫卒不可能参加戎卫任务，中央所派发的徭也没有机会参加。在当时的形势下，保卫自身所在的区域，或者受雇保卫所在的正卫弹就是其根本性任务了。从这个角度看，正卫弹建立的最终目的，显然不是为了"应付徭役"。

二、正卫弹的定名

有关正卫弹内容的汉碑共 4 通，目前所见碑文有言"单"者，有言"正弹"者，俞伟超先生认为"正弹"乃是"正卫弹"的省称（俞文 143 页）。"正卫弹"的名字最早是北魏郦道元定的，他在沘水条注曰："沘水又南与沣水会，……沣水西北流，迳平氏县故城东北，王莽更名其县曰平善，城内有南阳都乡正卫弹劝碑。"[2]又滍水条注：鲁阳城"内有南阳都乡正卫为碑"。[3]学者多认为平氏县的"都乡正卫弹劝碑"的"劝"，是衍文，或郦道元认为碑的内容多劝助耕耘内容而加此"劝"字；"南阳都乡正卫为碑"的"为"当是"弹"字之误。"正卫"二字从何而来，二碑中只有《鲁阳都乡正卫弹碑》的"上供正卫，下给更贱"句中有"正卫"二字。俞伟超先生认为，南阳都乡各碑皆不指明县名，与当时碑刻篆额文例不合。现留存下来的只是残碑，南阳这几通碑是否有碑额，或碑额是否皆有"正卫"二字，在《水经注》的文字中并不能得到确认。不过，郦道元将这几通碑皆定名为"正卫弹"确实值得我们重视，因为这几通碑的文字皆残缺严重，在缺漏文字中存在"正卫弹"字样的可能性也不能完全排除。赵明诚《金石录》直接将此碑改

〔1〕 胡海帆："记《鲁阳都乡正卫弹碑》"，载北京大学考古文博学院编：《高明先生九秩华诞庆寿论文集》，科学出版社 2016 年版，第 308 页、第 310 页、第 311 页。
〔2〕 王国维校，袁英光、刘寅生整理：《水经注》，上海人民出版社 1984 年版，第 948 页。
〔3〕 王国维校，袁英光、刘寅生整理：《水经注》，上海人民出版社 1984 年版，第 985 页。

为《都乡正街弹碑》并题跋云："（此碑）文字磨灭不可考究，其岁月略可见，盖中平二年正月。而其额题'都乡正街弹碑'，莫知其为何碑也?"〔1〕据此可见该碑有额题，郦道元就是据额题而定名为"正卫弹"的。但赵氏改"卫"（衞）为"街"的理由并不清楚，俞伟超先生认为"赵氏依据今本《周礼·里宰》郑注'街弹之室'及贾公彦据'街弹'这种钞讹之字而作的疏，把碑名题为《都乡正街弹碑》"（俞文133页）。张金光先生认为"正卫弹"之名"汉代无有，纯属后人所拟定。其时流行之名乃简称曰'正弹'。以吾之拙见，今日若为之重新厘定名称的话，本着名实相一之原则，或可名之曰'正更弹'。'正弹'或许就是'正更弹'的简称。至少可以肯定'正卫弹'一名，乃是不科学的称呼，且在汉代历史上本也是不存在的"。张金光先生还认为俞文据《都乡正卫弹》之名，来改《周礼》郑玄之注乃本末倒置。街弹乃是不容否定的汉代既定存在之事实。〔2〕本文认同街弹存在的事实，但赵明诚《金石录》将《都乡正卫弹碑》之"卫"（衞）改为"街"也是毫无根据的。张金光先生已论证街弹即里单，而正卫弹与街弹却是性质完全不同的两种组织。我们应特别重视南宋洪适《隶释》在该碑后的题跋："右《都乡正卫弹碑》，隶额。文十一行，颂四行，张苣（苞?）、杜则数人题名二行。"按录文统计约352字，每行32字。碑铭时有缺文，其间多处或缺10、14、16、24、26字，可见洪适所见碑文残缺严重。洪适跋曰："灵帝中平二年立在汝州昆阳城中，《水经》'鲁阳县有南阳都乡正卫为碑'，'平氏县有南阳都乡正卫弹劝碑'，此则其一也。赵氏误认'卫'（衞）为'街'，遂云'莫晓其为何碑'。"〔3〕从相关记载及现存汉碑可知，汉碑大多有碑额，曲阜现存的几通汉碑碑额大抵为阴刻篆书，如《孔君墓碑》，额题"孔君之墓"；《孔宙碑》，额题"汉泰山都尉孔君之碑"；《孔彪碑》，额题"汉故博陵太守孔府君碑"；东汉中平三年（186）的《张迁碑》，额题"汉故谷城长荡阴令张君表颂"。东汉建宁三年（170）《汉北海淳于长夏承碑》，则为阳文篆额。赵明诚《金石录》只记"额题'都乡正街弹碑'"，未记字体，洪适《隶释》则在该碑文后题跋"右《都乡正卫弹碑》，隶额"。由此可以确定，郦道元所见"正卫

---

〔1〕 文渊阁本《四库全书》史部金石之属，《金石录》卷十八。
〔2〕 张金光："论汉代的乡村社会组织——弹"，载《史学月刊》2006年第3期。
〔3〕 （宋）洪适撰：《隶释》卷十五，中华书局1986年版，第164页。

弹”碑是有额题的，其额题就是“某某正卫弹”。后因碑铭已“文字磨灭不可考究”，故赵明诚《金石录》误将“卫”（衛）释为“街”。洪适将“正街弹”又改为“正卫弹”无疑是正确的。[1]

三、正卫弹与里单的区别

所谓里单就是以里为单位（或称界域范围）建立的民间自治组织。俞伟超先生在其著作《中国古代公社组织的考察——论先秦两汉的“单-僤-弹”》第三章中详细探讨了两汉时期“单——僤——弹”内的分职与性质，将里单认定为乡里民间的自治组织。两汉的单（僤）是否就是长期以来学界争议的农村公社另当别论，因本文主要讨论东汉正卫弹的性质，故两汉里“单——僤”的性质另文撰述。里单这种组织一般以地域（居处）为界，由乡里村民自筹资金组建，从目前材料看局限于里的范围，因此其规模较小。从两汉的大量单印分析，主要从事祭祀、赡养、解决纠纷等事务。岳麓秦简（三）案例七“识劫婉案”有免妾为妻并申请加入里单的内容，[2]婉原为大夫沛的奴婢，后以妾的身份侍寝沛并生子，沛的原妻10年前亡故，沛免婉为庶人，并将其立为妻。为了让婉取得与里人一样的待遇，沛“欲令婉入宗，出里单赋，与里人通饮食”，宗人、里人大夫快等同意了沛了请求。这段文字隐约透露了这样几个意思：（1）单是纯粹民间组织，一般以里为单位设立。[3]（2）婉免妾后“入宗，出里单赋”，由宗人、里人同意即可。（3）单组织成员要交纳一定的费用，为救济同单成员之用。（4）单组织的领袖与里、宗族的首领往往是同一的。宗族以外的人即使原来的身份为奴婢，通过交纳规定的费用也可以入单。这时的里单当然为后天依一定的规范所组建，而非先天的依血缘关系自然形成的组织。但是，里人的血缘关系还是比较紧密，故里

---

〔1〕 柯昌泗在其《语石异同评》中指出："佚碑近年复出，……鲁山汉鲁阳县，碑文卫弹，与水经注相合，可证校者改为街弹之非。"（清）叶昌炽撰，柯昌泗评，陈公柔、张明善点校：《语石·语石异同评》，中华书局1994年版，第544页。

〔2〕 朱汉民、陈松长主编：《岳麓书院藏秦简（叁）》，上海辞书出版社2013年版，第153~156页。

〔3〕 汉印有"良里单印""工里单印"，四川宜宾翠屏村三号汉墓砖有"永元六年宜世里宗墅，利后安乐"、"宜化宜世弹休之藏，永元六年始造"，说明单一般依托里而组建。俞伟超先生认为，既然单以里为名，自然意味着单以一个里为基础而组织起来，这个观点看来是正确的。参见氏著：《中国古代公社组织的考察——论先秦两汉的"单-僤-弹"》，文物出版社1988年版，第76页。

单的组织成员自然也不可能完全脱离血缘关系。岳麓简所见这种单与两汉有些传世印文的"单"、东汉侍廷里僤应是同一性质。"里单"是集体所有制性质，本质上是一种集约化了的私有组织。

正卫弹是东汉晚期社会动乱的产物，一般以县为单位将县城周围乡里组织起来，供养正卫，雇佣更卒。建单由官府出面，建单成员也是由县乡吏员立约签名。弹内所体现的平均、平等性只能是在天下大乱的特定时期在雇佣更卒方面实施的暂时措施。正卫弹的性质并不支持全城军民、吏民在各方面的长期平等。建弹是为了在中央朝廷顾不上的时候自保，这些支持建单的郡府、县廷没有能力反叛自立，也不愿跟随叛军举旗造反，此时只有借用国家郡县政府的力量以弹的名义支撑局面，稳定局势。一旦天下稳定，他们仍然是原有的政府机关；若有新政府出现，他们亦可以随时成为新政权地方机关的吏员。因此，东汉正卫单的建立是郡县乡机构维持其统治区域的手段，是各级官吏为维护自身统治的无奈之举。现所见三个正卫弹为黄巾起义后所建，其建弹内容就能说明这个问题。关于正卫弹的正卫、更卒与东汉部曲的关系，俞伟超先生认为：

> 汉末的"弹"却以"正卫"命名，显然已经突出了它的武装性质，而实质上成为一种军事组织了。那时，坞壁林立，强宗豪右的宗族宾客，亦兵亦农，纷纷成为豪强庄园的部曲。"正卫弹"内的"正卫"和"更卒"，也就是一种被各县官府组织起来的部曲。通过"里单"变为"正卫弹"的途径把小农变为官府的部曲，同大土地所有者把大量小农转化依附农民而成为自己的部曲一样，当时的人们在生产关系方面是走着同样变化道路的。在历史前进的逻辑轨道上，"里单"变为"正卫弹"，正是一种必然性的具体表现（俞文147页）。

从历史的逻辑轨迹分析，私有制的里单不会逆向发展成为公有制的"正卫弹"，因为二者的功用、目的是完全不同的。例如，侍廷里僤的组建者是里中父老等有一定訾财者，他们正是传统的聚落领袖；而"正卫弹"的组建者是县廷的官员和乡部的啬夫等乡部吏员，正卫弹的公有性质不言自明。分析两汉存在的各类单印，除明确的里单外，单名多吉祥语或与教化、祭祀、诉讼、买卖、采薪、粮谷有关，这类单的建立一般依托当时的基层行政机构"里"，但并非每个里一定建单。如杜正胜先生所说，两汉很多单应是人为结社，而非传统的历史传承的农村公社（杜文第 112、113 页）。还有一些单内职名似涉及政事、武卫，如俞文所引大量的单尉印[1]，这类印时代不一，从单名推测似为里单印。但是，在皇权专制时代，朝廷不可能允许地方有一支独立于政府之外的武装，况且乡里在当时是没有地方兵士的；故推测这些单印及其任职人员只具有象征意义，是不可能真正掌管兵士的，单尉之职只是象征性地负责单内治安而已。从侍廷里单与东汉晚期的正卫弹分析，两汉的里单应是根据不同的需要而随时组建的，里单与正卫弹虽然名称同为"单"（弹），但在逻辑演化上不应存在承袭发展关系。

四、正卫弹与坞壁、庄园的区别

正卫弹是官办或官控的自卫组织，其规模在各县控制范围内，因此其规模并不大，而且这种组织也没有宗族势力的支持，一般不可能发展成为保有大量部曲的割据势力。乡野的强宗豪右长期盘居于一地，他们不但有政治背景，在经济上也有雄厚的基础。坞壁、庄园在名义上是乡民居聚处，其实很大程度上是地主私产，他们已经成为地方上的垄断势力。[2]天下稳定，贩货逐利；天下生变，各地庄园豪右往往结队而起，成为一支支自保队伍，或拥兵自立，或归附更大的割据势力。

强宗豪右、坞壁庄园的基础就是庄园经济。据崔寔《四民月令》，东汉的庄园经济已经非常庞大，农业经济种类繁多，一年四季安排紧密有序，这使庄园经济可以保持最低限度的自给自足。但庄园经济不只是农业，也发展手工业和商业，并在当地大力发展、垄断文化和教育，因其触角涉及士农工商，故曰四民。[3]这种强大的庄园经济都是里单、正卫弹所不能比拟的。

----

〔1〕 俞文引录单尉有："单尉""常乐单尉""益乐单尉印""万岁单尉""跡者单尉""反督单尉""槀街千岁单尉之印""单尉张宫""都集单右尉印""单尉为百众刻千岁印"，参见俞伟超《中国古代公社组织的考察——论先秦两汉的"单-僤-弹"》，文物出版社 1988 年版，第 98~100 页。

〔2〕 庄园、坞壁表面上只是居住的一种形式，这种居处形式各地都存在，但是当强宗豪右利用它形成地方垄断势力的时候，就成为历史上特有的庄园经济与坞壁势力。这种情况在东汉的中原地区尤其明显，而其它地区虽亦出现庄园、坞壁，但并没有形成庄园、坞壁的垄断势力。

〔3〕 邱汉生："从'四民月令'看东汉大地主的田庄"，载《历史教学》1959 年第 11 期。

庄园与豪族是联系在一起的。东汉庄园以自给自足的农副业为经济基础，以宗法血缘为联系纽带，以家族的官吏身世为炫耀招牌，他们在地方上的势力盘根错节。随着家丁、乡兵的发展，具有大可割据一方，小可割据乡县的能力。当然，豪族不是常规的军事势力，但在社会动荡之时豪族的军事能量却不容小觑。陈苏镇先生认为，"豪族不是一种军事存在，而是一种社会势力。他们占有大片土地，役使贫民和奴婢从事生产并守卫田庄。宗族和宾客则是他们干预世事的帮手和爪牙"。[1]这种庄园势力是从西汉的豪右宗族发展起来的，动荡之际，他们往往随天下强者而依之，不轻易表态，以防站错队伍。自古大多数宗右并不想借机逐鹿、问鼎皇权，而是谋求自保，适时归附强者。如下史料所见：

1. 冯鲂，"为郡族姓。王莽末，四方溃畔，鲂乃聚宾客，招豪杰，作营堑，以待所归"。（《后汉书·冯鲂传》）

2. 樊宏，"南阳湖阳人也，世祖之舅。……更始立，欲以宏为将，宏叩头辞曰：书生不习兵事。竟得免。归与宗家亲属作营堑自守，老弱归之者千余家。时赤眉贼掠唐子乡，多所残杀。欲前攻宏营，宏遣人持牛酒米谷劳遗赤眉。赤眉长老闻宏仁厚，皆称曰：樊君素善，且今见待如此，何心攻之！引兵而去，遂免寇难"。（《后汉书·樊宏传》）

东汉的庄园地主，一般皆有本宗官吏护佑，他们官商勾联，利益一体，以求稳的心态获取最大的经济利益。宗右过早的站队，不但得不到同宗的支持，而且一旦站错更会牵连同宗、家人。汉末刘演起兵，豪族并不支持，李通兄弟参与刘演起兵，王莽尽杀通父李守及其家人"在长安者"，"南阳亦诛通兄弟门宗六十四人，皆焚尸宛市"。[2]因此，豪右宗族虽是国家治理上的毒瘤，但力求政治稳定以获取最大的经济利益才是他们大多数人的心态，只有那些极少数的强宗豪右在动荡形势下伺机窥视中央政权。

〔1〕 陈苏镇："东汉的豪族与吏治"，载《文史哲》2010年第6期，后收入氏著：《两汉魏晋南北朝史探幽》，北京大学出版社2013年版，第59页。杨联陞先生亦从经济角度深刻分析了东汉的豪族，参见氏著：《东汉的豪族》，商务印书馆2011年版。
〔2〕《后汉书》卷十五《李通传》，第575页。

　　强宗豪右以广大农村乡里为基础，向周边辐射，他们依靠宗法关系、地缘关系、经济实力并以同宗的官僚仕人为依靠，形成了传世数代而相对稳定的一股地方社会势力。一般来讲，在专制社会的统治下，一个长期的、稳定的、在一个区域有较大影响的势力，血缘关系是维系他们的纽带，经济基础则是维系其存在发展的必要条件；他们或盘踞一地，或举族而迁，大族豪强内部的凝聚力是十分强大的，特别是在社会动荡时，这些宗族就成为乡村社会自保的重要力量。[1]东汉的豪族大姓逐渐向魏晋的门阀发展，成为国家的一个特权群体，尽管由于南北分裂的局面，魏晋的门阀宗族在南北朝并不相同。由于所处的历史环境不尽相同，北朝重同姓，厚宗族，北朝郡姓是自坞主、宗主一脉相承下来的，他们在本地有较稳固的基础。相比之下，南朝因迁徙，其士族中的侨姓早已失却宗族乡里的联系。[2]社会发生动荡，这些掌握了宗族组织的门阀豪族，可随时组织起来参加反叛或加入某一势力。

　　正卫弹不但人力、经济势力单薄，弹的组织只是临时成立，既无宗法维系，又无强宗护佑。天下动荡，他们不能像豪右那样自保观望，至少在表面上他们必须听命于朝廷，但朝廷又无力顾及动乱地域的郡县，各郡县按原有的法律规定办事肯定行不通，因此成立正卫弹变通行事应是其无奈的选择。正卫弹是临时成立的自卫组织，它不是宗法性组织，一般以县城及周边为界域，经济力量十分有限，只是"以国服为息"来供养一些正卫、更卒而已。正卫弹与正卫士卒、更卒是雇佣关系，因此，正卫弹也没有能力和途径把小农变为官府的部曲。郡县及其所建之弹都在等待形势的稳定，亟于归服朝廷，不具有反叛性。可见，豪族大姓的基础是血缘宗亲与地方经济。豪族大姓可以聚族而迁，在新迁地形成一股新的社会力量。而正卫弹的基础则是原有朝廷规定的管理界域，正卫弹所依靠的郡县守令也有被随时更换的可能。汉末诸葛亮叔父诸葛玄被袁术任命为豫章太守，后中央朝廷又派朱皓做豫章太守。可见地方郡县之守令经常变换，极不稳定。[3]在地方官吏操办下的正卫弹也不可能长期稳定并向另一种形式的组织过渡、演变。

---

〔1〕　参见朱大渭、梁满仓："魏晋南北朝宗族组织试探"，载《中国史研究》2009 年第 4 期。
〔2〕　参见唐长孺："门阀的形成及其衰落"，载《武汉大学人文科学学报》1959 年第 8 期。
〔3〕　《三国志·蜀书·诸葛亮传》，裴注引《献帝春秋》所述此事只是诸葛玄的结果略有不同。

五、魏晋的"千人单"及"团——疃"

《集古官印考证》卷 13 有"千人单印"印文，但未见印拓。《汉印文字征》有"兼并州阳河疃督"印，此印文拓清晰无误。俞伟超先生对二印时代、性质做了精准而全面的考证，"千人单印"当出现在魏晋时期；"兼并州阳河疃督"应当是西晋至十六国时期。此外，瞿氏《立界山石祠碑》有"疃督冯翊祖训"碑文，该碑文所述时代为符秦。马长寿、俞伟超先生都认为单监、单督是军事组织中的职官。[1]但此时的单在军事系统中的职能及其任职人员都不清楚，可资比较的是《隋书·百官志》载梁制有"皇弟皇子单、为二卫司马"，"皇弟皇子单、为领护、詹事二卫"的文字，这个职官既与军事系统有密切联系，也因血缘关系而具有特殊的地位。《立界山石祠碑》的"疃"与"皇弟皇子单"是否具有相同或相近的性质还不能断定。俞伟超先生认为，"从魏晋至十六国时期的'千人单''疃监''疃督'的情况看，'单'已经演变成比较纯粹的军队组织了"。这个时期的单（当指千人单这一类组织，引者注）是从东汉的正卫弹发展而来。对于单这种组织的历史演变，"如果从'里单'→'正卫弹'→'千人单'这样一个历史过程来考虑，视'里单'为比较纯粹的村社组织、'正卫弹'为具有公社和官府部曲的两重性的组织，把'千人单'看作基本是一种国家的军队组织，就是合乎逻辑的"。这样，一弹所养正卫大至在 500 人至 1000 之间（俞文第 157-第 160 页）。从仅有资料看，将"千人单""疃督"之"疃"等职官归属于军事系统似无大碍。《隋书·百官志》所载梁制的"皇弟皇子单"，类似于皇家的特别警卫队，不是普通的军事组织；其所依托的基础似乎是家族势力，具有鲜明的家族血缘色彩。这一点与东汉的正卫弹截然不同。如何理解单在这一历史阶段成为军事组织名

---

〔1〕 马长寿写道："（《立界山石祠碑》）碑内所罗列的官秩约可分为三类：第一类是属于军事系统的，其中有各级将军，各级将军司马、参军、功曹、主簿、军监、疃督、军禁、都统等。第二类是属于郡县系统的……第三类是属于部落系统的……"见氏著《碑铭所见前秦至隋初的关中部族》，广西师范大学出版社 2006 年版，第 24 页。监、督二字意义相同，但为何会分别设立"军监"与"疃督"，必有缘由，惜从目前资料还不能辨明。《立界山石祠碑》多处磨泐，在"口监始平骆政"的"监"前一字上半部已蚀泐，俞伟超先生认为该字大小与并列的"疃督"之"疃"全同，而与其它诸行的"军"相异（见俞文第 160 页）。笔者认为，从碑铭残痕看，分不出是"军"还是"疃"。若认为疃与其他军事系统的职官还有区别的话，还是释"军"为宜。

称，笔者觉得不应当用三种单的发展承袭来解释，而是魏晋到十六国时期，北方的区域统治者或新兴的王朝利用"单"这个古老的名称作为军事系统中的一个特别组织，而这种组织并不具有普遍性。两汉的里单是民间自助组织，正卫弹是地方官办自卫组织，千人单等是国家特别军事组织。三种单建立的基础与观念不同，因此性质也不同，不应具有逻辑上的承袭衍化关系。

俞先生还论证了单、弹、团字音与单相通的问题，并认为"正因为'单''团'是同音字，以'单——弹——蕈'为名的军队组织，后来就可以演变为以'团'为名"（俞文163页）。东汉以来的相关文献中，部曲就与乡团卒伍相联系，隋唐以后"军团"的士卒由各州乡里的宗族组成，所以又曾叫做"宗团"。孔颖达所谓的"乡团"，其规模大略相当于汉末魏晋的一个乡，其兵卒又是由宗族充当的"卫士"，这个"乡团"或"军团"应是从一个"都乡"为单位的"正卫弹"再经过"千人单"演化而来（俞文165页）。俞先生还论证，单、团同音，隋唐以后"军团"是宗族性的军事组织，千人单、蕈等也是军事组织，因此，两个阶段的组织名称单、团不但音同互证，两个组织之间在时代上也存在着衍化关系。俞先生论证"千人单""蕈督"是比较纯粹的军队组织，以及对此时单与隋以后团之间关系的阐述十分精彩，洞察两者性质于浩瀚典籍之间。问题是，"千人单""蕈督"之蕈虽是军事组织，单、团之间存在用字及字音上的衍化关系，但不能证明"正卫弹"向千人单的衍化，二者并不具有简单的相承关系。它们与正卫弹的关系，可能正是与东汉末动乱时期正卫弹所发挥的特殊作用相关联。若作更大胆的推测，即这种"千人单""蕈督"可能吸收了不同时代单（弹）的因素，成为具有宗族性质的军事单位，这从《隋书·百官志》所载梁制有"皇弟皇子单"的文字可以得到印证。或者说，"千人单""蕈督""皇弟皇子单"确是当时具有宗族性质的军事组织，它们只是借用了"单"这个名称而已。历史的信息告诉我们，里单多少具有宗法因素但并不具备军事功能；东汉的正卫弹虽然是据地缘成立的官控自卫组织，具有军事防御功能却不具有宗法性质。隋唐以后的军团、居民聚落瞳虽然在字音上或能找到单的影子，但因其性质的变化，恐怕难以逆向论证两汉的单与之发展的脉络了。

俞伟超先生关于先秦两汉"单""僤""弹"的研究，开辟了这一时期村社组织研究的新视野。杜正胜先生认为，这是"讨论古代基层社会既系统又深刻的著作"（杜文第 124 页），但杜先生对引证史料有不同的理解。笔者认真研读了前辈的著述，受益匪浅。俞伟超先生认为，先秦两汉的单是亚细亚式生产方式下农村公社的残迹，杜正胜认为是结社。笔者原则上认为两汉的单是结社，但里单在历史上应当有着深厚的宗法基础。东汉的正卫弹是官办公有性质，虽同名曰单（弹），但二者性质不同，不具有承袭发展关系。正卫弹是各地县廷以弹的名义雇募士兵保卫所在区域的临时性组织，这些县以官府的名义从事违反国家兵役制度的行为是不合法的，因此只能以弹这种名义雇佣士兵，使当时普遍存在的义务兵转向雇募。弹与东汉的庄园、坞壁不同，随着国家的稳定，或者新政权的建立，弹立即解散，而豪右的庄园、坞壁仍然在故地盘踞。魏晋以后的千人弹等军事组织与此前的里单、正卫弹虽有名称上的联系，但二者同样不具有必然的承袭发展关系。俞伟超先生的分析独具慧眼，开启了认识"单""弹""䢄"性质的新路径。但是，很多时候将现有逻辑轨迹再向前延伸一步就可能走向相反的方向了。

后　记

　　中华文明源远流长，虽然确切的起始年代不能断定，但自夏朝算起不应成为问题。然而，缘不见夏代文明的直接证据，国外的诸多学者还是将文献记载的夏划归在传说时代。中国人喜欢将自己文明的源头往前拽，有的学者认为中华文明始自虞舜，更有人认为自黄帝时代就开始了。其实，文明早几年，晚几年都不影响我们当下的社会性质与进程。中华文明的历程已经足够长，仅这一点就令很多人自豪。然而，仅凭现有的材料讨论三代文明及其法制特点，显然不够。夏毋庸论，殷商的材料也不足细谈，因此本书诸篇较少涉及殷商。社会面貌本来是丰满而鲜活的，即使是统治者屠杀奴俘、活祭殉人，也应有霍霍刀声、受屠者的哀鸣和殷红的血，因材料所限，又因个人的能力与载体限制，本来多彩纷呈的历史画面在笔者手下只剩下抽筋剥骨的枯燥文字了。以这些干瘪无力的素材反映鲜活的社会显然不能解人饥渴，在此只能请求读者原谅。

　　封建就是分封建国，或称分邦立国。在诸侯国之上除了有一个天下共主的周王外，各诸侯国基本上是自治。维系这种体制平稳运行的基础是等级制度，除封国有等级外，周王朝以及侯国的官员也有等级，平民百姓也有等级。《左传·昭公七年》楚芋尹无宇就说："天有十日，人有十等，下所以事上，上所以共神也。故王臣公，公臣大夫，大夫臣士，士臣皂，皂臣舆，舆臣隶，隶臣僚，僚臣仆，仆臣台。"什么是礼？尊卑等级就是礼。礼义在社会各方面发挥着作用，《礼记·曲礼》说，"道德仁义，非礼不成。教训正俗，非礼不备。分争辨讼，非礼不决。君臣、上下、父子、兄弟，非礼不定。宦学事师，非礼不亲。班朝治军，涖官行法，非礼威严不行。祷祠祭祀，供给鬼神，非礼不诚不庄"，并认为"今人而无礼，虽能言，不亦禽兽之心乎？夫唯禽兽无礼，故父子聚麀。是故圣人作为礼以教人，使人以有礼，知自别于禽兽"。礼不但是治国安邦的根本，也是人兽区别的标志。西周铭文所载各案例，如果不从礼这个角度去分析，就很难理解其中的奥秘。典籍中的《礼记》《仪礼》从各个方面记录、阐释了周制礼义、仪节，这些对汉魏及其以后社会仍然有较大的影响。

　　春秋战国，社会各阶层的地位、人们的思想意识都在加速变化。这一时期周礼衰败，已不足以维持社会的平稳运行了，正如晋国史墨所说："社稷无常奉，君臣无常位，自古以然。故《诗》'高岸为谷，深谷为陵'，三后之姓于今为庶。主所知也。"（《左传》昭公三十二年）人心变了，社会乱了，各阶层地位也在迅速变化。没有多少年，周天子在人们眼中已成废物，没有人再关注他，其政权最后被秦国灭掉。秦王朝建立，始皇创建帝制，这就是中央集权体制下的官僚制、俸禄制、玺印制和律令制，一切直接统于皇帝，全社会专制于一人。这种社会的特征就是一切围绕着皇权运转，社会各系统以维护政权为核心，所以《二年律令》首篇是《贼律》，以后两千多年的立法主导思想也是如此。法律本应具有两部分内容，一是体现统治阶级意识的，以维护其统治地位的法律规范，这是其本质属性的体现；二是为维护社会正常运转，即为人们生存等公共利益的法律规范，这是其本质属性的第二位体现。在中国古代的法律规范中，后一部分比重偏少，历代百姓基本都生活在维持生命繁衍的水平，更谈不上什么社会福利。一旦哪个时期的百姓有饭吃了，就被当世、甚至后世的文人、政客赞誉为"某某之治""某某中兴"，更甚者还有什么"某某盛世"。由于一切只为政权考虑，民意基本不被采纳，因此在中国的法治进程中，人道主义的萌芽屡被摧残。虽有夷三族、诛五族，甚或诛十族之暴政，只要政权稳定几十年，或者开辟了疆土，或者在稳定中央专制统治方面有所建树，人们在评价那些所谓历史大人物时，对那些残忍不道的行为就基本不考虑了，而美其名曰看其主流、客观上对历史进步有巨大的促进作用。殊不知残忍的不道行为就是对人类的最大犯罪，这种行为得不到应有的否定就是阻碍历史的进步。在评价历史事件或人物时，尽管每个人都有不同的认识，但无论如何，任何时候都应以当下的价值尺度来衡量，这本是不应缺失的判断价值问题。正因为如此，才有永不会停歇的历史研究，才有讲不完的历史话题和价值争论。

　　汉代以后的立法指导思想，基本是在阐释儒家的理论，并没有什么新的理论突破。在这种情况下，立法技术越发达，其隐藏统治阶级罪恶的目的就越隐晦，也就越容易迷惑人。如立法技术发达的唐律对官本位的保护大大超过了以往，此后儒家的等级思想以及维护官本位的法典在中国延续下来。但后世人们仍在津津乐道唐律高超的立法技术并以其为中华法系的杰出代表而自豪。

　　研究历史的第一步是恢复其本来面貌，在此基础上再去认识历史的特性、进而评价历史，法制史的研究也如此。传世典籍材料、出土资料是本学科研究的主要对象，通过识读、理解、筛选史料，从而拼接、复原当时法制的真实面貌。这项工作要求释读材料的准确性，但又很难避免主观偏见，从而对原始材料做出错误的理解。因此，希望同仁们批评指正。本书属旧文拾遗，在编辑过程中充实了一些新出土的材料，并按编辑的要求统一了格式，补充、规范了注文。

　　在本书即将出版之际，特别需要在这里写上几句话：感谢中国政法大学出版社编辑张琮军、牛洁颖及本书审稿人李少婷老师，张琮军、牛洁颖两位老师严格审校书稿，提出了许多问题，对笔者给予了极大的帮助；感谢中国政法大学法律古籍整理研究所所长李雪梅老师，她为本书的出版多所筹划；感谢我校研究生顾伟男，他为本书核校资料提供了诸多帮助。再者，本书的出版得到了中国政法大学 2019 年科研成果出版资助，在此亦一并致谢！

南玉泉

2019 年 12 月 10 日于北京